BERLITZ P...

Berlitz parlører indeholder foruden ord og sætninger, De har brug for, et væld af rejsetips, gode råd og praktiske oplysninger. Virkelig handy og oversigtlige parlører med lydskrift.

Engelsk   Russisk
Fransk   Serbokroatisk
Græsk   Spansk
Italiensk   Tysk
Portugisisk

BERLITZ KASSETTER

Lær den rigtige udtale. De fleste parlører kan De få kombineret med en hi-fi kassette, indtalt på begge sprog. Et 32-siders hæfte med hele teksten er indlagt i hver kassette.

Berlitz Dictionaries

Dansk	Engelsk, Fransk, Italiensk, Spansk, Tysk
Deutsch	Dänisch, Englisch, Finnisch, Französisch, Italienisch, Niederländisch, Norwegisch, Portugiesisch, Schwedisch, Spanisch
English	Danish, Dutch, Finnish, French, German, Italian, Norwegian, Portuguese, Spanish, Swedish
Español	Alemán, Danés, Finlandés, Francés, Holandés, Inglés, Noruego, Sueco
Français	Allemand, Anglais, Danois, Espagnol, Finnois, Italien, Néerlandais, Norvégien, Portugais, Suédois
Italiano	Danese, Finlandese, Francese, Inglese, Norvegese, Olandese, Svedese, Tedesco
Nederlands	Duits, Engels, Frans, Italiaans, Portugees, Spaans
Norsk	Engelsk, Fransk, Italiensk, Spansk, Tysk
Português	Alemão, Francês, Holandês, Inglês, Sueco
Suomi	Englanti, Espanja, Italia, Ranska, Ruotsi, Saksa
Svenska	Engelska, Finska, Franska, Italienska, Portugisiska, Spanska, Tyska

BERLITZ®

engelsk-dansk
dansk-engelsk
ordbog

---

english-danish
danish-english
dictionary

By the Staff of Editions Berlitz

Revised edition 1981
Library of Congress Catalog Card Number: 78-78085

2nd printing 1983
Printed in Switzerland

Inholdsfortegnelse

Contents

Forord

Da Berlitz i sin tid lancerede sine lommeordbøger, var formålet at tilbyde turister, studenter og forretningsfolk en ordbog, der fremfor alt var praktisk og anvendelig i en konkret situation. Dette er også i dag målet med den reviderede udgave.

Ajourføring af ordbøger er traditionelt en meget langvarig og kostbar proces, som derfor kun tages op med lange mellemrum. Dette gælder dog ikke Berlitz, som ved hjælp af en computer har opbygget en databank, der muliggør hurtig og regelmæssig revision uden større vanskeligheder. Takket være den elektroniske databehandling af ordmaterialet er denne ordbog således ikke blot blevet grundigt revideret, men tillige udvidet med henved 40% flere begreber.

Den ordbogsserie udmærker sig ligeledes ved en mere overskuelig opstilling, flere forskellige oversættelser og betydninger samt en klar og let læselig typografi. Udover hvad man normalt forlanger af en ordbog, byder Berlitz på en række ekstra fordele:

- nøjagtig udtale efter hvert ord på det fremmede sprog, gengivet i international lydskrift

- detaljerede oversættelser med dertil hørende „fortolkninger" af de mysterier, der skjuler sig bag et spisekort i udlandet

- forskellige praktiske oplysninger såsom tal, tidsangivelse, gængse forkortelser, de uregelmæssige verbers bøjning samt et afsnit med nyttige sætninger fra dagligdagen

Det er klart, at redaktionen ved udvælgelsen af de ca. 12.500 begreber, som ordbogen indeholder, især har tænkt på de mange, der i vore dage drager udenlands. Netop en sådan ordbog, der ligesom vore guides og parlører passer lige til lommen, er det helt ideelle til rejsebrug. Men samtidig vil den, der interesserer sig for sproget som sådan, her finde et grundlæggende ordforråd af de oftest forekommende ord på det pågældende sprog – de ord man har brug for at kende til bunds.

Skulle De undervejs støde på et ord, som De synes hører hjemme i en Berlitz ordbog, så lad os det vide. De behøver bare at skrive ordet på et brevkort og sende det til forlaget.

Preface

In selecting the 12.500 word-concepts in each language for this dictionary, the editors have had the traveller's needs foremost in mind. This book will prove invaluable to all the millions of travellers, tourists and business people who appreciate the reassurance a small and practical dictionary can provide. It offers them—as it does beginners and students—all the basic vocabulary they are going to encounter and to have to use, giving the key words and expressions to allow them to cope in everyday situations.

Like our successful phrase books and travel guides, these dictionaries—created with the help of a computer data bank—are designed to slip into pocket or purse, and thus have a role as handy companions at all times.

Besides just about everything you normally find in dictionaries, there are these Berlitz bonuses:

- imitated pronunciation next to each foreign-word entry, making it easy to read and enunciate words whose spelling may look forbidding

- a unique, practical glossary to simplify reading a foreign restaurant menu and to take the mystery out of complicated dishes and indecipherable names on bills of fare

- useful information on how to tell the time and how to count, on conjugating irregular verbs, commonly seen abbreviations and converting to the metric system, in addition to basic phrases.

While no dictionary of this size can pretend to completeness, we expect the user of this book will feel well armed to affront foreign travel with confidence. We should, however, be very pleased to receive comments, criticism and suggestions that you think may be of help in preparing future editions.

engelsk-dansk

english-danish

Indledning

Denne ordbog er først og fremmest lagt an på at være praktisk og anvendelig i brug. Alle mindre vigtige sproglige oplysninger er derfor med vilje udeladt. Artiklernes opstilling er strengt alfabetisk, uanset om et opslagsord skrives i ét ord, med bindestreg eller er sammensat af to eller flere ord. Den eneste undtagelse fra denne regel gælder enkelte idiomatiske udtryk, som er opstillet alfabetisk efter det vigtigste ord i vendingen. Hvis et opslagsord følges af flere underopslag, står også disse i alfabetisk orden.

Inden for hver artikel angives udtalen i lydskrift (se afsnittet Udtale). Dernæst følger ordklasse, hvor dette er relevant. Hører et opslagsord til mere end én ordklasse, står de tilsvarende oversættelser grupperet efter den respektive ordklasse.

Hvis et substantiv har uregelmæssig flertalsform, angives dette altid, også i en del tilfælde, hvor der kunne opstå tvivl. Ved uregelmæssigt flertal af sammensatte ord skrives kun den del af sammensætningen helt ud, som forandres, medens den uforandrede del erstattes med en vandret streg (-).

For at undgå gentagelse af et opslagsord i en artikel, f. eks. i sammensætninger eller ved uregelmæssige flertalsformer, bruges i stedet en bølgestreg (~), som så altid står for hele opslagsordet.

En stjerne (*) foran et verbum angiver, at dette er uregelmæssigt, og at dets bøjningsmønster findes i listen over uregelmæssige verber.

Denne ordbog er baseret på britisk retskrivning. Når et ords stavemåde eller betydning overvejende er amerikansk, markeres dette med et *Am* (se listen over de anvendte forkortelser).

Forkortelser

adj	adjektiv/tillægsord	*pl*	pluralis/flertal
adv	adverbium/biord	*plAm*	pluralis/flertal
Am	amerikansk		(amerikansk)
art	artikel/kendeord	*pp*	perfektum participium/
c	fælleskøn		fortids tillægsform
conj	konjunktion/bindeord	*pr*	præsens/nutid
n	substantiv/navneord	*pref*	præfiks/forstavelse
nAm	substantiv/navneord	*prep*	præposition/forholdsord
	(amerikansk)	*pron*	pronomen/stedord
nt	neutrum/intetkøn	*v*	verbum/udsagnsord
num	numerale/talord	*vAm*	verbum/udsagnsord
p	imperfektum/datid		(amerikansk)

Udtale

I denne del af ordbogen har vi efter hvert opslagsord angivet udtalen i international lydskrift (IPA). Hvert tegn i denne transkription betegner en ganske bestemt lyd. Bogstaver, som ikke er forklaret nedenfor, udtales omtrent som de tilsvarende danske.

Konsonanter

b	som regel stemt
d	som i det, aldrig som i med; som regel stemt
ð	som d i pude
g	som i god, aldrig som i kage; som regel stemt
k	som i ko, aldrig som i brik
ŋ	som ng i lang
p	som i på, aldrig som i hop
r	udtalt foran i munden
ʃ	som sj i sjov
t	som i tag, aldrig som i net
θ	som d i pude, men ustemt
w	som tryksvagt u
z	stemt s-lyd
ʒ	stemt sj-lyd

NB: [sj] skal udtales som et s + en j-lyd (som i fløjls-jakke) *ikke* som i sjov.

Vokaler

a	ikke som „fladt" a, tungen skal ligge lavere i munden
ɑ:	som a i far
æ	som et meget fladt dansk a
ʌ	som a i kaffe (ikke fladt)

e	som en mellemting mellem **e** i bel**ø**b og **æ** i d**æ**kke
ɛ	som **æ** i d**æ**kke
ə	som **e** i gad**e**
ɔ	som **o** i l**o**ft

1) Kolon [:] angiver, at den forudgående vokal er lang.

2) I nogle få låneord fra fransk forekommer der nasalvokaler, disse angives med en tilde over den pågældende vokal (f. eks. [ɑ̃]). Nasalvokaler udtales gennem mund og næse på samme tid.

Diftonger

Ved en diftong forstår man to vokallyde, en stærk (betonet) og en svag (ubetonet), sammensmeltet til én lyd, som f. eks. **ej** i **e**je. På engelsk er den anden vokal altid den svageste. Efter en diftong følger ofte et [ə], og den anden vokal bliver derved endnu svagere.

Betoning

Hovedtryk betegnes med ['], bitryk med [ˌ] foran stavelsen.

Amerikansk udtale

Transkriptionen angiver den almindelige britiske udtale. Den amerikanske udtale, som er forskellig fra egn til egn, afviger i nogen grad derfra. Nogle af de vigtigste afvigelser er:

1) I modsætning til britisk engelsk udtales **r** også foran en konsonant og i slutningen af et ord.

2) I mange ord (f. eks. *ask, castle, laugh* osv.) bliver [ɑ:] til [æ:].

3) [ɔ]-lyden udtales [ɑ], ofte også [ɔ:].

4) I ord som *duty, tune, new* osv. falder [j]-lyden før [u:] ofte væk.

5) Trykket ligger forskelligt i en del ord.

A

a [ei,ə] *art* (an) en *art*

abbey ['æbi] *n* abbedi *nt*

abbreviation [ə,briːviˈeiʃən] *n* forkortelse *c*

aberration [,æbəˈreiʃən] *n* afvigelse *c*

ability [əˈbiləti] *n* dygtighed *c*; evne *c*

able ['eibəl] *adj* i stand til; duelig, dygtig; *be ~ to* *være i stand til; *kunne

abnormal [æbˈnɔːməl] *adj* abnorm

aboard [əˈbɔːd] *adv* om bord

abolish [əˈbɔliʃ] *v* afskaffe

abortion [əˈbɔːʃən] *n* abort *c*

about [əˈbaut] *prep* om; angående, vedrørende; *adv* cirka, omtrent; omkring

above [əˈbʌv] *prep* oven over; *adv* ovenover

abroad [əˈbrɔːd] *adv* udenlands

abscess ['æbses] *n* byld *c*

absence ['æbsəns] *n* fravær *nt*

absent ['æbsənt] *adj* fraværende

absolutely ['æbsəluːtli] *adv* absolut

abstain from [əbˈstein] *afholde sig fra

abstract ['æbstrækt] *adj* abstrakt

absurd [əbˈsɔːd] *adj* urimelig, absurd

abundance [əˈbʌndəns] *n* overflod *c*

abundant [əˈbʌndənt] *adj* rigelig

abuse [əˈbjuːs] *n* misbrug *nt*

abyss [əˈbis] *n* afgrund *c*

academy [əˈkædəmi] *n* akademi *nt*

accelerate [əkˈseləreit] *v* accelerere, *sætte farten op

accelerator [əkˈseləreitə] *n* speeder *c*

accent ['æksənt] *n* accent *c*; tryk *nt*

accept [əkˈsept] *v* acceptere, *modtage, *tage imod

access ['ækses] *n* adgang *c*

accessary [əkˈsesəri] *n* medskyldig *c*

accessible [əkˈsesəbəl] *adj* tilgængelig

accessories [əkˈsesəriz] *pl* tilbehør *nt*

accident ['æksidənt] *n* ulykke *c*, uheld *nt*

accidental [,æksiˈdentəl] *adj* tilfældig

accommodate [əˈkɔmədeit] *v* skaffe husly

accommodation [ə,kɔməˈdeiʃən] *n* husly *nt*, logi *nt*

accompany [əˈkʌmpəni] *v* ledsage, *følge; akkompagnere

accomplish [əˈkʌmpliʃ] *v* fuldbyrde; fuldføre

in accordance with [in əˈkɔːdəns wið] i overensstemmelse med

according to [əˈkɔːdiŋ tuː] ifølge; i overensstemmelse med

account [əˈkaunt] *n* konto *c*; beretning *c*; *~ for* *gøre rede for; *on ~ of* på grund af

accountable [əˈkauntəbəl] *adj* forklarlig

accurate [ˈækjurət] *adj* akkurat

accuse [əˈkjuːz] *v* beskylde; anklage

accused [əˈkjuːzd] *n* anklagede *c*

accustom [əˈkʌstəm] *v* vænne; **accustomed** vant

ache [eik] *v* *gøre ondt; *n* smerte *c*

achieve [əˈtʃiːv] *v* nå; præstere

achievement [əˈtʃiːvmənt] *n* præstation *c*

acid [ˈæsid] *n* syre *c*

acknowledge [əkˈnɔlidʒ] *v* erkende; indrømme; bekræfte

acne [ˈækni] *n* filipenser

acorn [ˈeikɔːn] *n* agern *nt*

acquaintance [əˈkweintəns] *n* bekendt *c*

acquire [əˈkwaiə] *v* tilegne sig, erhverve

acquisition [ˌækwiˈziʃən] *n* erhvervelse *c*

acquittal [əˈkwitəl] *n* frifindelse *c*

across [əˈkrɔs] *prep* over; på den anden side af; *adv* på den anden side

act [ækt] *n* handling *c*; akt *c*; nummer *nt*; *v* handle, *optræde; opføre sig; spille

action [ˈækʃən] *n* handling *c*, aktion *c*

active [ˈæktiv] *adj* aktiv; travl

activity [ækˈtivəti] *n* aktivitet *c*

actor [ˈæktə] *n* skuespiller *c*

actress [ˈæktris] *n* skuespillerinde *c*

actual [ˈæktʃuəl] *adj* faktisk, virkelig

actually [ˈæktʃuəli] *adv* faktisk

acute [əˈkjuːt] *adj* spids, fin; akut

adapt [əˈdæpt] *v* tilpasse

add [æd] *v* *lægge sammen; tilføje

adding-machine [ˈædiŋməˌʃiːn] *n* regnemaskine *c*

addition [əˈdiʃən] *n* addition *c*; tilføjelse *c*

additional [əˈdiʃənəl] *adj* ekstra; yderligere; underordnet

address [əˈdres] *n* adresse *c*; *v* adressere; henvende sig til

addressee [ˌædreˈsiː] *n* adressat *c*

adequate [ˈædikwət] *adj* tilstrækkelig; passende, adækvat

adjective [ˈædʒiktiv] *n* tillægsord *nt*

adjourn [əˈdʒəːn] *v* *udsætte

adjust [əˈdʒʌst] *v* justere; tilpasse

administer [ədˈministə] *v* administrere; uddele

administration [ədˌminiˈstreiʃən] *n* administration *c*; ledelse *c*

administrative [ədˈministrətiv] *adj* administrativ; administrerende; ~ **law** forvaltningsret *c*

admiral [ˈædmərəl] *n* admiral *c*

admiration [ˌædməˈreiʃən] *n* beundring *c*

admire [ədˈmaiə] *v* beundre

admission [ədˈmiʃən] *n* adgang *c*; optagelse *c*

admit [ədˈmit] *v* *give adgang, *optage; indrømme, erkende

admittance [ədˈmitəns] *n* adgang *c*; **no ~** adgang forbudt

adopt [əˈdɔpt] *v* adoptere, *vedtage

adorable [əˈdɔːrəbəl] *adj* henrivende

adult [ˈædʌlt] *n* voksen *c*; *adj* voksen

advance [ədˈvɑːns] *n* fremgang *c*; forskud *nt*; *v* *gå fremad; betale i forskud; **in ~** på forhånd, i forvejen

advanced [ədˈvɑːnst] *adj* avanceret

advantage [ədˈvɑːntidʒ] *n* fordel *c*

advantageous [ˌædvənˈteidʒəs] *adj* fordelagtig

adventure [ədˈventʃə] *n* eventyr *nt*

adverb [ˈædvəːb] *n* adverbium *nt*

advertisement [ədˈvəːtismənt] *n* annonce *c*

advertising [ˈædvətaiziŋ] *n* reklame *c*

advice [ədˈvais] *n* råd *nt*

advise [ədˈvaiz] *v* *rådgive, råde

advocate [ˈædvəkət] *n* fortaler *c*

aerial [ˈeəriəl] *n* antenne *c*

aeroplane [ˈeərəplein] *n* flyvemaskine

c

affair [ə'fɛə] *n* anliggende *nt;* affære *c,* forhold *nt*

affect [ə'fekt] *v* påvirke; **angå

affected [ə'fektid] *adj* affekteret

affection [ə'fekʃən] *n* sygdom *c;* hengivenhed *c*

affectionate [ə'fekʃənit] *adj* hengiven, kærlig

affiliated [ə'filieitid] *adj* tilsluttet

affirmative [ə'fə:mətiv] *adj* bekræftende

affliction [ə'flikʃən] *n* sorg *c*

afford [ə'fɔ:d] *v* *have råd til

afraid [ə'freid] *adj* bange, ængstelig; **be ~ *være bange

Africa ['æfrikə] Afrika

African ['æfrikən] *adj* afrikansk; *n* afrikaner *c*

after ['ɑ:ftə] *prep* efter; *conj* efter at

afternoon [,ɑ:ftə'nu:n] *n* eftermiddag *c;* **this ~** i eftermiddag

afterwards ['ɑ:ftəwədz] *adv* senere, bagefter

again [ə'gen] *adv* igen; atter; **~ and again** gang på gang

against [ə'genst] *prep* mod

age [eidʒ] *n* alder *c;* alderdom *c;* **of ~** myndig; **under ~** mindreårig

aged ['eidʒid] *adj* ældre; gammel

agency ['eidʒənsi] *n* agentvirksomhed *c;* bureau *nt;* agentur *nt*

agenda [ə'dʒendə] *n* dagsorden *c*

agent ['eidʒənt] *n* agent *c,* repræsentant *c*

aggressive [ə'gresiv] *adj* aggressiv

ago [ə'gou] *adv* for ... siden

agrarian [ə'greəriən] *adj* landbrugs-

agree [ə'gri:] *v* *være enig; indvillige; stemme overens

agreeable [ə'gri:əbəl] *adj* behagelig

agreement [ə'gri:mənt] *n* kontrakt *c;* overenskomst *c,* aftale *c;* enighed *c*

agriculture ['ægrikʌltʃə] *n* landbrug *nt*

ahead [ə'hed] *adv* foran; **~ of** foran; **go ~ *gå videre; **straight ~** ligeud

aid [eid] *n* hjælp *c; v* *hjælpe, understøtte

ailment ['eilmənt] *n* lidelse *c;* sygdom *c*

aim [eim] *n* mål *nt;* **~ at** rette imod, sigte på; sigte mod

air [ɛə] *n* luft *c; v* lufte

air-conditioning ['ɛəkən,diʃəniŋ] *n* klimaanlæg *nt;* **air-conditioned** *adj* luftkonditioneret

aircraft ['ɛəkrɑ:ft] *n* (pl ~) flyvemaskine *c;* fly *nt*

airfield ['ɛəfi:ld] *n* flyveplads *c*

air-filter ['ɛə,filtə] *n* luftfilter *nt*

airline ['ɛəlain] *n* luftfartsselskab *nt*

airmail ['ɛəmeil] *n* luftpost *c*

airplane ['ɛəplein] *nAm* flyvemaskine *c*

airport ['ɛəpɔ:t] *n* lufthavn *c*

air-sickness ['ɛə,siknəs] *n* luftsyge *c*

airtight ['ɛətait] *adj* lufttæt

airy ['ɛəri] *adj* luftig

aisle [ail] *n* sideskib *nt;* midtergang *c*

alarm [ə'lɑ:m] *n* alarm *c; v* forurolige

alarm-clock [ə'lɑ:mklɔk] *n* vækkeur *nt*

album ['ælbəm] *n* album *nt*

alcohol ['ælkəhɔl] *n* alkohol *c*

alcoholic [,ælkə'hɔlik] *adj* alkoholholdig

ale [eil] *n* øl *nt*

algebra ['ældʒibrə] *n* algebra *c*

Algeria [æl'dʒiəriə] Algeriet

Algerian [æl'dʒiəriən] *adj* algerisk; *n* algerier *c*

alien ['eiliən] *n* udlænding *c; adj* udenlandsk

alike [ə'laik] *adj* ens, lig; *adv* på samme måde

alimony ['æliməni] *n* underholdsbidrag *nt*

alive [ə'laiv] *adj* levende, i live

all [ɔ:l] *adj* al, hele; alle; ~ **in** alt iberegnet; ~ **right!** fint!; **at** ~ overhovedet

allergy ['ælədʒi] *n* allergi *c*

alley ['æli] *n* gyde *c*

alliance [ə'laiəns] *n* alliance *c*

Allies ['ælaiz] *pl* allierede *pl*

allot [ə'lɔt] *v* tildele

allow [ə'lau] *v* *tillade; ~ **to** *lade; ***be allowed** *være tilladt; ***be allowed to** *have lov til

allowance [ə'lauəns] *n* bidrag *nt*

all-round [ɔ:l'raund] *adj* alsidig

almanac ['ɔ:lmənæk] *n* almanak *c*

almond ['ɑ:mənd] *n* mandel *c*

almost ['ɔ:lmoust] *adv* næsten

alone [ə'loun] *adv* alene

along [ə'lɔŋ] *prep* langs

aloud [ə'laud] *adv* højt

alphabet ['ælfəbet] *n* alfabet *nt*

already [ɔ:l'redi] *adv* allerede

also ['ɔ:lsou] *adv* også; desuden, ligeledes

altar ['ɔ:ltə] *n* alter *nt*

alter ['ɔ:ltə] *v* forandre, ændre

alteration [ɔ:ltə'reiʃən] *n* forandring *c*, ændring *c*

alternate [ɔ:l'tə:nət] *adj* skiftende

alternative [ɔ:l'tə:nətiv] *n* alternativ *nt*

although [ɔ:l'ðou] *conj* selv om, skønt

altitude ['æltitju:d] *n* højde *c*

alto ['æltou] *n* (pl ~s) alt *c*

altogether [ɔ:ltə'geðə] *adv* fuldstændigt; alt i alt

always ['ɔ:lweiz] *adv* altid

am [æm] *v* (pr be)

amaze [ə'meiz] *v* forbløffe, forbavse, forundre

amazement [ə'meizmənt] *n* forbavselse *c*

ambassador [æm'bæsədə] *n* ambassadør *c*

amber ['æmbə] *n* rav *nt*

ambiguous [æm'bigjuəs] *adj* tvetydig

ambitious [æm'biʃəs] *adj* ambitiøs; ærgerrig

ambulance ['æmbjuləns] *n* ambulance *c*

ambush ['æmbuʃ] *n* baghold *nt*

America [ə'merikə] Amerika

American [ə'merikən] *adj* amerikansk; *n* amerikaner *c*

amethyst ['æmiθist] *n* ametyst *c*

amid [ə'mid] *prep* blandt; midt i, midt iblandt

ammonia [ə'mouniə] *n* salmiakspiritus *c*

amnesty ['æmnisti] *n* amnesti *c*

among [ə'mʌŋ] *prep* blandt; imellem, mellem; ~ **other things** blandt andet

amount [ə'maunt] *n* mængde *c*; beløb *nt*, sum *c*; ~ **to** *beløbe sig til

amuse [ə'mju:z] *v* more, *underholde

amusement [ə'mju:zmənt] *n* fornøjelse *c*, adspredelse *c*

amusing [ə'mju:ziŋ] *adj* morsom

anaemia [ə'ni:miə] *n* blodmangel *c*

anaesthesia [ænis'θi:ziə] *n* bedøvelse *c*

anaesthetic [ænis'θetik] *n* bedøvelsesmiddel *nt*

analyse ['ænəlaiz] *v* analysere

analysis [ə'næləsis] *n* (pl -ses) analyse *c*

analyst ['ænəlist] *n* analytiker *c*; psykoanalytiker *c*

anarchy ['ænəki] *n* anarki *nt*

anatomy [ə'nætəmi] *n* anatomi *c*

ancestor ['ænsestə] *n* forfader *c*

anchor ['æŋkə] *n* anker *nt*

anchovy ['æntʃəvi] *n* ansjos *c*

ancient ['einʃənt] *adj* gammel; forældet, gammeldags; oldtids-

and [ænd, ənd] *conj* og

angel ['eindʒəl] *n* engel *c*

anger ['æŋgə] *n* vrede *c*; raseri *nt*

angle ['æŋgəl] v fiske; n vinkel c

angry ['æŋgri] adj vred

animal ['ænimal] n dyr nt

ankle ['æŋkəl] n ankel c

annex¹ ['æneks] n anneks nt; bilag nt

annex² [ə'neks] v annektere

anniversary [,æni'vəːsəri] n årsdag c

announce [ə'nauns] v *bekendtgøre, *kundgøre

announcement [ə'naunsmənt] n kundgørelse c, bekendtgørelse c

annoy [ə'nɔi] v plage, irritere; ærgre

annoyance [ə'nɔiəns] n ærgrelse c

annoying [ə'nɔiiŋ] adj ærgerlig, irriterende

annual ['ænjuəl] adj årlig; n årbog c

per annum [pər 'ænəm] årligt

anonymous [ə'nɔniməs] adj anonym

another [ə'nʌðə] adj en til; en anden

answer ['ɑːnsə] v svare; besvare; n svar nt

ant [ænt] n myre c

anthology [æn'θɔlədʒi] n antologi c

antibiotic [,æntibai'ɔtik] n antibiotikum nt

anticipate [æn'tisipeit] v forvente, *foregribe

antifreeze ['æntifriːz] n frostvæske c

antipathy [æn'tipəθi] n modvilje c

antique [æn'tiːk] adj antik; n antikvitet c; ~ dealer antikvitetshandler c

antiquity [æn'tikwəti] n oldtid c; antiquities pl antikviteter

antiseptic [,ænti'septik] n antiseptisk middel

antlers ['æntləz] pl gevir nt

anxiety [æŋ'zaiəti] n ængstelse c

anxious ['æŋkʃəs] adj ivrig; bekymret

any ['eni] adj enhver, hvilken som helst

anybody ['enibɔdi] pron hvem som helst

anyhow ['enihau] adv på hvilken som

helst måde

anyone ['eniwʌn] pron enhver

anything ['eniθiŋ] pron hvad som helst

anyway ['eniwei] adv alligevel

anywhere ['eniweə] adv hvor som helst

apart [ə'pɑːt] adv adskilt, separat; ~ from bortset fra

apartment [ə'pɑːtmənt] n værelse; nAm lejlighed c; ~ house Am beboelsesejendom c

apathy ['æpəθi] n sløvhed c

aperitif [ə'peritiv] n aperitif c

apologize [ə'pɔlədʒaiz] v *bede om undskyldning

apology [ə'pɔlədʒi] n undskyldning c

apparatus [,æpə'reitəs] n indretning c, apparat nt

apparent [ə'pærənt] adj tilsyneladende; åbenbar

apparently [ə'pærəntli] adv tilsyneladende, åbenbart; øjensynligt

apparition [,æpə'riʃən] n åbenbarelse c

appeal [ə'piːl] n appel c

appear [ə'piə] v *se ud til, *synes; *fremgå; vise sig; *fremtræde

appearance [ə'piərəns] n ydre nt; fremtoning c; entré c

appendicitis [ə,pendi'saitis] n blindtarmsbetændelse c

appendix [ə'pendiks] n (pl -dices, -dixes) blindtarm c

appetite ['æpətait] n appetit c; begær nt

appetizer ['æpətaizə] n appetitvækker c

appetizing ['æpətaiziŋ] adj appetitlig

applause [ə'plɔːz] n bifald nt

apple ['æpəl] n æble nt

appliance [ə'plaiəns] n apparat nt, indretning c

application [,æpli'keiʃən] n anvendelse

c; ansøgning c

apply [ə'plai] v udnytte, anvende; benytte; ansøge; *gælde

appoint [ə'pɔint] v udnævne; aftale

appointment [ə'pɔintmənt] n aftale c, møde nt; udnævnelse c

appreciate [ə'pri:ʃieit] v *værdsætte; påskønne

appreciation [ə,pri:ʃi'eiʃən] n vurdering c; værdsættelse c

approach [ə'prout] v nærme sig; n fremgangsmåde c; adgang c

appropriate [ə'proupriət] adj formålstjenlig, egnet, passende

approval [ə'pru:vəl] n billigelse c; bifald nt, indvilligelse c; on ~ på prøve

approve [ə'pru:v] v godkende

approximate [ə'prɔksimət] adj omtrentlig

approximately [ə'prɔksimətli] adv cirka, omtrent

apricot ['eiprikɔt] n abrikos c

April ['eiprəl] april

apron ['eiprən] n forklæde nt

Arab ['ærəb] adj arabisk; n araber c

arbitrary ['ɑ:bitrəri] adj vilkårlig

arcade [ɑ:'keid] n arkade c, buegang c

arch [ɑ:tʃ] n bue c; hvælving c

archaeologist [,ɑ:ki'ɔlədʒist] n arkæolog c

archaeology [,ɑ:ki'ɔlədʒi] n arkæologi c

archbishop [,ɑ:tʃ'biʃəp] n ærkebiskop c

arched [ɑ:tʃt] adj bueformet

architect ['ɑ:kitekt] n arkitekt c

architecture ['ɑ:kitektʃə] n bygningskunst c, arkitektur c

archives ['ɑ:kaivz] pl arkiv nt

are [ɑ:] v (pr be)

area ['ɛəriə] n område nt; areal nt; ~ code områdenummer nt

Argentina [,ɑ:dʒən'ti:nə] Argentina

Argentinian [,ɑ:dʒən'tiniən] adj argentinsk; n argentiner c

argue ['ɑ:gju:] v diskutere, drøfte, argumentere

argument ['ɑ:gjumənt] n argument nt; diskussion c; ordveksling c

arid ['ærid] adj tør

*****arise** [ə'raiz] v *opstå

arithmetic [ə'riθmətik] n regning c

arm [ɑ:m] n arm c; våben nt; armlæn nt; v bevæbne

armchair ['ɑ:mtʃɛə] n lænestol c, armstol c

armed [ɑ:md] adj bevæbnet; ~ forces væbnede styrker

armour ['ɑ:mə] n rustning c

army ['ɑ:mi] n hær c

aroma [ə'roumə] n aroma c

around [ə'raund] prep omkring, om; adv omkring

arrange [ə'reindʒ] v ordne; arrangere

arrangement [ə'reindʒmənt] n ordning c

arrest [ə'rest] v arrestere, *anholde; n arrestation c, anholdelse c

arrival [ə'raivəl] n ankomst c; komme nt

arrive [ə'raiv] v *ankomme

arrow ['ærou] n pil c

art [ɑ:t] n kunst c; færdighed c; ~ collection kunstsamling c; ~ exhibition kunstudstilling c; ~ gallery kunstgalleri nt; ~ history kunsthistorie c; arts and crafts kunsthåndværk nt; ~ school kunstakademi nt

artery ['ɑ:təri] n pulsåre c

artichoke ['ɑ:titʃouk] n artiskok c

article ['ɑ:tikəl] n genstand c; artikel c; kendeord nt

artifice ['ɑ:tifis] n kneb nt

artificial [,ɑ:ti'fiʃəl] adj kunstig

artist ['ɑ:tist] n kunstner c; kunstnerinde c

artistic [ɑːˈtistik] *adj* kunstnerisk, artistisk

as [æz] *conj* ligesom, som; lige så; eftersom, fordi; da, idet; ~ **from** fra; fra og med; ~ **if** som om

asbestos [æzˈbestəs] *n* asbest c

ascend [əˈsend] *v* *bestige; *stige op

ascent [əˈsent] *n* stigning c; opstigning c

ascertain [ˌæsəˈtein] *v* konstatere; forvisse sig om, *fastslå

ash [æʃ] *n* aske c

ashamed [əˈʃeimd] *adj* skamfuld; *be ~ skamme sig

ashore [əˈʃɔː] *adv* i land

ashtray [ˈæʃtrei] *n* askebæger nt

Asia [ˈeiʃə] Asien

Asian [ˈeiʃən] *adj* asiatisk; *n* asiat c

aside [əˈsaid] *adv* afsides, til side

ask [ɑːsk] *v* *spørge; *bede; *indbyde

asleep [əˈsliːp] *adj* sovende

asparagus [əˈspærəgəs] *n* asparges c

aspect [ˈæspekt] *n* aspekt nt

asphalt [ˈæsfælt] *n* asfalt c

aspire [əˈspaiə] *v* stræbe

aspirin [ˈæspərin] *n* aspirin c

ass [æs] *n* æsel nt

assassination [əˌsæsiˈneiʃən] *n* mord nt

assault [əˈsɔːlt] *v* *angribe; *voldtage

assemble [əˈsembəl] *v* forsamle; samle, montere

assembly [əˈsembli] *n* sammenkomst c, forsamling c

assignment [əˈsainmənt] *n* opgave c

assign to [əˈsain] tildele; *tilskrive

assist [əˈsist] *v* *bistå, *hjælpe; ~ **at** *være til stede ved

assistance [əˈsistəns] *n* hjælp c; assistance c, understøttelse c

assistant [əˈsistənt] *n* assistent c

associate[1] [əˈsouʃiət] *n* kollega c,

kompagnon c; forbundsfælle c; medlem nt

associate[2] [əˈsouʃieit] *v* associere; ~ **with** *omgås

association [əˌsousiˈeiʃən] *n* forening c

assort [əˈsɔːt] *v* sortere

assortment [əˈsɔːtmənt] *n* sortiment nt, udvalg nt

assume [əˈsjuːm] *v* *antage, *gå ud fra, formode

assure [əˈʃuə] *v* forsikre

asthma [ˈæsmə] *n* astma c

astonish [əˈstɔniʃ] *v* forbløffe, forbavse

astonishing [əˈstɔniʃiŋ] *adj* forbavsende

astonishment [əˈstɔniʃmənt] *n* forbavselse c

astronomy [əˈstrɔnəmi] *n* astronomi c

asylum [əˈsailəm] *n* asyl nt; plejehjem nt

at [æt] *prep* i, hos; på

ate [et] *v* (p eat)

atheist [ˈeiθiist] *n* ateist c

athlete [ˈæθliːt] *n* idrætsmand c

athletics [æθˈletiks] *pl* atletik c

Atlantic [ətˈlæntik] Atlanterhavet

atmosphere [ˈætməsfiə] *n* atmosfære c; stemning c

atom [ˈætəm] *n* atom nt

atomic [əˈtɔmik] *adj* atom-

atomizer [ˈætəmaizə] *n* forstøver c; spray c

attach [əˈtætʃ] *v* fæstne, *fastgøre; vedføje; **attached to** knyttet til

attack [əˈtæk] *v* *overfalde, *angribe; *n* angreb nt

attain [əˈtein] *v* nå

attainable [əˈteinəbəl] *adj* opnåelig

attempt [əˈtempt] *v* forsøge, prøve; *n* forsøg nt

attend [əˈtend] *v* overvære; ~ **on** opvarte; ~ **to** beskæftige sig med, sørge for; *være opmærksom på attendance [ə'tendəns] n tilslutning c

attendant [ə'tendənt] n kustode c

attention [ə'tenʃən] n opmærksomhed c; *pay ~ *være opmærksom

attentive [ə'tentiv] adj opmærksom

attic ['ætik] n loft nt

attitude ['ætitjuːd] n holdning c

attorney [ə'tɔːni] n advokat c

attract [ə'trækt] v *tiltrække

attraction [ə'trækʃən] n attraktion c; tiltrækning c, charme c

attractive [ə'træktiv] adj tiltrækkende

auburn ['ɔːbən] adj kastanjebrun

auction ['ɔːkʃən] n auktion c

audible ['ɔːdibəl] adj hørlig

audience ['ɔːdiəns] n publikum nt

auditor ['ɔːditə] n tilhører c

auditorium [ɔːdi'tɔːriəm] n auditorium nt

August ['ɔːgəst] august

aunt [ɑːnt] n tante c

Australia [ɔ'streiliə] Australien

Australian [ɔ'streiliən] adj australsk; n australier c

Austria ['ɔstriə] Østrig

Austrian ['ɔstriən] adj østrigsk; n østriger c

authentic [ɔ'θentik] adj autentisk; ægte

author ['ɔːθə] n forfatter c

authoritarian [ɔːθɔri'teəriən] adj autoritær

authority [ɔː'θɔrəti] n autoritet c; myndighed c; authorities pl øvrighed c, myndigheder

authorization [ɔːθərai'zeiʃən] n autorisation c; godkendelse c

automatic [ɔːtə'mætik] adj automatisk

automation [ɔːtə'meiʃən] n automatisering c

automobile ['ɔːtəməbiːl] n bil c; ~ club automobilklub c

autonomous [ɔː'tɔnəməs] adj auto-nom

autopsy ['ɔːtɔpsi] n obduktion c

autumn ['ɔːtəm] n efterår nt

available [ə'veiləbəl] adj disponibel, for hånden

avalanche ['ævəlɑːnʃ] n lavine c

avaricious [ævə'riʃəs] adj gerrig

avenue ['ævənjuː] n allé c

average ['ævəridʒ] adj gennemsnitlig; n gennemsnit nt; on the ~ i gennemsnit

averse [ə'vəːs] adj uvillig

aversion [ə'vəːʃən] n aversion c

avert [ə'vəːt] v vende bort

avoid [ə'vɔid] v *undgå

await [ə'weit] v vente på, afvente

awake [ə'weik] adj vågen

*awake [ə'weik] v vække

award [ə'wɔːd] n pris c; v tildele

aware [ə'weə] adj klar over

away [ə'wei] adv væk; *go ~ *tage bort

awful ['ɔːfəl] adj frygtelig, rædselsfuld

awkward ['ɔːkwəd] adj pinlig; kejtet

awning ['ɔːniŋ] n solsejl nt

axe [æks] n økse c

axle ['æksəl] n aksel c

B

baby ['beibi] n baby c; ~ carriage Am barnevogn c

babysitter ['beibisitə] n babysitter c

bachelor ['bætʃələ] n ungkarl c

back [bæk] n ryg c; adv tilbage; *go ~ vende tilbage

backache ['bækeik] n rygsmerter pl

backbone ['bækboun] n rygrad c

background ['bækgraund] n baggrund c; uddannelse c

backwards ['bækwədz] adv baglæns

bacon ['beikən] n bacon c

bacterium [bæk'tiːriəm] n (pl -ria) bakterie c

bad [bæd] adj dårlig; alvorlig, slem

bag [bæg] n pose c; taske c, håndtaske c; kuffert c

baggage ['bægidʒ] n bagage c; ~ deposit office Am bagageopbevaring c; hand ~ Am håndbagage c

bail [beil] n kaution c

bailiff ['beilif] n foged c

bait [beit] n lokkemad c

bake [beik] v bage

baker ['beikə] n bager c

bakery ['beikəri] n bageri nt

balance ['bæləns] n ligevægt c; balance c; saldo c

balcony ['bælkəni] n balkon c

bald [bɔːld] adj skaldet

ball [bɔːl] n bold c; bal nt

ballet ['bælei] n ballet c

balloon [bə'luːn] n ballon c

ballpoint-pen ['bɔːlpɔintpen] n kuglepen c

ballroom ['bɔːlruːm] n balsal c

bamboo [bæm'buː] n (pl ~s) bambus c

banana [bə'nɑːnə] n banan c

band [bænd] n orkester nt; bånd nt

bandage ['bændidʒ] n forbinding c

bandit ['bændit] n bandit c

bangle ['bæŋgəl] n armbånd nt

banisters ['bænistəz] pl trappegelænder nt

bank [bæŋk] n bred c; bank c; v deponere, *sætte i banken; ~ account bankkonto c

banknote ['bæŋknout] n pengeseddel c

bank-rate ['bæŋkreit] n diskonto c

bankrupt ['bæŋkrʌpt] adj konkurs, fallit

banner ['bænə] n banner nt

banquet ['bæŋkwit] n banket c

banqueting-hall ['bæŋkwitiŋhɔːl] n banketsal c

baptism ['bæptizəm] n dåb c

baptize [bæp'taiz] v døbe

bar [bɑː] n bar c; stang c; tremme c

barber ['bɑːbə] n barber c

bare [beə] adj nøgen, bar

barely ['beəli] adv knap, knap nok

bargain ['bɑːgin] n lejlighedskøb nt; v *købslå

baritone ['bæritoun] n baryton c

bark [bɑːk] n bark c; v gø

barley ['bɑːli] n byg c

barmaid ['bɑːmeid] n barpige c

barman ['bɑːmən] n (pl -men) bartender c

barn [bɑːn] n lade c

barometer [bə'rɔmitə] n barometer nt

baroque [bə'rɔk] adj barok

barracks ['bærəks] pl kaserne c

barrel ['bærəl] n tønde c

barrier ['bæriə] n barriere c; bom c

barrister ['bæristə] n advokat c

bartender ['bɑːˌtendə] n bartender c

base [beis] n base c; fundament nt; v begrunde

baseball ['beisbɔːl] n baseball

basement ['beismənt] n kælder c

basic ['beisik] adj grundlæggende

basilica [bə'zilikə] n basilika c

basin ['beisən] n skål c, bækken nt

basis ['beisis] n (pl bases) basis c, grundlag nt

basket ['bɑːskit] n kurv c

bass¹ [beis] n bas c

bass² [bæs] n (pl ~) aborre c

bastard ['bɑːstəd] n slyngel c; schuft c

batch [bætʃ] n parti nt, bunke c

bath [bɑːθ] n bad nt; ~ salts badesalt nt; ~ towel badehåndklæde nt

bathe [beið] v bade

bathing-cap ['beiðiŋkæp] n badehætte

c

bathing-suit ['beiðiŋsu:t] n badedragt c; badebukser pl

bathrobe ['ba:θroub] n badekåbe c

bathroom ['ba:θru:m] n badeværelse nt; toilet nt

batter ['bætə] n dej c

battery ['bætəri] n batteri nt; akkumulator c

battle ['bætəl] n slag nt; kamp c, strid c; v kæmpe

bay [bei] n bugt c; v glamme

*be [bi:] v *være

beach [bi:tʃ] n strand c; **nudist ~** fribadestrand c

bead [bi:d] n perle c; **beads** pl perlekæde c; rosenkrans c

beak [bi:k] n næb nt

beam [bi:m] n stråle c; bjælke c

bean [bi:n] n bønne c

bear [bɛə] n bjørn c

*bear [bɛə] v *bære; tåle; *udholde

beard [biəd] n skæg nt

beast [bi:st] n dyr nt; **~ of prey** rovdyr nt

*beat [bi:t] v *slå

beautiful ['bju:tifəl] adj smuk

beauty ['bju:ti] n skønhed c; **~ parlour** skønhedssalon c; **~ salon** skønhedssalon c; **~ treatment** skønhedspleje c

beaver ['bi:və] n bæver c

because [bi'kɔz] conj fordi; eftersom; **~ of** på grund af

*become [bi'kʌm] v *blive; klæde

bed [bed] n seng c; **~ and board** kost og logi, helpension c; **~ and breakfast** værelse med morgenmad

bedding ['bediŋ] n sengetøj pl

bedroom ['bedru:m] n soveværelse nt

bee [bi:] n bi c

beech [bi:tʃ] n bøg c

beef [bi:f] n oksekød nt

beehive ['bi:haiv] n bistade nt

been [bi:n] v (pp be)

beer [biə] n øl nt

beet [bi:t] n bede c

beetle ['bi:təl] n bille c

beetroot ['bi:tru:t] n rødbede c

before [bi'fɔ:] prep før; foran; conj før; adv forud; tidligere, inden

beg [beg] v tigge; *bønfalde; *bede

beggar ['begə] n tigger c

*begin [bi'gin] v begynde; starte

beginner [bi'ginə] n nybegynder c

beginning [bi'giniŋ] n begyndelse c; start c

on behalf of [ɔn bi'ha:f ɔv] i ... navn, på ... vegne

behave [bi'heiv] v opføre sig

behaviour [bi'heivjə] n opførsel c

behind [bi'haind] prep bag; adv bagved

beige [beiʒ] adj beige

being ['bi:iŋ] n væsen nt

Belgian ['beldʒən] adj belgisk; n belgier c

Belgium ['beldʒəm] Belgien

belief [bi'li:f] n tro c

believe [bi'li:v] v tro

bell [bel] n klokke c

bellboy ['belbɔi] n piccolo c

belly ['beli] n mave c

belong [bi'lɔŋ] v tilhøre

belongings [bi'lɔŋiŋz] pl ejendele pl

beloved [bi'lʌvd] adj elsket

below [bi'lou] prep under; adv nede

belt [belt] n bælte nt; **garter ~** Am strømpeholder c

bench [bentʃ] n bænk c

bend [bend] n sving nt, kurve c; krumning c

*bend [bend] v bøje; **~ down** bøje sig

beneath [bi'ni:θ] prep under; adv nedenfor

benefit ['benifit] n nytte c, udbytte

nt; understøttelse c; v *drage fordel

bent [bent] adj (pp bend) krum

beret ['berei] n alpehue c

berry ['beri] n bær nt

berth [bə:θ] n køje c

beside [bi'said] prep ved siden af

besides [bi'saidz] adv desuden; for resten; prep foruden

best [best] adj bedst

bet [bet] n væddemål nt; indsats c

*bet [bet] v vædde

betray [bi'trei] v forråde

better ['betə] adj bedre

between [bi'twi:n] prep mellem

beverage ['bevəridʒ] n drik c

beware [bi'wɛə] v passe på, vogte sig

bewitch [bi'witʃ] v forhekse, fortrylle

beyond [bi'jɔnd] prep hinsides; på den anden side af; ud over; adv på den anden side

bible ['baibəl] n bibel c

bicycle ['baisikəl] n cykel c

big [big] adj stor; omfangsrig; tyk; betydelig

bile [bail] n galde c

bilingual [bai'liŋgwəl] adj tosproget

bill [bil] n regning c, nota c; v fakturere

billiards ['biljədz] pl billard nt

*bind [baind] v *binde

binding ['baindiŋ] n indbinding c

binoculars [bi'nɔkjələz] pl kikkert c

biology [bai'ɔlədʒi] n biologi c

birch [bə:tʃ] n birk c

bird [bə:d] n fugl c

birth [bə:θ] n fødsel c

birthday ['bə:θdei] n fødselsdag c

biscuit ['biskit] n småkage c

bishop ['biʃəp] n biskop c

bit [bit] n stump c; smule c

bitch [bitʃ] n tæve c

bite [bait] n mundfuld c; bid nt

*bite [bait] v *bide

bitter ['bitə] adj bitter

black [blæk] adj sort; ~ market sortbørshandel c

blackberry ['blækbəri] n brombær nt

blackbird ['blækbə:d] n solsort c

blackboard ['blækbɔ:d] n tavle c

black-currant [,blæk'kʌrənt] n solbær nt

blackmail ['blækmeil] n pengeafpresning c; v øve pengeafpresning

blacksmith ['blæksmiθ] n smed c

bladder ['blædə] n blære c

blade [bleid] n blad nt; ~ of grass græsstrå nt

blame [bleim] n skyld c; bebrejdelse c; v dadle, *lægge skylden på

blank [blæŋk] adj blank

blanket ['blæŋkit] n tæppe nt

blast [blɑ:st] n eksplosion c

blazer ['bleizə] n blazer c

bleach [bli:tʃ] v blege

bleak [bli:k] adj barsk

*bleed [bli:d] v bløde; udsuge

bless [bles] v velsigne

blessing ['blesiŋ] n velsignelse c

blind [blaind] n persienne c, rullegardin nt; adj blind; v blænde

blister ['blistə] n vable c, blære c

blizzard ['blizəd] n snestorm c

block [blɔk] v spærre, blokere; n klods c; ~ of flats beboelsesejendom c

blonde [blɔnd] n blondine c

blood [blʌd] n blod nt; ~ pressure blodtryk nt

blood-poisoning ['blʌd,pɔizəniŋ] n blodforgiftning c

blood-vessel ['blʌd,vesəl] n blodkar nt

blot [blɔt] n klat c; plet c; blotting paper trækpapir nt

blouse [blauz] n bluse c

blow [blou] n slag nt; vindstød nt

*blow [blou] v blæse

blow-out ['blouaut] n punktering c

blue [blu:] adj blå; nedtrykt

blunt [blʌnt] adj sløv; stump

blush [blʌʃ] v rødme

board [bɔ:d] n bræt nt; tavle c; pension c; bestyrelse c; ~ and lodging kost og logi, fuld pension

boarder ['bɔ:də] n pensionær c

boarding-house ['bɔ:diŋhaus] n pensionat nt

boarding-school ['bɔ:diŋsku:l] n kostskole c

boast [boust] v prale

boat [bout] n båd c, skib nt

body ['bɔdi] n krop c; legeme nt

bodyguard ['bɔdigɑ:d] n livvagt c

body-work ['bɔdiwə:k] n karosseri nt

bog [bɔg] n mose c

boil [bɔil] v koge; n byld c

bold [bould] adj dristig, fræk

Bolivia [bə'liviə] Bolivia

Bolivian [bə'liviən] adj boliviansk; n bolivianer c

bolt [boult] n slå c; bolt c

bomb [bɔm] n bombe c; v bombardere

bond [bɔnd] n obligation c

bone [boun] n ben nt, knogle c; v udbene

bonnet ['bɔnit] n motorhjelm c

book [buk] n bog c; v reservere; bogføre, *indskrive

booking ['bukiŋ] n bestilling c, reservation c

bookmaker ['buk,meikə] n totalisator c

bookseller ['buk,selə] n boghandler c

bookstand ['bukstænd] n kiosk c, bogstand c

bookstore ['bukstɔ:] n boghandel c, boglade c

boot [bu:t] n støvle c; bagagerum nt

booth [bu:ð] n bod c; boks c

border ['bɔ:də] n grænse c; rand c

bore¹ [bɔ:] v kede; bore; n dødbider c

bore² [bɔ:] v (p bear)

boring ['bɔ:riŋ] adj kedelig

born [bɔ:n] adj født

borrow ['bɔrou] v låne

bosom ['buzəm] n barm c

boss [bɔs] n chef c

botany ['bɔtəni] n botanik c

both [bouθ] adj begge; both ... and både ... og

bother ['bɔðə] v genere, plage; *gøre sig umage; n ærgrelse c

bottle ['bɔtəl] n flaske c; ~ opener oplukker c; hot-water ~ varmedunk c

bottleneck ['bɔtəlnek] n flaskehals c

bottom ['bɔtəm] n bund c; bagdel c, ende c; adj nederst

bough [bau] n gren c

bought [bɔ:t] v (p, pp buy)

boulder ['bouldə] n klippeblok c

bound [baund] n grænse c; *be ~ to *skulle; ~ for på vej til

boundary ['baundəri] n grænse c

bouquet [bu'kei] n buket c

bourgeois ['buəʒwɑ:] adj småborgerlig

boutique [bu'ti:k] n boutique c

bow¹ [bau] v bukke

bow² [bou] n bue c; ~ tie butterfly c

bowels [bauəlz] pl indvolde pl

bowl [boul] n skål c

bowling ['bouliŋ] n kegler pl, bowling; ~ alley keglebane c

box¹ [bɔks] v bokse; boxing match boksekamp c

box² [bɔks] n æske c

box-office ['bɔks,ɔfis] n billetluge c, billetkontor nt

boy [bɔi] n dreng c, fyr c; ~ scout drengespejder c

bra [brɑ:] n brystholder c, bh c

bracelet ['breislit] n armbånd nt

braces ['breisiz] pl seler pl

brain [brein] n hjerne c; forstand c

brain-wave ['breinweiv] n lys idé

brake [breik] n bremse c; ~ drum bremsetromle c; ~ lights stoplys pl

branch [brɑ:ntʃ] n gren c; filial c

brand [brænd] n mærke nt; brændemærke nt

brand-new [ˌbrænd'nju:] adj splinterny

brass [brɑ:s] n messing nt; ~ band hornorkester c

brassiere ['bræziə] n brystholder c, busteholder c

brassware ['brɑ:sweə] n messingtøj pl

brave [breiv] adj modig

Brazil [brə'zil] Brasilien

Brazilian [brə'ziljən] adj brasiliansk; n brasilianer c

breach [bri:tʃ] n brud nt

bread [bred] n brød nt; wholemeal ~ fuldkornsbrød nt

breadth [bredθ] n bredde c

break [breik] n brud nt; frikvarter nt

*break [breik] v *slå i stykker, *bryde; ~ down *få motorstop; *nedbryde; *bryde sammen; opdele

breakdown ['breikdaun] n motorskade c, motorstop nt

breakfast ['brekfəst] n morgenmad c

bream [bri:m] n (pl ~) brasen c

breast [brest] n bryst nt

breaststroke ['breststrouk] n brystsvømning c

breath [breθ] n åndedrag nt; vejr nt

breathe [bri:ð] v ånde

breathing ['bri:ðiŋ] n åndedræt nt

breed [bri:d] n race c

*breed [bri:d] v opdrætte

breeze [bri:z] n brise c

brew [bru:] v brygge

brewery ['bru:əri] n bryggeri nt

bribe [braib] v *bestikke

bribery ['braibəri] n bestikkelse c

brick [brik] n mursten c

bricklayer ['brikleiə] n murer c

bride [braid] n brud c

bridegroom ['braidgru:m] n brudgom c

bridge [bridʒ] n bro c; bridge

brief [bri:f] adj kort; kortfattet

briefcase ['bri:fkeis] n mappe c

briefs [bri:fs] pl underbenklæder pl, underbukser pl

bright [brait] adj klar; strålende; snu, opvakt

brill [bril] n slethvar c

brilliant ['briljənt] adj brillant; genial

brim [brim] n rand c

*bring [briŋ] v *bringe; *medbringe; ~ back *bringe tilbage; ~ up opdrage; *bringe på bane, fremføre

brisk [brisk] adj rask, livlig, frisk

Britain ['britən] England

British ['britiʃ] adj britisk; engelsk

Briton ['britən] n brite c; englænder c

broad [brɔ:d] adj bred; udstrakt, vid; almen

broadcast ['brɔ:dkɑ:st] n udsendelse c

*broadcast ['brɔ:dkɑ:st] v udsende

brochure ['brouʃuə] n brochure c

broke¹ [brouk] v (p break)

broke² [brouk] adj blank

broken ['broukən] adj (pp break) knust, i stykker; i uorden

broker ['broukə] n mægler c

bronchitis [brɔŋ'kaitis] n bronkitis c

bronze [brɔnz] n bronze c; adj bronze-

brooch [broutʃ] n broche c

brook [bruk] n å c

broom [bru:m] n kost c

brothel ['brɔθəl] n bordel nt

brother ['brʌðə] n bror c

brother-in-law ['brʌðərinlɔ:] n (pl brothers-) svoger c

brought [brɔ:t] v (p, pp bring)

brown [braun] adj brun

bruise [bru:z] *n* kvæstelse *c*, blåt mærke; *v* *give blå mærker

brunette [bru:'net] *n* brunette *c*

brush [brʌʃ] *n* børste *c*; pensel *c*; *v* pudse, børste

brutal ['bru:təl] *adj* brutal

bubble ['bʌbəl] *n* boble *c*

bucket ['bʌkit] *n* spand *c*

buckle ['bʌkəl] *n* spænde *nt*

bud [bʌd] *n* knop *c*

budget ['bʌdʒit] *n* budget *nt*

buffet ['bufei] *n* koldt bord

bug [bʌg] *n* væggetøj *pl*; bille *c*; *nAm* insekt *nt*

*build [bild] *v* bygge

building ['bildiŋ] *n* bygning *c*

bulb [bʌlb] *n* løg *nt*; blomsterløg *nt*; light ~ elektrisk pære

Bulgaria [bʌl'gεəriə] Bulgarien

Bulgarian [bʌl'gεəriən] *adj* bulgarsk; *n* bulgarer *c*

bulk [bʌlk] *n* omfang *nt*; masse *c*; størstedel *c*

bulky ['bʌlki] *adj* tyk, omfangsrig

bull [bul] *n* tyr *c*

bullet ['bulit] *n* kugle *c*

bullfight ['bulfait] *n* tyrefægtning *c*

bullring ['bulriŋ] *n* tyrefægtningsarena *c*

bump [bʌmp] *v* støde; støde sammen; dundre; *n* stød *nt*

bumper ['bʌmpə] *n* kofanger *c*

bumpy ['bʌmpi] *adj* ujævn

bun [bʌn] *n* bolle *c*

bunch [bʌntʃ] *n* buket *c*; flok *c*

bundle ['bʌndəl] *n* bundt *nt*; *v* bundte, *binde sammen

bunk [bʌŋk] *n* køje *c*

buoy [bɔi] *n* bøje *c*

burden ['bə:dən] *v* bebyrde; *n* byrde *c*

bureau ['bjuərou] *n* (pl ~x, ~s) skrivebord *nt*; *nAm* kommode *c*

bureaucracy [bjuə'rɔkrəsi] *n* bureaukrati *nt*

burglar ['bə:glə] *n* indbrudstyv *c*

burgle ['bə:gəl] *v* *bryde ind

burial ['beriəl] *n* begravelse *c*

burn [bə:n] *n* brandsår *nt*

*burn [bə:n] *v* brænde; brænde på

*burst [bə:st] *v* *sprække, briste

bury ['beri] *v* begrave

bus [bʌs] *n* bus *c*

bush [buʃ] *n* busk *c*

business ['biznəs] *n* forretninger, handel *c*; virksomhed *c*, forretning *c*; erhverv *nt*; affære *c*; ~ hours åbningstider *pl*, forretningstid *c*; ~ trip forretningsrejse *c*; on ~ i forretninger

business-like ['biznislaik] *adj* forretningsmæssig

businessman ['biznəsmən] *n* (pl -men) forretningsmand *c*

bust [bʌst] *n* buste *c*

bustle ['bʌsəl] *n* ståhej *c*

busy ['bizi] *adj* optaget; travl

but [bʌt] *conj* men; dog; *prep* undtagen

butcher ['butʃə] *n* slagter *c*

butter ['bʌtə] *n* smør *nt*

butterfly ['bʌtəflai] *n* sommerfugl *c*; ~ stroke butterfly *c*

buttock ['bʌtək] *n* balde *c*; buttocks *pl* bagdel *c*

button ['bʌtən] *n* knap *c*; *v* knappe

buttonhole ['bʌtənhoul] *n* knaphul *nt*

*buy [bai] *v* købe; anskaffe

buyer ['baiə] *n* køber *c*

by [bai] *prep* af; med; ved

by-pass ['baipɑ:s] *n* ringvej *c*; *v* *gå uden om

C

cab [kæb] *n* taxi *c*

cabaret ['kæbərei] *n* kabaret *c*

cabbage ['kæbidʒ] n kål c

cab-driver ['kæb,draivə] n taxichauffør c

cabin ['kæbin] n kabine c; hytte c; kahyt c

cabinet ['kæbinət] n kabinet nt

cable ['keibəl] n kabel nt; telegram nt; v telegrafere

café ['kæfei] n café c

cafeteria [,kæfə'tiəriə] n cafeteria nt

caffeine ['kæfi:n] n koffein nt

cage [keidʒ] n bur c

cake [keik] n kage c, lagkage c

calamity [kə'læməti] n ulykke c, kalamitet c

calcium ['kælsiəm] n kalcium nt

calculate ['kælkjuleit] v udregne, beregne

calculation [,kælkju'leiʃən] n beregning c

calendar ['kæləndə] n kalender c

calf [ka:f] n (pl calves) kalv c; læg c; ~ skin kalveskind nt

call [kɔ:l] v råbe; kalde; ringe op; n råb nt; besøg nt, visit c; telefonopringning c; *be called *hedde; ~ names skælde ud; ~ on besøge; ~ up Am ringe op

callus ['kæləs] n hård hud

calm [ka:m] adj rolig, stille; ~ down berolige; *falde til ro

calorie ['kæləri] n kalorie c

Calvinism ['kælvinizəm] n calvinisme c

came [keim] v (p come)

camel ['kæməl] n kamel c

cameo ['kæmiou] n (pl ~s) kamé c

camera ['kæmərə] n kamera nt; filmkamera nt; ~ shop fotoforretning c

camp [kæmp] n lejr c; v campere

campaign [kæm'pein] n kampagne c

camp-bed [,kæmp'bed] n feltseng c

camper ['kæmpə] n campist c

camping ['kæmpiŋ] n camping c; ~ site campingplads c

camshaft ['kæmʃa:ft] n knastaksel c

can [kæn] n dåse c; ~ opener dåseåbner c

*can [kæn] v *kunne

Canada ['kænədə] Canada

Canadian [kə'neidiən] adj canadisk; n canadier c

canal [kə'næl] n kanal c

canary [kə'neəri] n kanariefugl c

cancel ['kænsəl] v annullere; afbestille

cancellation [,kænsə'leiʃən] n annullering c

cancer ['kænsə] n kræft c

candelabrum [,kændə'la:brəm] n (pl -bra) kandelaber c

candidate ['kændidət] n kandidat c

candle ['kændəl] n stearinlys nt

candy ['kændi] nAm bolsje nt; nAm slik nt, nAm godter pl; ~ store Am chokoladeforretning c

cane [kein] n rør nt; stok c

canister ['kænistə] n dåse c

canoe [kə'nu:] n kano c

canteen [kæn'ti:n] n kantine c; feltflaske c

canvas ['kænvəs] n sejldug c

cap [kæp] n hue c, kasket c

capable ['keipəbəl] adj dygtig, kompetent

capacity [kə'pæsəti] n kapacitet c; kompetence c

cape [keip] n cape c; kap nt

capital ['kæpitəl] n hovedstad c; kapital c; adj tungtvejende, hoved-; ~ letter stort bogstav

capitalism ['kæpitəlizəm] n kapitalisme c

capitulation [kə,pitju'leiʃən] n kapitulation c

capsule ['kæpsju:l] n kapsel c

captain ['kæptin] n kaptajn c; luftkaptajn *c*

capture ['kæptʃə] *v* fange, *tage til fange; *indtage; *n* pågribelse *c*; erobring *c*

car [ka:] *n* bil *c*; ~ **hire** biludlejning *c*; ~ **park** parkeringsplads *c*; ~ **rental** *Am* biludlejning *c*

carafe [kə'ræf] *n* karaffel *c*

caramel ['kærəməl] *n* karamel *c*

carat ['kærət] *n* karat *c*

caravan ['kærəvæn] *n* campingvogn *c*; beboelsesvogn *c*

carburettor [,ka:bju'retə] *n* karbura-tor *c*

card [ka:d] *n* kort *nt;* brevkort *nt;* vi-sitkort *nt*

cardboard ['ka:dbɔ:d] *n* karton *nt; adj* karton-

cardigan ['ka:digən] *n* trøje *c*

cardinal ['ka:dinəl] *n* kardinal *c; adj* hoved-, afgørende

care [kɛə] *n* omsorg *c;* bekymring *c;* ~ **about** bekymre sig om; ~ **for** *bryde sig om; ***take** ~ **of** *tage sig af, passe

career [kə'riə] *n* karriere *c,* løbebane *c*

carefree ['kɛəfri:] *adj* ubekymret

careful ['kɛəfəl] *adj* forsigtig; omhyg-gelig, påpasselig

careless ['kɛələs] *adj* tankeløs, sløset

caretaker ['kɛə,teikə] *n* portner *c*

cargo ['ka:gou] *n* (pl ~es) last *c,* lad-ning *c*

carnival ['ka:nivəl] *n* karneval *nt*

carp [ka:p] *n* (pl ~) karpe *c*

carpenter ['ka:pintə] *n* tømrer *c*

carpet ['ka:pit] *n* gulvtæppe *nt,* tæp-pe *nt*

carriage ['kæridʒ] *n* personvogn *c;* karrosse *c,* vogn *c*

carriageway ['kæridʒwei] *n* kørebane *c*

carrot ['kærət] *n* gulerod *c*

carry ['kæri] *v* *bære; føre; ~ **on** *fortsætte; ~ **out** gennemføre

carry-cot ['kærikɔt] *n* babylift *c*

cart [ka:t] *n* kærre *c,* trækvogn *c*

cartilage ['ka:tilidʒ] *n* brusk *c*

carton ['ka:tən] *n* karton *c*

cartoon [ka:'tu:n] *n* tegnefilm *c*

cartridge ['ka:tridʒ] *n* patron *c*

carve [ka:v] *v* *skære, *skære ud; snitte

carving ['ka:viŋ] *n* billedskærerarbej-de *nt*

case [keis] *n* tilfælde *nt;* sag *c;* kuf-fert *c;* etui *nt;* **attaché** ~ doku-mentmappe *c;* **in** ~ såfremt; **in** ~ **of** i tilfælde af

cash [kæʃ] *n* kontanter *pl; v* indløse, indkassere, hæve

cashier [kæ'ʃiə] *n* kasserer *c;* kasse-rerske *c*

cashmere ['kæʃmiə] *n* kashmir *c*

casino [kə'si:nou] *n* (pl ~s) kasino *nt*

cask [ka:sk] *n* fad *nt,* tønde *c*

cast [ka:st] *n* kast *nt*

***cast** [ka:st] *v* kaste, *smide; **cast iron** støbejern *nt*

castle ['ka:səl] *n* slot *nt,* borg *c*

casual ['kæʒuəl] *adj* tvangfri; tilfæl-dig, flygtig

casualty ['kæʒuəlti] *n* offer *nt*

cat [kæt] *n* kat *c*

catacomb ['kætəkoum] *n* katakombe *c*

catalogue ['kætələg] *n* katalog *nt*

catarrh [kə'ta:] *n* katar *c*

catastrophe [kə'tæstrəfi] *n* katastrofe *c*

***catch** [kætʃ] *v* fange, *gribe; *gribe i; nå

category ['kætigəri] *n* kategori *c*

cathedral [kə'θi:drəl] *n* katedral *c,* domkirke *c*

catholic ['kæθəlik] *adj* katolsk

cattle ['kætəl] *pl* kvæg *nt*

caught [kɔ:t] *v* (p, pp catch)

cauliflower ['kɔliflauə] n blomkål c

cause [kɔːz] v forårsage; forvolde; n årsag c; grund c, anledning c; sag c; ~ to *få til at

caution ['kɔːʃən] n forsigtighed c; v advare

cautious ['kɔːʃəs] adj forsigtig

cave [keiv] n grotte c

cavern ['kævən] n hule c

caviar ['kæviɑː] n kaviar c

cavity ['kævəti] n hulhed c

cease [siːs] v *holde op

ceiling ['siːliŋ] n loft nt

celebrate ['selibreit] v fejre

celebration [ˌseliˈbreiʃən] n fest c

celebrity [siˈlebrəti] n berømthed c

celery ['seləri] n selleri c

celibacy ['selibəsi] n cølibat nt

cell [sel] n celle c

cellar ['selə] n kælder c

cellophane ['seləfein] n cellofan nt

cement [siˈment] n cement c

cemetery ['semitri] n kirkegård c

censorship ['sensəʃip] n censur c

centigrade ['sentigreid] adj celsius

centimetre ['sentimiːtə] n centimeter c

central ['sentrəl] adj central; ~ heating centralvarme c; ~ station hovedbanegård c

centralize ['sentrəlaiz] v centralisere

centre ['sentə] n centrum nt; midtpunkt nt

century ['sentʃəri] n århundrede nt

ceramics [siˈræmiks] pl keramik c, lervarer pl

ceremony ['serəməni] n ceremoni c

certain ['sɔːtən] adj sikker; vis

certificate [səˈtifikət] n certifikat nt; bevis nt, attest c, diplom nt, dokument nt

chain [tʃein] n kæde c

chair [tʃeə] n stol c

chairman ['tʃeəmən] n (pl -men) formand c

chalet ['ʃælei] n bjerghytte c

chalk [tʃɔːk] n kridt nt

challenge ['tʃæləndʒ] v udfordre; n udfordring c

chamber ['tʃeimbə] n kammer nt

chambermaid ['tʃeimbəmeid] n stuepige c

champagne [ʃæmˈpein] n champagne c

champion ['tʃæmpjən] n mester c; forkæmper c

chance [tʃɑːns] n tilfælde nt; chance c, lejlighed c; risiko c; by ~ tilfældigvis

change [tʃeindʒ] v forandre, ændre; veksle; klæde sig om; skifte; n forandring c, ændring c; småpenge pl, byttepenge pl

channel ['tʃænəl] n kanal c; English Channel Den engelske Kanal

chaos ['keiɔs] n kaos nt

chaotic [keiˈɔtik] adj kaotisk

chap [tʃæp] n fyr c

chapel ['tʃæpəl] n kapel nt, kirke c

chaplain ['tʃæplin] n kapellan c

character ['kærəktə] n karakter c

characteristic [ˌkærəktəˈristik] adj betegnende, karakteristisk; n kendetegn nt; karaktertræk nt

characterize ['kærəktəraiz] v karakterisere

charcoal ['tʃɑːkoul] n trækul nt

charge [tʃɑːdʒ] v forlange; anklage; laste; n gebyr nt; ladning c, byrde c, belastning c; anklage c; ~ plate Am kreditkort nt; free of ~ omkostningsfri; in ~ of ansvarlig for; *take ~ of *påtage sig

charity ['tʃærəti] n velgørenhed c

charm [tʃɑːm] n charme c, yndigheder pl; amulet c

charming ['tʃɑːmiŋ] adj charmerende

chart [tʃɑːt] n tabel c; diagram nt; søkort *nt;* **conversion** ~ omregningstabel *c*

chase [tʃeis] *v* *forfølge; jage bort, *fordrive; *n* jagt *c*

chasm [ˈkæzəm] *n* kløft *c*

chassis [ˈʃæsi] *n* (pl ~) chassis *nt*

chaste [tʃeist] *adj* kysk

chat [tʃæt] *v* sludre, snakke; *n* sludder *c*, snak *c*

chatterbox [ˈtʃætəbɔks] *n* sludrechatol *nt*

chauffeur [ˈʃoufə] *n* chauffør *c*

cheap [tʃiːp] *adj* billig; fordelagtig

cheat [tʃiːt] *v* bedrage, *snyde

check [tʃek] *v* checke, kontrollere; *n* felt *nt; nAm* regning *c; nAm* check *c;* **check!** skak!; ~ **in** indskrive sig, checke ind; ~ **out** checke ud, *forlade

check-book [ˈtʃekbuk] *nAm* checkhæfte *nt*

checkerboard [ˈtʃekəbɔːd] *nAm* skakbræt *nt*

checkers [ˈtʃekəz] *plAm* damspil *nt*

checkroom [ˈtʃekruːm] *nAm* garderobe *c*

check-up [ˈtʃekʌp] *n* undersøgelse *c*

cheek [tʃiːk] *n* kind *c*

cheek-bone [ˈtʃiːkboun] *n* kindben *nt*

cheer [tʃiə] *v* hylde, tiljuble; ~ **up** opmuntre

cheerful [ˈtʃiəfəl] *adj* munter, glad

cheese [tʃiːz] *n* ost *c*

chef [ʃef] *n* køkkenchef *c*

chemical [ˈkemikəl] *adj* kemisk

chemist [ˈkemist] *n* apoteker *c;* **chemist's** apotek *nt;* materialhandel *c*

chemistry [ˈkemistri] *n* kemi *c*

cheque [tʃek] *n* check *c*

cheque-book [ˈtʃekbuk] *n* checkhæfte *nt*

chequered [ˈtʃekəd] *adj* ternet

cherry [ˈtʃeri] *n* kirsebær *nt*

chess [tʃes] *n* skak

chest [tʃest] *n* bryst *nt;* brystkasse *c;* dragkiste *c;* ~ **of drawers** kommode *c*

chestnut [ˈtʃesnʌt] *n* kastanje *c*

chew [tʃuː] *v* tygge

chewing-gum [ˈtʃuːiŋgʌm] *n* tyggegummi *nt*

chicken [ˈtʃikin] *n* kylling *c*

chickenpox [ˈtʃikinpɔks] *n* skoldkopper *pl*

chief [tʃiːf] *n* overhoved *nt; adj* hoved-, over-

chieftain [ˈtʃiːftən] *n* høvding *c*

chilblain [ˈtʃilblein] *n* frostknude *c*

child [tʃaild] *n* (pl children) barn *nt*

childbirth [ˈtʃaildbəːθ] *n* fødsel *c*

childhood [ˈtʃaildhud] *n* barndom *c*

Chile [ˈtʃili] Chile

Chilean [ˈtʃiliən] *adj* chilensk; *n* chilener *c*

chill [tʃil] *n* kuldegysning *c;* kulde *c*

chilly [ˈtʃili] *adj* kølig

chimes [tʃaimz] *pl* klokkespil *nt*

chimney [ˈtʃimni] *n* skorsten *c*

chin [tʃin] *n* hage *c*

China [ˈtʃainə] Kina

china [ˈtʃainə] *n* porcelæn *nt*

Chinese [tʃaiˈniːz] *adj* kinesisk; *n* kineser *c*

chink [tʃiŋk] *n* revne *c*

chip [tʃip] *n* flis *c;* jeton *c; v* *slå en flis af, snitte; **chips** pommes frites

chiropodist [kiˈrɔpədist] *n* fodplejer *c*

chisel [ˈtʃizəl] *n* mejsel *c*

chives [tʃaivz] *pl* purløg *nt*

chlorine [ˈklɔːriːn] *n* klor *c*

chock-full [tʃɔkˈful] *adj* propfuld, smækfuld

chocolate [ˈtʃɔklət] *n* chokolade *c;* konfekt *c*

choice [tʃɔis] *n* valg *nt;* udvalg *nt*

choir [kwaiə] *n* kor *nt*

choke [tʃouk] *v* *kvæles; *kvæle; *n*

choker c

*choose [tʃu:z] v *vælge

chop [tʃɔp] n kotelet c; v hakke

Christ [kraist] Kristus

christen ['krisən] v døbe

christening ['krisniŋ] n dåb c

Christian ['kristʃən] adj kristen; ~ name fornavn nt

Christmas ['krisməs] jul

chromium ['kroumiəm] n krom nt

chronic ['krɔnik] adj kronisk

chronological [ˌkrɔnə'lɔdʒikəl] adj kronologisk

chuckle ['tʃʌkəl] v klukke; n kluklatter c

chunk [tʃʌŋk] n luns c

church [tʃə:tʃ] n kirke c

churchyard ['tʃə:tʃjɑ:d] n kirkegård c

cigar [si'gɑ:] n cigar c; ~ shop cigarforretning c

cigarette [ˌsigə'ret] n cigaret c

cigarette-case [ˌsigə'retkeis] n cigaretetui nt

cigarette-holder [ˌsigə'retˌhouldə] n cigaretrør c

cigarette-lighter [ˌsigə'retˌlaitə] n cigarettænder c

cinema ['sinəmə] n biograf c

cinnamon ['sinəmən] n kanel c

circle ['sə:kəl] n cirkel c; kreds c; balkon c; v *omgive, omringe

circulation [ˌsə:kju'leiʃən] n kredsløb nt; blodomløb nt; omløb nt

circumstance ['sə:kəmstæns] n omstændighed c

circus ['sə:kəs] n cirkus c

citizen ['sitizən] n borger c

citizenship ['sitizənʃip] n statsborgerskab nt

city ['siti] n by c

civic ['sivik] adj borger-

civil ['sivəl] adj civil; høflig; ~ law borgerlig ret; ~ servant statstjenestemand c

civilian [si'viljən] adj civil; n civilist c

civilization [ˌsivəlai'zeiʃən] n civilisation c

civilized ['sivəlaizd] adj civiliseret

claim [kleim] v kræve, fordre; *påstå; n krav nt, fordring c

clamp [klæmp] n klampe c; skruetvinge c

clap [klæp] v klappe, applaudere

clarify ['klærifai] v *klargøre, *tydeliggøre

class [klɑ:s] n klasse c

classical ['klæsikəl] adj klassisk

classify ['klæsifai] v klassificere

class-mate ['klɑ:smeit] n klassekammerat c

classroom ['klɑ:sru:m] n klasseværelse nt

clause [klɔ:z] n klausul c

claw [klɔ:] n klo c

clay [klei] n ler nt

clean [kli:n] adj ren; v rense, *gøre rent, *rengøre

cleaning ['kli:niŋ] n rengøring c; ~ fluid rengøringsmiddel nt

clear [kliə] adj klar; tydelig; v rydde, rense

clearing ['kliəriŋ] n lysning c

cleft [kleft] n spalte c

clergyman ['klə:dʒimən] n (pl -men) præst c

clerk [klɑ:k] n kontorist c; sekretær c

clever ['klevə] adj intelligent; udspekuleret, begavet, klog

client ['klaiənt] n kunde c; klient c

cliff [klif] n klint c, klippeskrænt c

climate ['klaimit] n klima nt

climb [klaim] v klatre; *stige; n klatring c

clinic ['klinik] n klinik c

cloak [klouk] n kappe c

cloakroom ['kloukru:m] n garderobe c

clock [klɔk] n ur nt; at ... o'clock klokken ...

cloister ['klɔistə] n kloster nt
close¹ [klouz] v lukke; closed adj lukket
close² [klous] adj nær
closet ['klɔzit] n skab nt; nAm garderobeskab nt
cloth [klɔθ] n klæde nt; klud c
clothes [klouðz] pl klæder pl, tøj pl
clothes-brush ['klouðzbrʌʃ] n klædebørste c
clothing ['klouðiŋ] n tøj pl
cloud [klaud] n sky c
cloud-burst ['klaudbə:st] n skybrud nt
cloudy ['klaudi] adj skyet, overskyet
clover ['klouvə] n kløver c
clown [klaun] n klovn c
club [klʌb] n klub c, forening c; kølle c, knippel c
clumsy ['klʌmzi] adj klodset
clutch [klʌtʃ] n kobling c; greb nt
coach [koutʃ] n bus c; jernbanevogn c; karet c; træner c
coagulate [kou'ægjuleit] v størkne, koagulere
coal [koul] n kul nt
coarse [kɔ:s] adj grov
coast [koust] n kyst c
coat [kout] n frakke c
coat-hanger ['kout,hæŋə] n bøjle c
cobweb ['kɔbweb] n spindelvæv nt
cocaine [kou'kein] n kokain c
cock [kɔk] n hane c
cocktail ['kɔkteil] n cocktail c
coconut ['koukənʌt] n kokosnød c
cod [kɔd] n (pl ~) torsk c
code [koud] n kode c
coffee ['kɔfi] n kaffe c
cognac ['kɔnjæk] n cognac c
coherence [kou'hiərəns] n sammenhæng c
coin [kɔin] n mønt c
coincide [,kouin'said] v *falde sammen
cold [kould] adj kold; n kulde c; for-

kølelse c; *catch a ~ *blive forkølet
collapse [kə'læps] v *bryde sammen
collar ['kɔlə] n halsbånd nt; krave c; ~ stud kraveknap c
collarbone ['kɔləboun] n kraveben nt
colleague ['kɔli:g] n kollega c
collect [kə'lekt] v samle; hente, afhente; indsamle
collection [kə'lekʃən] n samling c; tømning c
collective [kə'lektiv] adj kollektiv
collector [kə'lektə] n samler c; indsamler c
college ['kɔlidʒ] n højere læreanstalt; skole c
collide [kə'laid] v støde sammen, kollidere
collision [kə'liʒən] n sammenstød nt, kollision c
Colombia [kə'lɔmbiə] Colombia
Colombian [kə'lɔmbiən] adj colombiansk; n colombianer c
colonel ['kə:nəl] n oberst c
colony ['kɔləni] n koloni c
colour ['kʌlə] n farve c; v farve; ~ film farvefilm c
colourant ['kʌlərənt] n farvestof nt
colour-blind ['kʌləblaind] adj farveblind
coloured ['kʌləd] adj farvet
colourful ['kʌləfəl] adj farverig, broget
column ['kɔləm] n søjle c, pille c; spalte c; rubrik c; kolonne c
coma ['koumə] n coma c
comb [koum] v rede; n kam c
combat ['kɔmbæt] n kamp c; v bekæmpe, kæmpe
combination [,kɔmbi'neiʃən] n kombination c
combine [kəm'bain] v kombinere
*come [kʌm] v *komme; ~ across

støde på; *finde

comedian [kə'mi:diən] n skuespiller c; komiker c

comedy ['kɔmədi] n komedie c, lystspil nt; musical ~ musical c

comfort ['kʌmfət] n komfort c, bekvemmelighed c; trøst c; v trøste

comfortable ['kʌmfətəbəl] adj bekvem, komfortabel

comic ['kɔmik] adj komisk

comics ['kɔmiks] pl tegneserie c

coming ['kʌmiŋ] n komme nt

comma ['kɔmə] n komma nt

command [kə'ma:nd] v befale, kommandere; n ordre c

commander [kə'ma:ndə] n befalingsmand c

commemoration [kə,memə'reiʃən] n mindefest c

commence [kə'mens] v begynde

comment ['kɔment] n kommentar c; v kommentere

commerce ['kɔmə:s] n handel c

commercial [kə'mə:ʃəl] adj handels-, kommerciel; n reklame c; ~ law erhvervsret c

commission [kə'miʃən] n kommission c

commit [kə'mit] v *overlade, betro; *begå

committee [kə'miti] n komité c, udvalg nt

common ['kɔmən] adj fælles; vanlig, almindelig; tarvelig

commune ['kɔmju:n] n kommune c

communicate [kə'mju:nikeit] v meddele

communication [kə,mju:ni'keiʃən] n kommunikation c; meddelelse c

communiqué [kə'mju:nikei] n communiqué nt

communism ['kɔmjunizəm] n kommunisme c

communist ['kɔmjunist] n kommunist

c

community [kə'mju:nəti] n samfund nt

compact ['kɔmpækt] adj kompakt

companion [kəm'pænjən] n ledsager c

company ['kʌmpəni] n selskab nt, firma nt

comparative [kəm'pærətiv] adj relativ

compare [kəm'pɛə] v sammenligne

comparison [kəm'pærisən] n sammenligning c

compartment [kəm'pa:tmənt] n kupé c

compass ['kʌmpəs] n kompas nt

compel [kəm'pel] v *tvinge

compensate ['kɔmpənseit] v kompensere

compensation [,kɔmpən'seiʃən] n kompensation c; skadeserstatning c

compete [kəm'pi:t] v konkurrere

competition [,kɔmpə'tiʃən] n konkurrence c; kappestrid c

competitor [kəm'petitər] n konkurrent c

compile [kəm'pail] v sammenstykke

complain [kəm'plein] v klage

complaint [kəm'pleint] n klage c; complaints book klagebog c

complete [kəm'pli:t] adj fuldstændig, komplet; v fuldende

completely [kəm'pli:tli] adv helt, totalt, fuldstændigt

complex ['kɔmpleks] n kompleks nt; adj indviklet

complexion [kəm'plekʃən] n teint c

complicated ['kɔmplikeitid] adj kompliceret, indviklet

compliment ['kɔmplimənt] n kompliment c; v komplimentere, lykønske

compose [kəm'pouz] v *sammensætte; komponere

composer [kəm'pouzə] n komponist c

composition [,kɔmpə'ziʃən] n komposition c; sammensætning c

comprehensive [ˌkɔmpriˈhensiv] *adj* omfattende

comprise [kəmˈpraiz] *v* indbefatte, omfatte

compromise [ˈkɔmprəmaiz] *n* kompromis *nt*

compulsory [kəmˈpʌlsəri] *adj* obligatorisk

comrade [ˈkɔmreid] *n* kammerat *c*

conceal [kənˈsiːl] *v* skjule

conceited [kənˈsiːtid] *adj* indbildsk

conceive [kənˈsiːv] *v* opfatte, udtænke; forestille sig

concentrate [ˈkɔnsəntreit] *v* koncentrere

concentration [ˌkɔnsənˈtreiʃən] *n* koncentration *c*

concept [ˈkɔnsept] *n* begreb *nt*

conception [kənˈsepʃən] *n* forestilling *c*; undfangelse *c*

concern [kənˈsəːn] *v* vedrøre, *angå; *n* bekymring *c*; anliggende *nt*; foretagende *nt*, koncern *c*

concerned [kənˈsəːnd] *adj* bekymret; impliceret

concerning [kənˈsəːniŋ] *prep* angående, vedrørende

concert [ˈkɔnsət] *n* koncert *c*; ~ hall koncertsal *c*

concession [kənˈseʃən] *n* koncession *c*; indrømmelse *c*

concierge [ˌkɔsiˈɛəʒ] *n* vicevært *c*

concise [kənˈsais] *adj* koncis

conclusion [kənˈkluːʒən] *n* konklusion *c*, slutning *c*

concrete [ˈkɔnkriːt] *adj* konkret; *n* beton *c*

concurrence [kənˈkʌrəns] *n* sammentræf *nt*

concussion [kənˈkʌʃən] *n* hjernerystelse *c*

condition [kənˈdiʃən] *n* betingelse *c*; kondition *c*, tilstand *c*; omstændighed *c*

conditional [kənˈdiʃənəl] *adj* betinget

conduct[1] [ˈkɔndʌkt] *n* opførsel *c*

conduct[2] [kənˈdʌkt] *v* føre; ledsage; dirigere

conductor [kənˈdʌktə] *n* konduktør *c*; dirigent *c*

confectioner [kənˈfekʃənə] *n* konditor *c*

conference [ˈkɔnfərəns] *n* konference *c*

confess [kənˈfes] *v* erkende; skrifte; bekende

confession [kənˈfeʃən] *n* bekendelse *c*; skriftemål *nt*

confidence [ˈkɔnfidəns] *n* tillid *c*

confident [ˈkɔnfidənt] *adj* tillidsfuld

confidential [ˌkɔnfiˈdenʃəl] *adj* fortrolig

confirm [kənˈfəːm] *v* bekræfte

confirmation [ˌkɔnfəˈmeiʃən] *n* bekræftelse *c*

confiscate [ˈkɔnfiskeit] *v* *beslaglægge, konfiskere

conflict [ˈkɔnflikt] *n* konflikt *c*

confuse [kənˈfjuːz] *v* forvirre

confusion [kənˈfjuːʒən] *n* forvirring *c*

congratulate [kənˈgrætʃuleit] *v* lykønske, gratulere

congratulation [kənˌgrætʃuˈleiʃən] *n* gratulation *c*, lykønskning *c*

congregation [ˌkɔŋgriˈgeiʃən] *n* menighed *c*; kongregation *c*, orden *c*

congress [ˈkɔŋgres] *n* kongres *c*

connect [kəˈnekt] *v* *forbinde; tilslutte

connection [kəˈnekʃən] *n* forbindelse *c*; sammenhæng *c*

connoisseur [ˌkɔnəˈsəː] *n* kender *c*

connotation [ˌkɔnəˈteiʃən] *n* bibetydning *c*

conquer [ˈkɔŋkə] *v* erobre; besejre

conqueror [ˈkɔŋkərə] *n* erobrer *c*

conquest [ˈkɔŋkwest] *n* erobring *c*

conscience [ˈkɔnʃəns] *n* samvittighed

c

conscious [ˈkɔnʃəs] adj bevidst

consciousness [ˈkɔnʃəsnəs] n bevidst-hed c

conscript [ˈkɔnskript] n værnepligtig c

conscription [kənˈskripʃən] n værne-pligt c

consent [kənˈsent] v samtykke; bifal-de; n samtykke nt, tilslutning c

consequence [ˈkɔnsikwəns] n konse-kvens c

consequently [ˈkɔnsikwəntli] adv føl-gelig

conservative [kənˈsəːvətiv] adj kon-servativ

consider [kənˈsidə] v betragte; over-veje; *anse, mene

considerable [kənˈsidərəbəl] adj bety-delig, anselig

considerate [kənˈsidərət] adj hensyns-fuld

consideration [kənˌsidəˈreiʃən] n over-vejelse c; eftertanke c, hensyn nt

considering [kənˈsidəriŋ] prep i be-tragtning af

consignment [kənˈsainmənt] n sen-ding c

consist of [kənˈsist] *bestå af

conspire [kənˈspaiə] v *sammensvær-ge sig

constant [ˈkɔnstənt] adj konstant

constipated [ˈkɔnstipeitid] adj for-stoppet

constipation [ˌkɔnstiˈpeiʃən] n forstop-pelse c

constituency [kənˈstitʃuənsi] n valg-kreds c

constitution [ˌkɔnstiˈtjuːʃən] n forfat-ning c

construct [kənˈstrʌkt] v konstruere; bygge

construction [kənˈstrʌkʃən] n kon-struktion c; byggeri nt, bygning c

consul [ˈkɔnsəl] n konsul c

consulate [ˈkɔnsjulət] n konsulat nt

consult [kənˈsʌlt] v konsultere

consultation [ˌkɔnsəlˈteiʃən] n konsul-tation c; ~ hours konsultationstid c

consumer [kənˈsjuːmə] n forbruger c, konsument c

contact [ˈkɔntækt] n kontakt c, berø-ring c; v kontakte; ~ lenses kon-taktlinser pl

contagious [kənˈteidʒəs] adj smitsom, smittende

contain [kənˈtein] v *indeholde; rum-me

container [kənˈteinə] n beholder c; container c

contemporary [kənˈtempərəri] adj samtids-; daværende; nutidig; n samtidig c

contempt [kənˈtempt] n ringeagtelse c, foragt c

content [kənˈtent] adj tilfreds

contents [ˈkɔntents] pl indhold nt

contest [ˈkɔntest] n strid c; konkur-rence c

continent [ˈkɔntinənt] n kontinent nt, verdensdel c; fastland nt

continental [ˌkɔntiˈnentəl] adj konti-nental

continual [kənˈtinjuəl] adj uophørlig, vedvarende; **continually** adv uop-hørligt

continue [kənˈtinjuː] v *fortsætte; vedvare

continuous [kənˈtinjuəs] adj vedva-rende, uafbrudt, kontinuerlig

contour [ˈkɔntuə] n omrids nt

contraceptive [ˌkɔntrəˈseptiv] n præ-ventionsmiddel nt

contract¹ [ˈkɔntrækt] n kontrakt c

contract² [kənˈtrækt] v *trække sig sammen; *pådrage sig

contractor [kənˈtræktə] n entreprenør c

contradict [ˌkɔntrə'dikt] v *modsige

contradictory [ˌkɔntrə'diktəri] adj modstridende

contrary ['kɔntrəri] n modsætning c; adj modsat; on the ~ tværtimod

contrast ['kɔntrɑ:st] n kontrast c; forskel c

contribution [ˌkɔntri'bju:ʃən] n bidrag nt

control [kən'troul] n kontrol c; v kontrollere

controversial [ˌkɔntrə'və:ʃəl] adj kontroversiel, omstridt

convenience [kən'vi:njəns] n bekvemmelighed c

convenient [kən'vi:njənt] adj bekvem; egnet, belejlig

convent ['kɔnvənt] n kloster nt

conversation [ˌkɔnvə'seiʃən] n samtale c, konversation c

convert [kən'və:t] v omvende; omregne

convict¹ [kən'vikt] v domfælde

convict² ['kɔnvikt] n domfældt c; straffefange c

conviction [kən'vikʃən] n overbevisning c; domfældelse c

convince [kən'vins] v overbevise

convulsion [kən'vʌlʃən] n krampe c

cook [kuk] n kok c; v lave mad; tilberede

cookbook ['kukbuk] nAm kogebog c

cooker ['kukə] n komfur nt; gas ~ gaskomfur nt

cookery-book ['kukəribuk] n kogebog c

cookie ['kuki] nAm småkage c

cool [ku:l] adj kølig; cooling system kølesystem nt

co-operation [kouˌɔpə'reiʃən] n samarbejde nt; medvirken c

co-operative [kou'ɔpərətiv] adj andels-; samarbejdsvillig; n andelsforetagende nt

co-ordinate [kou'ɔ:dineit] v koordinere

co-ordination [kouˌɔ:di'neiʃən] n koordination c

copper ['kɔpə] n kobber nt

copy ['kɔpi] n kopi c; afskrift c; eksemplar nt; v kopiere; *eftergøre; carbon ~ gennemslag nt

coral ['kɔrəl] n koral c

cord [kɔ:d] n tov nt; snor c

cordial ['kɔ:diəl] adj hjertelig

corduroy ['kɔ:dərɔi] n jernbanefløjl c

core [kɔ:] n kerne c; kernehus nt

cork [kɔ:k] n prop c

corkscrew ['kɔ:kskru:] n proptrækker c

corn [kɔ:n] n korn nt; sæd c; ligtorn c

corner ['kɔ:nə] n hjørne nt

cornfield ['kɔ:nfi:ld] n kornmark c

corpse [kɔ:ps] n lig nt

corpulent ['kɔ:pjulənt] adj korpulent; svær, fed

correct [kə'rekt] adj korrekt, sand, rigtig; v rette, korrigere

correction [kə'rekʃən] n rettelse c

correctness [kə'rektnəs] n rigtighed c

correspond [ˌkɔri'spɔnd] v korrespondere; svare til, stemme overens

correspondence [ˌkɔri'spɔndəns] n brevveksling c, korrespondance c

correspondent [ˌkɔri'spɔndənt] n korrespondent c

corridor ['kɔridɔ:] n korridor c

corrupt [kə'rʌpt] adj korrupt; v *bestikke

corruption [kə'rʌpʃən] n korruption c

corset ['kɔ:sit] n korset nt

cosmetics [kɔz'metiks] pl kosmetik c, skønhedsmidler pl

cost [kɔst] n omkostning c; pris c

*cost [kɔst] v koste

cosy ['kouzi] adj hyggelig

cot [kɔt] nAm feltseng c

cottage ['kɔtidʒ] n sommerhus nt

cotton ['kɔtən] *n* bomuld *c*; bomulds-
cotton-wool ['kɔtənwul] *n* vat *nt*
couch [kautʃ] *n* divan *c*
cough [kɔf] *n* hoste *c*; *v* hoste
could [kud] *v* (p can)
council ['kaunsəl] *n* råd *nt*
councillor ['kaunsələ] *n* rådsmedlem
  nt
counsel ['kaunsəl] *n* råd *nt*
counsellor ['kaunsələ] *n* rådgiver *c*
count [kaunt] *v* *tælle; *tælle sam-
  men; medregne; regne for; *n* greve
  c
counter ['kauntə] *n* disk *c*; skranke *c*
counterfeit ['kauntəfi:t] *v* forfalske
counterfoil ['kauntəfɔil] *n* talon *c*
counterpane ['kauntəpein] *n* senge-
  tæppe *nt*
countess ['kauntis] *n* grevinde *c*
country ['kʌntri] *n* land *nt*; landet;
  egn *c*; ~ **house** landsted *nt*
countryman ['kʌntrimən] *n* (pl -men)
  landsmand *c*
countryside ['kʌntrisaid] *n* landet
county ['kaunti] *n* grevskab *nt*
couple ['kʌpəl] *n* par *nt*
coupon ['ku:pɔn] *n* kupon *c*
courage ['kʌridʒ] *n* tapperhed *c*, mod
  nt
courageous [kə'reidʒəs] *adj* tapper,
  modig
course [kɔ:s] *n* kurs *c*; ret *c*; løb *nt*;
  kursus *nt*; **intensive** ~ lynkursus
  nt; **of** ~ naturligvis, selvfølgelig
court [kɔ:t] *n* domstol *c*; hof *nt*
courteous ['kə:tiəs] *adj* beleven
cousin ['kʌzən] *n* kusine *c*, fætter *c*
cover ['kʌvə] *v* dække, tildække; *n* læ
  nt; låg *nt*; omslag *nt*; ~ **charge**
  kuvertafgift *c*
cow [kau] *n* ko *c*
coward ['kauəd] *n* kujon *c*
cowardly ['kauədli] *adj* fej
cow-hide ['kauhaid] *n* oksehud *c*

crab [kræb] *n* krabbe *c*
crack [kræk] *n* smæld *nt*; revne *c*; *v*
  smælde; revne, briste, brække
cracker ['krækə] *nAm* småkage *c*
cradle ['kreidəl] *n* vugge *c*
cramp [kræmp] *n* krampe *c*
crane [krein] *n* kran *c*
crankcase ['kræŋkkeis] *n* krumtaphus
  nt
crankshaft ['kræŋkʃɑ:ft] *n* krumtap-
  aksel *c*
crash [kræʃ] *n* kollision *c*; *v* støde
  sammen; styrte ned; ~ **barrier** au-
  toværn *nt*
crate [kreit] *n* tremmekasse *c*
crater ['kreitə] *n* krater *nt*
crawl [krɔ:l] *v* kravle; *n* crawl *c*
craze [kreiz] *n* dille *c*
crazy ['kreizi] *adj* skør; vanvittig, for-
  rykt
creak [kri:k] *v* knirke
cream [kri:m] *n* creme *c*; fløde *c*; *adj*
  flødefarvet
creamy ['kri:mi] *adj* flødeagtig
crease [kri:s] *v* krølle; *n* fold *c*; rynke
  c
create [kri'eit] *v* skabe; kreere
creature ['kri:tʃə] *n* skabning *c*
credible ['kredibəl] *adj* troværdig
credit ['kredit] *n* kredit *c*; *v* *godskri-
  ve, kreditere; ~ **card** kreditkort *nt*
creditor ['kreditə] *n* kreditor *c*
credulous ['kredjuləs] *adj* godtroende
creek [kri:k] *n* vig *c*, bugt *c*; *nAm*
  bæk *c*
*creep [kri:p] *v* *krybe
creepy ['kri:pi] *adj* rædselsvækkende,
  uhyggelig
cremate [kri'meit] *v* ligbrænde
cremation [kri'meiʃən] *n* ligbrænding
  c
crew [kru:] *n* mandskab *nt*
cricket ['krikit] *n* kricket; fårekylling
  c

crime [kraim] n forbrydelse c

criminal ['kriminəl] n forbryder c; adj kriminel, forbryderisk; ~ law strafferet c

criminality [ˌkrimi'næləti] n kriminalitet c

crimson ['krimzən] adj højrød

crippled ['kripəld] adj invalid

crisis ['kraisis] n (pl crises) krise c

crisp [krisp] adj sprød

critic ['kritik] n kritiker c

critical ['kritikəl] adj kritisk; risikabel, betænkelig

criticism ['kritisizəm] n kritik c

criticize ['kritisaiz] v kritisere

crochet ['krouʃei] v hække

crockery ['krɔkəri] n lertøj pl, service nt

crocodile ['krɔkədail] n krokodille c

crook [kruk] n svindler c

crooked ['krukid] adj kroget, fordrejet; uærlig

crop [krɔp] n afgrøde c

cross [krɔs] v krydse; adj vranten, gnaven; n kors nt

cross-eyed ['krɔsaid] adj skeløjet

crossing ['krɔsiŋ] n overfart c; krydsning c; fodgængerovergang c; jernbaneoverskæring c

crossroads ['krɔsroudz] n gadekryds nt

crosswalk ['krɔswɔ:k] nAm fodgængerovergang c

crow [krou] n krage c

crowbar ['kroubɑ:] n brækjern nt

crowd [kraud] n menneskemængde c, folkeskare c

crowded ['kraudid] adj stuvende fuld; overfyldt

crown [kraun] n krone c; v krone

crucifix ['kru:sifiks] n krucifiks nt

crucifixion [ˌkru:si'fikʃən] n korsfæstelse c

crucify ['kru:sifai] v korsfæste

cruel [kruəl] adj grusom

cruise [kru:z] n krydstogt nt

crumb [krʌm] n krumme c

crusade [kru:'seid] n korstog nt

crust [krʌst] n skorpe c

crutch [krʌtʃ] n krykke c

cry [krai] v *græde; *skrige; råbe; n skrig nt, vræl nt; råb nt

crystal ['kristəl] n krystal nt; adj krystal-

Cuba ['kju:bə] Cuba

Cuban ['kju:bən] adj cubansk; n cubaner c

cube [kju:b] n terning c

cuckoo ['kuku:] n gøg c

cucumber ['kju:kəmbə] n agurk c

cuddle ['kʌdəl] v omfavne, knuse

cuff [kʌf] n manchet c

cuff-links ['kʌfliŋks] pl manchetknapper pl

cul-de-sac ['kʌldəsæk] n blind vej

cultivate ['kʌltiveit] v dyrke, opdyrke

culture ['kʌltʃə] n kultur c

cultured ['kʌltʃəd] adj kultiveret

cunning ['kʌniŋ] adj snu

cup [kʌp] n kop c; pokal c

cupboard ['kʌbəd] n skab nt

curb [kə:b] n kantsten c; v tøjle

cure [kjuə] v helbrede, kurere; n kur c; helbredelse c

curio ['kjuəriou] n (pl ~s) kuriositet c

curiosity [ˌkjuəri'ɔsəti] n nysgerrighed c

curious ['kjuəriəs] adj videbegærlig, nysgerrig; mærkelig

curl [kə:l] v krølle; n krølle c

curler ['kə:lə] n papillot c

curling-tongs ['kə:liŋtɔŋz] pl krøllejern nt

curly ['kə:li] adj krøllet

currant ['kʌrənt] n korend c; ribs nt

currency ['kʌrənsi] n valuta c; foreign ~ udenlandsk valuta

current ['kʌrənt] *n* strøm *c; adj* inde-
værende, gængs; **alternating** ~
vekselstrøm *c;* **direct** ~ jævnstrøm
c
curry ['kʌri] *n* karry *c*
curse [kə:s] *v* bande; forbande; *n* for-
bandelse *c,* ed *c*
curtain ['kə:tən] *n* gardin *nt;* tæppe *nt*
curve [kə:v] *n* kurve *c;* drejning *c*
curved [kə:vd] *adj* bøjet, buet
cushion ['kuʃən] *n* pude *c*
custodian [kʌ'stoudiən] *n* kustode *c*
custody ['kʌstədi] *n* forvaring *c;* for-
mynderskab *nt*
custom ['kʌstəm] *n* skik *c*
customary ['kʌstəməri] *adj* sædvane-
mæssig, sædvanlig, vanlig
customer ['kʌstəmə] *n* kunde *c;* klient
c
Customs ['kʌstəmz] *pl* toldvæsen *nt;*
~ **duty** told *c;* ~ **officer** tolder *c*
cut [kʌt] *n* snit *nt;* snitsår *nt*
*cut [kʌt] *v* *skære; klippe; *nedskæ-
re; ~ **off** *skære af; klippe af; luk-
ke for, *afbryde
cutlery ['kʌtləri] *n* spisebestik *nt*
cutlet ['kʌtlət] *n* kotelet *c*
cycle ['saikəl] *n* cykel *c;* kredsløb *nt,*
cyklus *c*
cyclist ['saiklist] *n* cyklist *c*
cylinder ['silində] *n* cylinder *c;* ~
head topstykke *nt*
cystitis [si'staitis] *n* blærebetændelse
c
Czech [tʃek] *adj* tjekkoslovakisk; *n*
tjekkoslovak *c*
Czechoslovakia [,tʃekəslə'vɑ:kiə] Tjek-
koslovakiet

D

dad [dæd] *n* far *c*

daddy ['dædi] *n* far *c*
daffodil ['dæfədil] *n* påskelilje *c*
daily ['deili] *adj* daglig; *n* dagblad *nt*
dairy ['dɛəri] *n* mejeri *nt*
dam [dæm] *n* dæmning *c*
damage ['dæmidʒ] *n* skade *c; v* beska-
dige
damp [dæmp] *adj* fugtig; klam; *n*
fugt *c; v* fugte
dance [dɑ:ns] *v* danse; *n* dans *c*
dandelion ['dændilaiən] *n* mælkebøtte
c
dandruff ['dændrəf] *n* skæl *c*
Dane [dein] *n* dansker *c*
danger ['deindʒə] *n* fare *c*
dangerous ['deindʒərəs] *adj* farlig
Danish ['deiniʃ] *adj* dansk
dare [dɛə] *v* *turde, vove; udfordre
daring ['dɛəriŋ] *adj* dumdristig
dark [dɑ:k] *adj* mørk; *n* mørke *nt*
darling ['dɑ:liŋ] *n* kæreste *c,* skat *c*
darn [dɑ:n] *v* stoppe
dash [dæʃ] *v* styrte; *n* tankestreg *c*
dashboard ['dæʃbɔ:d] *n* instrument-
bræt *nt*
data ['deitə] *pl* faktum *nt*
date¹ [deit] *n* dato *c;* aftale *c; v* date-
re; **out of** ~ forældet
date² [deit] *n* daddel *c*
daughter ['dɔ:tə] *n* datter *c*
dawn [dɔ:n] *n* morgendæmring *c;*
dæmring *c*
day [dei] *n* dag *c;* **by** ~ om dagen; ~
trip dagtur *c;* **per** ~ per dag; **the**
~ **before yesterday** i forgårs
daybreak ['deibreik] *n* daggry *nt*
daylight ['deilait] *n* dagslys *nt*
dead [ded] *adj* død
deaf [def] *adj* døv
deal [di:l] *n* transaktion *c,* forretning
c
*deal [di:l] *v* dele ud; ~ **with** *have
med at gøre, *tage sig af; *gøre
forretning med

dealer ['di:lə] n handlende c, for-
handler c

dear [diə] adj kær; dyr; dyrebar

death [deθ] n død c; ~ penalty døds-
straf c

debate [di'beit] n debat c

debit ['debit] n debet c

debt [det] n gæld c

decaffeinated [di:'kæfineitid] adj kof-
feinfri

deceit [di'si:t] n bedrag nt

deceive [di'si:v] v bedrage

December [di'sembə] december

decency ['di:sənsi] n anstændighed c

decent ['di:sənt] adj anstændig

decide [di'said] v *afgøre, bestemme,
beslutte

decision [di'siʒən] n afgørelse c, be-
slutning c

deck [dek] n dæk nt; ~ cabin dæks-
kahyt c; ~ chair liggestol c

declaration [,deklə'reiʃən] n erklæring
c; deklaration c

declare [di'kleə] v erklære; *selvangi-
ve; fortolde

decorate ['dekəreit] v udsmykke

decoration [,dekə'reiʃən] n udsmyk-
ning c

decrease [di:'kri:s] v formindske,
mindske; *aftage; n nedgang c

dedicate ['dedikeit] v hellige

deduce [di'dju:s] v udlede

deduct [di'dʌkt] v *trække fra, *fra-
trække

deed [di:d] n handling c, gerning c

deep [di:p] adj dyb

deep-freeze [,di:p'fri:z] n dybfryser c

deer [diə] n (pl ~) hjort c

defeat [di'fi:t] v *vinde over; n neder-
lag nt

defective [di'fektiv] adj mangelfuld

defence [di'fens] n forsvar nt; værn
nt

defend [di'fend] v forsvare

deficiency [di'fiʃənsi] n mangel c

deficit ['defisit] n underskud nt

define [di'fain] v *fastlægge, definere

definite ['definit] adj bestemt

definition [,defi'niʃən] n definition c

deformed [di'fɔ:md] adj misdannet,
vanskabt

degree [di'gri:] n grad c

delay [di'lei] v forsinke; *udsætte; n
forsinkelse c; udsættelse c

delegate ['deligət] n delegeret c

delegation [,deli'geiʃən] n delegation
c, deputation c

deliberate¹ [di'libəreit] v drøfte, over-
veje, *rådslå

deliberate² [di'libərət] adj overlagt

deliberation [di,libə'reiʃən] n drøftelse
c, rådslagning c

delicacy ['delikəsi] n lækkeri nt

delicate ['delikət] adj delikat; sart

delicatessen [,delikə'tesən] n delika-
tesse c; viktualieforretning c

delicious [di'liʃəs] adj dejlig, lækker

delight [di'lait] n fryd c, nydelse c; v
henrykke

delightful [di'laitfəl] adj henrivende,
herlig

deliver [di'livə] v levere, aflevere;
frelse

delivery [di'livəri] n levering c, ud-
bringning c; nedkomst c; frelse c;
~ van varevogn c

demand [di'ma:nd] v behøve, kræve;
n forlangende nt; efterspørgsel c

democracy [di'mɔkrəsi] n demokrati
nt

democratic [,demə'krætik] adj demo-
kratisk

demolish [di'mɔliʃ] v *nedrive, *øde-
lægge

demolition [,demə'liʃən] n nedrivning
c

demonstrate ['demənstreit] v bevise;
demonstrere

demonstration [,demən'streiʃən] n demonstration c; tilkendegivelse c

den [den] n hule c

Denmark ['denmɑ:k] Danmark

denomination [di,nɔmi'neiʃən] n benævnelse c

dense [dens] adj tæt

dent [dent] n bule c

dentist ['dentist] n tandlæge c

denture ['dentʃə] n tandprotese c

deny [di'nai] v nægte, benægte, fornægte

deodorant [di:'oudərənt] n deodorant c

depart [di'pɑ:t] v rejse bort, *tage af sted; *afgå ved døden

department [di'pɑ:tmənt] n afdeling c, departement nt; ~ **store** stormagasin nt

departure [di'pɑ:tʃə] n afrejse c, afgang c

dependant [di'pendənt] adj afhængig

depend on [di'pend] *afhænge af

deposit [di'pɔzit] n bankindskud nt; pant nt; bundfald nt, aflejring c; v deponere

depot ['depou] n depot nt; nAm station c

depress [di'pres] v deprimere

depressing [di'presiŋ] adj deprimerende

depression [di'preʃən] n depression c; lavtryk nt

deprive of [di'praiv] *fratage, berøve

depth [depθ] n dybde c

deputy ['depjuti] n deputeret c; stedfortræder c

descend [di'send] v *gå ned

descendant [di'sendənt] n efterkommer c

descent [di'sent] n nedstigning c

describe [di'skraib] v *beskrive

description [di'skripʃən] n beskrivelse c; signalement nt

desert[1] ['dezət] n ørken c; adj øde, ubeboet

desert[2] [di'zə:t] v desertere; *forlade

deserve [di'zə:v] v fortjene

design [di'zain] v udkaste; n udkast nt; hensigt c

designate ['dezigneit] v bestemme

desirable [di'zaiərəbəl] adj attråværdig, ønskelig

desire [di'zaiə] n ønske nt; lyst c, begær nt; v ønske, attrå, begære

desk [desk] n skrivebord nt; læsepult c; skolebænk c

despair [di'speə] n fortvivlelse c; v fortvivle

despatch [di'spætʃ] v forsende

desperate ['despərət] adj desperat

despise [di'spaiz] v foragte

despite [di'spait] prep trods

dessert [di'zə:t] n dessert c

destination [,desti'neiʃən] n bestemmelsessted nt

destine ['destin] v bestemme

destiny ['destini] n skæbne c, lod c

destroy [di'strɔi] v *tilintetgøre, *ødelægge

destruction [di'strʌkʃən] n ødelæggelse c; tilintetgørelse c

detach [di'tætʃ] v løsne

detail ['di:teil] n enkelthed c, detalje c

detailed ['di:teild] adj detaljeret, udførlig

detect [di'tekt] v opdage

detective [di'tektiv] n detektiv c; ~ **story** kriminalroman c

detergent [di'tə:dʒənt] n rengøringsmiddel nt

determine [di'tə:min] v *fastsætte, bestemme

determined [di'tə:mind] adj målbevidst

detour ['di:tuə] n omvej c; omkørsel c

devaluation [,di:vælju'eiʃən] n devaluering *c*

devalue [‚di:'vælju:] *v* devaluere

develop [di'veləp] *v* udvikle; fremkalde

development [di'veləpmənt] *n* udvikling *c*

deviate ['di:vieit] *v* *afvige

devil ['devəl] *n* djævel *c*

devise [di'vaiz] *v* udtænke

devote [di'vout] *v* hellige

dew [dju:] *n* dug *c*

diabetes [‚daiə'bi:ti:z] *n* sukkersyge *c*, diabetes *c*

diabetic [‚daiə'betik] *n* diabetiker *c*, sukkersygepatient *c*

diagnose [‚daiəg'nouz] *v* stille en diagnose; konstatere

diagnosis [‚daiəg'nousis] *n* (pl -ses) diagnose *c*

diagonal [dai'ægənəl] *n* diagonal *c*; *adj* diagonal

diagram ['daiəgræm] *n* skematisk tegning; grafisk fremstilling, figur *c*

dialect ['daiəlekt] *n* dialekt *c*

diamond ['daiəmənd] *n* diamant *c*

diaper ['daiəpə] *nAm* ble *c*

diaphragm ['daiəfræm] *n* membran *c*

diarrhoea [‚daiə'riə] *n* diarré *c*

diary ['daiəri] *n* kalender *c*; dagbog *c*

dictaphone ['diktəfoun] *n* diktafon *c*

dictate [dik'teit] *v* diktere

dictation [dik'teiʃən] *n* diktat *c*

dictator [dik'teitə] *n* diktator *c*

dictionary ['dikʃənəri] *n* ordbog *c*

did [did] *v* (p do)

die [dai] *v* *dø; *afgå ved døden

diesel ['di:zəl] *n* dieselmotor *c*

diet ['daiət] *n* diæt *c*

differ ['difə] *v* *være forskellig

difference ['difərəns] *n* forskel *c*

different ['difərənt] *adj* forskellig; anden

difficult ['difikəlt] *adj* vanskelig; svær

difficulty ['difikəlti] *n* vanskelighed *c*;

møje *c*

***dig** [dig] *v* grave; udgrave

digest [di'dʒest] *v* fordøje

digestible [di'dʒestəbəl] *adj* fordøjelig

digestion [di'dʒestʃən] *n* fordøjelse *c*

digit ['didʒit] *n* ciffer *nt*

dignified ['dignifaid] *adj* værdig

dike [daik] *n* dige *nt*

dilapidated [di'læpideitid] *adj* forfalden

diligence ['dilidʒəns] *n* iver *c*, flid *c*

diligent ['dilidʒənt] *adj* ihærdig, flittig

dilute [dai'lju:t] *v* opspæde, fortynde

dim [dim] *adj* sløret, dæmpet; uklar, dunkel, utydelig

dine [dain] *v* spise til middag

dinghy ['diŋgi] *n* jolle *c*

dining-car ['dainiŋka:] *n* spisevogn *c*

dining-room ['dainiŋru:m] *n* spisestue *c*; spisesal *c*

dinner ['dinə] *n* middag *c*; middagsmad *c*, aftensmad *c*

dinner-jacket ['dinə‚dʒækit] *n* smoking *c*

dinner-service ['dinə‚sə:vis] *n* spisestel *nt*

diphtheria [dif'θiəriə] *n* difteritis *c*

diploma [di'ploumə] *n* eksamensbevis *nt*

diplomat ['dipləmæt] *n* diplomat *c*

direct [di'rekt] *adj* direkte; *v* rette; vejlede; lede; instruere

direction [di'rekʃən] *n* retning *c*; påbud *nt*; regie *c*; bestyrelse *c*, direktion *c*; **directional signal** *Am* blinklys *nt*; **directions for use** brugsanvisning *c*

directive [di'rektiv] *n* direktiv *nt*

director [di'rektə] *n* direktør *c*; instruktør *c*

dirt [də:t] *n* snavs *nt*

dirty ['də:ti] *adj* snavset, beskidt

disabled [di'seibəld] *adj* handicappet, invalid

disadvantage [ˌdisədˈvaːntidʒ] n ulempe c

disagree [ˌdisəˈgriː] v *være uenig

disagreeable [ˌdisəˈgriːəbəl] adj ubehagelig

disappear [ˌdisəˈpiə] v *forsvinde

disappoint [ˌdisəˈpoint] v skuffe

disappointment [ˌdisəˈpointmənt] n skuffelse c

disapprove [ˌdisəˈpruːv] v misbillige

disaster [diˈzaːstə] n katastrofe c, ulykke c

disastrous [diˈzaːstrəs] adj katastrofal

disc [disk] n skive c; grammofonplade c; slipped ~ diskusprolaps c

discard [disˈkaːd] v kassere

discharge [disˈtʃaːdʒ] v losse, aflæsse; afskedige; n afsked c; ~ of *fritage for

discipline [ˈdisiplin] n disciplin c

discolour [disˈkʌlə] v falme; discoloured falmet

disconnect [ˌdiskəˈnekt] v adskille; *afbryde, slukke

discontented [ˌdiskənˈtentid] adj utilfreds

discontinue [ˌdiskənˈtinjuː] v standse, *nedlægge

discount [ˈdiskaunt] n rabat c, dekort c

discover [diˈskʌvə] v opdage

discovery [diˈskʌvəri] n opdagelse c

discuss [diˈskʌs] v diskutere; debattere

discussion [diˈskʌʃən] n diskussion c; samtale c, drøftelse c, debat c

disease [diˈziːz] n sygdom c

disembark [ˌdisimˈbaːk] v *gå fra borde

disgrace [disˈgreis] n skam c

disguise [disˈgaiz] v forklæde sig; n forklædning c

disgusting [disˈgʌstiŋ] adj ækel, afskyelig

dish [diʃ] n tallerken c; skål c, fad nt; ret c

dishonest [disˈɔnist] adj uærlig

disinfect [ˌdisinˈfekt] v desinficere

disinfectant [ˌdisinˈfektənt] n desinfektionsmiddel nt

dislike [diˈslaik] v ikke *kunne lide, ikke *kunne fordrage; n afsky c, modvilje c, antipati c

dislocated [ˈdisləkeitid] adj *gået af led

dismiss [disˈmis] v sende bort; afskedige

disorder [disˈɔːdə] n uorden c

dispatch [disˈpætʃ] v afsende, ekspedere

display [disˈplei] v fremvise; vise; n fremvisning c, udstilling c

displease [disˈpliːz] v mishage

disposable [disˈpouzəbəl] adj engangs-

disposal [disˈpouzəl] n rådighed c

dispose of [disˈpouz] skille sig af med

dispute [disˈpjuːt] n opgør nt; disput c, tvist c; v *strides, *bestride

dissatisfied [disˈsætisfaid] adj utilfreds

dissolve [diˈzɔlv] v opløse

dissuade from [diˈsweid] fraråde

distance [ˈdistəns] n afstand c; ~ in kilometres kilometertal nt

distant [ˈdistənt] adj fjern

distinct [diˈstiŋkt] adj tydelig; forskellig

distinction [diˈstiŋkʃən] n forskel c, skelnen c

distinguish [diˈstiŋgwiʃ] v skelne

distinguished [diˈstiŋgwiʃt] adj fornem

distress [diˈstres] n nød c; ~ signal nødsignal nt

distribute [diˈstribjuːt] v uddele

distributor [diˈstribjutə] n eneforhandler *c*; strømfordeler *c*

district ['distrikt] *n* distrikt *nt*; egn *c*; kvarter *nt*

disturb [di'stə:b] *v* forstyrre

disturbance [di'stə:bəns] *n* forstyrrelse *c*; forvirring *c*

ditch [ditʃ] *n* grøft *c*

dive [daiv] *v* dykke

diversion [dai'və:ʃən] *n* omkørsel *c*; adspredelse *c*

divide [di'vaid] *v* dele; fordele; skille

divine [di'vain] *adj* guddommelig

division [di'viʒən] *n* deling *c*; adskillelse *c*; afdeling *c*

divorce [di'vɔ:s] *n* skilsmisse *c*; *v* skilles

dizziness ['dizinəs] *n* svimmelhed *c*

dizzy ['dizi] *adj* svimmel

*do [du:] *v* *gøre; *være nok

dock [dɔk] *n* dok *c*; kaj *c*; *v* *lægge til

docker ['dɔkə] *n* havnearbejder *c*

doctor ['dɔktə] *n* læge *c*, doktor *c*

document ['dɔkjumənt] *n* dokument *nt*

dog [dɔg] *n* hund *c*

dogged ['dɔgid] *adj* stædig

doll [dɔl] *n* dukke *c*

dome [doum] *n* kuppel *c*

domestic [də'mestik] *adj* huslig; indenrigs-; *n* tjener *c*

domicile ['dɔmisail] *n* bopæl *c*

domination [,dɔmi'neiʃən] *n* overherredømme *nt*

dominion [də'minjən] *n* herredømme *nt*

donate [dou'neit] *v* skænke

donation [dou'neiʃən] *n* donation *c*, gave *c*

done [dʌn] *v* (pp do)

donkey ['dɔŋki] *n* æsel *nt*

donor ['dounə] *n* giver *c*

door [dɔ:] *n* dør *c*; **revolving ~** svingdør *c*; **sliding ~** skydedør *c*

doorbell ['dɔ:bel] *n* dørklokke *c*

door-keeper ['dɔ:,ki:pə] *n* portner *c*

doorman ['dɔ:mən] *n* (pl -men) dørvogter *c*

dormitory ['dɔ:mitri] *n* sovesal *c*

dose [dous] *n* dosis *c*

dot [dɔt] *n* prik *c*

double ['dʌbəl] *adj* dobbelt

doubt [daut] *v* tvivle, betvivle; *n* tvivl *c*; **without ~** uden tvivl

doubtful ['dautfəl] *adj* tvivlsom; uvis

dough [dou] *n* dej *c*

down¹ [daun] *adv* ned; nedefter, omkuld; *adj* nedslået; *prep* ned ad, hen langs; **~ payment** udbetaling *c*

down² [daun] *n* dun *nt*

downpour ['daunpɔ:] *n* øsregn *c*

downstairs [,daun'stɛəz] *adv* nedenunder

downstream [,daun'stri:m] *adv* med strømmen

down-to-earth [,dauntu'ə:θ] *adj* nøgtern

downwards ['daunwədz] *adv* nedefter, nedad

dozen ['dʌzən] *n* (pl ~, ~s) dusin *nt*

draft [drɑ:ft] *n* veksel *c*

drag [dræg] *v* slæbe

dragon ['drægən] *n* drage *c*

drain [drein] *v* dræne; afvande; *n* afløb *nt*

drama ['drɑ:mə] *n* drama *nt*; sørgespil *nt*

dramatic [drə'mætik] *adj* dramatisk

dramatist ['dræmətist] *n* dramatiker *c*

drank [dræŋk] *v* (p drink)

draper ['dreipə] *n* manufakturhandler *c*

drapery ['dreipəri] *n* manufakturvarer *pl*

draught [drɑ:ft] *n* træk *c*; **draughts** damspil *nt*

draught-board ['drɑ:ftbɔ:d] *n* dambræt *nt*

draw [drɔ:] n lodtrækning c
*draw [drɔ:] v tegne; *trække; hæve;
~ up affatte
drawbridge ['drɔ:bridʒ] n vindebro c
drawer ['drɔ:ə] n skuffe c; drawers
underbukser pl
drawing ['drɔ:iŋ] n tegning c
drawing-pin ['drɔ:iŋpin] n tegnestift c
drawing-room ['drɔ:iŋru:m] n salon c
dread [dred] v frygte; n gru c
dreadful ['dredfəl] adj frygtelig, for-
færdelig
dream [dri:m] n drøm c
*dream [dri:m] v drømme
dress [dres] v klæde på; klæde sig på,
klæde sig; *forbinde; n kjole c
dressing-gown ['dresiŋgaun] n mor-
genkåbe c
dressing-room ['dresiŋru:m] n på-
klædningsværelse nt
dressing-table ['dresiŋteibəl] n toilet-
bord nt
dressmaker ['dres,meikə] n dame-
skrædderinde c
drill [dril] v bore; træne; n bor nt
drink [driŋk] n drink c, drik c
*drink [driŋk] v *drikke
drinking-water ['driŋkiŋ,wɔ:tə] n drik-
kevand nt
drip-dry [,drip'drai] adj strygefri
drive [draiv] n vej c; køretur c
*drive [draiv] v køre; føre
driver ['draivə] n chauffør c
drizzle ['drizəl] n støvregn c
drop [drɔp] v tabe; n dråbe c
drought [draut] n tørke c
drown [draun] v drukne; *be
drowned drukne
drug [drʌg] n narkotikum nt; medicin
c
drugstore ['drʌgstɔ:] nAm apotek nt,
nAm materialhandel c; nAm vare-
hus nt
drum [drʌm] n tromme c

drunk [drʌŋk] adj (pp drink) fuld
dry [drai] adj tør; v tørre
dry-clean [,drai'kli:n] v kemisk rense
dry-cleaner's [,drai'kli:nəz] n renseri
nt
dryer ['draiə] n tørretumbler c
duchess [dʌtʃis] n hertuginde c
duck [dʌk] n and c
due [dju:] adj forventet; skyldig; for-
falden; ~ to på grund af
dues [dju:z] pl afgifter pl
dug [dʌg] v (p, pp dig)
duke [dju:k] n hertug c
dull [dʌl] adj kedelig; trist, mat; sløv
dumb [dʌm] adj stum; dum, stupid
dune [dju:n] n klit c
dung [dʌŋ] n gødning c
dunghill ['dʌŋhil] n mødding c
duration [dju'reiʃən] n varighed c
during ['djuəriŋ] prep under
dusk [dʌsk] n skumring c
dust [dʌst] n støv nt
dustbin ['dʌstbin] n affaldsspand c
dusty ['dʌsti] adj støvet
Dutch [dʌtʃ] adj hollandsk, neder-
landsk
Dutchman ['dʌtʃmən] n (pl -men)
hollænder c
dutiable ['dju:tiəbəl] adj toldpligtig
duty ['dju:ti] n pligt c; opgave c; im-
portafgift c; Customs ~ toldafgift
c
duty-free [,dju:ti'fri:] adj toldfri
dwarf [dwɔ:f] n dværg c
dye [dai] v farve; n farve c
dynamo ['dainəmou] n (pl ~s) dyna-
mo c
dysentery ['disəntri] n dysenteri c

E

each [i:tʃ] adj hver; ~ other hinanden

eager ['i:gə] adj ivrig, spændt, utålmodig

eagle ['i:gəl] n ørn c

ear [iə] n øre nt

earache ['iəreik] n ørepine c

ear-drum ['iədrʌm] n trommehinde c

earl [ə:l] n greve c

early ['ə:li] adj tidlig

earn [ə:n] v tjene

earnest ['ə:nist] n alvor c

earnings ['ə:niŋz] pl indtægt c

earring ['iəriŋ] n ørenring c

earth [ə:θ] n jord c

earthenware ['ə:θənwɛə] n stentøj pl

earthquake ['ə:θkweik] n jordskælv nt

ease [i:z] n lethed c, utvungenhed c; velbefindende nt

east [i:st] n øst

Easter ['i:stə] påske

easterly ['i:stəli] adj østlig

eastern ['i:stən] adj østlig, østre

easy ['i:zi] adj let; behagelig; ~ chair lænestol c

easy-going ['i:zi,gouiŋ] adj afslappet

*eat [i:t] v spise

eavesdrop ['i:vzdrɔp] v aflytte

ebony ['ebəni] n ibenholt nt

eccentric [ik'sentrik] adj excentrisk

echo ['ekou] n (pl ~es) genlyd c, ekko nt

eclipse [i'klips] n formørkelse c

economic [,i:kə'nɔmik] adj økonomisk

economical [,i:kə'nɔmikəl] adj økonomisk, sparsommelig

economist [i'kɔnəmist] n økonom c

economize [i'kɔnəmaiz] v spare

economy [i'kɔnəmi] n økonomi c

ecstasy ['ekstəzi] n ekstase c

Ecuador ['ekwədɔ:] Ecuador

Ecuadorian [,ekwə'dɔ:riən] n ecuadorianer c

eczema ['eksimə] n eksem c

edge [edʒ] n æg c, kant c

edible ['edibəl] adj spiselig

edition [i'diʃən] n udgave c; morning ~ morgenudgave c

editor ['editə] n redaktør c

educate ['edʒukeit] v opdrage, uddanne

education [,edʒu'keiʃən] n uddannelse c; opdragelse c

eel [i:l] n ål c

effect [i'fekt] n virkning c; v *iværksætte; in ~ faktisk

effective [i'fektiv] adj effektiv, virksom

efficient [i'fiʃənt] adj virkningsfuld, effektiv

effort ['efət] n anstrengelse c

egg [eg] n æg nt

egg-cup ['egkʌp] n æggebæger nt

eggplant ['eglɑ:nt] n aubergine c

egg-yolk ['egjouk] n æggeblomme c

egoistic [,egou'istik] adj egoistisk

Egypt ['i:dʒipt] Egypten

Egyptian [i'dʒipʃən] adj egyptisk; n egypter c

eiderdown ['aidədaun] n dyne c

eight [eit] num otte

eighteen [,ei'ti:n] num atten

eighteenth [,ei'ti:nθ] num attende

eighth [eitθ] num ottende

eighty ['eiti] num firs

either ['aiðə] pron den ene eller den anden; either ... or enten ... eller

elaborate [i'læbəreit] v uddybe

elastic [i'læstik] adj elastisk; ~ band elastik c

elasticity [,elæ'stisəti] n elasticitet c

elbow ['elbou] n albue c

elder ['eldə] adj ældre

elderly ['eldəli] adj ældre

eldest ['eldist] adj ældst

elect [i'lekt] v *vælge

election [i'lekʃən] n valg nt

electric [i'lektrik] adj elektrisk; ~ razor elektrisk barbermaskine c

electrician [ˌilek'triʃən] *n* elektriker *c*

electricity [ˌilek'trisəti] *n* elektricitet *c*

electronic [ilek'trɔnik] *adj* elektronisk

elegance ['eligəns] *n* elegance *c*

elegant ['eligənt] *adj* elegant

element ['elimənt] *n* element *nt*, bestanddel *c*

elephant ['elifənt] *n* elefant *c*

elevator ['eliveitə] *nAm* elevator *c*

eleven [i'levən] *num* elleve

eleventh [i'levənθ] *num* ellevte

elf [elf] *n* (pl elves) alf *c*

eliminate [i'limineit] *v* eliminere

elm [elm] *n* elm *c*

else [els] *adv* ellers

elsewhere [ˌel'sweə] *adv* andetsteds

elucidate [i'lu:sideit] *v* udrede, belyse

emancipation [iˌmænsi'peiʃən] *n* frigørelse *c*

embankment [im'bæŋkmənt] *n* vold *c*

embargo [em'bɑ:gou] *n* (pl ~es) embargo *c*

embark [im'bɑ:k] *v* *gå om bord

embarkation [ˌembɑ:'keiʃən] *n* indskibning *c*

embarrass [im'bærəs] *v* forvirre, *gøre forlegen; *gøre perpleks; hæmme; **embarrassed** forlegen; **embarrassing** pinlig

embassy ['embəsi] *n* ambassade *c*

emblem ['embləm] *n* emblem *nt*

embrace [im'breis] *v* omfavne; *n* omfavnelse *c*

embroider [im'brɔidə] *v* brodere

embroidery [im'brɔidəri] *n* broderi *nt*

emerald ['emərəld] *n* smaragd *c*

emergency [i'mə:dʒənsi] *n* nødstilfælde *nt*; nødsituation *c*; ~ **exit** nødudgang *c*

emigrant ['emigrənt] *n* emigrant *c*

emigrate ['emigreit] *v* emigrere

emigration [ˌemi'greiʃən] *n* emigration *c*

emotion [i'mouʃən] *n* sindsbevægelse

c, bevægelse *c*

emperor ['empərə] *n* kejser *c*

emphasize ['emfəsaiz] *v* fremhæve

empire ['empaiə] *n* imperium *nt*, kejserdømme *nt*

employ [im'plɔi] *v* beskæftige; anvende, bruge

employee [ˌemplɔi'i:] *n* lønmodtager *c*, ansat *c*

employer [im'plɔiə] *n* arbejdsgiver *c*

employment [im'plɔimənt] *n* beskæftigelse *c*, arbejde *nt;* ~ **exchange** arbejdsformidling *c*

empress ['empris] *n* kejserinde *c*

empty ['empti] *adj* tom; *v* tømme

enable [i'neibəl] *v* *sætte i stand

enamel [i'næməl] *n* emalje *c*

enamelled [i'næməld] *adj* emaljeret

enchanting [in'tʃɑ:ntiŋ] *adj* bedårende, fortryllende

encircle [in'sə:kəl] *v* omringe, omslutte; indeslutte

enclose [iŋ'klouz] *v* *vedlægge

enclosure [iŋ'klouʒə] *n* bilag *nt*

encounter [iŋ'kauntə] *v* *træffe, møde; *n* møde *nt*

encourage [iŋ'kʌridʒ] *v* opmuntre

encyclopaedia [enˌsaiklə'pi:diə] *n* leksikon *nt*

end [end] *n* ende *c*; slutning *c*; *v* slutte; ende, ophøre

ending ['endiŋ] *n* slutning *c*

endless ['endləs] *adj* uendelig

endorse [in'dɔ:s] *v* endossere, *skrive bag på

endure [in'djuə] *v* *udholde

enemy ['enəmi] *n* fjende *c*

energetic [ˌenə'dʒetik] *adj* energisk

energy ['enədʒi] *n* energi *c*; kraft *c*

engage [iŋ'geidʒ] *v* *ansætte; bestille; forpligte sig; **engaged** forlovet; optaget

engagement [iŋ'geidʒmənt] *n* forlovelse *c*; forpligtelse *c*; aftale *c;* ~

ring forlovelsesring c

engine ['endʒin] n maskine c, motor c; lokomotiv nt

engineer [,endʒi'niə] n ingeniør c; maskinarbejder c

England ['ingland] England

English ['ingliʃ] adj engelsk

Englishman ['ingliʃmən] n (pl -men) englænder c

engrave [in'greiv] v gravere

engraver [in'greivə] n gravør c

engraving [in'greiviŋ] n radering c; stik nt

enigma [i'nigmə] n gåde c

enjoy [in'dʒɔi] v *nyde, glæde sig over

enjoyable [in'dʒɔiəbəl] adj behagelig, hyggelig, morsom; lækker

enjoyment [in'dʒɔimənt] n nydelse c

enlarge [in'lɑːdʒ] v forstørre; udvide

enlargement [in'lɑːdʒmənt] n forstørrelse c

enormous [i'nɔːməs] adj enorm, kæmpemæssig

enough [i'nʌf] adv nok; adj tilstrækkelig

enquire [in'kwaiə] v *forespørge; undersøge

enquiry [in'kwaiəri] n forespørgsel c; undersøgelse c; enquete c

enter ['entə] v *gå ind, *betræde; indføre

enterprise ['entəpraiz] n foretagende nt

entertain [,entə'tein] v *underholde, forlyste; beværte

entertainer [,entə'teinə] n entertainer c

entertaining [,entə'teiniŋ] adj morsom, underholdende

entertainment [,entə'teinmənt] n underholdning c, forlystelse c

enthusiasm [in'θjuːziæzəm] n begejstring c

enthusiastic [in,θjuːzi'æstik] adj begejstret

entire [in'taiə] adj hel

entirely [in'taiəli] adv helt

entrance ['entrəns] n indgang c; adgang c; indtræden c

entrance-fee ['entrənsfiː] n entré c

entry ['entri] n indgang c; adgang c; postering c; no ~ ingen adgang

envelope ['envəloup] n konvolut c

envious ['enviəs] adj skinsyg, misundelig

environment [in'vaiərənmənt] n miljø nt; omgivelser pl

envoy ['envɔi] n udsending c

envy ['envi] n misundelse c; v misunde

epic ['epik] n epos nt; adj episk

epidemic [,epi'demik] n epidemi c

epilepsy ['epilepsi] n epilepsi c

epilogue ['epilog] n epilog c

episode ['episoud] n episode c

equal ['iːkwəl] adj samme; v *være på højde med

equality [i'kwɔləti] n jævnbyrdighed c

equalize ['iːkwəlaiz] v udligne

equally ['iːkwəli] adv lige

equator [i'kweitə] n ækvator c

equip [i'kwip] v udruste, udstyre

equipment [i'kwipmənt] n udrustning c

equivalent [i'kwivələnt] adj tilsvarende

eraser [i'reizə] n viskelæder nt

erect [i'rekt] v opføre, rejse; adj opret, stående

err [əː] v *tage fejl; flakke om

errand ['erənd] n ærinde nt

error ['erə] n vildfarelse c

escalator ['eskəleitə] n rulletrappe c

escape [i'skeip] v *undslippe; *undgå, flygte; n flugt c

escort¹ ['eskɔːt] n eskorte c

escort² [i'skɔːt] v eskortere

especially [i'speʃəli] adv især, først og fremmest

esplanade [ˌesplə'neid] n esplanade c

essay ['esei] n essay nt; stil c, afhandling c

essence ['esəns] n essens c; væsen nt, kerne c

essential [i'senʃəl] adj uundværlig; væsentlig

essentially [i'senʃəli] adv først og fremmest

establish [i'stæbliʃ] v etablere; *fastslå

estate [i'steit] n gods nt

esteem [i'sti:m] n agtelse c, respekt c; v agte

estimate¹ ['estimeit] v vurdere, taksere, skatte

estimate² ['estimət] n overslag nt

estuary ['estʃuəri] n flodmunding c

etcetera [et'setərə] og så videre

etching ['etʃiŋ] n radering c

eternal [i'tə:nəl] adj evig

eternity [i'tə:nəti] n evighed c

ether ['i:θə] n æter c

Ethiopia [iθi'oupiə] Etiopien

Ethiopian [iθi'oupiən] adj etiopisk; n etiopier c

Europe ['juərəp] Europa

European [ˌjuərə'pi:ən] adj europæisk; n europæer c

evacuate [i'vækjueit] v evakuere

evaluate [i'væljueit] v vurdere

evaporate [i'væpəreit] v fordampe

even ['i:vən] adj glat, lige, plan; konstant; adv selv

evening ['i:vniŋ] n aften c; ~ dress selskabstøj pl

event [i'vent] n begivenhed c; hændelse c

eventual [i'ventʃuəl] adj mulig; endelig

ever ['evə] adv nogen sinde; altid

every ['evri] adj hver, enhver, alle

everybody ['evriˌbɔdi] pron enhver

everyday ['evridei] adj daglig

everyone ['evriwʌn] pron enhver

everything ['evriθiŋ] pron alting

everywhere ['evriweə] adv overalt

evidence ['evidəns] n bevis nt

evident ['evidənt] adj klar

evil ['i:vəl] n onde nt; adj slet

evolution [ˌi:və'lu:ʃən] n evolution c

exact [ig'zækt] adj nøjagtig

exactly [ig'zæktli] adv rigtigt

exaggerate [ig'zædʒəreit] v *overdrive

examination [igˌzæmi'neiʃən] n eksamen c; undersøgelse c; forhør nt

examine [ig'zæmin] v undersøge

example [ig'za:mpəl] n eksempel nt; for ~ for eksempel

excavation [ˌekskə'veiʃən] n udgravning c

exceed [ik'si:d] v *overskride; *overgå

excel [ik'sel] v udmærke sig

excellent ['eksələnt] adj fremragende, udmærket

except [ik'sept] prep undtagen, med undtagelse af

exception [ik'sepʃən] n undtagelse c

exceptional [ik'sepʃənəl] adj usædvanlig, enestående

excerpt ['eksə:pt] n uddrag nt

excess [ik'ses] n udskejelse c

excessive [ik'sesiv] adj overdreven

exchange [iks'tʃeindʒ] v bytte, veksle, udveksle; n bytning c; børs c; ~ office vekselkontor nt; ~ rate vekselkurs c

excite [ik'sait] v ophidse

excitement [ik'saitmənt] n opstemthed c, ophidselse c

exciting [ik'saitiŋ] adj spændende

exclaim [ik'skleim] v *udbryde

exclamation [ˌeksklə'meiʃən] n udbrud nt

exclude [ik'sklu:d] v udelukke

exclusive [ik'sklu:siv] adj eksklusiv

exclusively [ik'sklu:sivli] adv udelukkende

excursion [ik'skə:ʃən] n udflugt c

excuse[1] [ik'skju:s] n undskyldning c

excuse[2] [ik'skju:z] v undskylde

execute ['eksikju:t] v udføre

execution [,eksi'kju:ʃən] n henrettelse c

executioner [,eksi'kju:ʃənə] n bøddel c

executive [ig'zekjutiv] adj administrerende; n udøvende magt; direktør c

exempt [ig'zempt] v *fritage; adj fritaget

exemption [ig'zempʃən] n fritagelse c

exercise ['eksəsaiz] n øvelse c; opgave c; v øve; udøve

exhale [eks'heil] v udånde

exhaust [ig'zɔ:st] n udblæsning c, udblæsningsrør nt; v udmatte; ~ gases udstødningsgas c

exhibit [ig'zibit] v udstille; fremføre, forevise

exhibition [,eksi'biʃən] n udstilling c, forevisning c

exile ['eksail] n eksil nt; landflygtig c

exist [ig'zist] v eksistere

existence [ig'zistəns] n eksistens c

exit ['eksit] n udgang c; udkørsel c

exotic [ig'zɔtik] adj eksotisk

expand [ik'spænd] v udvide, udbrede; udfolde

expect [ik'spekt] v vente, forvente

expectation [,ekspek'teiʃən] n forventning c

expedition [,ekspə'diʃən] n forsendelse c; ekspedition c

expel [ik'spel] v udvise

expenditure [ik'spenditʃə] n udgift c

expense [ik'spens] n udgift c; expenses pl omkostninger

expensive [ik'spensiv] adj bekostelig, dyr; kostbar

experience [ik'spiəriəns] n erfaring c; v erfare, opleve; experienced erfaren

experiment [ik'sperimənt] n eksperiment nt, forsøg nt; v eksperimentere

expert ['ekspə:t] n fagmand c, ekspert c; adj sagkyndig

expire [ik'spaiə] v *udløbe, høre op, *forfalde; udånde; expired udløbet

expiry [ik'spaiəri] n udløb nt

explain [ik'splein] v forklare, *klarlægge

explanation [,eksplə'neiʃən] n forklaring c, redegørelse c

explicit [ik'splisit] adj tydelig, udtrykkelig

explode [ik'sploud] v eksplodere

exploit [ik'sploit] v udbytte, udnytte

explore [ik'splɔ:] v udforske

explosion [ik'splouʒən] n eksplosion c

explosive [ik'splousiv] adj eksplosiv; n sprængstof nt

export[1] [ik'spɔ:t] v eksportere, udføre

export[2] ['ekspɔ:t] n udførsel c

exportation [,ekspɔ:'teiʃən] n udførsel c

exports ['ekspɔ:ts] pl eksport c

exposition [,ekspə'ziʃən] n udstilling c

exposure [ik'spouʒə] n udsat position; eksponering c; ~ meter belysningsmåler c

express [ik'spres] v udtrykke; *give udtryk for, ytre; adj ekspres-; udtalt; ~ train eksprestog nt

expression [ik'spreʃən] n udtryk nt

exquisite [ik'skwizit] adj udsøgt

extend [ik'stend] v forlænge; udvide; yde

extension [ik'stenʃən] n forlængelse c; udvidelse c; lokaltelefon c; ~ cord forlængerledning c

extensive [ik'stensiv] adj omfangsrig;

omfattende

extent [ik'stent] *n* omfang *nt*

exterior [ek'stiəriə] *adj* ydre; *n* yderside *c*

external [ek'stə:nəl] *adj* udvendig

extinguish [ik'stiŋgwiʃ] *v* slukke

extort [ik'stɔ:t] *v* afpresse

extortion [ik'stɔ:ʃən] *n* afpresning *c*

extra ['ekstrə] *adj* ekstra

extract[1] [ik'strækt] *v* *trække ud, *uddrage, *trække

extract[2] ['ekstrækt] *n* uddrag *nt*

extradite ['ekstrədait] *v* udlevere

extraordinary [ik'strɔ:dənri] *adj* overordentlig

extravagant [ik'strævəgənt] *adj* ekstravagant, overdreven

extreme [ik'stri:m] *adj* ekstrem; yderst, højest; *n* yderlighed *c*

exuberant [ig'zju:bərənt] *adj* overstrømmende

eye [ai] *n* øje *nt*

eyebrow ['aibrau] *n* øjenbryn *nt*

eyelash ['ailæʃ] *n* øjenvippe *c*

eyelid ['ailid] *n* øjenlåg *nt*

eye-pencil ['ai,pensəl] *n* øjenbrynsstift *c*

eye-shadow ['ai,ʃædou] *n* øjenskygge *c*

eye-witness ['ai,witnəs] *n* øjenvidne *nt*

F

fable ['feibəl] *n* fabel *c*

fabric ['fæbrik] *n* stof *nt*; struktur *c*

façade [fə'sɑ:d] *n* facade *c*

face [feis] *n* ansigt *nt*; *v* *gøre front mod; ~ **massage** ansigtsmassage *c*; **facing** over for

face-cream ['feiskri:m] *n* ansigtscreme *c*

face-pack ['feispæk] *n* ansigtsmaske *c*

face-powder ['feis,paudə] *n* ansigtspudder *nt*

fact [fækt] *n* kendsgerning *c*; **in ~** faktisk

factor ['fæktə] *n* faktor *c*

factory ['fæktəri] *n* fabrik *c*

factual ['fæktʃuəl] *adj* faktisk

faculty ['fækəlti] *n* evne *c*; talent *nt*, anlæg *nt*; fakultet *nt*

fad [fæd] *n* døgnflue *c*

fade [feid] *v* falme

faience [fai'ɑ̃:s] *n* fajance *c*

fail [feil] *v* glippe, mislykkes; fejle; mangle; *undlade; dumpe; **without** ~ aldeles bestemt

failure ['feiljə] *n* uheldigt udfald; fiasko *c*

faint [feint] *v* besvime; *adj* mat, svag, vag

fair [feə] *n* marked *nt*; messe *c*; *adj* retfærdig, reel; lyshåret, blond; smuk

fairly ['feəli] *adv* ganske, ret

fairy ['feəri] *n* fe *c*

fairytale ['feəriteil] *n* eventyr *nt*

faith [feiθ] *n* tro *c*; tiltro *c*

faithful ['feiθful] *adj* trofast

fake [feik] *n* forfalskning *c*

fall [fɔ:l] *n* fald *nt*; *nAm* efterår *nt*

***fall** [fɔ:l] *v* *falde

false [fɔ:ls] *adj* falsk; usand, forkert, uægte; ~ **teeth** gebis *nt*

falter ['fɔ:ltə] *v* vakle; fremstamme

fame [feim] *n* berømmelse *c*; rygte *nt*

familiar [fə'miljə] *adj* velkendt; familiær

family ['fæməli] *n* familie *c*; slægt *c*; ~ **name** efternavn *nt*

famous ['feiməs] *adj* berømt

fan [fæn] *n* ventilator *c*; vifte *c*; fan *c*; ~ **belt** ventilatorrem *c*

fanatical [fə'nætikəl] *adj* fanatisk

fancy ['fænsi] *v* *have lyst til, *holde

af; tænke sig, forestille sig; n nykke c; fantasi c

fantastic [fæn'tæstik] adj fantastisk

fantasy ['fæntəzi] n fantasi c

far [fɑ:] adj fjern; adv meget; **by ~** langt; **so ~** indtil nu

far-away ['fɑ:rəwei] adj fjern

farce [fɑ:s] n farce c

fare [feə] n takst c, billetpris c; kost c, mad c

farm [fɑ:m] n bondegård c

farmer ['fɑ:mə] n landmand c; **farmer's wife** gårdmandskone c

farmhouse ['fɑ:mhaus] n stuehus nt

far-off ['fɑ:rɔf] adj fjern

fascinate ['fæsineit] v fascinere

fascism ['fæʃizəm] n fascisme c

fascist ['fæʃist] adj fascistisk; n fascist c

fashion ['fæʃən] n mode c; måde c

fashionable ['fæʃənəbəl] adj moderne

fast [fɑ:st] adj rask, hurtig; fast

fast-dyed [,fɑ:st'daid] adj farveægte, vaskeægte

fasten ['fɑ:sən] v spænde fast, fæste; lukke

fastener ['fɑ:sənə] n lukketøj nt

fat [fæt] adj tyk, fed; n fedt nt

fatal ['feitəl] adj dødelig, skæbnesvanger, fatal

fate [feit] n skæbne c

father ['fɑ:ðə] n far c; pater c

father-in-law ['fɑ:ðərinlɔ:] n (pl fathers-) svigerfar c

fatherland ['fɑ:ðələnd] n fædreland nt

fatness ['fætnəs] n fedme c

fatty ['fæti] adj fedtholdig

faucet ['fɔ:sit] nAm vandhane c

fault [fɔ:lt] n skyld c; brist c, defekt c, fejl c

faultless ['fɔ:ltləs] adj fejlfri; ulastelig

faulty ['fɔ:lti] adj defekt, mangelfuld

favour ['feivə] n tjeneste c; v privile-

gere, favorisere

favourable ['feivərəbəl] adj gunstig

favourite ['feivərit] n favorit c, yndling c; adj yndlings-

fawn [fɔ:n] adj gulbrun; n rålam nt, dåkalv c

fear [fiə] n angst c, frygt c; v frygte

feasible ['fi:zəbəl] adj gennemførlig

feast [fi:st] n fest c

feat [fi:t] n bedrift c

feather ['feðə] n fjer c

feature ['fi:tʃə] n træk nt; ansigtstræk nt

February ['februəri] februar

federal ['fedərəl] adj forbunds-

federation [,fedə'reiʃən] n føderation c; forbund nt

fee [fi:] n honorar nt

feeble ['fi:bəl] adj svag

***feed** [fi:d] v made; **fed up with** led og ked af

***feel** [fi:l] v føle; føle på; **~ like** *have lyst til

feeling ['fi:liŋ] n følelse c

fell [fel] v (p fall)

fellow ['felou] n fyr c

felt[1] [felt] n filt c

felt[2] [felt] v (p, pp feel)

female ['fi:meil] adj hun-

feminine ['feminin] adj feminin

fence [fens] n gærde nt; stakit nt; v fægte

fender ['fendə] n kofanger c

ferment [fə:'ment] v gære

ferry-boat ['feribout] n færge c

fertile ['fə:tail] adj frugtbar

festival ['festivəl] n festival c

festive ['festiv] adj festlig

fetch [fetʃ] v hente; afhente

feudal ['fju:dəl] adj feudal

fever ['fi:və] n feber c

feverish ['fi:vəriʃ] adj febril

few [fju:] adj få

fiancé [fi'ã:sei] n forlovede c

fiancée [fi'à:sei] n forlovede c
fibre ['faibə] n fiber c
fiction ['fikʃən] n fiktion c
field [fi:ld] n mark c; felt nt; ~ glasses feltkikkert c
fierce [fiəs] adj vild; heftig, bister
fifteen [,fif'ti:n] num femten
fifteenth [,fif'ti:nθ] num femtende
fifth [fifθ] num femte
fifty ['fifti] num halvtreds
fig [fig] n figen c
fight [fait] n strid c, kamp c
*fight [fait] v kæmpe, *slås
figure ['figə] n figur c, skikkelse c; ciffer nt
file [fail] n fil c; dokumentsamling c; række c
Filipino [,fili'pi:nou] n filippiner c
fill [fil] v fylde; ~ in udfylde; ~ out Am udfylde; ~ up fylde op
filling ['filiŋ] n plombe c; fyld nt
filling station ['filiŋ steiʃən[Am benzintank c, servicestation c
film [film] n film c; v filme
filter ['filtə] n filter nt
filthy ['filθi] adj beskidt, smudsig
final ['fainəl] adj endelig
finance [fai'næns] v finansiere
finances [fai'nænsiz] pl finanser pl
financial [fai'nænʃəl] adj finansiel
finch [fintʃ] n finke c
*find [faind] v *finde
fine [fain] n bøde c; adj fin; smuk; udsøgt, udmærket; ~ arts de skønne kunster
finger ['fiŋgə] n finger c; little ~ lillefinger c
fingerprint ['fiŋgəprint] n fingeraftryk nt
finish ['finiʃ] v *gøre færdig, *tilendebringe, slutte; ophøre, afslutte; n slutning c; målstreg c; finished færdig; slut
Finland ['finlənd] Finland

Finn [fin] n finne c
Finnish ['finiʃ] adj finsk
fire [faiə] n ild c; brand c; v *skyde; afskedige
fire-alarm ['faiərə,la:m] n brandalarm c
fire-brigade ['faiəbri,geid] n brandvæsen nt
fire-escape ['faiəri,skeip] n brandtrappe c
fire-extinguisher ['faiərik,stiŋwiʃə] n ildslukker c
fireplace ['faiəpleis] n kamin c
fireproof ['faiəpru:f] adj brandsikker; ildfast
firm [fə:m] adj fast; solid; n firma nt
first [fə:st] num første; at ~ først; i begyndelsen; ~ name fornavn nt
first-aid [,fə:st'eid] n førstehjælp c; ~ kit forbindskasse c; ~ post førstehjælpsstation c
first-class [,fə:st'kla:s] adj førsteklasses
first-rate [,fə:st'reit] adj fortræffelig, førsterangs
fir-tree ['fə:tri:] n nåletræ nt, gran c
fish¹ [fiʃ] n (pl ~, ~es) fisk c; ~ shop fiskeforretning c
fish² [fiʃ] v fiske; fishing gear fiskeredskaber pl; fishing hook fiskekrog c; fishing industry fiskeri nt; fishing licence fisketegn nt; fishing line fiskesnøre c; fishing net fiskenet nt; fishing rod fiskestang c; fishing tackle fiskegrej nt
fishbone ['fiʃboun] n fiskeben nt
fisherman ['fiʃəmən] n (pl -men) fisker c
fist [fist] n knytnæve c
fit [fit] adj brugbar; n anfald nt; v passe; fitting room prøveværelse nt
five [faiv] num fem
fix [fiks] v lave
fixed [fikst] adj fast

fizz [fiz] n brus nt

fjord [fjɔːd] n fjord c

flag [flæg] n flag nt

flame [fleim] n flamme c

flamingo [fləˈmiŋgou] n (pl ~s, ~es) flamingo c

flannel [ˈflænəl] n flonel c

flash [flæʃ] n glimt nt

flash-bulb [ˈflæʃbʌlb] n blitzpære c

flash-light [ˈflæʃlait] n lommelygte c

flask [flɑːsk] n flakon c; thermos ~ termoflaske c

flat [flæt] adj flad, jævn; n lejlighed c; ~ tyre punktering c

flavour [ˈfleivə] n smag c; v smage til

fleet [fliːt] n flåde c

flesh [fleʃ] n kød nt

flew [fluː] v (p fly)

flex [fleks] n ledning c

flexible [ˈfleksibəl] adj fleksibel; bøjelig

flight [flait] n flyvning c; charter ~ charterflyvning c

flint [flint] n lightersten c

float [flout] v *flyde; n svømmer c

flock [flɔk] n flok c

flood [flʌd] n oversvømmelse c; flod c

floor [flɔː] n gulv nt; etage c, sal c; ~ show floor show

florist [ˈflɔrist] n blomsterhandler c

flour [flauə] n hvedemel nt, mel nt

flow [flou] v strømme, *flyde

flower [flauə] n blomst c

flowerbed [ˈflauəbed] n blomsterbed nt

flower-shop [ˈflauəʃɔp] n blomsterforretning c

flown [floun] v (pp fly)

flu [fluː] n influenza c

fluent [ˈfluːənt] adj flydende

fluid [ˈfluːid] adj flydende; n væske c

flunk [flʌŋk] vAm dumpe

flute [fluːt] n fløjte c

fly [flai] n flue c; gylp c

*fly [flai] v *flyve

foam [foum] n skum nt; v skumme

foam-rubber [ˈfoumˌrʌbə] n skumgummi nt

focus [ˈfoukəs] n brændpunkt nt

fog [fɔg] n tåge c

foggy [ˈfɔgi] adj tåget

foglamp [ˈfɔglæmp] n tågelygte c

fold [fould] v folde; folde sammen; n fold c

folk [fouk] n folk nt; ~ song folkevise c

folk-dance [ˈfoukdɑːns] n folkedans c

folklore [ˈfouklɔː] n folklore c

follow [ˈfɔlou] v *følge; following adj kommende, følgende

*be fond of [biː fɔnd ɔv] *holde af

food [fuːd] n næring c; kost c, føde c; ~ poisoning madforgiftning c

foodstuffs [ˈfuːdstʌfs] pl næringsmidler pl

fool [fuːl] n fjols nt, nar c; v narre

foolish [ˈfuːliʃ] adj fjollet, tåbelig; tosset

foot [fut] n (pl feet) fod c; ~ powder fodpudder nt; on ~ til fods

football [ˈfutbɔːl] n fodbold c; ~ match fodboldkamp c

foot-brake [ˈfutbreik] n fodbremse c

footpath [ˈfutpɑːθ] n gangsti c

footwear [ˈfutweə] n skotøj pl

for [fɔː] prep til; i; på grund af, af, for; conj for

*forbid [fəˈbid] v *forbyde

force [fɔːs] v *tvinge; forcere; n kraft c, styrke c; vold c; by ~ nødtvungent; driving ~ drivkraft c

ford [fɔːd] n vadested nt

forecast [ˈfɔːkɑːst] n forudsigelse c; v *forudsige

foreground [ˈfɔːgraund] n forgrund c

forehead [ˈfɔred] n pande c

foreign [ˈfɔrin] adj udenlandsk; fremmed

foreigner ['forinə] n udlænding c

foreman ['fɔːmən] n (pl -men) værk-fører c

foremost ['fɔːmoust] adj først

foresail ['fɔːseil] n fok c

forest ['forist] n skov c

forester ['foristə] n skovfoged c

forge [fɔːdʒ] v forfalske

*forget [fə'get] v glemme

forgetful [fə'getfəl] adj glemsom

*forgive [fə'giv] v *tilgive

fork [fɔːk] n gaffel c; vejgaffel c; v dele sig

form [fɔːm] n form c; blanket c; klasse c; v forme

formal ['fɔːməl] adj ceremoniel

formality [fɔː'mæləti] n formalitet c

former ['fɔːmə] adj forhenværende; tidligere; formerly tidligere, forhen

formula ['fɔːmjulə] n (pl ~e, ~s) formel c

fort [fɔːt] n fort nt

fortnight ['fɔːtnait] n fjorten dage

fortress ['fɔːtris] n fæstning c

fortunate ['fɔːtʃənət] adj heldig

fortune ['fɔːtʃuːn] n formue c; skæbne c, lykke c

forty ['fɔːti] num fyrre

forward ['fɔːwəd] adv fremefter, frem; v eftersende

foster-parents ['fɔstəˌpeərənts] pl plejeforældre pl

fought [fɔːt] v (p, pp fight)

foul [faul] adj snusket; nederdrægtig

found¹ [faund] v (p, pp find)

found² [faund] v *grundlægge, oprette, stifte

foundation [faun'deiʃən] n stiftelse c; ~ cream pudderunderlag nt

fountain ['fauntin] n springvand nt; kilde c

fountain-pen ['fauntinpen] n fyldepen c

four [fɔː] num fire

fourteen [ˌfɔː'tiːn] num fjorten

fourteenth [ˌfɔː'tiːnθ] num fjortende

fourth [fɔːθ] num fjerde

fowl [faul] n (pl ~s, ~) fjerkræ nt

fox [fɔks] n ræv c

foyer ['fɔiei] n foyer c

fraction ['frækʃən] n brøkdel c

fracture ['fræktʃə] v brække; n brud nt

fragile ['frædʒail] adj skør; skrøbelig

fragment ['frægmənt] n brudstykke nt

frame [freim] n ramme c; brillestel nt

France [frɑːns] Frankrig

franchise ['fræntʃaiz] n stemmeret c

fraternity [frə'təːnəti] n broderskab nt

fraud [frɔːd] n bedrageri nt

fray [frei] v trævle

free [friː] adj fri; gratis; ~ of charge gratis; ~ ticket fribillet c

freedom ['friːdəm] n frihed c

*freeze [friːz] v *fryse

freezing ['friːziŋ] adj iskold

freezing-point ['friːziŋpoint] n frysepunkt nt

freight [freit] n fragt c

freight-train ['freittrein] nAm godstog nt

French [frentʃ] adj fransk

Frenchman ['frentʃmən] n (pl -men) franskmand c

frequency ['friːkwənsi] n frekvens c; hyppighed c

frequent ['friːkwənt] adj almindelig, hyppig; frequently hyppigt

fresh [freʃ] adj frisk; forfriskende; ~ water ferskvand nt

friction ['frikʃən] n friktion c

Friday ['fraidi] fredag c

fridge [fridʒ] n køleskab nt

friend [frend] n ven c; veninde c

friendly ['frendli] adj venlig, venskabelig

friendship ['frendʃip] n venskab nt

fright [frait] n skræk c, angst c

frighten ['fraitən] v forskrække

frightened ['fraitənd] adj skræmt; *be ~ *blive forskrækket

frightful ['fraitfəl] adj skrækkelig, forfærdelig

fringe [frindʒ] n frynse c; udkant c

frock [frɔk] n kjole c

frog [frɔg] n frø c

from [frɔm] prep fra; af; fra og med

front [frʌnt] n forside c; in ~ of foran

frontier ['frʌntiə] n grænse c

frost [frɔst] n frost c

froth [frɔθ] n skum nt

frozen ['frouzən] adj frossen; ~ food dybfrost

fruit [fru:t] n frugt c

fry [frai] v brase; stege

frying-pan ['fraiiŋpæn] n stegepande c

fuel ['fju:əl] n brændsel nt; n benzin c; ~ pump Am benzinpumpe c

full [ful] adj fuld; ~ board helpension c; ~ stop punktum nt; ~ up fuldt belagt

fun [fʌn] n morskab c; sjov nt

function ['fʌŋkʃən] n funktion c

fund [fʌnd] n fond nt

fundamental [ˌfʌndəˈmentəl] adj fundamental

funeral ['fju:nərəl] n begravelse c

funnel ['fʌnəl] n tragt c

funny ['fʌni] adj pudsig, sjov; besynderlig

fur [fə:] n pels c; ~ coat pels c; furs pelsværk nt

furious ['fjuəriəs] adj rasende

furnace ['fə:nis] n ovn c

furnish ['fə:niʃ] v levere, fremskaffe; møblere, indrette; ~ with forsyne med

furniture ['fə:nitʃə] n møbler pl

furrier ['fʌriə] n buntmager c

further ['fə:ðə] adj fjernere; yderligere

furthermore ['fə:ðəmɔ:] adv endvidere

furthest ['fə:ðist] adj fjernest

fuse [fju:z] n sikring c; lunte c

fuss [fʌs] n ståhej c; dikkedarer pl, postyr nt

future ['fju:tʃə] n fremtid c; adj fremtidig

G

gable ['geibəl] n gavl c

gadget ['gædʒit] n tingest c

gaiety ['geiəti] n munterhed c, lystighed c

gain [gein] v opnå; n fortjeneste c

gait [geit] n gang c, gangart c

gale [geil] n storm c

gall [gɔ:l] n galde c; ~ bladder galdeblære c

gallery ['gæləri] n galleri nt; kunstgalleri nt

gallop ['gæləp] n galop c

gallows ['gælouz] pl galge c

gallstone ['gɔ:lstoun] n galdesten c

game [geim] n spil nt; vildt nt; ~ reserve vildtreservat nt

gang [gæŋ] n bande c; sjak c

gangway ['gæŋwei] n landgangsbro c

gaol [dʒeil] n fængsel nt

gap [gæp] n åbning c

garage ['gærɑ:ʒ] n garage c; v *sætte i garage

garbage ['gɑ:bidʒ] n affald nt, skrald nt

garden ['gɑ:dən] n have c; public ~ parkanlæg nt; zoological gardens zoologisk have

gardener ['gɑ:dənə] n gartner c

gargle ['gɑ:gəl] v gurgle

garlic ['gɑ:lik] n hvidløg nt

gas [gæs] n gas c; nAm benzin c; ~
cooker gaskomfur nt; ~ pump
Am benzinpumpe c; ~ station
Am benzinstation c; ~ stove gas-
ovn c

gasoline ['gæsəli:n] nAm benzin c

gastric ['gæstrik] adj mave-; ~ ulcer
mavesår nt

gasworks ['gæswə:ks] n gasværk nt

gate [geit] n port c; låge c

gather ['gæðə] v samle; samles, for-
samle sig; høste; opfatte

gauge [geidʒ] n måler c

gauze [gɔ:z] n gaze c

gave [geiv] v (p give)

gay [gei] adj munter; farvestrålende

gaze [geiz] v stirre

gazetteer [ˌgæzə'tiə] n geografisk lek-
sikon

gear [giə] n gear nt; udstyr nt;
change ~ skifte gear; ~ lever
gearstang c

gear-box ['giəbɔks] n gearkasse c

gem [dʒem] n ædelsten c, juvel c; kle-
nodie nt

gender ['dʒendə] n køn nt

general ['dʒenərəl] adj generel; n ge-
neral c; ~ practitioner praktise-
rende læge; in ~ i almindelighed

generate ['dʒenəreit] v avle

generation [ˌdʒenə'reiʃən] n genera-
tion c

generator ['dʒenəreitər] n generator c

generosity [ˌdʒenə'rɔsəti] n gavmild-
hed c

generous ['dʒenərəs] adj gavmild, ge-
nerøs

genital ['dʒenitəl] adj køns-

genius ['dʒi:niəs] n geni nt

gentle ['dʒentəl] adj mild; let, blid;
nænsom

gentleman ['dʒentəlmən] n (pl -men)
herre c

genuine ['dʒenjuin] adj ægte

geography [dʒi'ɔgrəfi] n geografi c

geology [dʒi'ɔlədʒi] n geologi c

geometry [dʒi'ɔmətri] n geometri c

germ [dʒə:m] n bacille c; kim c

German ['dʒə:mən] adj tysk; n tysker
c

Germany ['dʒə:məni] Tyskland

gesticulate [dʒi'stikjuleit] v gestikule-
re

*get [get] v *få; hente; *blive; ~
back *gå tilbage; ~ off *stå af; ~
on *stige på; *gøre fremskridt; ~
up *stå op

ghost [goust] n spøgelse nt; ånd c

giant ['dʒaiənt] n kæmpe c

giddiness ['gidinəs] n svimmelhed c

giddy ['gidi] adj svimmel

gift [gift] n foræring c, gave c; evne c

gifted ['giftid] adj begavet

gigantic [dʒai'gæntik] adj gigantisk

giggle ['gigəl] v fnise

gill [gil] n gælle c

gilt [gilt] adj forgyldt

ginger ['dʒindʒə] n ingefær c

gipsy ['dʒipsi] n sigøjner c

girdle ['gə:dəl] n hofteholder c

girl [gə:l] n pige c; ~ guide pigespej-
der c

*give [giv] v *give; *overrække; ~
away røbe; ~ in *give efter; ~ up
*opgive

glacier ['glæsiə] n gletscher c

glad [glæd] adj fornøjet, glad; gladly
med glæde, gerne

gladness ['glædnəs] n glæde c

glamorous ['glæmərəs] adj betagende,
fortryllende

glamour ['glæmə] n fortryllelse c

glance [glɑ:ns] n blik nt; v kaste et
blik

gland [glænd] n kirtel c

glare [gleə] n skarpt lys; skin nt

glaring ['gleəriŋ] adj blændende

glass [glɑ:s] n glas nt; glas-; glasses

briller *pl;* **magnifying** ~ forstørrelsesglas *nt*

glaze [gleiz] *v* glasere

glen [glen] *n* bjergkløft *c*

glide [glaid] *v* *glide

glider ['glaidə] *n* svævefly *nt*

glimpse [glimps] *n* glimt *nt; v* skimte

global ['gloubəl] *adj* global

globe [gloub] *n* globus *c*, klode *c*

gloom [glu:m] *n* mørke *nt*

gloomy ['glu:mi] *adj* dyster

glorious ['glɔ:riəs] *adj* skøn, pragtfuld

glory ['glɔ:ri] *n* hæder *c*, ry *nt;* lovprisning *c*, ære *c*

gloss [glɔs] *n* glans *c*

glossy ['glɔsi] *adj* skinnende

glove [glʌv] *n* handske *c*

glow [glou] *v* gløde; *n* glød *c*

glue [glu:] *n* lim *c*

****go** [gou] *v* *gå; *blive; ~ **ahead** *gå videre; ~ **away** *tage bort; ~ **back** vende tilbage; ~ **home** *tage hjem; ~ **in** *gå ind; ~ **on** *fortsætte; ~ **out** *gå ud; ~ **through** *gå igennem, *gennemgå

goal [goul] *n* mål *nt*

goalkeeper ['goul,ki:pə] *n* målmand *c*

goat [gout] *n* gedebuk *c*, ged *c*

god [gɔd] *n* gud *c*

goddess ['gɔdis] *n* gudinde *c*

godfather ['gɔd,fɑ:ðə] *n* gudfar *c*

goggles ['gɔgəlz] *pl* dykkerbriller *pl*

gold [gould] *n* guld *nt;* ~ **leaf** bladguld *nt*

golden ['gouldən] *adj* gylden

goldmine ['gouldmain] *n* guldmine *c*

goldsmith ['gouldsmiθ] *n* guldsmed *c*

golf [gɔlf] *n* golf

golf-course ['gɔlfkɔ:s] *n* golfbane *c*

golf-links ['gɔlfliŋks] *n* golfbane *c*

gondola ['gɔndələ] *n* gondol *c*

gone [gɔn] *adv* (pp go) borte

good [gud] *adj* god; dejlig; artig, sød

good-bye! [,gud'bai] farvel!

good-humoured [,gud'hju:məd] *adj* glad

good-looking [,gud'lukiŋ] *adj* køn

good-natured [,gud'neitʃəd] *adj* godmodig

goods [gudz] *pl* varer *pl*, gods *nt;* ~ **train** godstog *nt*

good-tempered [,gud'tempəd] *adj* i godt humør

goodwill [,gud'wil] *n* velvilje *c*

goose [gu:s] *n* (pl geese) gås *c*

gooseberry ['guzbəri] *n* stikkelsbær *nt*

goose-flesh ['gu:sfleʃ] *n* gåsehud *c*

gorge [gɔ:dʒ] *n* slugt *c*

gorgeous ['gɔ:dʒəs] *adj* prægtig

gospel ['gɔspəl] *n* evangelium *nt*

gossip ['gɔsip] *n* sladder *c; v* sladre

got [gɔt] *v* (p, pp get)

gourmet ['guəmei] *n* feinschmecker *c*

gout [gaut] *n* gigt *c*

govern ['gʌvən] *v* regere

governess ['gʌvənis] *n* guvernante *c*

government ['gʌvənmənt] *n* regering *c*

governor ['gʌvənə] *n* guvernør *c*

gown [gaun] *n* aftenkjole *c;* kappe *c*

grace [greis] *n* ynde *c;* nåde *c*

graceful ['greisfəl] *adj* yndefuld, graciøs

grade [greid] *n* rang *c; v* rangordne

gradient ['greidiənt] *n* hældning *c*

gradual ['grædʒuəl] *adj* gradvis

graduate ['grædʒueit] *v* *tage eksamen

grain [grein] *n* korn *nt*

gram [græm] *n* gram *nt*

grammar ['græmə] *n* grammatik *c*

grammatical [grə'mætikəl] *adj* grammatisk

gramophone ['græməfoun] *n* grammofon *c*

grand [grænd] *adj* storslået

granddad ['grændæd] *n* bedstefar *c*

granddaughter [ˈgrænˌdɔːtə] n datterdatter c, sønnedatter c

grandfather [ˈgrænˌfɑːðə] n bedstefar c; farfar c, morfar c

grandmother [ˈgrænˌmʌðə] n bedstemor c; mormor c, farmor c

grandparents [ˈgrænˌpeərənts] pl bedsteforældre pl

grandson [ˈgrænsʌn] n sønnesøn c, dattersøn c

granite [ˈgrænit] n granit c

grant [grɑːnt] v bevilge; yde; n stipendium nt, tilskud nt

grapefruit [ˈgreipfruːt] n grapefrugt c

grapes [greips] pl vindruer pl

graph [græf] n graf c

graphic [ˈgræfik] adj grafisk

grasp [grɑːsp] v *gribe; fatte; n greb nt

grass [grɑːs] n græs nt

grasshopper [ˈgrɑːsˌhɔpə] n græshoppe c

grate [greit] n rist c; v *rive

grateful [ˈgreitfəl] adj taknemmelig

grater [ˈgreitə] n rivejern nt

gratis [ˈgrætis] adj gratis

gratitude [ˈgrætitjuːd] n taknemmelighed c

gratuity [grəˈtjuːəti] n drikkepenge pl

grave [greiv] n grav c; adj alvorlig

gravel [ˈgrævəl] n grus nt

gravestone [ˈgreivstoun] n gravsten c

graveyard [ˈgreivjɑːd] n kirkegård c

gravity [ˈgrævəti] n tyngdekraft c; alvor c

gravy [ˈgreivi] n sovs c

graze [greiz] v græsse; n hudafskrabning c

grease [griːs] n smørelse c; v *smøre

greasy [ˈgriːsi] adj fedtet, smattet

great [greit] adj stor; **Great Britain** Storbritannien

Greece [griːs] Grækenland

greed [griːd] n begærlighed c

greedy [ˈgriːdi] adj begærlig; grådig

Greek [griːk] adj græsk; n græker c

green [griːn] adj grøn; ~ **card** grønt kort

greengrocer [ˈgriːnˌgrousə] n grønthandler c

greenhouse [ˈgriːnhaus] n væksthus nt, drivhus nt

greens [griːnz] pl grøntsager

greet [griːt] v hilse

greeting [ˈgriːtiŋ] n hilsen c

grey [grei] adj grå

greyhound [ˈgreihaund] n mynde c

grief [griːf] n sorg c; smerte c

grieve [griːv] v sørge

grill [gril] n grill c; v grillere

grill-room [ˈgrilruːm] n grill-restaurant c

grin [grin] v grine; n grin nt

*grind [graind] v male; pulverisere

grip [grip] v *gribe; n greb nt, tag nt; nAm rejsetaske c

grit [grit] n grus nt

groan [groun] v stønne

grocer [ˈgrousə] n købmand c; grocer's købmandsforretning c

groceries [ˈgrousəriz] pl kolonialvarer pl

groin [grɔin] n lyske c

groove [gruːv] n rille c

gross¹ [grous] n (pl ~) gros nt

gross² [grous] adj grov; brutto-

grotto [ˈgrɔtou] n (pl ~es, ~s) grotte c

ground¹ [graund] n jord c, grund c; ~ **floor** stueetage c; **grounds** grund c

ground² [graund] v (p, pp grind)

group [gruːp] n gruppe c

grouse [graus] n (pl ~) tjurhane c

grove [grouv] n lund c

*grow [grou] v vokse; avle; *blive

growl [graul] v brumme

grown-up [ˈgrounʌp] adj voksen; n

voksen c
growth [grouθ] n vækst c; svulst c
grudge [grʌdʒ] v misunde; n uvilje c
grumble ['grʌmbəl] v knurre
guarantee [ˌgærən'tiː] n garanti c; sikkerhed c; v garantere
guarantor [ˌgærən'tɔː] n kautionist c
guard [gaːd] n vagt c; v bevogte
guardian ['gaːdiən] n værge c
guess [ges] v gætte; gisne, tænke; n formodning c
guest [gest] n gæst c
guest-house ['gesthaus] n pensionat nt
guest-room ['gestruːm] n gæsteværelse nt
guide [gaid] n guide c; v vise vej
guidebook ['gaidbuk] n guide c
guide-dog ['gaiddɔg] n førerhund c
guilt [gilt] n skyld c
guilty ['gilti] adj skyldig
guinea-pig ['ginipig] n marsvin nt
guitar [gi'taː] n guitar c
gulf [gʌlf] n bugt c
gull [gʌl] n måge c
gum [gʌm] n tandkød nt; gummi c; lim c
gun [gʌn] n revolver c, gevær nt; kanon c
gunpowder ['gʌnˌpaudə] n krudt nt
gust [gʌst] n vindstød nt
gusty ['gʌsti] adj blæsende
gut [gʌt] n tarm c; **guts** karakterstyrke c
gutter ['gʌtə] n rendesten c
guy [gai] n fyr c
gymnasium [dʒim'neiziəm] n (pl ~s, -sia) gymnastiksal c
gymnast ['dʒimnæst] n gymnast c
gymnastics [dʒim'næstiks] pl gymnastik c
gynaecologist [ˌgainə'kɔlədʒist] n kvindelæge c, gynækolog c

H

haberdashery ['hæbədæʃəri] n sytilbehørsforretning c
habit ['hæbit] n vane c
habitable ['hæbitəbəl] adj beboelig
habitual [hə'bitʃuəl] adj vanemæssig
had [hæd] v (p, pp have)
haddock ['hædɔk] n (pl ~) kuller c
haemorrhage ['heməridʒ] n blødning c
haemorrhoids ['hemərɔidz] pl hæmorroider pl
hail [heil] n hagl nt
hair [heə] n hår nt; ~ **cream** hårcreme c; ~ **piece** toupet c; ~ **rollers** curlere pl; ~ **tonic** hårvand nt
hairbrush ['heəbrʌʃ] n hårbørste c
haircut ['heəkʌt] n klipning c
hair-do ['heəduː] n frisure c
hairdresser ['heəˌdresə] n frisør c
hair-dryer ['heədraiə] n hårtørrer c
hair-grip ['heəgrip] n hårklemme c
hair-net ['heənet] n hårnet nt
hair-oil ['heərɔil] n hårolie c
hairpin ['heəpin] n hårnål c
hair-spray ['heəsprei] n hårlak c
hairy ['heəri] adj håret
half¹ [haːf] adj halv
half² [haːf] n (pl halves) halvdel c
half-time [ˌhaːf'taim] n halvleg c
halfway [ˌhaːf'wei] adv halvvejs
halibut ['hælibət] n (pl ~) helleflynder c
hall [hɔːl] n vestibule c; sal c
halt [hɔːlt] v standse
halve [haːv] v halvere
ham [hæm] n skinke c
hamlet ['hæmlət] n lille landsby
hammer ['hæmə] n hammer c
hammock ['hæmək] n hængekøje c
hamper ['hæmpə] n kurv c
hand [hænd] n hånd c; v *overrække;

~ **cream** håndcreme c

handbag ['hændbæg] n håndtaske c

handbook ['hændbuk] n håndbog c

hand-brake ['hændbreik] n hånd-bremse c

handcuffs ['hændkʌfs] pl håndjern pl

handful ['hændful] n håndfuld c

handicraft ['hændikrɑ:ft] n håndarbej-de nt; kunsthåndværk nt

handkerchief ['hæŋkətʃif] n lomme-tørklæde nt

handle ['hændəl] n skaft nt, håndtag nt; v håndtere; behandle

hand-made [,hænd'meid] adj håndla-vet

handshake ['hændʃeik] n håndtryk nt

handsome ['hænsəm] adj smuk flot

handwork ['hændwɔ:k] n håndarbejde nt

handwriting ['hænd,raitiŋ] n hånd-skrift c

handy ['hændi] adj handy

***hang** [hæŋ] v hænge op; *hænge

hanger ['hæŋə] n bøjle c

hangover ['hæŋ,ouvə] n tømmermænd pl

happen ['hæpən] v ske, *indtræffe

happening ['hæpəniŋ] n hændelse c, begivenhed c

happiness ['hæpinəs] n lykke c

happy ['hæpi] adj lykkelig, tilfreds

harbour ['hɑ:bə] n havn c

hard [hɑ:d] adj hård; vanskelig; hardly næppe

hardware ['hɑ:dwɛə] n isenkram nt; ~ **store** isenkramforretning c

hare [hɛə] n hare c

harm [hɑ:m] n skade c; fortræd c; v skade, *gøre fortræd

harmful ['hɑ:mfəl] adj skadelig

harmless ['hɑ:mləs] adj uskadelig

harmony ['hɑ:məni] n harmoni c

harp [hɑ:p] n harpe c

harpsichord ['hɑ:psikɔ:d] n cembalo nt

harsh [hɑ:ʃ] adj ru; streng; grusom

harvest ['hɑ:vist] n høst c

has [hæz] v (pr have)

haste [heist] n hast c

hasten ['heisən] v ile, skynde sig

hasty ['heisti] adj forjaget

hat [hæt] n hat c; ~ **rack** knagerække c

hatch [hætʃ] n luge c

hate [heit] v hade; n had nt

hatred ['heitrid] n had nt

haughty ['hɔ:ti] adj hovmodig

haul [hɔ:l] v hale

***have** [hæv] v *have; *få; ~ **to** *være nødt til

haversack ['hævəsæk] n vadsæk c

hawk [hɔ:k] n høg c; falk c

hay [hei] n hø nt; ~ **fever** høfeber c

hazard ['hæzəd] n vovestykke nt

haze [heiz] n dis c

hazelnut ['heizəlnʌt] n hasselnød c

hazy ['heizi] adj diset

he [hi:] pron han

head [hed] n hoved nt; v lede; ~ **of state** statsoverhoved nt; ~ **teacher** skoleinspektør c

headache ['hedeik] n hovedpine c

heading ['hediŋ] n overskrift c

headlamp ['hedlæmp] n forlygte c

headland ['hedlənd] n forbjerg nt

headlight ['hedlait] n forlygte c

headline ['hedlain] n overskrift c

headmaster [,hed'mɑ:stə] n skoleinspektør c; rektor c

headquarters [,hed'kwɔ:təz] pl hovedkvarter nt

head-strong ['hedstrɔŋ] adj selvrådig

head-waiter [,hed'weitə] n overtjener c

heal [hi:l] v helbrede, læge

health [helθ] n helbred nt; ~ **centre** konsultationscenter nt; ~ **certificate** lægeerklæring c

healthy ['helθi] adj rask

heap [hi:p] n stak c, dynge c

*hear [hiə] v høre

hearing ['hiəriŋ] n hørelse c

heart [ha:t] n hjerte nt; kerne c; by ~ udenad; ~ attack hjerteanfald nt

heartburn ['ha:tbə:n] n halsbrand c

hearth [ha:θ] n ildsted nt

heartless ['ha:tləs] adj hjerteløs

hearty ['ha:ti] adj hjertelig

heat [hi:t] n hede c, varme c; v opvarme; heating pad varmepude c

heater ['hi:tə] n varmeovn c; immersion ~ dyppekoger c

heath [hi:θ] n hede c

heathen ['hi:ðən] n hedning c; adj hedensk

heather ['heðə] n lyng c

heating ['hi:tiŋ] n opvarmning c

heaven ['hevən] n himmel c

heavy ['hevi] adj tung

Hebrew ['hi:bru:] n hebraisk nt

hedge [hedʒ] n hæk c

hedgehog ['hedʒhog] n pindsvin nt

heel [hi:l] n hæl c

height [hait] n højde c; højdepunkt nt, toppunkt nt

hell [hel] n helvede nt

hello! [he'lou] hej!; goddag!

helm [helm] n ror nt

helmet ['helmit] n hjelm c

helmsman ['helmzmən] n rorgænger c

help [help] v *hjælpe; n hjælp c

helper ['helpə] n hjælper c

helpful ['helpfəl] adj hjælpsom

helping ['helpiŋ] n portion c

hem [hem] n søm c

hemp [hemp] n hamp c

hen [hen] n høne c

henceforth [,hens'fo:θ] adv fra nu af

her [hə:] pron hende; adj hendes

herb [hə:b] n urt c

herd [hə:d] n hjord c

here [hiə] adv her; ~ you are værsgo

hereditary [hi'reditəri] adj arvelig

hernia ['hə:niə] n brok c

hero ['hiərou] n (pl ~es) helt c

heron ['herən] n hejre c

herring ['heriŋ] n (pl ~, ~s) sild c

herself [hə:'self] pron sig; sig selv

hesitate ['heziteit] v tøve

heterosexual [,hetərə'sekʃuəl] adj heteroseksuel

hiccup ['hikʌp] n hikke c

hide [haid] n hud c

*hide [haid] v skjule; gemme

hideous ['hidiəs] adj hæslig

hierarchy ['haiəra:ki] n hierarki nt

high [hai] adj høj

highway ['haiwei] n landevej c; nAm motorvej c

hijack ['haidʒæk] v kapre

hijacker ['haidʒækə] n kaprer c

hike [haik] v vandre

hill [hil] n bakke c

hillock ['hilək] n høj c

hillside ['hilsaid] n skråning c

hilltop ['hiltop] n bakketop c

hilly ['hili] adj bakket

him [him] pron ham

himself [him'self] pron sig; selv

hinder ['hində] v hindre

hinge [hindʒ] n hængsel nt

hip [hip] n hofte c

hire [haiə] v leje; for ~ til leje

hire-purchase [,haiə'pə:tʃəs] n afbetalingskøb nt

his [hiz] adj hans

historian [hi'stɔ:riən] n historiker c

historic [hi'stɔrik] adj historisk

historical [hi'stɔrikəl] adj historisk

history ['histəri] n historie c

hit [hit] n slager c; stød nt, slag nt

*hit [hit] v *slå; ramme, *træffe

hitchhike ['hitʃhaik] v blaffe

hitchhiker ['hitʃ,haikə] n blaffer c

hoarse [hɔːs] adj hæs, skurrende

hobby ['hɔbi] n hobby c

hobby-horse ['hɔbihɔːs] n kæphest c

hockey ['hɔki] n hockey

hoist [hɔist] v hejse

hold [hould] n lastrum nt

*hold [hould] v *holde, *holde på; *beholde; ~ on *holde sig fast; ~ up *holde oppe

hold-up ['houldʌp] n overfald nt

hole [houl] n hul nt

holiday ['hɔlədi] n ferie c; helligdag c; ~ camp feriekoloni c; ~ resort feriested nt; on ~ på ferie

Holland ['hɔlənd] Holland

hollow ['hɔlou] adj hul

holy ['houli] adj hellig

homage ['hɔmidʒ] n hyldest c

home [houm] n hjem nt; plejehjem nt, hus nt; adv hjem, hjemme; at ~ hjemme

home-made [,houm'meid] adj hjemmelavet

homesickness ['houm,siknəs] n hjemve c

homosexual [,houmə'sekʃuəl] adj homoseksuel

honest ['ɔnist] adj ærlig; oprigtig

honesty ['ɔnisti] n ærlighed c

honey ['hʌni] n honning c

honeymoon ['hʌnimuːn] n hvedebrødsdage pl, bryllupsrejse c

honk [hʌŋk] vAm tude, dytte

honour ['ɔnə] n ære c; v hædre, ære

honourable ['ɔnərəbəl] adj ærefuld, agtværdig; retskaffen

hood [hud] n hætte c; nAm motorhjelm c

hoof [huːf] n hov c

hook [huk] n krog c

hoot [huːt] v tude, dytte

hooter ['huːtə] n tudehorn nt

hoover ['huːvə] v støvsuge

hop¹ [hɔp] v hoppe; n hop nt

hop² [hɔp] n humle c

hope [houp] n håb nt; v håbe

hopeful ['houpfəl] adj forhåbningsfuld

hopeless ['houpləs] adj håbløs

horizon [hə'raizən] n horisont c

horizontal [,hɔri'zɔntəl] adj vandret

horn [hɔːn] n horn nt

horrible ['hɔribəl] adj skrækkelig; grufuld, hårrejsende, skrækindjagende

horror ['hɔrə] n rædsel c, gru c

hors-d'œuvre [ɔː'dəːvr] n forret c, hors-d'œuvre c

horse [hɔːs] n hest c

horseman ['hɔːsmən] n (pl -men) rytter c

horsepower ['hɔːs,pauə] n hestekraft c

horserace ['hɔːsreis] n hestevæddeløb nt

horseradish ['hɔːs,rædiʃ] n peberrod c

horseshoe ['hɔːsʃuː] n hestesko c

horticulture ['hɔːtikʌltʃə] n havedyrkning c

hosiery ['houʒəri] n trikotage c

hospitable ['hɔspitəbəl] adj gæstfri

hospital ['hɔspitəl] n sygehus nt, hospital nt

hospitality [,hɔspi'tæləti] n gæstfrihed c

host [houst] n vært c

hostage ['hɔstidʒ] n gidsel nt

hostel ['hɔstəl] n herberg nt

hostess ['houstis] n værtinde c

hostile ['hɔstail] adj fjendtlig

hot [hɔt] adj hed, varm

hotel [hou'tel] n hotel nt

hot-tempered [,hɔt'tempəd] adj opfarende

hour [auə] n time c

hourly ['auəli] adj hver time

house [haus] n hus nt; bolig c; beboelseshus nt; ~ agent ejendoms-

mægler c; ~ block Am karré c;
public ~ beværtning c
houseboat ['hausbout] n husbåd c
household ['haushould] n husholdning
c
housekeeper ['haus,ki:pə] n hushold-
erske c
housekeeping ['haus,ki:piŋ] n hus-
holdning c, husligt arbejde
housemaid ['hausmeid] n husassistent
c
housewife ['hauswaif] n husmor c
housework ['hauswə:k] n husholdn-
ning c
how [hau] adv hvordan; hvor; ~
many hvor mange; ~ much hvor
meget
however [hau'evə] conj imidlertid,
dog
hug [hʌg] v omfavne; knuse; n knus
nt
huge [hju:dʒ] adj kæmpestor, vældig,
uhyre
hum [hʌm] v nynne
human ['hju:mən] adj menneskelig;
~ being menneske nt
humanity [hju'mænəti] n menneske-
hed c
humble ['hʌmbəl] adj ydmyg
humid ['hju:mid] adj fugtig
humidity [hju'midəti] n fugtighed c
humorous ['hju:mərəs] adj spøgefuld,
lystig, humoristisk
humour ['hju:mə] n humor c
hundred ['hʌndrəd] n hundrede
Hungarian [hʌŋ'geəriən] adj ungarsk;
n ungarer c
Hungary ['hʌŋgəri] Ungarn
hunger ['hʌŋgə] n sult c
hungry ['hʌŋgri] adj sulten
hunt [hʌnt] v jage; n jagt c; ~ for le-
de efter
hunter ['hʌntə] n jæger c
hurricane ['hʌrikən] n orkan c; ~

lamp stormlampe c
hurry ['hʌri] v skynde sig; n hastværk
nt; in a ~ i hast
*hurt [hə:t] v *gøre ondt, skade; stø-
de
hurtful ['hə:tfəl] adj skadelig
husband ['hʌzbənd] n mand c, ægte-
fælle c
hut [hʌt] n hytte c
hydrogen ['haidrədʒən] n brint c
hygiene ['haidʒi:n] n hygiejne c
hygienic [hai'dʒi:nik] adj hygiejnisk
hymn [him] n hymne c, salme c
hyphen ['haifən] n bindestreg c
hypocrisy [hi'pɔkrəsi] n hykleri nt
hypocrite ['hipəkrit] n hykler c
hypocritical [,hipə'kritikəl] adj hykle-
risk, skinhellig
hysterical [hi'sterikəl] adj hysterisk

I

I [ai] pron jeg
ice [ais] n is c
ice-bag ['aisbæg] n ispose c
ice-cream ['aiskri:m] n is c
Iceland ['aislənd] Island
Icelander ['aisləndə] n islænding c
Icelandic [ais'lændik] adj islandsk
icon ['aikɔn] n ikon c
idea [ai'diə] n idé c; tanke c, indfald
nt; begreb nt, forestilling c
ideal [ai'diəl] adj ideel; n ideal nt
identical [ai'dentikəl] adj identisk
identification [ai,dentifi'keiʃən] n iden-
tifikation c
identify [ai'dentifai] v identificere
identity [ai'dentəti] n identitet c; ~
card legitimationskort nt
idiom ['idiəm] n idiom nt
idiomatic [,idiə'mætik] adj idiomatisk
idiot ['idiət] n idiot c

idiotic [,idi'ɔtik] *adj* idiotisk

idle ['aidəl] *adj* uvirksom; doven; unyttig

idol ['aidəl] *n* afgud c; idol *nt*

if [if] *conj* hvis; såfremt

ignition [ig'niʃən] *n* tænding c; ~ coil tændspole c

ignorant ['ignərənt] *adj* uvidende

ignore [ig'nɔ:] *v* ignorere

ill [il] *adj* syg; dårlig; ond

illegal [i'li:gəl] *adj* illegal, ulovlig

illegible [i'ledʒəbəl] *adj* ulæselig

illiterate [i'litərət] *n* analfabet c

illness ['ilnəs] *n* sygdom c

illuminate [i'lu:mineit] *v* oplyse, illuminere

illumination [i,lu:mi'neiʃən] *n* belysning c, illumination c

illusion [i'lu:ʒən] *n* illusion c

illustrate ['iləstreit] *v* illustrere

illustration [,ilə'streiʃən] *n* illustration c

image ['imidʒ] *n* billede *nt*

imaginary [i'mædʒinəri] *adj* indbildt

imagination [i,mædʒi'neiʃən] *n* fantasi c

imagine [i'mædʒin] *v* forestille sig; bilde sig ind; tænke sig

imitate ['imiteit] *v* imitere, efterligne

imitation [,imi'teiʃən] *n* imitation c, efterligning c

immediate [i'mi:djət] *adj* umiddelbar

immediately [i'mi:djətli] *adv* straks, øjeblikkeligt, omgående

immense [i'mens] *adj* enorm, endeløs, umådelig

immigrant ['imigrənt] *n* indvandrer c

immigrate ['imigreit] *v* indvandre

immigration [,imi'greiʃən] *n* indvandring c

immodest [i'mɔdist] *adj* ubeskeden

immunity [i'mju:nəti] *n* immunitet c

immunize ['imjunaiz] *v* immunisere

impartial [im'pa:ʃəl] *adj* upartisk

impassable [im'pa:səbəl] *adj* ufremkommelig

impatient [im'peiʃənt] *adj* utålmodig

impede [im'pi:d] *v* hindre

impediment [im'pedimənt] *n* hindring c

imperfect [im'pə:fikt] *adj* ufuldkommen

imperial [im'piəriəl] *adj* kejserlig; rigs-

impersonal [im'pə:sənəl] *adj* upersonlig

impertinence [im'pə:tinəns] *n* frækhed c

impertinent [im'pə:tinənt] *adj* uforskammet, næsvis, fræk

implement[1] ['implimənt] *n* redskab *nt*, værktøj *nt*

implement[2] ['impliment] *v* realisere

imply [im'plai] *v* *betyde; *indebære

impolite [,impə'lait] *adj* uhøflig

import[1] [im'pɔ:t] *v* importere, indføre

import[2] ['impɔ:t] *n* indførsel c, importvarer *pl*, import c; ~ duty importtold c

importance [im'pɔ:təns] *n* vigtighed c, betydning c

important [im'pɔ:tənt] *adj* værdifuld, vigtig

importer [im'pɔ:tə] *n* importør c

imposing [im'pouziŋ] *adj* imponerende

impossible [im'pɔsəbəl] *adj* umulig

impotence ['impətəns] *n* impotens c

impotent ['impətənt] *adj* impotent

impound [im'paund] *v* indelukke; *beslaglægge

impress [im'pres] *v* *gøre indtryk på, imponere

impression [im'preʃən] *n* indtryk *nt*

impressive [im'presiv] *adj* imponerende

imprison [im'prizən] *v* fængsle

imprisonment [im'prizənmənt] *n* fangenskab *nt*

improbable [im'prɔbəbəl] *adj* usand-synlig

improper [im'prɔpə] *adj* upassende

improve [im'pru:v] *v* forbedre

improvement [im'pru:vmənt] *n* for-bedring *c*

improvise ['imprəvaiz] *v* improvisere

impudent ['impjudənt] *adj* uforskam-met

impulse ['impʌls] *n* impuls *c*

impulsive [im'pʌlsiv] *adj* impulsiv

in [in] *prep* i; om, på; *adv* ind

inaccessible [ˌinæk'sesəbəl] *adj* util-gængelig

inaccurate [i'nækjurət] *adj* unøjagtig

inadequate [i'nædikwət] *adj* util-strækkelig

incapable [iŋ'keipəbəl] *adj* uduelig

incense ['insens] *n* røgelse *c*

incident ['insidənt] *n* tildragelse *c*

incidental [ˌinsi'dentəl] *adj* tilfældig

incite [in'sait] *v* anspore

inclination [ˌiŋkli'neiʃən] *n* tilbøjelig-hed *c*; hældning *c*

incline [iŋ'klain] *n* skråning *c*

inclined [iŋ'klaind] *adj* tilbøjelig, vil-lig

include [iŋ'klu:d] *v* inkludere, omfat-te

inclusive [iŋ'klu:siv] *adj* inklusive

income ['iŋkəm] *n* indkomst *c*

income-tax ['iŋkəmtæks] *n* indkomst-skat *c*

incompetent [iŋ'kɔmpətənt] *adj* in-kompetent

incomplete [ˌinkəm'pli:t] *adj* ufuld-stændig

inconceivable [ˌinkən'si:vəbəl] *adj* utænkelig

inconspicuous [ˌiŋkən'spikjuəs] *adj* uanselig

inconvenience [ˌiŋkən'vi:njəns] *n* ulempe *c*, besvær *nt*

inconvenient [ˌiŋkən'vi:njənt] *adj* ube-lejlig; besværlig

incorrect [ˌiŋkə'rekt] *adj* urigtig

increase¹ [iŋ'kri:s] *v* forøge; *tiltage

increase² ['iŋkri:s] *n* forøgelse *c*; for-højelse *c*

incredible [iŋ'kredəbəl] *adj* utrolig

incurable [iŋ'kjuərəbəl] *adj* uhelbre-delig

indecent [in'di:sənt] *adj* uanstændig

indeed [in'di:d] *adv* sandelig

indefinite [in'definit] *adj* ubestemt

indemnity [in'demnəti] *n* skadeser-statning *c*, skadesløsholdelse *c*

independence [ˌindi'pendəns] *n* uaf-hængighed *c*

independent [ˌindi'pendənt] *adj* uaf-hængig; selvstændig

index ['indeks] *n* indeks *nt*, register *nt*; ~ **finger** pegefinger *c*

India ['indiə] Indien

Indian ['indiən] *adj* indisk; indiansk; *n* inder *c*; indianer *c*

indicate ['indikeit] *v* anvise, indicere, *angive

indication [ˌindi'keiʃən] *n* tegn *nt*

indicator ['indikeitə] *n* blinklys *nt*

indifferent [in'difərənt] *adj* ligeglad

indigestion [ˌindi'dʒestʃən] *n* fordøjel-sesbesvær *nt*

indignation [ˌindig'neiʃən] *n* forargelse *c*

indirect [ˌindi'rekt] *adj* indirekte

individual [ˌindi'vidʒuəl] *adj* individu-el, enkelt; *n* enkeltperson *c*, individ *nt*

Indonesia [ˌində'ni:ziə] Indonesien

Indonesian [ˌində'ni:ziən] *adj* indone-sisk; *n* indoneser *c*

indoor ['indɔ:] *adj* indendørs

indoors [ˌin'dɔ:z] *adv* inde

indulge [in'dʌldʒ] *v* *give efter; *hen-give sig

industrial [in'dʌstriəl] *adj* industriel;

~ **area** industriområde *nt*

industrious [in'dʌstriəs] *adj* flittig

industry ['indəstri] *n* industri *c*

inedible [i'nedibəl] *adj* uspiselig

inefficient [,ini'fiʃənt] *adj* virkningsløs

inevitable [i'nevitəbəl] *adj* uundgåelig

inexpensive [,inik'spensiv] *adj* billig

inexperienced [,inik'spiəriənst] *adj* uerfaren

infant ['infənt] *n* spædbarn *nt*

infantry ['infəntri] *n* infanteri *nt*

infect [in'fekt] *v* smitte

infection [in'fekʃən] *n* infektion *c*

infectious [in'fekʃəs] *adj* smitsom

infer [in'fə:] *v* *drage en slutning

inferior [in'fiəriə] *adj* ringere, underlegen; nedre

infinite ['infinət] *adj* uendelig

infinitive [in'finitiv] *n* infinitiv *c*

infirmary [in'fə:məri] *n* infirmeri *nt*

inflammable [in'flæməbəl] *adj* brandfarlig

inflammation [,inflə'meiʃən] *n* betændelse *c*

inflatable [in'fleitəbəl] *adj* oppustelig

inflate [in'fleit] *v* puste op

inflation [in'fleiʃən] *n* inflation *c*

influence ['influəns] *n* indflydelse *c; v* påvirke

influential [,influ'enʃəl] *adj* indflydelsesrig

influenza [,influ'enzə] *n* influenza *c*

inform [in'fə:m] *v* *give oplysning, informere; underrette, *give besked

informal [in'fə:məl] *adj* uformel

information [,infə'meiʃən] *n* information *c*; meddelelse *c*, oplysning *c*; ~ **bureau** informationskontor *nt*

infra-red [,infrə'red] *adj* infrarød

infrequent [in'fri:kwənt] *adj* sjælden

ingredient [iŋ'gri:diənt] *n* bestanddel *c*, ingrediens *c*

inhabit [in'hæbit] *v* bebo

inhabitable [in'hæbitəbəl] *adj* beboelig

inhabitant [in'hæbitənt] *n* indbygger *c*; beboer *c*

inhale [in'heil] *v* indånde

inherit [in'herit] *v* arve

inheritance [in'heritəns] *n* arv *c*

initial [i'niʃəl] *adj* først, begyndelses-; *n* forbogstav *nt; v* forsyne med initialer

initiative [i'niʃətiv] *n* initiativ *nt*

inject [in'dʒekt] *v* indsprøjte

injection [in'dʒekʃən] *n* indsprøjtning *c*

injure ['indʒə] *v* kvæste, såre; krænke

injury ['indʒəri] *n* kvæstelse *c*, læsion *c*

injustice [in'dʒʌstis] *n* uret *c*

ink [iŋk] *n* blæk *nt*

inlet ['inlet] *n* vig *c*

inn [in] *n* kro *c*

inner ['inə] *adj* indvendig; ~ **tube** slange *c*

inn-keeper ['in,ki:pə] *n* krovært *c*

innocence ['inəsəns] *n* uskyld *c*

innocent ['inəsənt] *adj* uskyldig

inoculate [i'nɔkjuleit] *v* vaccinere

inoculation [i,nɔkju'leiʃən] *n* vaccination *c*

inquire [iŋ'kwaiə] *v* *forespørge, forhøre sig

inquiry [iŋ'kwaiəri] *n* forespørgsel *c*; undersøgelse *c*; ~ **office** oplysningskontor *nt*

inquisitive [iŋ'kwizətiv] *adj* nysgerrig

insane [in'sein] *adj* sindssyg

inscription [in'skripʃən] *n* inskription *c*

insect ['insekt] *n* insekt *nt*; ~ **repellent** insektmiddel *nt*

insecticide [in'sektisaid] *n* insektdræbende middel

insensitive [in'sensətiv] *adj* følelsesløs

insert [in'sə:t] *v* indføje, *indskyde

inside [,in'said] *n* inderside *c*; *adj* indre; *adv* inde; indeni; *prep* inden i,

ind i; ~ **out** med vrangen ud; **in-sides** indvolde *pl*
insight ['insait] *n* indsigt *c*
insignificant [,insig'nifikənt] *adj* ube-tydelig; uvæsentlig, uanselig; be-tydningsløs
insist [in'sist] *v* insistere; *fastholde, *holde på
insolence ['insələns] *n* uforskammet-hed *c*
insolent ['insələnt] *adj* uforskammet, fræk
insomnia [in'sɔmniə] *n* søvnløshed *c*
inspect [in'spekt] *v* inspicere
inspection [in'spekʃən] *n* inspektion *c;* kontrol *c*
inspector [in'spektə] *n* inspektør *c*
inspire [in'spaiə] *v* inspirere
install [in'stɔ:l] *v* installere
installation [,instə'leiʃən] *n* installati-on *c*
instalment [in'stɔ:lmənt] *n* afdrag *nt*
instance ['instəns] *n* eksempel *nt;* til-fælde *nt;* **for** ~ for eksempel
instant ['instənt] *n* øjeblik *nt*
instantly ['instəntli] *adv* øjeblikkeligt, straks
instead of [in'sted ɔv] i stedet for
instinct ['instiŋkt] *n* instinkt *nt*
institute ['institju:t] *n* institut *nt;* an-stalt *c; v* stifte
institution [,insti'tju:ʃən] *n* institution *c*
instruct [in'strʌkt] *v* undervise
instruction [in'strʌkʃən] *n* undervis-ning *c*
instructive [in'strʌktiv] *adj* lærerig
instructor [in'strʌktə] *n* instruktør *c*
instrument ['instrumənt] *n* instru-ment *nt;* **musical** ~ musikinstru-ment *nt*
insufficient [,insə'fiʃənt] *adj* utilstræk-kelig
insulate ['insjuleit] *v* isolere

insulation [,insju'leiʃən] *n* isolering *c*
insulator ['insjuleitə] *n* isolator *c*
insult¹ [in'sʌlt] *v* fornærme
insult² ['insʌlt] *n* fornærmelse *c*
insurance [in'ʃuərəns] *n* assurance *c,* forsikring *c;* ~ **policy** forsikrings-police *c*
insure [in'ʃuə] *v* forsikre
intact [in'tækt] *adj* intakt
intellect ['intəlekt] *n* opfattelsesevne *c,* intellekt *c*
intellectual [,intə'lektʃuəl] *adj* intel-lektuel
intelligence [in'telidʒəns] *n* intelligens *c*
intelligent [in'telidʒənt] *adj* intelligent
intend [in'tend] *v* *have til hensigt, *have i sinde
intense [in'tens] *adj* intensiv; heftig
intention [in'tenʃən] *n* hensigt *c*
intentional [in'tenʃənəl] *adj* med vilje
intercourse ['intəkɔ:s] *n* samkvem *nt;* **sexual** ~ samleje *nt*
interest ['intrəst] *n* interesse *c;* rente *c; v* interessere
interesting ['intrəstiŋ] *adj* interessant
interfere [,intə'fiə] *v* *gribe ind; ~ **with** blande sig i
interference [,intə'fiərəns] *n* ind-blanding *c*
interim ['intərim] *n* mellemtid *c*
interior [in'tiəriə] *n* indre *nt*
interlude ['intəlu:d] *n* mellemspil *nt*
intermediary [,intə'mi:djəri] *n* mel-lemmand *c*
intermission [,intə'miʃən] *n* pause *c*
internal [in'tə:nəl] *adj* indre, indvend-dig
international [,intə'næʃənəl] *adj* inter-national
interpret [in'tə:prit] *v* tolke
interpreter [in'tə:pritə] *n* tolk *c*
interrogate [in'terəgeit] *v* forhøre
interrogation [in,terə'geiʃən] *n* forhør

nt

interrogative [ˌintəˈrogətiv] *adj* spørgende

interrupt [ˌintəˈrʌpt] *v* *afbryde

interruption [ˌintəˈrʌpʃən] *n* afbrydelse *c*

intersection [ˌintəˈsekʃən] *n* vejkryds *nt*

interval [ˈintəvəl] *n* pause *c*; mellemrum *nt*

intervene [ˌintəˈviːn] *v* *gribe ind

interview [ˈintəvjuː] *n* interview *nt*

intestine [inˈtestin] *n* tarm *c*; **intestines** indvolde *pl*

intimate [ˈintimət] *adj* intim

into [ˈintu] *prep* *forelægge

intolerable [inˈtɔlərəbəl] *adj* uudholdelig

intoxicated [inˈtɔksikeitid] *adj* beruset

intrigue [inˈtriːg] *n* intrige *c*

introduce [ˌintrəˈdjuːs] *v* *forelægge, præsentere; introducere; indføre

introduction [ˌintrəˈdʌkʃən] *n* præsentation *c*; indledning *c*

invade [inˈveid] *v* invadere

invalid¹ [ˈinvaliːd] *n* invalid *c*; *adj* vanfør

invalid² [inˈvælid] *adj* ugyldig

invasion [inˈveiʒən] *n* indfald *nt*, invasion *c*

invent [inˈvent] *v* *opfinde; opdigte

invention [inˈvenʃən] *n* opfindelse *c*

inventive [inˈventiv] *adj* opfindsom

inventor [inˈventə] *n* opfinder *c*

inventory [ˈinvəntri] *n* lageropgørelse *c*

invert [inˈvəːt] *v* vende om

invest [inˈvest] *v* investere

investigate [inˈvestigeit] *v* efterforske

investigation [inˌvestiˈgeiʃən] *n* undersøgelse *c*

investment [inˈvestmənt] *n* investering *c*; kapitalanbringelse *c*, pengeanbringelse *c*

investor [inˈvestə] *n* financier *c*

invisible [inˈvizəbəl] *adj* usynlig

invitation [ˌinviˈteiʃən] *n* invitation *c*

invite [inˈvait] *v* opfordre, invitere

invoice [ˈinvɔis] *n* faktura *c*

involve [inˈvɔlv] *v* involvere; **involved** indblandet

inwards [ˈinwədz] *adv* indad

iodine [ˈaiədiːn] *n* jod *c*

Iran [iˈrɑːn] Iran

Iranian [iˈreiniən] *adj* iransk; *n* iraner *c*

Iraq [iˈrɑːk] Irak

Iraqi [iˈrɑːki] *adj* irakisk; *n* iraker *c*

irascible [iˈræsibəl] *adj* opfarende

Ireland [ˈaiələnd] Irland

Irish [ˈaiəriʃ] *adj* irsk

Irishman [ˈaiəriʃmən] *n* (pl -men) irlænder *c*

iron [ˈaiən] *n* jern *nt*; strygejern *nt*; jern-; *v* *stryge

ironical [aiˈrɔnikəl] *adj* ironisk

ironworks [ˈaiənwəːks] *n* jernstøberi *nt*

irony [ˈaiərəni] *n* ironi *c*

irregular [iˈregjulə] *adj* uregelmæssig

irreparable [iˈrepərəbəl] *adj* ubodelig

irrevocable [iˈrevəkəbəl] *adj* uigenkaldelig

irritable [ˈiritəbəl] *adj* irritabel

irritate [ˈiriteit] *v* irritere, tirre

is [iz] *v* (pr be)

island [ˈailənd] *n* ø *c*

isolate [ˈaisəleit] *v* isolere

isolation [ˌaisəˈleiʃən] *n* isolation *c*; isolering *c*

Israel [ˈizreil] Israel

Israeli [izˈreili] *adj* israelsk; *n* israeler *c*

issue [ˈiʃuː] *v* uddele; *n* udstedelse *c*, oplag *nt*; spørgsmål *nt*, punkt *nt*; udfald *nt*, resultat *nt*, følge *c*, afslutning *c*; udvej *c*

isthmus [ˈisməs] *n* landtange *c*

it [it] *pron* det

Italian [i'tæljən] *adj* italiensk; *n* italiener *c*

italics [i'tæliks] *pl* kursiv *c*

Italy ['itəli] Italien

itch [itʃ] *n* kløe *c*; *v* klø

item ['aitəm] *n* post *c*; punkt *nt*

itinerant [ai'tinərənt] *adj* omrejsende

itinerary [ai'tinərəri] *n* rejserute *c*, rejseplan *c*

ivory ['aivəri] *n* elfenben *nt*

ivy ['aivi] *n* vedbend *c*

J

jack [dʒæk] *n* donkraft *c*

jacket ['dʒækit] *n* jakke *c*, trøje *c*; omslag *nt*

jade [dʒeid] *n* jade *c*

jail [dʒeil] *n* fængsel *nt*

jailer ['dʒeilə] *n* arrestforvarer *c*

jam [dʒæm] *n* syltetøj *nt;* trafikprop *c*

janitor ['dʒænitə] *n* vicevært *c*

January ['dʒænjuəri] januar

Japan [dʒə'pæn] Japan

Japanese [,dʒæpə'ni:z] *adj* japansk; *n* japaner *c*

jar [dʒɑ:] *n* krukke *c*

jaundice ['dʒɔ:ndis] *n* gulsot *c*

jaw [dʒɔ:] *n* kæbe *c*

jealous ['dʒeləs] *adj* jaloux

jealousy ['dʒeləsi] *n* jalousi *c*

jeans [dʒi:nz] *pl* jeans *pl*

jelly ['dʒeli] *n* gelé *c*

jelly-fish ['dʒelifiʃ] *n* vandmand *c*

jersey ['dʒə:zi] *n* jersey *c;* jumper *c*

jet [dʒet] *n* stråle *c;* jetfly *nt*

jetty ['dʒeti] *n* mole *c*

Jew [dʒu:] *n* jøde *c*

jewel ['dʒu:əl] *n* smykke *nt*

jeweller ['dʒu:ələ] *n* juvelér *c*

jewellery ['dʒu:əlri] *n* smykker; juveler

Jewish ['dʒu:iʃ] *adj* jødisk

job [dʒɔb] *n* job *nt;* stilling *c*, arbejde *nt*

jockey ['dʒɔki] *n* jockey *c*

join [dʒɔin] *v* *forbinde; slutte sig til, melde sig ind i; forene, sammenføje

joint [dʒɔint] *n* led *nt;* sammenføjning *c; adj* fælles, forenet

jointly ['dʒɔintli] *adv* i fællesskab

joke [dʒouk] *n* spøg *c*

jolly ['dʒɔli] *adj* gemytlig

Jordan ['dʒɔ:dən] Jordan

Jordanian [dʒɔ:'deiniən] *adj* jordansk; *n* jordaner *c*

journal ['dʒə:nəl] *n* tidsskrift *nt*

journalism ['dʒə:nəlizəm] *n* journalistik *c*

journalist ['dʒə:nəlist] *n* journalist *c*

journey ['dʒə:ni] *n* rejse *c*

joy [dʒɔi] *n* glæde *c*, fryd *c*

joyful ['dʒɔifəl] *adj* glædelig, fornøjet

jubilee ['dʒu:bili:] *n* jubilæum *nt*

judge [dʒʌdʒ] *n* dommer *c; v* dømme; bedømme

judgment ['dʒʌdʒmənt] *n* dom *c;* skøn *nt*

jug [dʒʌg] *n* kande *c*

Jugoslav [ju:gə'slɑ:v] *adj* jugoslavisk; *n* jugoslav *c*

Jugoslavia [ju:gə'slɑ:viə] Jugoslavien

juice [dʒu:s] *n* saft *c*

juicy ['dʒu:si] *adj* saftig

July [dʒu'lai] juli

jump [dʒʌmp] *v* *springe; *n* spring *nt*

jumper ['dʒʌmpə] *n* jumper *c*

junction ['dʒʌŋkʃən] *n* vejkryds *nt;* knudepunkt *nt*

June [dʒu:n] juni

jungle ['dʒʌŋgəl] *n* urskov *c*, jungle *c*

junior ['dʒu:njə] *adj* junior; yngre

junk [dʒʌŋk] *n* skrammel *nt*

jury ['dʒuəri] *n* jury *c*

just [dʒʌst] adj retfærdig, berettiget; rigtig; adv netop; præcist

justice ['dʒʌstis] n ret c; retfærdighed c

juvenile ['dʒu:vənail] adj ungdoms-

K

kangaroo [ˌkæŋgə'ru:] n kænguru c

keel [ki:l] n køl c

keen [ki:n] adj begejstret; skarp

*****keep** [ki:p] v *holde; bevare; *blive ved med; ~ **away from** *holde sig på afstand af; ~ **off** *holde sig fra; ~ **on** *blive ved med; ~ **quiet** *tie stille; ~ **up** *holde ud; ~ **up with** *følge med

keg [keg] n lille tønde

kennel ['kenəl] n hundehus nt; kennel c

Kenya ['kenjə] Kenya

kerosene ['kerəsi:n] n petroleum c

kettle ['ketəl] n kedel c

key [ki:] n nøgle c

keyhole ['ki:houl] n nøglehul nt

khaki ['ka:ki] n kaki c

kick [kik] v sparke; n spark nt

kick-off [ˌki'kɔf] n afspark nt

kid [kid] n barn nt, unge c; gedeskind nt; v drille

kidney ['kidni] n nyre c

kill [kil] v dræbe, *slå ihjel

kilogram ['kiləgræm] n kilo nt

kilometre ['kiləˌmi:tə] n kilometer c

kind [kaind] adj flink, venlig; god; n slags c

kindergarten ['kindəˌga:tən] n børnehave c

king [kiŋ] n konge c

kingdom ['kiŋdəm] n kongerige nt; rige nt

kiosk ['ki:ɔsk] n kiosk c

kiss [kis] n kys nt; v kysse

kit [kit] n udstyr nt

kitchen ['kitʃin] n køkken nt; ~ **garden** køkkenhave c

knapsack ['næpsæk] n ransel c

knave [neiv] n knægt c

knee [ni:] n knæ nt

kneecap ['ni:kæp] n knæskal c

*****kneel** [ni:l] v knæle

knew [nju:] v (p know)

knickers ['nikəz] pl underbenklæder pl

knife [naif] n (pl knives) kniv c

knight [nait] n ridder c

*****knit** [nit] v strikke

knob [nɔb] n håndtag nt

knock [nɔk] v banke; n banken c; ~ **against** støde imod; ~ **down** *slå ned

knot [nɔt] n knude c; v knytte

*****know** [nou] v kende, *vide

knowledge ['nɔlidʒ] n kendskab nt

knuckle ['nʌkəl] n kno c

L

label ['leibəl] n etiket c; v etikettere

laboratory [lə'bɔrətəri] n laboratorium nt

labour ['leibə] n arbejde nt; fødselsveer pl; v pukle, v *slide i det; **labor permit** Am arbejdstilladelse c

labourer ['leibərə] n arbejder c

labour-saving ['leibəˌseiviŋ] adj arbejdsbesparende

labyrinth ['læbərinθ] n labyrint c

lace [leis] n knipling c; snørebånd nt

lack [læk] n savn nt, mangel c; v mangle

lacquer ['lækə] n lak c

lad [læd] n knægt c, dreng c

ladder ['lædə] n stige c

lady [ˈleidi] n dame c; **ladies' room** dametoilet nt

lagoon [ləˈguːn] n lagune c

lake [leik] n sø c

lamb [læm] n lam nt; lammekød nt

lame [leim] adj lam, halt

lamentable [ˈlæməntəbəl] adj sørgelig

lamp [læmp] n lampe c

lamp-post [ˈlæmppoust] n lygtepæl c

lampshade [ˈlæmpʃeid] n lampeskærm c

land [lænd] n land nt; v lande; *gå i land

landlady [ˈlændˌleidi] n værtinde c

landlord [ˈlændlɔːd] n husvært c, husejer c

landmark [ˈlændmaːk] n landmærke nt; mærkepæl c

landscape [ˈlændskeip] n landskab nt

lane [lein] n stræde nt; bane c

language [ˈlæŋgwidʒ] n sprog nt; ~ **laboratory** sproglaboratorium nt

lantern [ˈlæntən] n lygte c

lapel [ləˈpel] n revers c

larder [ˈlaːdə] n spisekammer nt

large [laːdʒ] adj stor; rummelig

lark [laːk] n lærke c

laryngitis [ˌlærinˈdʒaitis] n strubehovedkatar c

last [laːst] adj sidst; forrige; v vare; **at** ~ til sidst, endelig

lasting [ˈlaːstiŋ] adj blivende, varig

latchkey [ˈlætʃkiː] n gadedørsnøgle c

late [leit] adj sen; forsinket

lately [ˈleitli] adv i den sidste tid, for nylig, nylig

lather [ˈlaːðə] n skum nt

Latin America [ˈlætin əˈmerikə] Latinamerika

Latin-American [ˌlætinəˈmerikən] adj latinamerikansk

latitude [ˈlætitjuːd] n breddegrad c

laugh [laːf] v *le; n latter c

laughter [ˈlaːftə] n latter c

launch [lɔːntʃ] v *sætte i gang; *afskyde; søsætte; n motorbåd c

launching [ˈlɔːntʃiŋ] n søsætning c

launderette [ˌlɔːndəˈret] n møntvaskeri nt

laundry [ˈlɔːndri] n vaskeri nt; vasketøj pl

lavatory [ˈlævətəri] n toilet nt

lavish [ˈlæviʃ] adj ødsel

law [lɔː] n lov c; ret c; ~ **court** domstol c

lawful [ˈlɔːfəl] adj lovlig

lawn [lɔːn] n plæne c, græsplæne c

lawsuit [ˈlɔːsuːt] n proces c, retssag c

lawyer [ˈlɔːjə] n advokat c; jurist c

laxative [ˈlæksətiv] n afføringsmiddel nt

*lay [lei] v placere, *lægge, *sætte; ~ **bricks** mure

layer [leiə] n lag nt

layman [ˈleimən] n lægmand c

lazy [ˈleizi] adj doven

*lead [liːd] v styre, føre

lead¹ [liːd] n forspring nt; føring c; snor c

lead² [led] n bly nt

leader [ˈliːdə] n fører c, anfører c

leadership [ˈliːdəʃip] n ledelse c

leading [ˈliːdiŋ] adj ledende, førende

leaf [liːf] n (pl leaves) blad nt

league [liːg] n forbund nt

leak [liːk] v lække; n læk c

leaky [ˈliːki] adj læk

lean [liːn] adj mager

*lean [liːn] v læne sig

*leap [liːp] v *springe

leap-year [ˈliːpjiə] n skudår nt

*learn [ləːn] v lære

learner [ˈləːnə] n nybegynder c, elev c

lease [liːs] n lejekontrakt c; forpagtning c; v bortforpagte, udleje; leje

leash [liːʃ] n snor c

least [li:st] *adj* mindst, ringest; **at ~** i det mindste; mindst

leather ['leðə] *n* læder *nt;* skind-, læder-

leave [li:v] *n* orlov *c*

*leave [li:v] *v* *forlade, *tage af sted; *lade ligge, *efterlade; **~ behind** *efterlade; **~ out** *udelade

Lebanese [‚lebə'ni:z] *adj* libanesisk; *n* libaneser *c*

Lebanon ['lebənən] Libanon

lecture ['lektʃə] *n* foredrag *nt,* forelæsning *c*

left¹ [left] *adj* venstre

left² [left] *v* (p, pp leave)

left-hand ['lefthænd] *adj* venstre, på venstre hånd

left-handed [‚left'hændid] *adj* kejthåndet

leg [leg] *n* ben *nt*

legacy ['legəsi] *n* legat *nt*

legal ['li:gəl] *adj* legal, lovmæssig; juridisk

legalization [‚li:gəlai'zeiʃən] *n* legalisering *c*

legation [li'geiʃən] *n* legation *c*

legible ['ledʒibəl] *adj* læselig

legitimate [li'dʒitimət] *adj* retmæssig

leisure ['leʒə] *n* fritid *c;* ro og mag

lemon ['lemən] *n* citron *c*

*lend [lend] *v* låne ud

length [leŋθ] *n* længde *c*

lengthen ['leŋθən] *v* *lægge ned

lengthways ['leŋθweiz] *adv* på langs

lens [lenz] *n* linse *c;* **telephoto ~** teleobjektiv *nt;* **zoom ~** zoomlinse *c*

leprosy ['leprəsi] *n* spedalskhed *c*

less [les] *adv* mindre

lessen ['lesən] *v* formindske, mindske

lesson ['lesən] *n* lektie *c,* time *c*

*let [let] *v* *lade; udleje; **~ down** svigte

letter ['letə] *n* brev *nt;* bogstav *nt;* **~ of credit** akkreditiv *nt;* **~ of rec-** commendation anbefalingsskrivelse *c*

letter-box ['letəbɔks] *n* brevkasse *c*

lettuce ['letis] *n* grøn salat

level ['levəl] *adj* egal; plan, flad, jævn, lige; *n* niveau *nt;* vaterpas *nt;* *v* nivellere, udjævne; **~ crossing** jernbaneoverskæring *c*

lever ['li:və] *n* løftestang *c*

liability [‚laiə'biləti] *n* ansvar *nt;* tilbøjelighed *c*

liable ['laiəbəl] *adj* ansvarlig; tilbøjelig; **~ to** modtagelig for

liberal ['libərəl] *adj* liberal; rundhåndet, large, gavmild

liberation [‚libə'reiʃən] *n* befrielse *c*

Liberia [lai'biəriə] Liberia

Liberian [lai'biəriən] *adj* liberiansk; *n* liberianer *c*

liberty ['libəti] *n* frihed *c*

library ['laibrəri] *n* bibliotek *nt*

licence ['laisəns] *n* licens *c;* bevilling *c;* **driving ~** førerbevis *nt;* **~ number** *Am* registreringsnummer *nt;* **~ plate** *Am* nummerplade *c*

license ['laisəns] *v* *give bevilling

lick [lik] *v* slikke

lid [lid] *n* låg *nt*

lie [lai] *v* *lyve; *n* løgn *c*

*lie [lai] *v* *ligge; **~ down** *lægge sig ned

life [laif] *n* (pl lives) liv *nt;* **~ insurance** livsforsikring *c*

lifebelt ['laifbelt] *n* redningsbælte *nt*

lifetime ['laiftaim] *n* levetid *c*

lift [lift] *v* løfte; *n* elevator *c*

light [lait] *n* lys *nt; adj* let; lys; **~ bulb** elektrisk pære

*light [lait] *v* tænde

lighter ['laitə] *n* lighter *c*

lighthouse ['laithaus] *n* fyrtårn *nt*

lighting ['laitiŋ] *n* belysning *c*

lightning ['laitniŋ] *n* lyn *nt*

like [laik] *v* *holde af, *synes om; *adj*

lig; *conj* sådan som; *prep* som

likely [ˈlaikli] *adj* sandsynlig

like-minded [ˌlaikˈmaindid] *adj* ligesindet

likewise [ˈlaikwaiz] *adv* ligeledes, ligeså

lily [ˈlili] *n* lilje *c*

limb [lim] *n* lem *nt*

lime [laim] *n* kalk *c*; lind *c*; grøn citron

limetree [ˈlaimtri:] *n* lindetræ *nt*

limit [ˈlimit] *n* grænse *c*; *v* begrænse

limp [limp] *v* halte; *adj* slap

line [lain] *n* linje *c*; streg *c*; line *c*; række *c*; **stand in** ~ *Am* stå i kø

linen [ˈlinin] *n* lærred *nt*; linned *nt*

liner [ˈlainə] *n* rutebåd *c*

lingerie [ˈlɔ̃ʒəri:] *n* dameundertøj *pl*

lining [ˈlainiŋ] *n* for *nt*

link [liŋk] *v* *forbinde; *n* forbindelse *c*; led *nt*

lion [ˈlaiən] *n* løve *c*

lip [lip] *n* læbe *c*

lipsalve [ˈlipsɑ:v] *n* læbepomade *c*

lipstick [ˈlipstik] *n* læbestift *c*

liqueur [liˈkjuə] *n* likør *c*

liquid [ˈlikwid] *adj* flydende; *n* væske *c*

liquor [ˈlikə] *n* spiritus *c*

liquorice [ˈlikəris] *n* lakrids *c*

list [list] *n* liste *c*; *v* notere, *skrive op

listen [ˈlisən] *v* lytte

listener [ˈlisnə] *n* lytter *c*

literary [ˈlitrəri] *adj* litterær, boglig

literature [ˈlitrətʃə] *n* litteratur *c*

litre [ˈli:tə] *n* liter *c*

litter [ˈlitə] *n* affald *nt*; kuld *nt*

little [ˈlitəl] *adj* lille; liden

live[1] [liv] *v* leve; bo

live[2] [laiv] *adj* levende

livelihood [ˈlaivlihud] *n* levebrød *nt*

lively [ˈlaivli] *adj* livlig

liver [ˈlivə] *n* lever *c*

living-room [ˈliviŋru:m] *n* dagligstue *c*

load [loud] *n* læs *nt*; byrde *c*; *v* læsse

loaf [louf] *n* (pl loaves) brød *nt*

loan [loun] *n* lån *nt*

lobby [ˈlɔbi] *n* vestibule *c*; foyer *c*

lobster [ˈlɔbstə] *n* hummer *c*

local [ˈloukəl] *adj* lokal, stedlig; ~ **call** lokalsamtale *c*; ~ **train** lokaltog *nt*

locality [louˈkæləti] *n* lokalitet *c*

locate [louˈkeit] *v* lokalisere

location [louˈkeiʃən] *n* beliggenhed *c*

lock [lɔk] *v* låse; *n* lås *c*; sluse *c*; ~ **up** indespærre, låse inde

locomotive [ˌloukəˈmoutiv] *n* lokomotiv *nt*

lodge [lɔdʒ] *v* huse; *n* jagthytte *c*

lodger [ˈlɔdʒə] *n* logerende *c*

lodgings [ˈlɔdʒiŋz] *pl* logi *nt*

log [lɔg] *n* brændeknude *c*

logic [ˈlɔdʒik] *n* logik *c*

logical [ˈlɔdʒikəl] *adj* logisk

lonely [ˈlounli] *adj* ensom

long [lɔŋ] *adj* lang; langvarig; ~ **for** længes efter; **no longer** ikke længere

longing [ˈlɔŋiŋ] *n* længsel *c*

longitude [ˈlɔndʒitju:d] *n* længdegrad *c*

look [luk] *v* *se; *se ud; *n* blik *nt*; udseende *nt*; ~ **after** *se efter, passe; ~ **at** *se på; ~ **for** lede efter; ~ **out** passe på, *se sig for; ~ **up** *slå efter, *slå op

looking-glass [ˈlukiŋglɑ:s] *n* spejl *nt*

loop [lu:p] *n* løkke *c*

loose [lu:s] *adj* løs

loosen [ˈlu:sən] *v* løsne

lord [lɔ:d] *n* lord *c*

lorry [ˈlɔri] *n* lastbil *c*

***lose** [lu:z] *v* tabe, miste

loss [lɔs] *n* tab *nt*

lost [lɔst] *adj* faret vild; forsvundet; ~ **and found** hittegods *nt*; ~ **property office** hittegodskontor *nt*

lot [lɔt] *n* lod *nt*, lod *c*; mængde *c*, bunke *c*

lotion ['louʃən] *n* lotion *c*; **aftershave ~** aftershave lotion

lottery ['lɔtəri] *n* lotteri *nt*

loud [laud] *adj* højlydt, høj

loud-speaker [,laud'spi:kə] *n* højttaler *c*

lounge [laundʒ] *n* salon *c*

louse [laus] *n* (pl lice) lus *c*

love [lʌv] *v* elske, *holde af; *n* kærlighed *c*; **in ~** forelsket

lovely ['lʌvli] *adj* yndig, pragtfuld, skøn

lover ['lʌvə] *n* elsker *c*

love-story ['lʌv,stɔ:ri] *n* kærlighedshistorie *c*

low [lou] *adj* lav; dyb; langt nede; **~ tide** ebbe *c*

lower ['louə] *v* sænke; *nedsætte; *adj* lavere, nedre

lowlands ['louləndz] *pl* lavland *nt*

loyal ['lɔiəl] *adj* loyal

lubricate ['lu:brikeit] *v* *smøre

lubrication [,lu:bri'keiʃən] *n* smøring *c*; **~ oil** smøreolie *c*; **~ system** smøringssystem *nt*

luck [lʌk] *n* held *nt*; skæbne *c*; **bad ~** uheld *nt*

lucky ['lʌki] *adj* heldig; **~ charm** amulet *c*

ludicrous ['lu:dikrəs] *adj* latterlig

luggage ['lʌgidʒ] *n* bagage *c*; **hand ~** håndbagage *c*; **left ~ office** bagageopbevaring *c*; **~ rack** bagagenettet *nt*; **~ van** rejsegodsvogn *c*

lukewarm ['lu:kwɔ:m] *adj* lunken

lumbago [lʌm'beigou] *n* lumbago *c*

luminous ['lu:minəs] *adj* lysende

lump [lʌmp] *n* klump *c*, stykke *nt*; bule *c*; **~ of sugar** stykke sukker; **~ sum** rundt beløb

lumpy ['lʌmpi] *adj* klumpet

lunacy ['lu:nəsi] *n* sindssyge *c*

lunatic ['lu:nətik] *adj* sindssyg; *n* sindssyg *c*

lunch [lʌntʃ] *n* frokost *c*, mellemmåltid *nt*

luncheon ['lʌntʃən] *n* frokost *c*

lung [lʌŋ] *n* lunge *c*

lust [lʌst] *n* begær *nt*

luxurious [lʌg'ʒuəriəs] *adj* luksuriøs

luxury ['lʌkʃəri] *n* luksus *c*

M

machine [mə'ʃi:n] *n* maskine *c*, apparat *nt*

machinery [mə'ʃi:nəri] *n* maskineri *nt*

mackerel ['mækrəl] *n* (pl ~) makrel *c*

mackintosh ['mækintɔʃ] *n* regnfrakke *c*

mad [mæd] *adj* vanvittig, tosset, gal

madam ['mædəm] *n* frue *c*

madness ['mædnəs] *n* vanvid *nt*

magazine [,mægə'zi:n] *n* tidsskrift *nt*

magic ['mædʒik] *n* magi *c*, trolddomskunst *c*; *adj* magisk

magician [mə'dʒiʃən] *n* tryllekunstner *c*

magnetic [mæg'netik] *adj* magnetisk

magneto [mæg'ni:tou] *n* (pl ~s) magnet *c*

magnificent [mæg'nifisənt] *adj* pragtfuld, storslået

magpie ['mægpai] *n* skade *c*

maid [meid] *n* tjenestepige *c*

maiden name ['meidən neim] pigenavn *nt*

mail [meil] *n* post *c*; *v* poste; **~ order** *Am* postanvisning *c*

mailbox ['meilbɔks] *nAm* brevkasse *c*

main [mein] *adj* hoved-; størst; **~ deck** hoveddæk *nt*; **~ line** hovedlinje *c*; **~ road** hovedvej *c*; **~**

street hovedgade c

mainland ['meinlənd] n fastland nt

mainly ['meinli] adv hovedsagelig

mains [meinz] pl hovedledning c

maintain [mein'tein] v *opretholde

maintenance ['meintənəns] n vedlige-holdelse c

maize [meiz] n majs c

major ['meidʒə] adj større; n major c

majority [mə'dʒɔrəti] n flertal nt

*make [meik] v lave; tjene; klare; ~ do with klare sig med; ~ good *godtgøre; ~ up opstille

make-up ['meikʌp] n make-up c

malaria [mə'lɛəriə] n malaria c

Malay [mə'lei] n malaysisk nt

Malaysia [mə'leiziə] Malaysia

Malaysian [mə'leiziən] adj malaysisk

male [meil] adj han-

malicious [mə'liʃəs] adj ondskabsfuld

malignant [mə'lignənt] adj ondartet

mallet ['mælit] n træhammer c

malnutrition [,mælnju'triʃən] n under-ernæring c

mammal ['mæməl] n pattedyr nt

mammoth ['mæməθ] n mammut c

man [mæn] n (pl men) mand c; men-neske nt; men's room herretoilet nt

manage ['mænidʒ] v bestyre; lykkes

manageable ['mænidʒəbəl] adj hånd-terlig

management ['mænidʒmənt] n ledelse c; administration c

manager ['mænidʒə] n chef c, direk-tør c

mandarin ['mændərin] n mandarin c

mandate ['mændeit] n mandat nt

manger ['meindʒə] n krybbe c

manicure ['mænikjuə] n manicure c; v manicurere

mankind [mæn'kaind] n menneskehed c

mannequin ['mænəkin] n voksmanne-

quin c

manner ['mænə] n måde c; manners pl manerer pl

man-of-war [,mænəv'wɔ:] n krigsskib nt

manor-house ['mænəhaus] n herre-gård c

mansion ['mænʃən] n palæ nt

manual ['mænjuəl] adj hånd-; n betje-ningsvejledning c, håndbog c

manufacture [,mænju'fæktʃə] v frem-stille, fabrikere

manufacturer [,mænju'fæktʃərə] n fa-brikant c

manure [mə'njuə] n gødning c

manuscript ['mænjuskript] n manu-skript nt

many ['meni] adj mange

map [mæp] n kort nt; plan c

maple ['meipəl] n ahorn c

marble ['mɑ:bəl] n marmor nt; mar-morkugle c

March [mɑ:tʃ] marts

march [mɑ:tʃ] v marchere; n march c

mare [mɛə] n hoppe c

margarine [,mɑ:dʒə'ri:n] n margarine c

margin ['mɑ:dʒin] n rand c, margen c

maritime ['mæritaim] adj maritim

mark [mɑ:k] v *sætte mærke ved; mærke; kendetegne; n mærke nt; karakter c; skydeskive c

market ['mɑ:kit] n marked nt

market-place ['mɑ:kitpleis] n torv nt

marmalade ['mɑ:məleid] n marmela-de c

marriage ['mæridʒ] n ægteskab nt

marrow ['mærou] n marv c

marry ['mæri] v gifte sig, ægte; mar-ried couple ægtepar nt

marsh [mɑ:ʃ] n sump c

marshy ['mɑ:ʃi] adj sumpet

martyr ['mɑ:tə] n martyr c

marvel ['mɑ:vəl] n vidunder nt; v undre sig

marvellous ['mɑːvələs] adj vidunderlig

mascara [mæˈskɑːrə] n mascara c

masculine ['mæskjulin] adj maskulin

mash [mæʃ] v mase

mask [mɑːsk] n maske c

Mass [mæs] n messe c

mass [mæs] n masse c; ~ production masseproduktion c

massage ['mæsɑːʒ] n massage c; v massere

masseur [mæˈsəː] n massør c

massive ['mæsiv] adj massiv

mast [mɑːst] n mast c

master ['mɑːstə] n mester c; herre c; lektor c, lærer c; v mestre

masterpiece ['mɑːstəpiːs] n mesterværk nt

mat [mæt] n måtte c; adj glansløs, mat

match [mætʃ] n tændstik c; kamp c; v passe til

match-box ['mætʃbɔks] n tændstikæske c

material [məˈtiəriəl] n materiale nt; stof nt; adj materiel

mathematical [ˌmæθəˈmætikəl] adj matematisk

mathematics [ˌmæθəˈmætiks] n matematik c

matrimonial [ˌmætriˈmouniəl] adj ægteskabelig

matrimony ['mætriməni] n ægteskab nt

matter ['mætə] n stof nt; anliggende nt, sag c, spørgsmål nt; v *være af betydning; as a ~ of fact faktisk

matter-of-fact [ˌmætərovˈfækt] adj nøgtern

mattress ['mætrəs] n madras c

mature [məˈtjuə] adj moden

maturity [məˈtjuərəti] n modenhed c

mausoleum [ˌmɔːsəˈliːəm] n mausoleum nt

May [mei] maj

*may [mei] v *kunne; *måtte

maybe ['meibiː] adv måske

mayor [mɛə] n borgmester c

maze [meiz] n labyrint c

me [miː] pron mig

meadow ['medou] n eng c

meal [miːl] n måltid nt

mean [miːn] adj gemen; dårlig; nærig; n gennemsnit nt

*mean [miːn] v *betyde; mene

meaning ['miːniŋ] n mening c

meaningless ['miːniŋləs] adj meningsløs

means [miːnz] n middel nt; by no ~ på ingen måde, slet ikke

in the meantime [in ðə ˈmiːntaim] i mellemtiden, ind imellem

meanwhile ['miːnwail] adv i mellemtiden, imens

measles ['miːzəlz] n mæslinger pl

measure ['meʒə] v måle; n mål nt; foranstaltning c

meat [miːt] n kød nt

mechanic [miˈkænik] n mekaniker c, montør c

mechanical [miˈkænikəl] adj mekanisk

mechanism ['mekənizəm] n mekanisme c

medal ['medəl] n medalje c

mediaeval [ˌmediˈiːvəl] adj middelalderlig

mediate ['miːdieit] v mægle

mediator ['miːdieitə] n mægler c

medical ['medikəl] adj medicinsk, lægelig

medicine ['medsin] n medicin c; lægevidenskab c

meditate ['mediteit] v meditere

Mediterranean [ˌmeditəˈreiniən] Middelhavet

medium ['miːdiəm] adj gennemsnitlig, middel-

*meet [mi:t] v *træffe, møde

meeting ['mi:tiŋ] n møde nt, sammenkomst c

meeting-place ['mi:tiŋpleis] n mødested nt

melancholy ['melənkəli] n tungsind c

mellow ['melou] adj silkeblød

melodrama ['melə,dra:mə] n melodrama nt

melody ['melədi] n melodi c

melon ['melən] n melon c

melt [melt] v smelte

member ['membə] n medlem nt; **Member of Parliament** folketingsmedlem nt

membership ['membəʃip] n medlemskab nt

memo ['memou] n (pl ~s) memo nt

memorable ['memərəbəl] adj mindeværdig

memorial [mə'mɔ:riəl] n mindesmærke nt

memorize ['meməraiz] v lære udenad

memory ['meməri] n hukommelse c; minde nt

mend [mend] v reparere

menstruation [,menstru'eiʃən] n menstruation c

mental ['mentəl] adj mental

mention ['menʃən] v nævne, omtale; n omtale c

menu ['menju:] n spisekort nt, menukort nt

merchandise ['mə:tʃəndaiz] n varer pl, handelsvare c

merchant ['mə:tʃənt] n købmand c, grosserer c

merciful ['mə:sifəl] adj barmhjertig

mercury ['mə:kjuri] n kviksølv nt

mercy ['mə:si] n nåde c, barmhjertighed c

mere [miə] adj ren og skær

merely ['miəli] adv blot

merger ['mə:dʒə] n fusion c

merit ['merit] v fortjene; n fortjeneste c

mermaid ['mə:meid] n havfrue c

merry ['meri] adj munter

merry-go-round ['merigou,raund] n karrusel c

mesh [meʃ] n maske c

mess [mes] n rod nt, roderi nt; ~ **up** spolere

message ['mesidʒ] n besked c, budskab nt

messenger ['mesindʒə] n budbringer c

metal ['metəl] n metal nt; metal-

meter ['mi:tə] n tæller c

method ['meθəd] n metode c, fremgangsmåde c; orden c

methodical [mə'θɔdikəl] adj metodisk

methylated spirits ['meθəleitid 'spirits] denatureret sprit

metre ['mi:tə] n meter c

metric ['metrik] adj metrisk

Mexican ['meksikən] adj mexicansk; n mexicaner c

Mexico ['meksikou] Mexico

mezzanine ['mezəni:n] n mezzanin c

microphone ['maikrəfoun] n mikrofon c

midday ['middei] n middag c

middle ['midəl] n midte c; adj mellemste; **Middle Ages** middelalder c; ~ **class** middelklasse c; **middle-class** adj borgerlig

midnight ['midnait] n midnat c

midst [midst] n midte c

midsummer ['mid,sʌmə] n midsommer

midwife ['midwaif] n (pl -wives) jordemoder c

might [mait] n magt c

*might [mait] v *kunne

mighty ['maiti] adj mægtig

migraine ['migrein] n migræne c

mild [maild] *adj* mild

mildew ['mildju] *n* skimmel *c*

milepost ['mailpoust] *n* milepæl *c*

milestone ['mailstoun] *n* kilometer-
sten *c*

milieu ['mi:ljə:] *n* miljø *nt*

military ['militəri] *adj* militær; ~
force krigsmagt *c*

milk [milk] *n* mælk *c*

milkman ['milkmən] *n* (pl -men) mæl-
kemand *c*

milk-shake ['milkʃeik] *n* milkshake *c*

milky ['milki] *adj* mælket

mill [mil] *n* mølle *c*; fabrik *c*

miller ['milə] *n* møller *c*

milliner ['milinə] *n* modehandler *c*

million ['miljən] *n* million *c*

millionaire [,miljə'nɛə] *n* millionær *c*

mince [mins] *v* hakke

mind [maind] *n* sind *nt*; *v* *have noget
imod; passe på, *tage sig af

mine [main] *n* mine *c*

miner ['mainə] *n* minearbejder *c*

mineral ['minərəl] *n* mineral *nt*; ~
water mineralvand *c*

miniature ['minjətʃə] *n* miniature *c*

minimum ['miniməm] *n* minimum *nt*

mining ['mainiŋ] *n* minedrift *c*

minister ['ministə] *n* minister *c*; præst
c; Prime Minister statsminister *c*

ministry ['ministri] *n* ministerium *nt*

mink [miŋk] *n* mink *c*

minor ['mainə] *adj* ringe, mindre, lil-
le; underordnet; *n* mindreårig *c*

minority [mai'nɔrəti] *n* mindretal *nt*

mint [mint] *n* mynte *c*

minus ['mainəs] *n* minustegn *nt*; *prep*
minus

minute[1] ['minit] *n* minut *nt*; minutes
referat *nt*

minute[2] [mai'nju:t] *adj* lille bitte

miracle ['mirəkəl] *n* mirakel *nt*

miraculous [mi'rækjuləs] *adj* miraku-
løs

mirror ['mirə] *n* spejl *nt*

misbehave [,misbi'heiv] *v* opføre sig
dårligt

miscarriage [mis'kæridʒ] *n* abort *c*

miscellaneous [,misə'leiniəs] *adj* di-
verse

mischief ['mistʃif] *n* spilopper *pl*; for-
træd *c*, skade *c*

mischievous ['mistʃivəs] *adj* drilagtig

miserable ['mizərəbəl] *adj* elendig,
ulykkelig

misery ['mizəri] *n* elendighed *c*, jam-
mer *c*; nød *c*

misfortune [mis'fɔ:tʃən] *n* ulykke *c*,
uheld *nt*

*mislay [mis'lei] *v* *forlægge

misplaced [mis'pleist] *adj* malplaceret

mispronounce [,misprə'nauns] *v* udta-
le forkert

miss[1] [mis] frøken *c*

miss[2] [mis] *v* savne; forfejle, *kom-
me for sent til

missing ['misiŋ] *adj* manglende; ~
person savnet person

mist [mist] *n* tågedis *c*, dis *c*

mistake [mi'steik] *n* fejltagelse *c*, fejl
c

*mistake [mi'steik] *v* forveksle

mistaken [mi'steikən] *adj* fejlagtig;
*be ~ *tage fejl

mistress ['mistrəs] *n* frue *c*; elskerin-
de *c*

mistrust [mis'trast] *v* nære mistro til

misty ['misti] *adj* diset

*misunderstand [,misʌndə'stænd] *v*
*misforstå

misunderstanding [,misʌndə'stændiŋ]
n misforståelse *c*

misuse [mis'ju:s] *n* misbrug *nt*

mittens ['mitənz] *pl* vanter *pl*

mix [miks] *v* blande; ~ with *omgås

mixed [mikst] *adj* blandet

mixer ['miksə] *n* mixer *c*

mixture ['mikstʃə] *n* blanding *c*

moan [moun] *v* jamre

moat [mout] *n* voldgrav *c*

mobile ['moubail] *adj* mobil, bevæge-
lig

mock [mɔk] *v* håne

mockery ['mɔkəri] *n* spot *c*

model ['mɔdəl] *n* model *c*; manne-
quin *c*; *v* modellere, forme

moderate ['mɔdərət] *adj* moderat,
mådeholdende; middelmådig

modern ['mɔdən] *adj* moderne

modest ['mɔdist] *adj* beskeden

modesty ['mɔdisti] *n* beskedenhed *c*

modify ['mɔdifai] *v* modificere

mohair ['mouheə] *n* mohair *c*

moist [mɔist] *adj* fugtig

moisten ['mɔisən] *v* fugte

moisture ['mɔistʃə] *n* fugtighed *c*;
moisturizing cream fugtighedscre-
me *c*

molar ['moulə] *n* kindtand *c*

moment ['moumənt] *n* øjeblik *nt*

momentary ['mouməntəri] *adj* øje-
blikkelig; midlertidig

monarch ['mɔnək] *n* monark *c*

monarchy ['mɔnəki] *n* monarki *nt*

monastery ['mɔnəstri] *n* kloster *nt*

Monday ['mʌndi] mandag *c*

monetary ['mʌnitəri] *adj* monetær; ~
unit møntenhed *c*

money ['mʌni] *n* penge *pl*; ~ ex-
change vekselkontor *nt*; ~ order
postanvisning *c*

monk [mʌŋk] *n* munk *c*

monkey ['mʌŋki] *n* abe *c*

monologue ['mɔnəlɔg] *n* monolog *c*

monopoly [mə'nɔpəli] *n* monopol *nt*

monotonous [mə'nɔtənəs] *adj* mono-
ton

month [mʌnθ] *n* måned *c*

monthly ['mʌnθli] *adj* månedlig; ~
magazine månedsblad *nt*

monument ['mɔnjumənt] *n* monument
nt, mindesmærke *nt*

mood [muːd] *n* humør *nt*

moon [muːn] *n* måne *c*

moonlight ['muːnlait] *n* måneskin *c*

moor [muə] *n* hede *c*, lynghede *c*

moose [muːs] *n* (pl ~, ~s) elsdyr *nt*

moped ['mouped] *n* knallert *c*

moral ['mɔrəl] *n* moral *c*; *adj* mo-
ralsk, sædelig

morality [mə'ræləti] *n* moralitet *c*

more [mɔː] *adj* flere; once ~ en
gang til

moreover [mɔː'rouvə] *adv* tilmed, for
øvrigt

morning ['mɔːniŋ] *n* morgen *c*, for-
middag *c*; ~ paper morgenavis *c*;
this ~ i morges

Moroccan [mə'rɔkən] *adj* marok-
kansk; *n* marokkaner *c*

Morocco [mə'rɔkou] Marokko

morphia ['mɔːfiə] *n* morfin *c*

morphine ['mɔːfiːn] *n* morfin *c*

morsel ['mɔːsəl] *n* bid *c*

mortal ['mɔːtəl] *adj* dødbringende,
dødelig

mortgage ['mɔːgidʒ] *n* prioritet *c*,
prioritetslån *nt*

mosaic [mə'zeiik] *n* mosaik *c*

mosque [mɔsk] *n* moské *c*

mosquito [mə'skiːtou] *n* (pl ~es) myg
c; moskito *c*

mosquito-net [mə'skiːtounet] *n* moski-
tonet *nt*

moss [mɔs] *n* mos *nt*

most [moust] *adj* flest; at ~ højst; ~
of all allermest

mostly ['moustli] *adv* for det meste

motel [mou'tel] *n* motel *nt*

moth [mɔθ] *n* møl *nt*

mother ['mʌðə] *n* mor *c*; ~ tongue
modersmål *nt*

mother-in-law ['mʌðərinlɔː] *n* (pl
mothers-) svigermor *c*

mother-of-pearl [ˌmʌðərəv'pəːl] *n* per-
lemor *nt*

motion ['mouʃən] n bevægelse c; forslag nt

motive ['moutiv] n motiv nt

motor ['moutə] n motor c; køre i bil; ~ **coach** turistbus c; ~ **home** selvkørende campingvogn

motorbike ['moutəbaik] nAm knallert c

motor-boat ['moutəbout] n motorbåd c

motor-car ['moutəka:] n automobil c

motor-cycle ['moutəˌsaikəl] n motorcykel c

motoring ['moutəriŋ] n bilkørsel c

motorist ['moutərist] n bilist c

motorway ['moutəwei] n motorvej c

motto ['mɔtou] n (pl ~es, ~s) motto nt

mouldy ['mouldi] adj skimlet

mound [maund] n tue c

mount [maunt] v *stige op, *bestige, *gå op ad; n bjerg nt

mountain ['mauntin] n bjerg nt; ~ **pass** pas nt; ~ **range** bjergkæde c

mountaineering [ˌmauntiˈniəriŋ] n bjergbestigning c

mountainous ['mauntinəs] adj bjergrig

mourning ['mɔ:niŋ] n sørgetid c

mouse [maus] n (pl mice) mus c

moustache [məˈstɑ:ʃ] n overskæg nt

mouth [mauθ] n mund c; gab nt; munding c

mouthwash ['mauθwɔʃ] n mundvand nt

movable ['mu:vəbəl] adj flytbar

move [mu:v] v bevæge; flytte; bevæge sig; n træk nt, skridt nt; flytning c

movement ['mu:vmənt] n bevægelse c

movie ['mu:vi] n film c; **movies** Am biograf c; ~ **theater** Am biograf c

much [mʌtʃ] adj mange, megen; adv meget; **as** ~ lige så meget

muck [mʌk] n møg nt

mud [mʌd] n mudder nt

muddle ['mʌdəl] n forvirring c, rod nt, virvar nt; v forkludre

muddy ['mʌdi] adj mudret

mud-guard ['mʌdgɑ:d] n stænkeskærm c

muffler ['mʌflə] nAm lydpotte c

mug [mʌg] n krus nt

mulberry ['mʌlbəri] n morbær nt

mule [mju:l] n muldyr nt

mullet ['mʌlit] n mulle c

multiplication [ˌmʌltipliˈkeiʃən] n multiplikation c

multiply ['mʌltiplai] v gange, multiplicere

mumps [mʌmps] n fåresyge c

municipal [mjuːˈnisipəl] adj kommunal

municipality [mjuːˌnisiˈpæləti] n kommunalbestyrelse c

murder ['mə:də] n mord nt; v myrde

murderer ['mə:dərə] n morder c

muscle ['mʌsəl] n muskel c

muscular ['mʌskjulə] adj muskuløs

museum [mjuːˈzi:əm] n museum nt

mushroom ['mʌʃru:m] n champignon c; svamp c

music ['mju:zik] n musik c; ~ **academy** konservatorium nt

musical ['mju:zikəl] adj musikalsk; n musical c

music-hall ['mju:zikhɔ:l] n revyteater nt

musician [mjuːˈziʃən] n musiker c

muslin ['mʌzlin] n musselin nt

mussel ['mʌsəl] n musling c

*must [mʌst] v *skulle

mustard ['mʌstəd] n sennep c

mute [mju:t] adj stum

mutiny ['mju:tini] n mytteri nt

mutton ['mʌtən] n fårekød nt

mutual ['mju:tʃuəl] adj indbyrdes, gensidig

my [mai] adj min

myself [mai'self] *pron* mig; selv

mysterious [mi'stiəriəs] *adj* gådefuld, mystisk

mystery ['mistəri] *n* mysterium *nt*

myth [miθ] *n* myte *c*

N

nail [neil] *n* negl *c*; søm *nt*

nailbrush ['neilbrʌʃ] *n* neglebørste *c*

nail-file ['neilfail] *n* neglefil *c*

nail-polish ['neil,poliʃ] *n* neglelak *c*

nail-scissors ['neil,sizəz] *pl* neglesaks *c*

naïve [na:'i:v] *adj* naiv

naked ['neikid] *adj* nøgen; blottet

name [neim] *n* navn *nt*; *v* *navngive, opkalde; in the ~ of i . . . navn

namely ['neimli] *adv* nemlig

nap [næp] *n* lur *c*

napkin ['næpkin] *n* serviet *c*

nappy ['næpi] *n* ble *c*

narcosis [na:'kousis] *n* (pl -ses) narkose *c*

narcotic [na:'kotik] *n* narkotisk middel

narrow ['nærou] *adj* trang, smal, stram

narrow-minded [,nærou'maindid] *adj* snæversynet

nasty ['na:sti] *adj* usympatisk, væmmelig; ubehagelig

nation ['neiʃən] *n* nation *c*; folk *nt*

national ['næʃənəl] *adj* national; folke-; stats-; ~ anthem nationalsang *c*; ~ dress nationaldragt *c*; ~ park nationalpark *c*

nationality [,næʃə'næləti] *n* nationalitet *c*

nationalize ['næʃənəlaiz] *v* nationalisere

native ['neitiv] *n* indfødt *c*; *adj* ind-

født; ~ country fædreland *nt*; ~ language modersmål *nt*

natural ['nætʃərəl] *adj* naturlig; medfødt

naturally ['nætʃərəli] *adv* naturligvis

nature ['neitʃə] *n* natur *c*

naughty ['nɔ:ti] *adj* uartig

nausea ['nɔ:siə] *n* kvalme *c*

naval ['neivəl] *adj* flåde-

navel ['neivəl] *n* navle *c*

navigable ['nævigəbəl] *adj* sejlbar

navigate ['nævigeit] *v* navigere

navigation [,nævi'geiʃən] *n* navigation *c*; søfart *c*, skibsfart *c*

navy ['neivi] *n* flåde *c*

near [niə] *prep* nær ved; *adj* nær

nearby ['niəbai] *adj* nærliggende

nearly ['niəli] *adv* næsten

neat [ni:t] *adj* net, ordentlig; tør

necessary ['nesəsəri] *adj* nødvendig

necessity [nə'sesəti] *n* nødvendighed *c*

neck [nek] *n* hals *c*; nape of the ~ nakke *c*

necklace ['nekləs] *n* halssmykke *nt*

necktie ['nektai] *n* slips *nt*

need [ni:d] *v* behøve, trænge til; *n* fornødenhed *c*, behov *nt*; nødvendighed *c*; ~ to *være nødt til

needle ['ni:dəl] *n* nål *c*

needlework ['ni:dəlwə:k] *n* håndarbejde *nt*

negative ['negətiv] *adj* negativ, benægtende; *n* negativ *nt*

neglect [ni'glekt] *v* forsømme; *n* forsømmelse *c*

neglectful [ni'glektfəl] *adj* forsømmelig

negligee ['negliʒei] *n* negligé *nt*

negotiate [ni'gouʃieit] *v* forhandle

negotiation [ni,gouʃi'eiʃən] *n* forhandling *c*

Negro ['ni:grou] *n* (pl ~es) neger *c*

neighbour ['neibə] *n* sidemand *c*, nabo c

neighbourhood ['neibəhud] n nabolag nt

neighbouring ['neibəriŋ] adj tilstødende, nærliggende

neither ['naiðə] pron ingen af dem; neither ... nor hverken ... eller

neon ['ni:ɔn] n neon nt

nephew ['nefju:] n nevø c

nerve [nə:v] n nerve c; dristighed c

nervous ['nə:vəs] adj nervøs

nest [nest] n rede c

net [net] n net nt; adj netto-

the Netherlands ['neðələndz] Nederland

network ['netwə:k] n netværk nt

neuralgia [njuə'rældʒə] n neuralgi c

neurosis [njuə'rousis] n neurose c

neuter ['nju:tə] adj intetkøns-

neutral ['nju:trəl] adj neutral

never ['nevə] adv aldrig

nevertheless [,nevəðə'les] adv ikke desto mindre

new [nju:] adj ny; New Year nytår

news [nju:z] n nyheder, nyhed c

newsagent ['nju:,zeidʒənt] n bladhandler c

newspaper ['nju:z,peipə] n avis c

newsreel ['nju:zri:l] n ugerevy c

newsstand ['nju:zstænd] n aviskiosk c

New Zealand [nju: 'zi:lənd] New Zealand

next [nekst] adj følgende, næste; ~ to ved siden af

next-door [,nekst'dɔ:] adv ved siden af

nice [nais] adj pæn, rar; dejlig; sympatisk

nickel ['nikəl] n nikkel nt

nickname ['nikneim] n tilnavn nt

nicotine ['nikəti:n] n nikotin c

niece [ni:s] n niece c

Nigeria [nai'dʒiəriə] Nigeria

Nigerian [nai'dʒiəriən] adj nigeriansk;

n nigerianer c

night [nait] n nat c; aften c; by ~ om natten; ~ flight natfly nt; ~ rate nattakst c; ~ train nattog nt

nightclub ['naitklʌb] n natklub c

night-cream ['naitkri:m] n natcreme c

nightdress ['naitdres] n natkjole c

nightingale ['naitiŋgeil] n nattergal c

nightly ['naitli] adj natlig

nil [nil] nul

nine [nain] num ni

nineteen [,nain'ti:n] num nitten

nineteenth [,nain'ti:nθ] num nittende

ninety ['nainti] num halvfems

ninth [nainθ] num niende

nitrogen ['naitrədʒən] n kvælstof nt

no [nou] næh, nej; adj ingen; ~ one ingen

nobility [nou'biləti] n adel c

noble ['noubəl] adj adelig; ædel

nobody ['noubədi] pron ingen

nod [nɔd] n nik nt; v nikke

noise [nɔiz] n lyd c; spektakel nt, brag nt, støj c

noisy ['nɔizi] adj støjende; lydt

nominal ['nɔminəl] adj nominel

nominate ['nɔmineit] v nominere

nomination [,nɔmi'neiʃən] n nominering c; udnævnelse c

none [nʌn] pron ingen

nonsense ['nɔnsəns] n vrøvl nt

noon [nu:n] n middag c

normal ['nɔ:məl] adj normal

north [nɔ:θ] n nord; adj nordlig; North Pole nordpol c

north-east [,nɔ:θ'i:st] n nordøst

northerly ['nɔ:ðəli] adj nordlig

northern ['nɔ:ðən] adj nordlig

north-west [,nɔ:θ'west] n nordvest

Norway ['nɔ:wei] Norge

Norwegian [nɔ:'wi:dʒən] adj norsk; n nordmand c

nose [nouz] n næse c

nosebleed ['nouzbli:d] n næseblod nt

nostril ['nɔstril] n næsebor nt

not [nɔt] adv ikke

notary ['noutəri] n notar c

note [nout] n notat nt, note c; tone c; v notere; bemærke, konstatere

notebook ['noutbuk] n notesbog c

noted ['noutid] adj berømt

notepaper ['nout,peipə] n brevpapir nt

nothing ['nʌθiŋ] n *intet

notice ['noutis] v *lægge mærke til, bemærke, opdage; *se; n underretning c, notits c; agt c, opmærksomhed c

noticeable ['noutisəbəl] adj mærkbar; bemærkelsesværdig

notify ['noutifai] v meddele; underrette

notion ['noufən] n anelse c, begreb nt

notorious [nou'tɔ:riəs] adj berygtet

nougat ['nu:ga:] n nougat c

nought [nɔ:t] n nul nt

noun [naun] n substantiv nt, navneord nt

nourishing ['nʌriʃiŋ] adj nærende

novel ['nɔvəl] n roman c

novelist ['nɔvəlist] n romanforfatter c

November [nou'vembə] november

now [nau] adv nu; for øjeblikket; ~ and then nu og da

nowadays ['nauədeiz] adv nutildags

nowhere ['nouweə] adv intetsteds

nozzle ['nɔzəl] n tud c

nuance [nju:'ɑ̃:s] n nuance c

nuclear ['nju:kliə] adj kerne-; ~ energy atomenergi c

nucleus ['nju:kliəs] n kerne c

nude [nju:d] adj nøgen; n nøgenstudie c

nuisance ['nju:səns] n besvær c

numb [nʌm] adj følelsesløs; valen

number ['nʌmbə] n nummer nt; tal nt, antal nt

numeral ['nju:mərəl] n talord nt

numerous ['nju:mərəs] adj talrig

nun [nʌn] n nonne c

nunnery ['nʌnəri] n nonnekloster nt

nurse [nə:s] n sygeplejerske c; barnepige c; v pleje; amme

nursery ['nə:səri] n børneværelse nt; vuggestue c; planteskole c

nut [nʌt] n nød c; møtrik c

nutcrackers ['nʌt,krækəz] pl nøddeknækker c

nutmeg ['nʌtmeg] n muskat c

nutritious [nju:'triʃəs] adj nærende

nutshell ['nʌtʃel] n nøddeskal c

nylon ['nailən] n nylon nt

O

oak [ouk] n eg c

oar [ɔ:] n åre c

oasis [ou'eisis] n (pl oases) oase c

oath [ouθ] n ed c

oats [outs] pl havre c

obedience [ə'bi:diəns] n lydighed c

obedient [ə'bi:diənt] adj lydig

obey [ə'bei] v *adlyde

object¹ ['ɔbdʒikt] n objekt nt; genstand c; formål nt

object² [əb'dʒekt] v indvende; ~ to protestere imod

objection [əb'dʒekʃən] n indvending c

objective [əb'dʒektiv] adj objektiv; n formål nt

obligatory [ə'bligətəri] adj obligatorisk

oblige [ə'blaidʒ] v forpligte; *be obliged to *være forpligtet til; *skulle

obliging [ə'blaidʒiŋ] adj imødekommende

oblong ['ɔblɔŋ] adj aflang; n rektangel nt

obscene [əb'si:n] adj sjofel, uanstændig

obscure [əb'skjuə] adj dunkel, mørk, uklar

observation [ˌɔbzə'veiʃən] n iagttagelse c, observation c

observatory [əb'zɔ:vətri] n observatorium nt

observe [əb'zɔ:v] v bemærke, observere

obsession [əb'seʃən] n tvangstanke c

obstacle ['ɔbstəkəl] n forhindring c

obstinate ['ɔbstinət] adj genstridig; hårdnakket

obtain [əb'tein] v opnå, *få

obtainable [əb'teinəbəl] adj kan fås

obvious ['ɔbviəs] adj indlysende

occasion [ə'keiʒən] n lejlighed c; anledning c

occasionally [ə'keiʒənəli] adv af og til, nu og da

occupant ['ɔkjupənt] n beboer c

occupation [ˌɔkju'peiʃən] n beskæftigelse c; besættelse c

occupy ['ɔkjupai] v *besætte; occupied adj besat

occur [ə'kɔ:] v hænde, *forekomme, ske

occurrence [ə'kʌrəns] n hændelse c

ocean ['ouʃən] n ocean nt

October [ɔk'toubə] oktober

octopus ['ɔktəpəs] n blæksprutte c

oculist ['ɔkjulist] n øjenlæge c

odd [ɔd] adj sær, mærkelig; ulige

odour ['oudə] n duft c, lugt c

of [ɔv, əv] prep af

off [ɔf] adv af; væk; prep fra

offence [ə'fens] n forseelse c; anstød nt, fornærmelse c

offend [ə'fend] v såre, fornærme; *forse sig

offensive [ə'fensiv] adj offensiv; anstødelig, fornærmende; n offensiv c

offer ['ɔfə] v *tilbyde; yde; n tilbud nt

office ['ɔfis] n kontor nt; embede nt;

~ hours kontortid c

officer ['ɔfisə] n officer c

official [ə'fiʃəl] adj officiel

off-licence ['ɔfˌlaisəns] n spiritusforretning c

often ['ɔfən] adv tit, ofte

oil [ɔil] n olie c; fuel ~ brændselsolie c; ~ filter oliefilter nt; ~ pressure olietryk nt

oil-painting [ˌɔil'peintiŋ] n oliemaleri nt

oil-refinery ['ɔilriˌfainəri] n olieraffinaderi nt

oil-well ['ɔilwel] n oliekilde c

oily ['ɔili] adj olieagtig

ointment ['ɔintmənt] n salve c

okay! [ˌou'kei] fint!

old [ould] adj gammel; ~ age alderdom c

old-fashioned [ˌould'fæʃənd] adj gammeldags

olive ['ɔliv] n oliven c; ~ oil olivenolie c

omelette ['ɔmlət] n omelet c

ominous ['ɔminəs] adj ildevarslende

omit [ə'mit] v *udelade

omnipotent [ɔm'nipətənt] adj almægtig

on [ɔn] prep på; ved

once [wʌns] adv en gang; at ~ straks, omgående; ~ more endnu en gang

oncoming ['ɔnˌkʌmiŋ] adj kommende, modgående

one [wʌn] num en; pron man

oneself [wʌn'self] pron selv

onion ['ʌnjən] n løg nt

only ['ounli] adj eneste; adv kun, alene; conj men

onwards ['ɔnwədz] adv fremad

onyx ['ɔniks] n onyks c

opal ['oupəl] n opal c

open ['oupən] v åbne; adj åben; åbenhjertig

opening ['oupəniŋ] n åbning c

opera ['ɔpərə] n opera c; ~ house operahus nt

operate ['ɔpəreit] v virke; operere

operation [ˌɔpə'reiʃən] n funktion c; operation c

operator ['ɔpəreitə] n telefondame c

operetta [ˌɔpə'retə] n operette c

opinion [ə'pinjən] n opfattelse c, mening c

opponent [ə'pounənt] n modstander c

opportunity [ˌɔpə'tjuːnəti] n lejlighed c, chance c

oppose [ə'pouz] v *modsætte sig

opposite ['ɔpəzit] prep over for; adj modstående, modsat

opposition [ˌɔpə'ziʃən] n opposition c

oppress [ə'pres] v undertrykke, tynge

optician [ɔp'tiʃən] n optiker c

optimism ['ɔptimizəm] n optimisme c

optimist ['ɔptimist] n optimist c

optimistic [ˌɔpti'mistik] adj optimistisk

optional ['ɔpʃənəl] adj valgfri

or [ɔː] conj eller

oral ['ɔːrəl] adj mundtlig

orange ['ɔrindʒ] n appelsin c; adj orange

orchard ['ɔːtʃəd] n frugthave c

orchestra ['ɔːkistrə] n orkester nt; ~ seat Am orkesterplads c

order ['ɔːdə] v beordre; bestille; n rækkefølge c, orden c; ordre c, befaling c; bestilling c; in ~ i orden; in ~ to for at; made to ~ lavet på bestilling; out of ~ i uorden; postal ~ postanvisning c

order-form ['ɔːdəfɔːm] n ordreseddel c

ordinary ['ɔːdənri] adj sædvanlig, dagligdags

ore [ɔː] n malm c

organ ['ɔːgən] n organ nt; orgel nt

organic [ɔː'gænik] adj organisk

organization [ˌɔːgənai'zeiʃən] n organisation c

organize ['ɔːgənaiz] v organisere

Orient ['ɔːriənt] n Orienten

oriental [ˌɔːri'entəl] adj orientalsk

orientate ['ɔːriənteit] v orientere sig

origin ['ɔridʒin] n afstamning c, oprindelse c; nedstamning c, herkomst c

original [ə'ridʒinəl] adj original, oprindelig

originally [ə'ridʒinəli] adv oprindeligt

ornament ['ɔːnəmənt] n ornament nt

ornamental [ˌɔːnə'mentəl] adj ornamental

orphan ['ɔːfən] n forældreløst barn

orthodox ['ɔːθədɔks] adj ortodoks

ostrich ['ɔstritʃ] n struds c

other ['ʌðə] adj anden

otherwise ['ʌðəwaiz] conj ellers; adv anderledes

*ought to [ɔːt] *burde

our [auə] adj vor

ourselves [auə'selvz] pron os; selv

out [aut] adv ude, ud; ~ of uden for, fra

outbreak ['autbreik] n udbrud nt

outcome ['autkʌm] n resultat nt

*outdo [ˌaut'duː] v *overgå

outdoors [ˌaut'dɔːz] adv udendørs

outer ['autə] adj ydre

outfit ['autfit] n udstyr nt

outline ['autlain] n omrids nt; v tegne i omrids

outlook ['autluk] n udsigt c; syn nt

output ['autput] n produktion c

outrage ['autreidʒ] n voldshandling c

outside [ˌaut'said] adv udenfor; prep uden for; n ydre nt, yderside c

outsize ['autsaiz] n stor størrelse

outskirts ['autskəːts] pl udkant c

outstanding [ˌaut'stændiŋ] adj fremstående, eminent

outward ['autwəd] adj udvendig

outwards ['autwədz] adv udad

oval ['ouvəl] adj oval

oven ['ʌvən] n stegeovn c

over ['ouvə] prep over, oven for; adv over; omkuld; adj forbi; ~ there derovre

overall ['ouvərɔ:l] adj samlet

overalls ['ouvərɔ:lz] pl overall c

overcast ['ouvəka:st] adj overskyet

overcoat ['ouvəkout] n overfrakke c

*overcome [ˌouvə'kʌm] v *overvinde

overdue [ˌouvə'dju:] adj forsinket; til- bagestående

overgrown [ˌouvə'groun] adj overgro- et

overhaul [ˌouvə'hɔ:l] v *efterse

overhead [ˌouvə'hed] adv ovenover

overlook [ˌouvə'luk] v *overse

overnight [ˌouvə'nait] adv natten over

overseas [ˌouvə'si:z] adj oversøisk

oversight ['ouvəsait] n forglemmelse c, fejltagelse c

*oversleep [ˌouvə'sli:p] v *sove over sig

overstrung [ˌouvə'strʌŋ] adj over- spændt

*overtake [ˌouvə'teik] v overhale; no overtaking overhaling forbudt

over-tired [ˌouvə'taiəd] adj overtræt

overture ['ouvətʃə] n ouverture c

overweight ['ouvəweit] n overvægt c

overwhelm [ˌouvə'welm] v besejre, overvælde

overwork [ˌouvə'wə:k] v overanstren- ge sig

owe [ou] v skylde; *have at takke for; owing to som følge af, på grund af

owl [aul] n ugle c

own [oun] v eje; adj egen

owner ['ounə] n ejer c, indehaver c

ox [ɔks] n (pl oxen) okse c

oxygen ['ɔksidʒən] n ilt c

oyster ['ɔistə] n østers c

P

pace [peis] n gangart c; skridt nt; tempo nt

Pacific Ocean [pə'sifik 'ouʃən] Stille- havet

pacifism ['pæsifizəm] n pacifisme c

pacifist ['pæsifist] n pacifist c; adj pacifistisk

pack [pæk] v pakke; ~ up pakke sammen

package ['pækidʒ] n pakke c

packet ['pækit] n pakke c

packing ['pækiŋ] n indpakning c

pad [pæd] n pude c; notesblok c

paddle ['pædəl] n padleåre c

padlock ['pædlɔk] n hængelås c

pagan ['peigən] adj hedensk; n hed- ning c

page [peidʒ] n pagina c, side c

page-boy ['peidʒbɔi] n piccolo c

pail [peil] n spand c

pain [pein] n smerte c; pains umage c

painful ['peinfəl] adj smertefuld

painless ['peinləs] adj smertefri

paint [peint] n maling c; v male

paint-box ['peintbɔks] n malerkasse c

paint-brush ['peintbrʌʃ] n pensel c

painter ['peintə] n maler c

painting ['peintiŋ] n maleri nt

pair [peə] n par nt

Pakistan [ˌpɑ:ki'sta:n] Pakistan

Pakistani [ˌpɑ:ki'sta:ni] adj paki- stansk; n pakistaner c

palace ['pæləs] n palads nt

pale [peil] adj bleg; lys

palm [pɑ:m] n palme c; håndflade c

palpable ['pælpəbəl] adj håndgribelig

palpitation [ˌpælpi'teiʃən] n hjerteban- ken c

pan [pæn] n pande c

pane [pein] n rude c

panel ['pænəl] n panel nt

panelling ['pænəliŋ] n panelering c
panic ['pænik] n panik c
pant [pænt] v gispe
panties ['pæntiz] pl trusser pl
pants [pænts] pl underbukser pl; plAm bukser pl
pant-suit ['pæntsu:t] n buksedragt c
panty-hose ['pæntihouz] n strømpebukser pl
paper ['peipə] n papir nt; avis c; papir-; carbon ~ karbonpapir nt; ~ bag papirspose c; ~ napkin papirsserviet c; typing ~ skrivemaskinepapir nt; wrapping ~ indpakningspapir nt
paperback ['peipəbæk] n billigbog c
paper-knife ['peipənaif] n papirkniv c
parade [pə'reid] n parade c
paraffin ['pærəfin] n petroleum c
paragraph ['pærəgra:f] n paragraf c, afsnit nt
parakeet ['pærəki:t] n papegøje c
parallel ['pærəlel] adj sideløbende, parallel; n parallel c
paralyse ['pærəlaiz] v lamme
parcel ['pa:səl] n pakke c
pardon ['pa:dən] n tilgivelse c; benådning c
parents ['peərənts] pl forældre pl
parents-in-law ['peərəntsinlɔ:] pl svigerforældre pl
parish ['pæriʃ] n sogn nt
park [pa:k] n park c; v parkere
parking ['pa:kiŋ] n parkering c; no ~ parkering forbudt; ~ fee parkeringsafgift c; ~ light positionslys nt; ~ lot Am parkeringsplads c; ~ meter parkometer nt; ~ zone parkeringszone c
parliament ['pa:ləmənt] n parlament nt
parliamentary [,pa:lə'mentəri] adj parlamentarisk
parrot ['pærət] n papegøje c

parsley ['pa:sli] n persille c
parson ['pa:sən] n præst c
parsonage ['pa:sənidʒ] n præstegård c
part [pa:t] n del c, part c; stykke nt; v skille; spare ~ reservedel c
partial ['pa:ʃəl] adj delvis; partisk
participant [pa:'tisipənt] n deltager c
participate [pa:'tisipeit] v *deltage
particular [pə'tikjulə] adj speciel, særlig; kræsen; in ~ især
parting ['pa:tiŋ] n afsked c; skilning c
partition [pa:'tiʃən] n skillevæg c
partly ['pa:tli] adv dels, delvis
partner ['pa:tnə] n partner c; kompagnon c
partridge ['pa:tridʒ] n agerhøne c
party ['pa:ti] n parti nt; fest c, party nt; gruppe c
pass [pa:s] v *forløbe, passere; *række; *bestå; vAm overhale; no passing Am overhaling forbudt; ~ by *forbigå *gå forbi; ~ through passere igennem
passage ['pæsidʒ] n passage c; overfart c; gennemrejse c
passenger ['pæsəndʒə] n passager c; ~ car Am personvogn c; ~ train persontog nt
passer-by [,pa:sə'bai] n forbipasserende c
passion ['pæʃən] n lidenskab c; affekt c
passionate ['pæʃənət] adj lidenskabelig
passive ['pæsiv] adj passiv
passport ['pa:spɔ:t] n pas nt; ~ control paskontrol c; ~ photograph pasfoto nt
password ['pa:swɔ:d] n feltråb nt
past [pa:st] n fortid c; adj sidst, forløben, forløbet; prep forbi, langs
paste [peist] n pasta c; v klistre
pastry ['peistri] n bagværk nt; ~ shop konditori nt

pasture ['pɑːstʃə] n græsgang c

patch [pætʃ] v lappe

patent ['peitənt] n patent nt

path [pɑːθ] n sti c

patience ['peiʃəns] n tålmodighed c

patient ['peiʃənt] adj tålmodig; n patient c

patriot ['peitriət] n patriot c

patrol [pə'troul] n patrulje c; v patruljere; overvåge

pattern ['pætən] n mønster nt, motiv nt

pause [pɔːz] n pause c; v pausere

pave [peiv] v *belægge, *brolægge

pavement ['peivmənt] n fortov nt; brolægning c

pavilion [pə'viljən] n pavillon c

paw [pɔː] n pote c

pawn [pɔːn] v *pantsætte; n skakbonde c

pawnbroker ['pɔːn,broukə] n pantelåner c

pay [pei] n gage c, løn c

*pay [pei] v betale; betale sig; ~ attention to *lægge mærke til; paying rentabel; ~ off indfri; ~ on account afbetale

pay-desk ['peidesk] n kasse c

payee [pei'iː] n betalingsmodtager c

payment ['peimənt] n betaling c

pea [piː] n ært c

peace [piːs] n fred c

peaceful ['piːsfəl] adj fredelig

peach [piːtʃ] n fersken c

peacock ['piːkɔk] n påfugl c

peak [piːk] n tinde c; top c; ~ hour myldretid c; ~ season højsæson c

peanut ['piːnʌt] n jordnød c

pear [peə] n pære c

pearl [pəːl] n perle c

peasant ['pezənt] n bonde c

pebble ['pebəl] n rullesten c

peculiar [pi'kjuːljə] adj ejendommelig; speciel, underlig

peculiarity [pi,kjuːli'ærəti] n særegenhed c

pedal ['pedəl] n pedal c

pedestrian [pi'destriən] n fodgænger c; no pedestrians forbudt for fodgængere; ~ crossing fodgængerovergang c

peel [piːl] v skrælle; n skræl c

peep [piːp] v kigge

peg [peg] n knage c

pelican ['pelikən] n pelikan c

pelvis ['pelvis] n bækken nt

pen [pen] n pen c

penalty ['penəlti] n bøde c; straf c; ~ kick straffespark c

pencil ['pensəl] n blyant c

pencil-sharpener ['pensəl,ʃɑːpnə] n blyantspidser c

pendant ['pendənt] n hængesmykke nt

penetrate ['penitreit] v gennemtrænge

penguin ['peŋgwin] n pingvin c

penicillin [,peni'silin] n penicillin c

peninsula [pə'ninsjulə] n halvø c

penknife ['pennaif] n (pl -knives) lommekniv c

pension¹ ['pãːsiɔ̃ː] n pensionat nt

pension² ['penʃən] n pension c

people ['piːpəl] pl folk nt; n folkeslag nt

pepper ['pepə] n peber nt

peppermint ['pepəmint] n pebermynte c

perceive [pə'siːv] v opfatte, fornemme

percent [pə'sent] n procent c

percentage [pə'sentidʒ] n procentdel c

perceptible [pə'septibəl] adj mærkbar

perception [pə'sepʃən] n fornemmelse c

perch [pəːtʃ] (pl ~) aborre c

percolator ['pəːkəleitə] n kaffekolbe c

perfect ['pə:fikt] adj fuldkommen, perfekt

perfection [pə'fekʃən] n fuldkommenhed c, fuldendthed c

perform [pə'fɔ:m] v udrette, udføre

performance [pə'fɔ:məns] n forestilling c; præstation c

perfume ['pə:fju:m] n parfume c

perhaps [pə'hæps] adv måske; muligvis

peril ['peril] n fare c

perilous ['periləs] adj farlig

period ['piəriəd] n periode c; punktum nt

periodical [ˌpiəri'ɔdikəl] n tidsskrift nt; adj periodisk

perish ['periʃ] v *omkomme

perishable ['periʃəbəl] adj letfordærvelig

perjury ['pə:dʒəri] n mened c

permanent ['pə:mənənt] adj varig, permanent, vedvarende; blivende, fast; ~ **wave** permanent c

permission [pə'miʃən] n tilladelse c; lov c, bevilling c

permit¹ [pə'mit] v *tillade, *give lov til

permit² ['pə:mit] n tilladelse c, autorisation c

peroxide [pə'rɔksaid] n brintoverilte c

perpendicular [ˌpə:pən'dikjulə] adj lodret

Persia ['pə:ʃə] Persien

Persian ['pə:ʃən] adj persisk; n perser c

person ['pə:sən] n person c; **per ~** pro persona

personal ['pə:sənəl] adj personlig

personality [ˌpə:sə'næləti] n personlighed c

personnel [ˌpə:sə'nel] n personale nt

perspective [pə'spektiv] n perspektiv nt

perspiration [ˌpə:spə'reiʃən] n sved c,

transpiration c

perspire [pə'spaiə] v transpirere, svede

persuade [pə'sweid] v overtale; overbevise

persuasion [pə'sweiʒən] n overbevisning c

pessimism ['pesimizəm] n pessimisme c

pessimist ['pesimist] n pessimist c

pessimistic [ˌpesi'mistik] adj pessimistisk

pet [pet] n kæledyr nt; kæledægge c; yndlings-

petal ['petəl] n kronblad nt

petition [pi'tiʃən] n andragende nt

petrol ['petrəl] n benzin c; ~ **pump** benzinpumpe c; ~ **station** benzinstation c; ~ **tank** benzintank c

petroleum [pi'trouliəm] n råolie c

petty ['peti] adj ubetydelig, intetsigende, lille; ~ **cash** småbeløb pl

pewit ['pi:wit] n vibe c

pewter ['pju:tə] n tin nt

phantom ['fæntəm] n gespenst nt

pharmacology [ˌfɑ:mə'kɔlədʒi] n farmakologi c

pharmacy ['fɑ:məsi] n apotek nt; materialhandel c

phase [feiz] n fase c

pheasant ['fezənt] n fasan c

Philippine ['filipain] adj filippinsk

Philippines ['filipi:nz] pl Filippinerne

philosopher [fi'lɔsəfə] n filosof c

philosophy [fi'lɔsəfi] n filosofi c

phone [foun] n telefon c; v telefonere

phonetic [fə'netik] adj fonetisk

photo ['foutou] n (pl ~s) fotografi nt

photograph ['foutəgrɑ:f] n fotografi nt; v fotografere

photographer [fə'tɔgrəfə] n fotograf c

photography [fə'tɔgrəfi] n fotografering c

photostat ['foutəstæt] n fotokopi c

phrase [freiz] n vending c

phrase-book ['freizbuk] n parlør c

physical ['fizikəl] adj fysisk

physician [fi'ziʃən] n læge c

physicist ['fizisist] n fysiker c

physics ['fiziks] n naturvidenskab c, fysik c

physiology [ˌfizi'ɔlədʒi] n fysiologi c

pianist ['pi:ənist] n pianist c

piano [pi'ænou] n klaver nt; grand ~ flygel nt

pick [pik] v plukke; *vælge; n valg nt; ~ up samle op; hente; pick-up van varevogn c

pick-axe ['pikæks] n hakke c

pickles ['pikəlz] pl pickles pl

picnic ['piknik] n skovtur c; v *tage på skovtur

picture ['piktʃə] n maleri nt; illustration c, stik nt; billede nt; ~ postcard prospektkort nt, postkort nt; pictures biograf c

picturesque [ˌpiktʃə'resk] adj pittoresk, malerisk

piece [pi:s] n stykke nt

pier [piə] n mole c

pierce [piəs] v gennembore

pig [pig] n gris c; svin nt

pigeon ['pidʒən] n due c

pig-headed [ˌpig'hedid] adj stivsindet

pigskin ['pigskin] n svinelæder nt

pike [paik] n (pl ~) gedde c

pile [pail] n stabel c; v stable; piles pl hæmorroider pl

pilgrim ['pilgrim] n pilgrim c

pilgrimage ['pilgrimidʒ] n pilgrimsrejse c

pill [pil] n pille c

pillar ['pilə] n pille c, søjle c

pillar-box ['piləbɔks] n postkasse c

pillow ['pilou] n pude c, hovedpude c

pillow-case ['piloukeis] n pudebetræk nt

pilot ['pailət] n pilot c; lods c

pimple ['pimpəl] n filipens c

pin [pin] n knappenål c; v fæste med nål; bobby ~ Am hårklemme c

pincers ['pinsəz] pl knibtang c

pinch [pintʃ] v *knibe

pineapple ['pai,næpəl] n ananas c

pink [piŋk] adj lyserød

pioneer [ˌpaiə'niə] n nybygger c

pious ['paiəs] adj from

pip [pip] n kerne c

pipe [paip] n pibe c; rør nt; ~ cleaner piberenser c; pipe-line n rørledning c; ~ tobacco pibetobak c

pirate ['paiərət] n sørøver c

pistol ['pistəl] n pistol c

piston ['pistən] n stempel nt; ~ ring stempelring c

piston-rod ['pistənrɔd] n stempelstang c

pit [pit] n grav c; grube c

pitcher ['pitʃə] n kande c

pity ['piti] n medlidenhed c; v ynke, *have medlidenhed med; what a pity! det var synd!

placard ['plækɑːd] n opslag nt

place [pleis] n sted nt; v *sætte, *anbringe, stille; ~ of birth fødested nt; *take ~ *finde sted

plague [pleig] n plage c

plaice [pleis] n (pl ~) rødspætte c

plain [plein] adj tydelig; almindelig, enkel; n slette c

plan [plæn] n plan c; v *planlægge

plane [plein] adj plan; n flyvemaskine c; ~ crash flystyrt nt

planet ['plænit] n planet c

planetarium [ˌplæni'teəriəm] n planetarium nt

plank [plæŋk] n planke c

plant [plɑːnt] n plante c; industrivirksomhed c; v plante c

plantation [plæn'teiʃən] n plantage c

plaster ['plɑːstə] n puds c, gips c; hæfteplaster nt, plaster nt plastic ['plæstik] adj plastic-; n plastic nt

plate [pleit] n tallerken c; plade c

plateau ['plætou] n (pl ~x, ~s) højslette c

platform ['plætfɔ:m] n perron c; ~ ticket perronbillet c

platinum ['plætinəm] n platin nt

play [plei] v lege; spille; n leg c; skuespil nt; one-act ~ enakter c; ~ truant skulke

player [pleiə] n spiller c

playground ['pleigraund] n legeplads c

playing-card ['pleiiŋka:d] n spillekort nt

playwright ['pleirait] n skuespilforfatter c

plea [pli:] n forsvar nt

plead [pli:d] v plædere; trygle

pleasant ['plezənt] adj behagelig, dejlig, tiltalende

please [pli:z] v venligst; v behage; pleased tilfreds; pleasing behagelig

pleasure ['pleʒə] n fornøjelse c, glæde c

plentiful ['plentifəl] adj rigelig

plenty ['plenti] n overflod c

pliers [plaiəz] pl tang c

plimsolls ['plimsɔlz] pl gummisko pl

plot [plɔt] n komplot nt, sammensværgelse c; handling c; parcel c; v smede rænker

plough [plau] n plov c; v pløje

plucky ['plʌki] adj kæk

plug [plʌg] n stikkontakt c; ~ in tilslutte

plum [plʌm] n blomme c

plumber ['plʌmə] n blikkenslager c

plump [plʌmp] adj buttet

plural ['pluərəl] n flertal nt

plus [plʌs] prep plus

pneumatic [nju:'mætik] adj pneumatisk

pneumonia [nju:'mouniə] n lungebetændelse c

poach [poutʃ] v drive krybskytteri

pocket ['pɔkit] n lomme c

pocket-book ['pɔkitbuk] n tegnebog c

pocket-comb ['pɔkitkoum] n lommekam c

pocket-knife ['pɔkitnaif] n (pl -knives) lommekniv c

pocket-watch ['pɔkitwɔtʃ] n lommeur nt

poem ['pouim] n digt nt

poet ['pouit] n digter c

poetry ['pouitri] n poesi c

point [pɔint] n punkt nt; spids c; v pege; ~ of view standpunkt nt; ~ out vise

pointed ['pɔintid] adj spids

poison ['pɔizən] n gift c; v forgifte

poisonous ['pɔizənəs] adj giftig

Poland ['poulənd] Polen

Pole [poul] n polak c

pole [poul] n pæl c

police [pə'li:s] pl politi nt

policeman [pə'li:smən] n (pl -men) politibetjent c, politimand c

police-station [pə'li:s,steiʃən] n politistation c

policy ['pɔlisi] n politik c; police c

polio ['pouliou] n børnelammelse c, polio c

Polish ['pouliʃ] adj polsk

polish ['pɔliʃ] v polere

polite [pə'lait] adj høflig

political [pə'litikəl] adj politisk

politician [,pɔli'tiʃən] n politiker c

politics ['pɔlitiks] n politik c

pollution [pə'lu:ʃən] n forurening c

pond [pɔnd] n dam c

pony ['pouni] n pony c

poor [puə] adj fattig; sølle

pope [poup] n pave c

poplin ['pɔplin] n poplin nt

pop music [pɔp 'mju:zik] popmusik c

poppy ['pɔpi] n valmue c
popular ['pɔpjulə] adj populær; folke-
population [,pɔpju'leiʃən] n befolkning c
populous ['pɔpjuləs] adj folkerig
porcelain ['pɔːsəlin] n porcelæn nt
porcupine ['pɔːkjupain] n hulepind-svin nt
pork [pɔːk] n svinekød nt
port [pɔːt] n havn c; bagbord nt; portvin c
portable ['pɔːtəbəl] adj transportabel
porter ['pɔːtə] n drager c; portier c
porthole ['pɔːthoul] n køje c
portion ['pɔːʃən] n portion c
portrait ['pɔːtrit] n portræt nt
Portugal ['pɔːtjugəl] Portugal
Portuguese [,pɔːtju'giːz] adj portugi-sisk; n portugiser c
position [pə'ziʃən] n position c; situa-tion c; holdning c; stilling c
positive ['pɔzətiv] adj positiv; n posi-tiv nt
possess [pə'zes] v *besidde; pos-sessed adj besat
possession [pə'zeʃən] n besiddelse c; possessions eje nt
possibility [,pɔsə'biləti] n mulighed c
possible ['pɔsəbəl] adj mulig; eventu-el; possibly adv muligvis
post [poust] n stolpe c; post c; v pos-te; post-office postkontor nt
postage ['poustidʒ] n porto c; ~ paid portofri; ~ stamp frimærke nt
postcard ['poustkɑːd] n postkort nt
poster ['poustə] n plakat c
poste restante [poust re'stɑːt] poste restante
postman ['poustmən] n (pl -men) postbud nt
post-paid [,poust'peid] adj franko
postpone [pə'spoun] v *udskyde, *udsætte
pot [pɔt] n gryde c

potato [pə'teitou] n (pl ~es) kartof-fel c
pottery ['pɔtəri] n keramik c; potte-magervarer pl
pouch [pautʃ] n pung c
poulterer ['poultərə] n vildthandler c
poultry ['poultri] n fjerkræ nt
pound [paund] n pund nt
pour [pɔː] v hælde, skænke
poverty ['pɔvəti] n fattigdom c
powder ['paudə] n pudder nt; ~ compact pudderdåse c; talc ~ tal-kum nt
powder-puff ['paudəpʌf] n pudder-kvast c
powder-room ['paudəruːm] n dame-toilet nt
power [pauə] n kraft c, styrke c; energi c; magt c
powerful ['pauəfəl] adj mægtig, ind-flydelsesrig; stærk
powerless ['pauələs] adj magtesløs
power-station ['pauə,steiʃən] n kraft-værk nt
practical ['præktikəl] adj praktisk
practically ['præktikli] adv omtrent
practice ['præktis] n praksis c
practise ['præktis] v praktisere; øve sig
praise [preiz] v rose; n ros c
pram [præm] n barnevogn c
prawn [prɔːn] n reje c
pray [prei] v *bede
prayer [preə] n bøn c
preach [priːtʃ] v prædike
precarious [pri'keəriəs] adj prekær
precaution [pri'kɔːʃən] n forsigtighed c; sikkerhedsforanstaltning c
precede [pri'siːd] v *gå forud for
preceding [pri'siːdiŋ] adj foregående
precious ['preʃəs] adj kostbar; dyre-bar
precipice ['presipis] n afgrund c
precipitation [pri,sipi'teiʃən] n nedbør

c

precise [pri'sais] *adj* præcis, eksakt, nøjagtig; pertentlig

predecessor ['pri:disesə] *n* forgænger c

predict [pri'dikt] *v* *forudsige

prefer [pri'fə:] *v* *foretrække

preferable ['prefərəbəl] *adj* at *foretrække

preference ['prefərəns] *n* forkærlighed c

prefix ['pri:fiks] *n* forstavelse c

pregnant ['pregnənt] *adj* gravid, svanger

prejudice ['predʒədis] *n* fordom c

preliminary [pri'liminəri] *adj* indledende; forberedende

premature ['premətʃuə] *adj* forhastet

premier ['premiə] *n* statsminister c

premises ['premisiz] *pl* ejendom c

premium ['pri:miəm] *n* forsikringspræmie c

prepaid [.pri:'peid] *adj* forudbetalt

preparation [.prepə'reiʃən] *n* forberedelse c

prepare [pri'peə] *v* forberede; berede

prepared [pri'peəd] *adj* beredt

preposition [.prepə'ziʃən] *n* præposition c

prescribe [pri'skraib] *v* *foreskrive, ordinere

prescription [pri'skripʃən] *n* recept c

presence ['prezəns] *n* nærværelse c; tilstedeværelse c

present[1] ['prezənt] *n* foræring c, gave c; nutid c; *adj* nuværende; tilstedeværende

present[2] [pri'zent] *v* præsentere; *forelægge

presently ['prezəntli] *adv* om lidt, snart

preservation [.prezə'veiʃən] *n* konservering c

preserve [pri'zə:v] *v* konservere

president ['prezidənt] *n* præsident c; formand c

press [pres] *n* presse c; *v* trykke på, trykke; presse; ~ **conference** pressekonference c

pressing ['presiŋ] *adj* presserende

pressure ['preʃə] *n* tryk nt; pres nt; **atmospheric** ~ lufttryk nt

pressure-cooker ['preʃə,kukə] *n* trykkoger c

prestige [pre'sti:ʒ] *n* prestige c

presumable [pri'zju:məbəl] *adj* antagelig

presumptuous [pri'zʌmpʃəs] *adj* overmodig; anmassende

pretence [pri'tens] *n* påskud nt

pretend [pri'tend] *v* *foregive, *lade som om

pretext ['pri:tekst] *n* påskud nt

pretty ['priti] *adj* køn; *adv* temmelig

prevent [pri'vent] *v* afværge, forhindre; forebygge

preventive [pri'ventiv] *adj* forebyggende

previous ['pri:viəs] *adj* forudgående, tidligere, forrige

pre-war [.pri:'wɔ:] *adj* førkrigs-

price [prais] *n* pris c; *v* *prissætte

priceless ['praisləs] *adj* uvurderlig

price-list ['prais,list] *n* prisliste c

prick [prik] *v* prikke

pride [praid] *n* stolthed c

priest [pri:st] *n* katolsk præst

primary ['praiməri] *adj* primær; hoved-; elementær

prince [prins] *n* prins c

princess [prin'ses] *n* prinsesse c

principal ['prinsəpəl] *adj* hoved-; *n* rektor c

principle ['prinsəpəl] *n* princip nt, grundsætning c

print [print] *v* trykke; *n* aftryk nt; tryk nt; **printed matter** tryksag c

prior ['praiə] *adj* forudgående

priority [prai'brɔti] n fortrinsret c, prioritet c

prison ['prizən] n fængsel nt

prisoner ['prizənə] n fange c, indsat c; ~ **of war** krigsfange c

privacy ['praivəsi] n privatliv

private ['praivit] adj privat; personlig

privilege ['privilidʒ] n privilegium nt

prize [praiz] n præmie c; belønning c

probable ['prɔbəbəl] adj sandsynlig, mulig

probably ['prɔbəbli] adv sandsynligvis

problem ['prɔbləm] n problem nt; spørgsmål nt

procedure [prə'si:dʒə] n fremgangsmåde c

proceed [prə'si:d] v *fortsætte; *bære sig ad

process ['prouses] n proces c, fremgangsmåde c

procession [prə'seʃən] n optog nt, procession c

proclaim [prə'kleim] v proklamere, *kundgøre

produce¹ [prə'dju:s] v fremstille

produce² ['prɔdju:s] n produkt nt

producer [prə'dju:sə] n producent c

product ['prɔdʌkt] n produkt nt

production [prə'dʌkʃən] n produktion c

profession [prə'feʃən] n profession c

professional [prə'feʃənəl] adj professionel

professor [prə'fesə] n professor c

profit ['prɔfit] n profit c, fordel c; gavn c; v *nyde godt

profitable ['prɔfitəbəl] adj indbringende

profound [prə'faund] adj dybsindig

programme ['prougræm] n program nt

progress¹ ['prougres] n fremskridt nt

progress² [prə'gres] v *gøre fremskridt

progressive [prə'gresiv] adj progressiv, fremskridtsvenlig; tiltagende

prohibit [prə'hibit] v *forbyde

prohibition [ˌproui'biʃən] n forbud nt

prohibitive [prə'hibitiv] adj uoverkommelig

project ['prɔdʒekt] n plan c, projekt nt

promenade [ˌprɔmə'nɑːd] n promenade c

promise ['prɔmis] n løfte nt; v love

promote [prə'mout] v forfremme, fremme

promotion [prə'mouʃən] n forfremmelse c

prompt [prɔmpt] adj omgående, øjeblikkelig

pronoun ['prounaun] n stedord nt

pronounce [prə'nauns] v udtale

pronunciation [ˌprɔnʌnsi'eiʃən] n udtale c

proof [pru:f] n bevis nt

propaganda [ˌprɔpə'gændə] n propaganda c

propel [prə'pel] v *drive frem

propeller [prə'pelə] n propel c, skrue c

proper ['prɔpə] adj ret; sømmelig, passende, rigtig

property ['prɔpəti] n ejendele pl, ejendom c; egenskab c

prophet ['prɔfit] n profet c

proportion [prə'pɔːʃən] n proportion c

proportional [prə'pɔːʃənəl] adj proportional

proposal [prə'pouzəl] n forslag nt

propose [prə'pouz] v *foreslå

proposition [ˌprɔpə'ziʃən] n forslag nt

proprietor [prə'praiətə] n ejer c

prospect ['prɔspekt] n udsigt c

prospectus [prə'spektəs] n prospekt nt

prosperity [prə'sperəti] n medgang c, velstand c; velfærd c prosperous ['prɔspərəs] adj velstående, blomstrende

prostitute ['prɔstitjuːt] n prostitueret c

protect [prə'tekt] v beskytte

protection [prə'tekʃən] n beskyttelse c

protein ['proutiːn] n protein nt

protest[1] ['proutest] n protest c

protest[2] [prə'test] v protestere

Protestant ['prɔtistənt] adj protestantisk

proud [praud] adj stolt; vigtig

prove [pruːv] v bevise, påvise; vise sig

proverb ['prɔvəːb] n ordsprog nt

provide [prə'vaid] v levere, skaffe; provided that forudsat at

province ['prɔvins] n amt nt; provins c

provincial [prə'vinʃəl] adj provinsiel

provisional [prə'viʒənəl] adj foreløbig

provisions [prə'viʒənz] pl proviant c

prune [pruːn] n sveske c

psychiatrist [sai'kaiətrist] n psykiater c

psychic ['saikik] adj psykisk

psychoanalyst [ˌsaikou'ænəlist] n psykoanalytiker c

psychological [ˌsaikə'lɔdʒikəl] adj psykologisk

psychologist [sai'kɔlədʒist] n psykolog c

psychology [sai'kɔlədʒi] n psykologi c

pub [pʌb] n værtshus nt; knejpe c

public ['pʌblik] adj almen, offentlig; n publikum nt; ~ garden offentligt anlæg; ~ house værtshus nt

publication [ˌpʌbli'keiʃən] n publikation c

publicity [pʌ'blisəti] n publicity c

publish ['pʌbliʃ] v *offentliggøre, *udgive

publisher ['pʌbliʃə] n forlægger c

puddle ['pʌdəl] n pyt c

pull [pul] v *trække; ~ out *afgå; ~ up *holde

pulley ['puli] n (pl ~s) trisse c

Pullman ['pulmən] n sovevogn c

pullover ['puˌlouvə] n pullover c

pulpit ['pulpit] n prædikestol c, talerstol c

pulse [pʌls] n puls c

pump [pʌmp] n pumpe c; v pumpe

punch [pʌntʃ] v støde; n nævestød nt

punctual ['pʌŋktʃuəl] adj punktlig, præcis

puncture ['pʌŋktʃə] n punktering c

punctured ['pʌŋktʃəd] adj punkteret

punish ['pʌniʃ] v straffe

punishment ['pʌniʃmənt] n straf c

pupil ['pjuːpəl] n elev c

puppet-show ['pʌpitʃou] n dukketeater nt

purchase ['pəːtʃəs] v købe; n køb nt, anskaffelse c; ~ price købesum c

purchaser ['pəːtʃəsə] n køber c

pure [pjuə] adj ren

purple ['pəːpəl] adj purpurfarvet

purpose ['pəːpəs] n hensigt c, formål nt; on ~ med vilje

purse [pəːs] n pung c

pursue [pə'sjuː] v *forfølge; stræbe efter

pus [pʌs] n pus nt

push [puʃ] n skub nt, puf nt; v skubbe; puffe; mase sig frem

push-button ['puʃˌbʌtən] n trykknap c

*put [put] v stille, *lægge, placere; stoppe; ~ away stille på plads; ~ off *udskyde; ~ on *tage på; ~ out slukke

puzzle ['pʌzəl] n hovedbrud nt; gåde c; v volde hovedbrud; jigsaw ~ puslespil nt

puzzling ['pʌzliŋ] adj ubegribelig

pyjamas [pə'dʒaːməz] pl pyjamas c

Q

quack [kwæk] *n* charlatan *c*, kvaksalver *c*

quail [kweil] *n* (pl ~, ~s) vagtel *c*

quaint [kweint] *adj* ejendommelig; gammeldags

qualification [ˌkwɔlifiˈkeiʃən] *n* kvalifikation *c*; forbehold *nt*, restriktion *c*

qualified [ˈkwɔlifaid] *adj* kvalificeret; kompetent

qualify [ˈkwɔlifai] *v* egne sig, kvalificere

quality [ˈkwɔləti] *n* kvalitet *c*; egenskab *c*

quantity [ˈkwɔntəti] *n* kvantitet *c*; antal *nt*

quarantine [ˈkwɔrəntiːn] *n* karantæne *c*

quarrel [ˈkwɔrəl] *v* skændes; *n* skærmydsel *c*, skænderi *nt*

quarry [ˈkwɔri] *n* stenbrud *c*

quarter [ˈkwɔːtə] *n* kvart *c*; kvartal *nt*; kvarter *nt*; ~ of an hour kvarter *nt*

quarterly [ˈkwɔːtəli] *adj* kvartårlig

quay [kiː] *n* kaj *c*

queen [kwiːn] *n* dronning *c*

queer [kwiə] *adj* underlig, sælsom; løjerlig

query [ˈkwiəri] *n* forespørgsel *c*; *v* *forespørge; tvivle på

question [ˈkwestʃən] *n* spørgsmål *nt*, problem *nt*; *v* *udspørge; *drage i tvivl; ~ mark spørgsmålstegn *nt*

queue [kjuː] *n* kø *c*; *v* *stå i kø

quick [kwik] *adj* hurtig

quick-tempered [ˌkwikˈtempəd] *adj* hidsig

quiet [ˈkwaiət] *adj* stille, rolig, stilfærdig; *n* stilhed *c*, ro *c*

quilt [kwilt] *n* vattæppe *nt*

quinine [kwiˈniːn] *n* kinin *c*

quit [kwit] *v* *holde op, ophøre

quite [kwait] *adv* fuldstændigt, helt igennem; ganske, temmelig; helt, særdeles

quiz [kwiz] *n* (pl ~zes) quiz *c*

quota [ˈkwoutə] *n* kvota *c*

quotation [kwouˈteiʃən] *n* citat *nt*; ~ marks anførelsestegn *pl*

quote [kwout] *v* citere

R

rabbit [ˈræbit] *n* kanin *c*

rabies [ˈreibiz] *n* hundegalskab *c*

race [reis] *n* væddeløb *nt*, kapløb *nt*; race *c*

race-course [ˈreiskɔːs] *n* væddeløbsbane *c*

race-horse [ˈreishɔːs] *n* væddeløbshest *c*

race-track [ˈreistræk] *n* væddeløbsbane *c*

racial [ˈreiʃəl] *adj* race-

racket [ˈrækit] *n* rabalder *nt*; fidus *c*

racquet [ˈrækit] *n* ketsjer *c*

radiator [ˈreidieitə] *n* radiator *c*

radical [ˈrædikəl] *adj* radikal

radio [ˈreidiou] *n* radio *c*

radish [ˈrædiʃ] *n* radise *c*

radius [ˈreidiəs] *n* (pl radii) radius *c*

raft [rɑːft] *n* tømmerflåde *c*

rag [ræg] *n* klud *c*

rage [reidʒ] *n* raseri *nt*; *v* rase

raid [reid] *n* angreb *nt*

rail [reil] *n* gelænder *nt*, balustrade *c*

railing [ˈreiliŋ] *n* rækværk *nt*

railroad [ˈreilroud] *nAm* jernbane *c*

railway [ˈreilwei] *n* jernbane *c*

rain [rein] *n* regn *c*; *v* regne

rainbow [ˈreinbou] *n* regnbue *c*

raincoat [ˈreinkout] *n* regnfrakke *c*

rainproof ['reinpru:f] adj regntæt

rainy ['reini] adj regnfuld

raise [reiz] v hæve; forhøje; dyrke, opfostre, opdrætte; v opkræve; nAm lønstigning c, nAm lønforhøjelse c

raisin ['reizən] n rosin c

rake [reik] n rive c

rally ['ræli] n stævne nt

ramp [ræmp] n rampe c

ramshackle ['ræm,ʃækəl] adj faldefærdig

rancid ['rænsid] adj harsk

rang [ræŋ] v (p ring)

range [reindʒ] n rækkevidde c

range-finder ['reindʒ,faində] n afstandsmåler c

rank [ræŋk] n rang c; række c

ransom ['rænsəm] n løsesum c

rape [reip] v *voldtage

rapid ['ræpid] adj hurtig, hastig

rapids ['ræpidz] pl strømfald nt

rare [rɛə] adj sjælden

rarely ['rɛəli] adv sjældent

rascal ['rɑːskəl] n skælm c, slyngel c

rash [ræʃ] n udslæt nt; adj overilet, ubesindig

raspberry ['rɑːzbəri] n hindbær c

rat [ræt] n rotte c

rate [reit] n tarif c, pris c; fart c; at any ~ i hvert fald; ~ of exchange valutakurs c

rather ['rɑːðə] adv temmelig, ganske, rigtigt; hellere

ration ['ræʃən] n ration c

rattan [ræ'tæn] n peddigrør nt

raven ['reivən] n ravn c

raw [rɔː] adj rå; ~ material råstof nt

ray [rei] n stråle c

rayon ['reiən] n rayon c

razor ['reizə] n barbermaskine c

razor-blade ['reizəbleid] n barberblad nt

reach [riːtʃ] v nå; n rækkevidde c

reaction [ri'ækʃən] n reaktion c

*read [riːd] v læse

reading ['riːdiŋ] n læsning c

reading-lamp ['riːdiŋlæmp] n læselampe c

reading-room ['riːdiŋruːm] n læsesal c

ready ['redi] adj klar, parat

ready-made [,redi'meid] adj konfektionssyet

real [riəl] adj virkelig

reality [ri'æləti] n virkelighed c

realizable ['riəlaizəbəl] adj realisabel

realize ['riəlaiz] v *indse; *virkeliggøre, realisere

really ['riəli] adv virkeligt; egentlig

rear [riə] n bagside c; v opfostre

rear-light [riə'lait] n baglygte c

reason ['riːzən] n grund c, årsag c; fornuft c, forstand c; v ræsonnere

reasonable ['riːzənəbəl] adj fornuftig; rimelig

reassure [,riːə'ʃuə] v berolige

rebate ['riːbeit] n fradrag nt, rabat c

rebellion [ri'beljən] n opstand c, oprør nt

recall [ri'kɔːl] v erindre, mindes; tilbagekalde; annullere

receipt [ri'siːt] n kvittering c, modtagelsesbevis nt; modtagelse c

receive [ri'siːv] v *få, *modtage

receiver [ri'siːvə] n telefonrør nt

recent ['riːsənt] adj nylig

recently ['riːsəntli] adv for nylig, forleden

reception [ri'sepʃən] n modtagelse c; ~ office reception c

receptionist [ri'sepʃənist] n receptionsdame c

recession [ri'seʃən] n afmatning c

recipe ['resipi] n opskrift c

recital [ri'saitəl] n solistkoncert c

reckon ['rekən] v regne; regne for; regne med

recognition [,rekəg'niʃən] n anerkendelse c

recognize ['rekəgnaiz] v genkende; anerkende

recollect [,rekə'lekt] v mindes

recommence [,ri:kə'mens] v begynde forfra

recommend [,rekə'mend] v anbefale; tilråde

recommendation [,rekəmen'deiʃən] n anbefaling c

reconciliation [,rekənsili'eiʃən] n forsoning c

record¹ ['rekɔ:d] n grammofonplade c; rekord c; protokol c; **long-playing** ~ LP plade

record² [ri'kɔ:d] v optegne

recorder [ri'kɔ:də] n båndoptager c

recording [ri'kɔ:diŋ] n optagelse c

record-player ['rekɔ:d,pleiə] n grammofon c, pladespiller c

recover [ri'kʌvə] v *genfinde; *blive rask, *komme sig

recovery [ri'kʌvəri] n helbredelse c, bedring c

recreation [,rekri'eiʃən] n afslapning c, rekreation c; ~ **centre** fritidscenter nt; ~ **ground** legeplads c

recruit [ri'kru:t] n rekrut c

rectangle ['rektæŋgəl] n rektangel nt

rectangular [rek'tæŋgjulə] adj rektangulær

rector ['rektə] n præst c

rectory ['rektəri] n præstegård c

rectum ['rektəm] n endetarm c

red [red] adj rød

redeem [ri'di:m] v frelse

reduce [ri'dju:s] v *nedsætte, formindske, reducere

reduction [ri'dʌkʃən] n nedsættelse c; reduktion c

redundant [ri'dʌndənt] adj overflødig

reed [ri:d] n siv nt

reef [ri:f] n rev nt

reference ['refrəns] n reference c,

henvisning c; forbindelse c; **with** ~ **to** i henhold til

refer to [ri'fə:] henvise til

refill ['ri:fil] n refill c

refinery [ri'fainəri] n raffinaderi nt

reflect [ri'flekt] v reflektere

reflection [ri'flekʃən] n refleks c; spejlbillede c

reflector [ri'flektə] n reflektor c

reformation [,refə'meiʃən] n reformationen

refresh [ri'freʃ] v forfriske

refreshment [ri'freʃmənt] n forfriskning c

refrigerator [ri'fridʒəreitə] n køleskab nt, isskab nt

refund¹ [ri'fʌnd] v refundere

refund² ['ri:fʌnd] n refundering c

refusal [ri'fju:zəl] n afslag nt

refuse¹ [ri'fju:z] v *afslå

refuse² ['refju:s] n affald nt

regard [ri'gɑ:d] v *anse; betragte; n agtelse c; **as regards** hvad angår, angående

regarding [ri'gɑ:diŋ] prep med hensyn til; angående

regatta [ri'gætə] n regatta c

régime [rei'ʒi:m] n regime nt

region ['ri:dʒən] n region c; område nt

regional ['ri:dʒənəl] adj regional

register ['redʒistə] v *indskrive sig; anbefale; **registered letter** anbefalet brev

registration [,redʒi'streiʃən] n indmeldelse c; ~ **form** indmeldelsesblanket c; ~ **number** registreringsnummer nt; ~ **plate** nummerplade c

regret [ri'gret] v beklage; n beklagelse c

regular ['regjulə] adj regelmæssig; normal

regulate ['regjuleit] v regulere

regulation [,regju'leiʃən] n regel c, reglement nt; regulering c

rehabilitation [,ri:hə,bili'teiʃən] n revalidering c

rehearsal [ri'hə:səl] n prøve c

rehearse [ri'hə:s] v *holde prøve på

reign [rein] n regeringstid c; v regere

reimburse [,ri:im'bə:s] v betale tilbage, *godtgøre

reindeer ['reindiə] n (pl ~) rensdyr nt

reject [ri'dʒekt] v afvise, kassere; forkaste

relate [ri'leit] v *fortælle

related [ri'leitid] adj beslægtet

relation [ri'leiʃən] n forhold nt, relation c; slægtning c

relative ['relətiv] n slægtning c; adj relativ

relax [ri'læks] v slappe af

relaxation [,rilæk'seiʃən] n afslapning c

reliable [ri'laiəbəl] adj pålidelig

relic ['relik] n relikvie c

relief [ri'li:f] n lindring c, lettelse c; hjælp c; relief nt

relieve [ri'li:v] v lindre; afløse

religion [ri'lidʒən] n religion c

religious [ri'lidʒəs] adj religiøs

rely on [ri'lai] stole på

remain [ri'mein] v *forblive; restere

remainder [ri'meində] n restparti nt, rest c

remaining [ri'meiniŋ] adj resterende

remark [ri'ma:k] n bemærkning c; v bemærke

remarkable [ri'ma:kəbəl] adj bemærkelsesværdig

remedy ['remədi] n lægemiddel nt; middel nt

remember [ri'membə] v huske

remembrance [ri'membrəns] n erindring c, minde nt

remind [ri'maind] v minde om

remnant ['remnənt] n levning c, rest c

remote [ri'mout] adj fjern, afsides

removal [ri'mu:vəl] n fjernelse c

remove [ri'mu:v] v fjerne

remunerate [ri'mju:nəreit] v honorere

remuneration [ri,mju:nə'reiʃən] n vederlag nt

renew [ri'nju:] v forny; forlænge

rent [rent] v leje; n leje c

repair [ri'peə] v reparere; n reparation c

reparation [,repə'reiʃən] n reparation c

*repay [ri'pei] v tilbagebetale

repayment [ri'peimənt] n tilbagebetaling c

repeat [ri'pi:t] v *gentage

repellent [ri'pelənt] adj modbydelig, frastødende

repentance [ri'pentəns] n anger c

repertory ['repətori] n repertoire nt

repetition [,repə'tiʃən] n gentagelse c

replace [ri'pleis] v erstatte

reply [ri'plai] v svare; n svar nt; in ~ som svar

report [ri'po:t] v berette, rapportere; melde; melde sig; n fremstilling c, rapport c, referat nt

reporter [ri'po:tə] n journalist c

represent [,repri'zent] v repræsentere; forestille

representation [,reprizen'teiʃən] n repræsentation c

representative [,repri'zentətiv] adj repræsentativ

reprimand ['reprima:nd] v *irettesætte, tilrettevise

reproach [ri'proutʃ] n bebrejdelse c; v bebrejde

reproduce [,ri:prə'dju:s] v reproducere

reproduction [,ri:prə'dʌkʃən] n reproduktion c

reptile ['reptail] n krybdyr nt

republic [ri'pʌblik] n republik c

republican [ri'pʌblikən] adj republi-
kansk

repulsive [ri'pʌlsiv] adj frastødende

reputation [,repju'teiʃən] n rygte nt,
renommé nt; anseelse c

request [ri'kwest] n anmodning c; v
anmode

require [ri'kwaiə] v kræve

requirement [ri'kwaiəmənt] n krav nt

requisite ['rekwizit] adj påkrævet

rescue ['reskju:] v redde; n redning c

research [ri'sə:tʃ] n forskning c

resemblance [ri'zembləns] n lighed c

resemble [ri'zembəl] v ligne

resent [ri'zent] v *tage ilde op

reservation [,rezə'veiʃən] n reserva-
tion c

reserve [ri'zə:v] v reservere; bestille;
n reserve c

reserved [ri'zə:vd] adj reserveret

reservoir ['rezəvwa:] n reservoir nt

reside [ri'zaid] v bo

residence ['rezidəns] n bopæl c; ~
permit opholdstilladelse c

resident ['rezidənt] n fastboende c;
adj bosiddende; intern

resign [ri'zain] v *fratræde

resignation [,rezig'neiʃən] n fratrædel-
se c, afgang c

resin ['rezin] n harpiks c

resist [ri'zist] v *gøre modstand mod

resistance [ri'zistəns] n modstand c

resolute ['rezəlu:t] adj resolut, be-
slutsom

respect [ri'spekt] n respekt c; ærbø-
dighed c, ærefrygt c, agtelse c; v
respektere

respectable [ri'spektəbəl] adj agtvær-
dig, respektabel

respectful [ri'spektfəl] adj ærbødig

respective [ri'spektiv] adj respektiv

respiration [,respə'reiʃən] n vejrtræk-
ning c

respite ['respait] n henstand c

responsibility [ri,sponsə'biləti] n an-
svar nt

responsible [ri'sponsəbəl] adj ansvar-
lig

rest [rest] n hvile c; rest c; v hvile ud,
hvile, hvile sig

restaurant ['restərɔ̃:] n restaurant c

restful ['restfəl] adj fredelig

rest-home ['resthoum] n hvilehjem nt

restless ['restləs] adj rastløs; urolig

restrain [ri'strein] v styre, tøjle, *hol-
de tilbage

restriction [ri'strikʃən] n indskrænk-
ning c

result [ri'zʌlt] n resultat nt; følge c;
udfald nt; v resultere

resume [ri'zju:m] v *genoptage

résumé ['rezjumei] n sammendrag nt

retail ['ri:teil] v *sælge en detail; ~
trade detailhandel c

retailer ['ri:teilə] n detailhandler c,
detaillist c; videreforhandler c

retina ['retinə] n nethinde c

retire [ri'taiə] v *trække sig tilbage

retired [ri'taiəd] adj pensioneret

return [ri'tə:n] v vende tilbage,
*komme tilbage; n tilbagekomst c;
~ flight tilbageflyvning c; ~ jour-
ney hjemrejse c, tilbagerejse c

reunite [,ri:ju:'nait] v genforene

reveal [ri'vi:l] v åbenbare, afsløre

revelation [,revə'leiʃən] n afsløring c

revenge [ri'vendʒ] n hævn c

revenue ['revənju:] n indtægt c, ind-
komst c

reverse [ri'və:s] n modsætning c;
bagside c; bakgear nt; modgang c,
omsving c; adj omvendt; v bakke

review [ri'vju:] n anmeldelse c; tids-
skrift nt

revise [ri'vaiz] v revidere

revision [ri'viʒən] n revision c

revival [ri'vaivəl] n genopblomstring c

revolt [ri'voult] v *gøre oprør; n opstand c, oprør nt

revolting [ri'voultiŋ] adj modbydelig, ækel, oprørende

revolution [ˌrevə'lu:ʃən] n revolution c; omdrejning c

revolutionary [ˌrevə'lu:ʃənəri] adj revolutionær

revolver [ri'vɔlvə] n revolver c

revue [ri'vju:] n revy c

reward [ri'wɔ:d] n dusør c, belønning c; v belønne

rheumatism ['ru:mətizəm] n reumatisme c

rhinoceros [rai'nɔsərəs] n (pl ~, ~es) næsehorn nt

rhubarb ['ru:ba:b] n rabarber c

rhyme [raim] n rim nt

rhythm ['riðəm] n rytme c

rib [rib] n ribben nt

ribbon ['ribən] n bånd nt

rice [rais] n ris c

rich [ritʃ] adj rig

riches ['ritʃiz] pl rigdom c

riddle ['ridəl] n gåde c

ride [raid] n tur c

*ride [raid] v køre; *ride

rider ['raidə] n rytter c

ridge [ridʒ] n højderyg c

ridicule ['ridikju:l] v *latterliggøre, *gøre til grin

ridiculous [ri'dikjuləs] adj latterlig

riding ['raidiŋ] n ridning c

riding-school ['raidiŋsku:l] n rideskole c

rifle ['raifəl] v gevær nt

right [rait] n ret c, rettighed c; adj korrekt, rigtig; ret; højre; retfærdig; all right! godt!; * be ~ *have ret; ~ of way forkørselsret c

righteous ['raitʃəs] adj retskaffen

right-hand ['raithænd] adj på højre hånd, højre

rightly ['raitli] adv med rette

rim [rim] n fælg c; kant c

ring [riŋ] n ring c; kreds c; manege c

*ring [riŋ] v ringe; ~ up ringe op

rinse [rins] v skylle; n skylning c

riot ['raiət] n tumult c

rip [rip] v flænge

ripe [raip] adj moden

rise [raiz] n forhøjelse c, lønstigning c; forhøjning c; stigning c; opsving nt

*rise [raiz] v rejse sig; *stå op; *stige

rising ['raiziŋ] n rejsning c

risk [risk] n risiko c; fare c; v risikere

risky ['riski] adj risikabel, vovet

rival ['raivəl] n rival c; konkurrent c; v rivalisere

rivalry ['raivəlri] n rivalisering c; konkurrence c

river ['rivə] n flod c; ~ bank flodbred c

riverside ['rivəsaid] n flodbred c

roach [routʃ] n (pl ~) skalle c

road [roud] n gade c, vej c; ~ fork korsvej c; ~ map vejkort nt; ~ system vejnet nt; ~ up vejarbejde nt

roadhouse ['roudhaus] n landevejskro c

roadside ['roudsaid] n vejkant c; ~ restaurant landevejskro c

roadway ['roudwei] nAm kørebane c

roam [roum] v strejfe om

roar [rɔ:] v brøle, hyle; n drøn nt, brøl nt

roast [roust] v stege, riste

rob [rɔb] v røve

robber ['rɔbə] n røver c

robbery ['rɔbəri] n røveri nt, tyveri nt

robe [roub] n selskabskjole c; kappe c

robin ['rɔbin] n rødkælk c

robust [rou'bʌst] adj robust

rock [rɔk] n klippe c; v gynge

rocket ['rɔkit] n raket c

rocky ['rɔki] adj klipperig

rod [rɔd] n stang c

roe [rou] n rogn c

roll [roul] v rulle; n rulle c; rundstykke nt

roller-skating ['roulə‚skeitiŋ] n rulleskøjteløb nt

Roman Catholic ['roumən 'kæθəlik] romersk-katolsk

romance [rə'mæns] n romance c

romantic [rə'mæntik] adj romantisk

roof [ru:f] n tag nt; thatched ~ stråtag nt

room [ru:m] n rum nt, værelse nt; plads c; ~ and board kost og logi; ~ service værelsesbetjening c; ~ temperature stuetemperatur c

roomy ['ru:mi] adj rummelig

root [ru:t] n rod c

rope [roup] n reb nt

rosary ['rouzəri] n rosenkrans c

rose [rouz] n rose c; adj rosa

rotten ['rɔtən] adj rådden

rouge [ru:ʒ] n rouge c

rough [rʌf] adj ujævn

roulette [ru:'let] n roulet c

round [raund] adj rund; prep om, omkring; n runde c; ~ trip Am tur-retur

roundabout ['raundəbaut] n rundkørsel c

rounded ['raundid] adj afrundet

route [ru:t] n rute c

routine [ru:'ti:n] n rutine c

row[1] [rou] n række c; v ro

row[2] [rau] n skænderi nt

rowdy ['raudi] adj bølleagtig

rowing-boat ['rouiŋbout] n robåd c

royal ['rɔiəl] adj kongelig

rub [rʌb] v *gnide

rubber ['rʌbə] n gummi c; viskelæder nt; ~ band elastik c

rubbish ['rʌbiʃ] n affald nt; vrøvl nt, sludder nt; talk ~ vrøvle

rubbish-bin ['rʌbiʃbin] n skraldespand c

ruby ['ru:bi] n rubin c

rucksack ['rʌksæk] n rygsæk c

rudder ['rʌdə] n ror nt

rude [ru:d] adj uforskammet

rug [rʌg] n tæppe nt

ruin ['ru:in] v ruinere; n undergang c; ruin c

ruination [‚ru:i'neiʃən] n ødelæggelse c

rule [ru:l] n regel c; styre nt, herredømme nt; v herske, regere; as a ~ som regel, sædvanligvis

ruler ['ru:lə] n hersker c, fyrste c; lineal c

Rumania [ru:'meiniə] Rumænien

Rumanian [ru:'meiniən] adj rumænsk; n rumæner c

rumour ['ru:mə] n rygte nt

*run [rʌn] v *løbe; ~ into møde tilfældigt

runaway ['rʌnəwei] n flygtning c

rung [rʌŋ] v (pp ring)

runway ['rʌnwei] n startbane c

rural ['ruərəl] adj landlig

ruse [ru:z] n list c

rush [rʌʃ] v styrte, *fare; n siv nt

rush-hour ['rʌʃauə] n myldretid c

Russia ['rʌʃə] Rusland

Russian ['rʌʃən] adj russisk; n russer c

rust [rʌst] n rust c

rustic ['rʌstik] adj landlig

rusty ['rʌsti] adj rusten

S

saccharin ['sækərin] n sakkarin nt

sack [sæk] n sæk c

sacred ['seikrid] adj hellig

sacrifice ['sækrifais] n offer nt; v ofre

sacrilege ['sækrilidʒ] n helligbrøde c

sad [sæd] *adj* trist; vemodig, bedrøvet

saddle ['sædəl] *n* sadel *c*

sadness ['sædnəs] *n* bedrøvelse *c*

safe [seif] *adj* sikker; uskadt; *n* boks *c*, pengeskab *nt*

safety ['seifti] *n* sikkerhed *c*

safety-belt ['seiftibelt] *n* sikkerhedssele *c*

safety-pin ['seiftipin] *n* sikkerhedsnål *c*

safety-razor ['seifti‚reizə] *n* barbermaskine *c*

sail [seil] *v* besejle, sejle; *n* sejl *nt*

sailing-boat ['seiliŋbout] *n* sejlbåd *c*

sailor ['seilə] *n* sømand *c*

saint [seint] *n* helgen *c*

salad ['sæləd] *n* salat *c*

salad-oil ['sælədɔil] *n* madolie *c*

salary ['sæləri] *n* løn *c*

sale [seil] *n* salg *nt*; **clearance ~** udsalg *nt*; **for ~** til salg; **sales** udsalg *nt*; **sales tax** omsætningsafgift

saleable ['seiləbəl] *adj* salgbar

salesgirl ['seilzgə:l] *n* ekspeditrice *c*

salesman ['seilzmən] *n* (pl -men) ekspedient *c*

salmon ['sæmən] *n* (pl ~) laks *c*

salon ['sælɔ̃:] *n* salon *c*

saloon [sə'lu:n] *n* bar *c*

salt [sɔ:lt] *n* salt *nt*

salt-cellar ['sɔ:lt‚selə] *n* saltkar *nt*

salty ['sɔ:lti] *adj* salt

salute [sə'lu:t] *v* hilse

salve [sɑ:v] *n* salve *c*

same [seim] *adj* samme

sample ['sɑ:mpəl] *n* vareprøve *c*

sanatorium [‚sænə'tɔ:riəm] *n* (pl ~s, -ria) sanatorium *nt*

sand [sænd] *n* sand *nt*

sandal ['sændəl] *n* sandal *c*

sandpaper ['sænd‚peipə] *n* sandpapir *nt*

sandwich ['sænwidʒ] *n* sandwich *c*; et stykke smørrebrød

sandy ['sændi] *adj* sandet

sanitary ['sænitəri] *adj* sanitær; **~ towel** hygiejnebind *nt*

sapphire ['sæfaiə] *n* safir *c*

sardine [sɑ:'di:n] *n* sardin *c*

satchel ['sætʃəl] *n* skoletaske *c*

satellite ['sætəlait] *n* satellit *c*

satin ['sætin] *n* atlask *nt*

satisfaction [‚sætis'fækʃən] *n* tilfredsstillelse *c*, tilfredshed *c*

satisfy ['sætisfai] *v* tilfredsstille; **satisfied** tilfreds

Saturday ['sætədi] lørdag *c*

sauce [sɔ:s] *n* sovs *c*

saucepan ['sɔ:spən] *n* kasserolle *c*

saucer ['sɔ:sə] *n* underkop *c*

Saudi Arabia [‚saudiə'reibiə] Saudi-Arabien

Saudi Arabian [‚saudiə'reibiən] *adj* saudiarabisk

sauna ['sɔ:nə] *n* sauna *c*

sausage ['sɔsidʒ] *n* pølse *c*

savage ['sævidʒ] *adj* vild

save [seiv] *v* redde; spare

savings ['seiviŋz] *pl* sparepenge *pl*; **~ bank** sparekasse *c*

saviour ['seivjə] *n* redningsmand *c*

savoury ['seivəri] *adj* velsmagende; pikant

saw[1] [sɔ:] *v* (p see)

saw[2] [sɔ:] *n* sav *c*

sawdust ['sɔ:dʌst] *n* savsmuld *nt*

saw-mill ['sɔ:mil] *n* savværk *nt*

***say** [sei] *v* *sige

scaffolding ['skæfəldiŋ] *n* stillads *nt*

scale [skeil] *n* målestok *c*; skala *c*; skæl *nt*; **scales** *pl* vægt *c*

scandal ['skændəl] *n* skandale *c*

Scandinavia [‚skændi'neiviə] Skandinavien

Scandinavian [‚skændi'neiviən] *adj* skandinavisk; *n* skandinav *c*

scapegoat ['skeipgout] *n* syndebuk *c*

scar [ska:] n ar nt
scarce [skeəs] adj knap
scarcely ['skeəsli] adv næppe
scarcity ['skeəsəti] n knaphed c
scare [skeə] v skræmme; n skræk c
scarf [ska:f] n (pl ~s, scarves) halstørklæde n
scarlet ['ska:lət] adj skarlagen
scary ['skeəri] adj foruroligende
scatter ['skætə] v sprede
scene [si:n] n scene c
scenery ['si:nəri] n landskab nt
scenic ['si:nik] adj naturskøn
scent [sent] n duft c
schedule ['ʃedju:l] n køreplan c, timeplan c
scheme [ski:m] n skema nt; plan c
scholar ['skɔlə] n lærd c; elev c
scholarship ['skɔləʃip] n stipendium nt
school [sku:l] n skole c
schoolboy ['sku:lbɔi] n skoledreng c
schoolgirl ['sku:lgə:l] n skolepige c
schoolmaster ['sku:l,ma:stə] n skolelærer c
schoolteacher ['sku:l,ti:tʃə] n lærer c
science ['saiəns] n videnskab c
scientific [,saiən'tifik] adj videnskabelig
scientist ['saiəntist] n videnskabsmand c
scissors ['sizəz] pl saks c
scold [skould] v skælde ud
scooter ['sku:tə] n scooter c; løbehjul nt
score [skɔ:] n pointantal nt; v score
scorn [skɔ:n] n hån c, foragt c; v foragte
Scot [skɔt] n skotte c
Scotch [skɔtʃ] adj skotsk
Scotland ['skɔtlənd] Skotland
Scottish ['skɔtiʃ] adj skotsk
scout [skaut] n spejder c
scrap [skræp] n stump c

scrap-book ['skræpbuk] n scrapbog c
scrape [skreip] v skrabe
scrap-iron ['skræpaiən] n skrot nt
scratch [skrætʃ] v kradse, skramme; n skramme c, rift c
scream [skri:m] v *skrige; n skrig nt
screen [skri:n] n skærm c, filmlærred nt
screw [skru:] n skrue c; v skrue
screw-driver ['skru:,draivə] n skruetrækker c
scrub [skrʌb] v skrubbe; n krat nt
sculptor ['skʌlptə] n billedhugger c
sculpture ['skʌlptʃə] n skulptur c
sea [si:] n hav nt
sea-bird ['si:bə:d] n havfugl c
sea-coast ['si:koust] n kyst c
seagull ['si:gʌl] n stormmåge c, havmåge c
seal [si:l] n segl nt; sæl c
seam [si:m] n søm c
seaman ['si:mən] n (pl -men) sømand c
seamless ['si:mləs] adj sømløs
seaport ['si:pɔ:t] n havn c
search [sə:tʃ] v søge; visitere, gennemsøge, endevende; n eftersøgning c
searchlight ['sə:tʃlait] n projektør c
seascape ['si:skeip] n marinebillede nt
sea-shell ['si:ʃel] n muslingeskal c
seashore ['si:ʃɔ:] n strand c
seasick ['si:sik] adj søsyg
seasickness ['si:,siknəs] n søsyge c
seaside ['si:said] n kyst c; ~ resort badested nt
season ['si:zən] n sæson c, årstid c; high ~ højsæson c; low ~ lavsæson c; off ~ uden for sæsonen
season-ticket ['si:zən,tikit] n sæsonkort nt
seat [si:t] n sæde nt; plads c, siddeplads c

seat-belt ['si:tbelt] n sikkerhedsbælte nt

sea-urchin ['si:,ə:tʃin] n søpindsvin nt

sea-water ['si:,wɔ:tə] n havvand nt

second ['sekənd] num anden; n sekund nt; øjeblik nt

secondary ['sekəndəri] adj sekundær, underordnet

second-hand [,sekənd'hænd] adj brugt

secret ['si:krət] n hemmelighed c; adj hemmelig

secretary ['sekrətri] n sekretær c

section ['sekʃən] n sektion c, afdeling c

secure [si'kjuə] adj sikker; v sikre sig

security [si'kjuərəti] n sikkerhed c; kaution c

sedate [si'deit] adj sindig

sedative ['sedətiv] n beroligende middel

seduce [si'dju:s] v forføre

*see [si:] v *se; *indse, *begribe, *forstå; ~ to sørge for

seed [si:d] n frø nt

*seek [si:k] v søge

seem [si:m] v *forekomme, *se ud til, *lade til

seen [si:n] v (pp see)

seesaw ['si:sɔ:] n vippe c

seize [si:z] v *gribe

seldom ['seldəm] adv sjældent

select [si'lekt] v *udvælge; adj udsøgt, udvalgt

selection [si'lekʃən] n udvælgelse c, udvalg nt

self-centred [,self'sentəd] adj selvoptaget

self-employed [,selfim'plɔid] adj selvstændig

self-evident [,sel'fevidənt] adj selvindlysende

self-government [,self'gʌvəmənt] n selvstyre nt

selfish ['selfiʃ] adj selvisk

selfishness ['selfiʃnəs] n egoisme c

self-service [,self'sə:vis] n selvbetjening c; ~ restaurant cafeteria nt

*sell [sel] v *sælge

semblance ['sembləns] n udseende nt, skin nt

semi- ['semi] halv-

semicircle ['semi,sə:kəl] n halvcirkel c

semi-colon [,semi'koulən] n semikolon nt

senate ['senət] n senat nt

senator ['senətə] n senator c

*send [send] v sende; ~ back returnere, sende tilbage; ~ for sende bud efter; ~ off afsende

senile ['si:nail] adj senil

sensation [sen'seiʃən] n sensation c; fornemmelse c, følelse c

sensational [sen'seiʃənəl] adj sensationel, opsigtsvækkende

sense [sens] n sans c; fornuft c; mening c, betydning c; v mærke; ~ of honour æresfølelse c

senseless ['sensləs] adj meningsløs, følelsesløs

sensible ['sensəbəl] adj fornuftig

sensitive ['sensitiv] adj følsom

sentence ['sentəns] n sætning c; dom c; v dømme

sentimental [,senti'mentəl] adj sentimental

separate[1] ['sepəreit] v skille

separate[2] ['sepərət] adj særskilt, adskilt

separately ['sepərətli] adv separat, hver for sig

September [sep'tembə] september

septic ['septik] adj betændt; septisk; *become ~ *blive betændt

sequel ['si:kwəl] n fortsættelse c

sequence ['si:kwəns] n følge c; serie c

serene [sə'ri:n] adj rolig; klar

serial ['siəriəl] n føljeton c

series ['siəri:z] n (pl ~) serie c,række c

serious ['siəriəs] adj seriøs, alvorlig

seriousness ['siəriəsnəs] n alvor c

sermon ['sə:mən] n prædiken c

serum ['siərəm] n serum nt

servant ['sə:vənt] n tjener c

serve [sə:v] v servere

service ['sə:vis] n service c; betjening c; ~ **charge** betjeningsafgift c; ~ **station** servicestation c

serviette [,sə:vi'et] n serviet c

session ['seʃən] n samling c

set [set] n gruppe c, sæt nt

*set [set] v *sætte; ~ **menu** fast menu; ~ **out** *drage af sted

setting ['setiŋ] n ramme c; ~ **lotion** setting lotion

settle ['setəl] v *afgøre, afslutte, ordne; ~ **down** *slå sig ned

settlement ['setəlmənt] n ordning c, overenskomst c, forlig nt

seven ['sevən] num syv

seventeen [,sevən'ti:n] num sytten

seventeenth [,sevən'ti:nθ] num syttende

seventh ['sevənθ] num syvende

seventy ['sevənti] num halvfjerds

several ['sevərəl] adj adskillige, flere

severe [si'viə] adj stærk, streng

*sew [sou] v sy; ~ **up** sy sammen

sewer ['su:ə] n kloak c

sewing-machine ['souiŋməʃi:n] n symaskine c

sex [seks] n køn nt; sex

sexton ['sekstən] n kirketjener c

sexual ['sekʃuəl] adj seksuel

sexuality [,sekʃu'æləti] n seksualitet c

shade [ʃeid] n skygge c; nuance c

shadow ['ʃædou] n skygge c

shady ['ʃeidi] adj skyggefuld

*shake [ʃeik] v ryste

shaky ['ʃeiki] adj vaklende

*shall [ʃæl] v *skulle

shallow ['ʃælou] adj flad; lavvandet

shame [ʃeim] n skam c; **shame!** fy!

shampoo [ʃæm'pu:] n shampoo c

shamrock ['ʃæmrɔk] n trekløver c

shape [ʃeip] n form c; v forme

share [ʃeə] v dele; n andel c; aktie c

shark [ʃɑ:k] n haj c

sharp [ʃɑ:p] adj skarp

sharpen ['ʃɑ:pən] v spidse, *slibe

shave [ʃeiv] v barbere sig

shaver ['ʃeivə] n elshaver c

shaving-brush ['ʃeiviŋbrʌʃ] n barberkost c

shaving-cream ['ʃeiviŋkri:m] n barbercreme c

shaving-soap ['ʃeiviŋsoup] n barbersæbe c

shawl [ʃɔ:l] n sjal nt

she [ʃi:] pron hun

shed [ʃed] n skur nt

*shed [ʃed] v *udgyde; udsprede

sheep [ʃi:p] n (pl ~) får nt

sheer [ʃiə] adj pure, absolut; tynd, gennemsigtig

sheet [ʃi:t] n lagen nt; ark nt; plade c

shelf [ʃelf] n (pl shelves) hylde c

shell [ʃel] n skal c

shellfish ['ʃelfiʃ] n skaldyr nt

shelter ['ʃeltə] n ly nt, tilflugtssted nt; v skærme

shepherd ['ʃepəd] n hyrde c

shift [ʃift] n skift nt; v skifte

*shine [ʃain] v skinne, stråle

ship [ʃip] n skib nt; v afskibe; **shipping line** skibsrute c

shipowner ['ʃi,pounə] n skibsreder c

shipyard ['ʃipjɑ:d] n skibsværft nt

shirt [ʃə:t] n skjorte c

shiver ['ʃivə] v ryste, skælve; n kuldegysning c

shock [ʃɔk] n chok nt; v chokere; ~ **absorber** støddæmper c

shocking ['ʃɔkiŋ] adj chokerende

shoe [ʃu:] n sko c; **gym shoes** gymnastiksko pl; ~ **polish** skocreme c shoe-lace ['ʃu:leis] n snørebånd nt

shoemaker ['ʃu:,meikə] n skomager c

shoe-shop ['ʃu:ʃɔp] n skoforretning c

shook [ʃuk] v (p shake)

*shoot [ʃu:t] v *skyde

shop [ʃɔp] n butik c; v handle; ~ assistant ekspedient c; shopping bag indkøbstaske c; shopping centre forretningscenter nt

shopkeeper ['ʃɔp,ki:pə] n butiksindehaver c

shop-window [,ʃɔp'windou] n udstillingsvindue nt

shore [ʃɔ:] n bred c, strand c

short [ʃɔ:t] adj kort; lille; ~ circuit kortslutning c

shortage ['ʃɔ:tidʒ] n knaphed c, mangel c

shortcoming ['ʃɔ:t,kʌmiŋ] n utilstrækkelighed c

shorten ['ʃɔ:tən] v forkorte

shorthand ['ʃɔ:thænd] n stenografi c

shortly ['ʃɔ:tli] adv snart, inden længe

shorts [ʃɔ:ts] pl shorts pl; plAm underbukser pl

short-sighted [,ʃɔ:t'saitid] adj nærsynet

shot [ʃɔt] n skud nt; indsprøjtning c; filmoptagelse c

*should [ʃud] v *skulle

shoulder ['ʃouldə] n skulder c

shout [ʃaut] v skråle, råbe; n skrål nt

shovel ['ʃʌvəl] n skovl c

show [ʃou] n opførelse c, forestilling c; udstilling c

*show [ʃou] v vise; udstille, forevise, fremvise; bevise

show-case ['ʃoukeis] n montre c

shower [ʃauə] n styrtebad nt; regnbyge c, byge c

showroom ['ʃouru:m] n udstillingslokale nt

shriek [ʃri:k] v hvine; n hvin nt

shrimp [ʃrimp] n reje c

shrine [ʃrain] n helgenskrin nt, helligdom c

*shrink [ʃriŋk] v *krybe

shrinkproof ['ʃriŋkpru:f] adj krympefri

shrub [ʃrʌb] n buskvækst c

shudder ['ʃʌdə] n gysen c

shuffle ['ʃʌfəl] v blande

*shut [ʃʌt] v lukke; ~ in lukke inde

shutter ['ʃʌtə] n skodde c, jalousi nt

shy [ʃai] adj genert, sky

shyness ['ʃainəs] n generthed c

Siam [sai'æm] Siam

Siamese [,saiə'mi:z] adj siamesisk; n siameser c

sick [sik] adj syg; dårlig

sickness ['siknəs] n sygdom c; kvalme c

side [said] n side c; parti nt; one-sided adj ensidig

sideburns ['saidbə:nz] pl bakkenbarter pl

sidelight ['saidlait] n sidelys nt

side-street ['saidstri:t] n sidegade c

sidewalk ['saidwɔ:k] nAm fortov nt

sideways ['saidweiz] adv sidelæns

siege [si:dʒ] n belejring c

sieve [siv] n si c; v sigte

sift [sift] v si

sight [sait] n syn nt; seværdighed c; v *få øje på

sign [sain] n tegn nt; vink nt, gestus c; v *underskrive, *skrive under, undertegne

signal ['signəl] n signal nt; tegn nt; v signalere

signature ['signətʃə] n underskrift c

significant [sig'nifikənt] adj betydningsfuld

signpost ['sainpoust] n vejviser c

silence ['sailəns] n stilhed c; v *bringe til tavshed

silencer ['sailənsə] n lydpotte c

silent ['sailənt] adj tavs, stille; *be ~
*tie

silk [silk] n silke c

silken ['silkən] adj silke-

silly ['sili] adj dum, fjollet

silver ['silvə] n sølv nt; sølv-

silversmith ['silvəsmiθ] n sølvsmed c

silverware ['silvəwɛə] n sølvtøj pl

similar ['similə] adj lignende

similarity [,simi'lærəti] n lighed c

simple ['simpəl] adj ligetil, enkel; al-
mindelig

simply ['simpli] adv enkelt, simpelt
hen

simulate ['simjuleit] v simulere

simultaneous [,siməl'teiniəs] adj sam-
tidig

sin [sin] n synd c

since [sins] prep siden; adv siden;
conj siden; da

sincere [sin'siə] adj oprigtig

sinew ['sinju:] n sene c

*sing [siŋ] v *synge

singer ['siŋə] n sanger c; sangerinde
c

single ['siŋgəl] adj enkelt; ugift; ~
room enkeltværelse nt

singular ['siŋgjulə] n ental nt; adj
mærkværdig

sinister ['sinistə] adj uheldsvanger

sink [siŋk] n vask c

*sink [siŋk] v *synke

sip [sip] n nip nt

siphon ['saifən] n sifon c

siren ['saiərən] n sirene c

sister ['sistə] n søster c

sister-in-law ['sistərinlɔ:] n (pl sis-
ters-) svigerinde c

*sit [sit] v *sidde; ~ down *sætte
sig

site [sait] n sted nt; beliggenhed c

sitting-room ['sitiŋru:m] n dagligstue
c

situated ['sitʃueitid] adj beliggende

situation [,sitʃu'eiʃən] n situation c;
beliggenhed c, stilling c

six [siks] num seks

sixteen [,siks'ti:n] num seksten

sixteenth [,siks'ti:nθ] num sekstende

sixth [siksθ] num sjette

sixty ['siksti] num tres

size [saiz] n størrelse c, dimension c;
format nt

skate [skeit] v *løbe på skøjter; n
skøjte c

skating ['skeitiŋ] n skøjteløb nt

skating-rink ['skeitiŋriŋk] n skøjteba-
ne c

skeleton ['skelitən] n skelet nt

sketch [sketʃ] n skitse c, tegning c; v
tegne, skitsere

sketch-book ['sketʃbuk] n skitsebog c

ski[1] [ski:] v *stå på ski

ski[2] [ski:] n (pl ~, ~s) ski c; ~
boots skistøvler pl; ~ pants ski-
bukser pl; ~ poles Am skistave pl;
~ sticks skistave pl

skid [skid] v *glide

skier ['ski:ə] n skiløber c

skiing ['ski:iŋ] n skiløb nt

ski-jump ['ski:dʒʌmp] n skihop nt

skilful ['skilfəl] adj ferm, behændig,
dygtig

ski-lift ['ski:lift] n skilift c

skill [skil] n færdighed c, dygtighed c

skilled [skild] adj øvet, dreven; fag-
lært

skin [skin] n hud c, skind nt; skal c;
~ cream hudcreme c

skip [skip] v hoppe; *springe over

skirt [skə:t] n nederdel c

skull [skʌl] n kranium nt

sky [skai] n himmel c

skyscraper ['skai,skreipə] n skyskra-
ber c

slack [slæk] adj træg

slacks [slæks] pl slacks pl

slam [slæm] v smække

slander ['sla:ndə] n bagvaskelse c

slant [sla:nt] v skråne

slanting ['sla:ntiŋ] adj skrå, skrånende

slap [slæp] v *slå; n slag nt

slate [sleit] n skifer c

slave [sleiv] n slave c

sledge [sledʒ] n slæde c, kælk c

sleep [sli:p] n søvn c

*sleep [sli:p] v *sove

sleeping-bag ['sli:piŋbæg] n sovepose c

sleeping-car ['sli:piŋka:] n sovevogn c

sleeping-pill ['sli:piŋpil] n sovepille c

sleepless ['sli:pləs] adj søvnløs

sleepy ['sli:pi] adj søvnig

sleeve [sli:v] n ærme nt; omslag nt

sleigh [slei] n slæde c, kane c

slender ['slendə] adj slank

slice [slais] n skive c

slide [slaid] n rutschebane c; lysbillede nt

*slide [slaid] v *glide

slight [slait] adj ubetydelig; svag

slim [slim] adj slank; v slanke sig

slip [slip] v *glide, *skride; smutte fra; n fejltrin nt; underkjole c

slipper ['slipə] n tøffel c, morgensko c

slippery ['slipəri] adj glat, smattet

slogan ['slougən] n slogan nt, slagord nt

slope [sloup] n skrænt c; v skråne

sloping ['sloupiŋ] adj skrånende

sloppy ['slopi] adj sjusket

slot [slot] n møntindkast nt

slot-machine ['slot,məʃi:n] n automat c

slovenly ['slʌvənli] adj sjusket; usoigneret

slow [slou] adj tungnem, langsom; ~ down *sætte tempoet ned, sagtne farten, *sætte farten ned; bremse

sluice [slu:s] n sluse c

slum [slʌm] n slum c

slump [slʌmp] n prisfald nt

slush [slʌʃ] n sjap nt

sly [slai] adj snu

smack [smæk] v smække; n dask nt

small [smɔ:l] adj lille; ringe

smallpox ['smɔ:lpɔks] n kopper pl

smart [smɑ:t] adj smart, vaks

smell [smel] n lugt c

*smell [smel] v lugte; *stinke

smelly ['smeli] adj ildelugtende

smile [smail] v smile; n smil c

smith [smiθ] n smed c

smoke [smouk] v *ryge; n røg c; no smoking rygning forbudt

smoker ['smoukə] n ryger c; rygekupé c

smoking-compartment ['smoukiŋkəm,pa:tmənt] n rygekupé c

smoking-room ['smoukiŋru:m] n rygeværelse nt

smooth [smu:ð] adj glat, smul; blød

smuggle ['smʌgəl] v smugle

snack [snæk] n bid mad

snack-bar ['snækba:] n snackbar c

snail [sneil] n snegl c

snake [sneik] n slange c

snapshot ['snæpʃot] n snapshot nt, øjebliksbillede nt

sneakers ['sni:kəz] plAm gymnastiksko pl

sneeze [sni:z] v *nyse

sniper ['snaipə] n snigskytte c

snooty ['snu:ti] adj storsnudet

snore [snɔ:] v snorke

snorkel ['snɔ:kəl] n snorkel c

snout [snaut] n snude c

snow [snou] n sne c; v sne

snowstorm ['snoustɔ:m] n snestorm c

snowy ['snoui] adj snedækket

so [sou] conj altså; adv sådan; så, i den grad; and ~ on og så videre; ~ far hidtil; ~ that så at, så

soak [souk] v gennemvæde, gennem-
bløde, udbløde, *lægge i blød

soap [soup] n sæbe c; ~ powder sæ-
bepulver nt

sober ['soubə] adj ædru; besindig

so-called [,sou'kɔ:ld] adj såkaldt

soccer ['sɔkə] n fodbold c; ~ team
fodboldhold nt

social ['souʃəl] adj samfunds-, social

socialism ['souʃəlizəm] n socialisme c

socialist ['souʃəlist] adj socialistisk; n
socialist c

society [sə'saiəti] n samfund nt; sel-
skab nt, forening c

sock [sɔk] n sok c

socket ['sɔkit] n fatning c

soda-water ['soudə,wɔ:tə] n mineral-
vand c

sofa ['soufə] n sofa c

soft [sɔft] adj blød; ~ drink alkohol-
fri drik

soften ['sɔfən] v *blødgøre

soil [sɔil] n jord c; jordbund c

soiled [sɔild] adj tilsølet

sold [sould] v (p, pp sell) ; ~ out ud-
solgt

solder ['sɔldə] v lodde

soldering-iron ['sɔldəriŋaiən] n lodde-
kolbe c

soldier ['souldʒə] n soldat c

sole¹ [soul] adj eneste

sole² [soul] n sål c; søtunge c

solely ['soulli] adv udelukkende

solemn ['sɔləm] adj højtidelig

solicitor [sə'lisitə] n advokat c

solid ['sɔlid] adj solid; massiv; n fast
stof

soluble ['sɔljubəl] adj opløselig

solution [sə'lu:ʃən] n løsning c; opløs-
ning c

solve [sɔlv] v løse

sombre ['sɔmbə] adj skummel

some [sʌm] adj nogle; pron visse,
nogle; noget; ~ day engang; ~

more lidt mere; ~ time engang

somebody ['sʌmbədi] pron nogen

somehow ['sʌmhau] adv på en eller
anden måde

someone ['sʌmwʌn] pron nogen

something ['sʌmθiŋ] pron noget

sometimes ['sʌmtaimz] adv somme
tider

somewhat ['sʌmwɔt] adv noget

somewhere ['sʌmwɛə] adv et eller
andet sted

son [sʌn] n søn c

song [sɔŋ] n sang c

son-in-law ['sʌninlɔ:] n (pl sons-) svi-
gersøn c

soon [su:n] adv inden længe, hurtigt,
snart, snarligt; as ~ as så snart
som

sooner ['su:nə] adv snarere

sore [sɔ:] adj øm; n ømt sted; byld c;
~ throat ondt i halsen

sorrow ['sɔrou] n græmmelse c, be-
drøvelse c, smerte c

sorry ['sɔri] adj ked af det; sorry!
undskyld!

sort [sɔ:t] v ordne, sortere; n slags c;
all sorts of flere slags

soul [soul] n sjæl c; gejst c

sound [saund] n klang c, lyd c; v *ly-
de; adj tilforladelig; sund

soundproof ['saundpru:f] adj lydtæt

soup [su:p] n suppe c

soup-plate ['su:ppleit] n suppetaller-
ken c

soup-spoon ['su:pspu:n] n suppeske c

sour [sauə] adj sur

source [sɔ:s] n udspring nt

south [sauθ] n syd; South Pole syd-
pol c

South Africa [sauθ 'æfrikə] Sydafrika

south-east [,sauθ'i:st] n sydøst

southerly ['sʌðəli] adj sydlig

southern ['sʌðən] adj sydlig

south-west [,sauθ'west] n sydvest

souvenir ['suːvəniə] n souvenir c

Soviet ['souviət] adj sovjetisk; ~ Union Sovjetunionen c

*sow [sou] v så

spa [spaː] n kursted nt

space [speis] n plads c; verdensrum nt; afstand c, mellemrum nt; v *anbringe med mellemrum

spacious ['speiʃəs] adj rummelig

spade [speid] n spade c

Spain [spein] Spanien

Spaniard ['spænjəd] n spanier c

Spanish ['spæniʃ] adj spansk

spanking ['spæŋkiŋ] n endefuld c

spanner ['spænə] n skruenøgle c

spare [spɛə] adj reserve-, ekstra; v undvære; ~ part reservedel c; ~ room gæsteværelse nt; ~ time fritid c; ~ tyre reservedæk nt; ~ wheel reservehjul nt

spark [spaːk] n gnist c

sparking-plug ['spaːkiŋplʌg] n tændrør nt

sparkling ['spaːkliŋ] adj funklende; mousserende

sparrow ['spærou] n spurv c

*speak [spiːk] v tale

spear [spiə] n spyd nt

special ['speʃəl] adj speciel, særlig; ~ delivery ekspres

specialist ['speʃəlist] n specialist c

speciality [ˌspeʃi'æləti] n specialitet c

specialize ['speʃəlaiz] v specialisere sig

specially ['speʃəli] adv i særdeleshed

species ['spiːʃiːz] n (pl ~) art c

specific [spə'sifik] adj specifik

specimen ['spesimən] n eksemplar nt

speck [spek] n plet c

spectacle ['spektəkəl] n skue nt, skuespil nt; spectacles briller pl

spectator [spek'teitə] n seer c, tilskuer c

speculate ['spekjuleit] v spekulere

speech [spiːtʃ] n talens brug; tale c

speechless ['spiːtʃləs] adj mållos

speed [spiːd] n hastighed c; fart c, hurtighed c; cruising ~ marchhastighed c; ~ limit hastighedsgrænse c

*speed [spiːd] v køre hurtigt; køre for hurtigt

speeding ['spiːdiŋ] n overtrædelse af hastighedsgrænse

speedometer [spiː'dɔmitə] n speedometer nt

spell [spel] n fortryllelse c

*spell [spel] v stave

spelling ['speliŋ] n stavemåde c

*spend [spend] v *give ud, bruge, spendere; *tilbringe

sphere [sfiə] n kugle c; område nt

spice [spais] n krydderi nt; spices krydderier

spiced [spaist] adj krydret

spicy ['spaisi] adj krydret

spider ['spaidə] n edderkop c; spider's web spindelvæv nt

*spill [spil] v spilde

*spin [spin] v *spinde; snurre

spinach ['spinidʒ] n spinat c

spine [spain] n rygsøjle c

spinster ['spinstə] n pebermø c

spire [spaiə] n spir nt

spirit ['spirit] n ånd c; spøgelse nt; humør nt; spirits spirituosa pl, stærke drikke; humør nt; ~ stove spritapparat nt

spiritual ['spiritʃuəl] adj åndelig

spit [spit] n spyt nt; spid nt

*spit [spit] v spytte

in spite of [in spait ɔv] trods, til trods for, på trods af

spiteful ['spaitfəl] adj ondskabsfuld

splash [splæʃ] v sprøjte

splendid ['splendid] adj pragtfuld, fremragende

splendour ['splendə] n pragt c

splint [splint] n benskinne c
splinter ['splintə] n splint c
*split [split] v spalte
*spoil [spɔil] v *ødelægge; forkæle
spoke¹ [spouk] v (p speak)
spoke² [spouk] n ege c
sponge [spʌndʒ] n svamp c
spook [spu:k] n spøgelse nt
spool [spu:l] n spole c
spoon [spu:n] n ske c
spoonful ['spu:nful] n skefuld c
sport [spɔ:t] n sport c
sports-car ['spɔ:tska:] n sportsvogn c
sports-jacket ['spɔ:tsˌdʒækit] n sports-jakke c
sportsman ['spɔ:tsmən] n (pl -men) sportsmand c
sportswear ['spɔ:tsweə] n sportstøj pl
spot [spɔt] n plet c; sted nt
spotless ['spɔtləs] adj pletfri
spotlight ['spɔtlait] n projektør c
spotted ['spɔtid] adj plettet
spout [spaut] n sprøjt nt
sprain [sprein] v forstuve; n forstuvning c
*spread [spred] v brede, brede ud
spring [spriŋ] n forår nt; fjeder c; kilde c
springtime ['spriŋtaim] n forår nt
sprouts [sprauts] pl rosenkål c
spy [spai] n spion c, agent c; ~ on udspionere
square [skweə] adj kvadratisk; n kvadrat nt; plads c, torv nt
squirrel ['skwirəl] n egern nt
squirt [skwə:t] n sprøjt nt
stable ['steibəl] adj stabil; n stald c
stack [stæk] n stabel c
stadium ['steidiəm] n stadion nt
staff [sta:f] n personale nt
stage [steidʒ] n scene c; stadium nt, fase c; etape c
stain [stein] v plette; n plet c; stained glass kulørt glas; ~ remover plet-

fjerner c
stainless ['steinləs] adj pletfri; ~ steel rustfrit stål
staircase ['steəkeis] n trappe c
stairs [steəz] pl trappe c
stale [steil] adj gammel
stall [stɔ:l] n bod c; parketplads c
stamina ['stæminə] n udholdenhed c
stamp [stæmp] n frimærke nt; stempel nt; v frankere; stampe; ~ machine frimærkeautomat c
stand [stænd] n stade nt; tribune c
*stand [stænd] v *stå; *udholde
standard ['stændəd] n måleenhed c, norm c; standard-; ~ of living levestandard c
stanza ['stænzə] n strofe c
staple ['steipəl] n hæfteklamme c
star [sta:] n stjerne c
starboard ['sta:bəd] n styrbord nt
starch [sta:tʃ] n stivelse c; v stive
stare [steə] v stirre
starling ['sta:liŋ] n stær c
start [sta:t] v starte; n start c; starter motor startmotor c
starting-point ['sta:tiŋpoint] n udgangspunkt nt
state [steit] n stat c; tilstand c; v erklære
the States [ðə steits] Forenede Stater
statement ['steitmənt] n erklæring c
statesman ['steitsmən] n (pl -men) statsmand c
station ['steiʃən] n station c; position c
stationary ['steiʃənəri] adj stationær
stationer's ['steiʃənəz] n papirhandel c
stationery ['steiʃənəri] n papirvarer pl
station-master ['steiʃənˌma:stə] n stationsforstander c
statistics [stə'tistiks] pl statistik c
statue ['stætʃu:] n statue c
stay [stei] v *forblive, *blive; *ophol-

de sig, bo; n ophold nt

steadfast ['stedfɑːst] adj standhaftig

steady ['stedi] adj stød

steak [steik] n bøf c

*steal [stiːl] v *stjæle; liste

steam [stiːm] n damp c

steamer ['stiːmə] n dampskib nt

steel [stiːl] n stål nt

steep [stiːp] adj brat, stejl

steeple ['stiːpəl] n kirketårn nt

steering-column ['stiəriŋˌkɔləm] n ratstamme c

steering-wheel ['stiəriŋwiːl] n rat nt

steersman ['stiəzmən] n (pl -men) rorgænger c

stem [stem] n stilk c

stenographer [ste'nɔgrəfə] n stenograf c

step [step] n skridt nt, trin nt; v *træde

stepchild ['steptʃaild] n (pl -children) stedbarn nt

stepfather ['stepˌfɑːðə] n stedfar c

stepmother ['stepˌmʌðə] n stedmor c

sterile ['sterail] adj steril

sterilize ['sterilaiz] v sterilisere

steward ['stjuːəd] n hovmester c

stewardess ['stjuːədes] n stewardesse c

stick [stik] n kæp c

*stick [stik] v klistre, klæbe

sticky ['stiki] adj klæbrig

stiff [stif] adj stiv

still [stil] adv endnu; dog; adj stille

stillness ['stilnəs] n stilhed c

stimulant ['stimjulənt] n stimulans c

stimulate ['stimjuleit] v stimulere

sting [stiŋ] n stik nt

*sting [stiŋ] v *stikke

stingy ['stindʒi] adj smålig

*stink [stiŋk] v *stinke

stipulate ['stipjuleit] v *fastsætte, stipulere

stipulation [ˌstipjuˈleiʃən] n bestem-

melse c

stir [stəː] v røre sig; røre

stirrup ['stirəp] n stigbøjle c

stitch [stitʃ] n sting nt

stock [stɔk] n lager nt; v *have på lager; ~ exchange fondsbørs c, børs c; ~ market aktiemarked nt; stocks and shares værdipapirer pl

stocking ['stɔkiŋ] n strømpe c

stole¹ [stoul] v (p steal)

stole² [stoul] n stola c

stomach ['stʌmək] n mave c

stomach-ache ['stʌməkeik] n mavesmerter pl, mavepine c

stone [stoun] n sten c; ædelsten c; sten-; pumice ~ pimpsten c

stood [stud] v (p, pp stand)

stop [stɔp] v stoppe; indstille, ophøre med; n stoppested nt; stop! stop!

stopper ['stɔpə] n prop c

storage ['stɔːridʒ] n oplagring c

store [stɔː] n lager nt; forretning c; v oplagre

store-house ['stɔːhaus] n pakhus nt

storey ['stɔːri] n etage c, sal c

stork [stɔːk] n stork c

storm [stɔːm] n uvejr nt

stormy ['stɔːmi] adj stormfuld; urolig

story ['stɔːri] n historie c

stout [staut] adj svær, korpulent, kraftig

stove [stouv] n ovn c; komfur nt

straight [streit] adj lige; ærlig; adv direkte; ~ ahead ligeud; ~ away straks, med det samme; ~ on ligeud

strain [strein] n anstrengelse c; anspændelse c; v forcere; si

strainer ['streinə] n dørslag nt

strange [streindʒ] adj fremmed; mærkværdig

stranger ['streindʒə] n fremmed c; ukendt person

strangle ['stræŋgəl] v *kvæle

strap [stræp] n rem c

straw [strɔː] n strå nt; sugerør nt

strawberry ['strɔːbəri] n jordbær nt

stream [striːm] n strøm c, bæk c; vandløb nt; v strømme

street [striːt] n gade c

streetcar ['striːtkɑː] nAm sporvogn c

street-organ ['striːˌtɔːgən] n lirekasse c

strength [streŋθ] n styrke c

stress [stres] n stress nt; betoning c; v markere, betone

stretch [stretʃ] v *strække; n strækning c

strict [strikt] adj striks; streng

strife [straif] n strid c

strike [straik] n strejke c

*strike [straik] v *slå; ramme; strejke; *stryge

striking ['straikiŋ] adj slående, påfaldende

string [striŋ] n snor c; streng c

strip [strip] n strimmel c

stripe [straip] n stribe c

striped [straipt] adj stribet

stroke [strouk] n slagtilfælde nt

stroll [stroul] v slentre; n slentretur c

strong [strɔŋ] adj stærk; kraftig

stronghold ['strɔŋhould] n borg c

structure ['strʌktʃə] n struktur c

struggle ['strʌgəl] n strid c, kamp c; v *slås, kæmpe

stub [stʌb] n talon c

stubborn ['stʌbən] adj stædig

student ['stjuːdənt] n student c

study ['stʌdi] v studere; n studium nt; arbejdsværelse c

stuff [stʌf] n materiale nt; sager pl

stuffed [stʌft] adj farseret; udstoppet

stuffing ['stʌfiŋ] n fyld nt

stuffy ['stʌfi] adj trykkende

stumble ['stʌmbəl] v snuble

stung [stʌŋ] v (p, pp sting)

stupid ['stjuːpid] adj dum

style [stail] n stil c

subject[1] ['sʌbdʒikt] n subjekt nt, emne nt; statsborger c; ~ to disponeret for

subject[2] [səbˈdʒekt] v underkaste

submit [səbˈmit] v underkaste sig

subordinate [səˈbɔːdinət] adj underordnet; sekundær

subscriber [səbˈskraibə] n abonnent c

subscription [səbˈskripʃən] n abonnement nt

subsequent ['sʌbsikwənt] adj følgende

subsidy ['sʌbsidi] n tilskud nt

substance ['sʌbstəns] n substans c

substantial [səbˈstænʃəl] adj faktisk; virkelig; anselig

substitute ['sʌbstitjuːt] v erstatte; n erstatning c; stedfortræder c

subtitle ['sʌbˌtaitəl] n undertitel c

subtle ['sʌtəl] adj subtil

subtract [səbˈtrækt] v *fratrække, *trække fra

suburb ['sʌbəːb] n forstad c

suburban [səˈbəːbən] adj forstads-

subway ['sʌbwei] nAm undergrundsbane c

succeed [səkˈsiːd] v lykkes; *efterfølge

success [səkˈses] n succes c

successful [səkˈsesfəl] adj vellykket

succumb [səˈkʌm] v bukke under

such [sʌtʃ] adj sådan; adv sådan; ~ as sådan som

suck [sʌk] v suge, sutte

sudden ['sʌdən] adj pludselig

suddenly ['sʌdənli] adv pludseligt

suede [sweid] n ruskind nt

suffer ['sʌfə] v *lide, *gennemgå

suffering ['sʌfəriŋ] n lidelse c

suffice [səˈfais] v *være tilstrækkelig

sufficient [səˈfiʃənt] adj fyldestgørende, tilstrækkelig

suffrage ['sʌfridʒ] n stemmeret c,

valgret c

sugar ['fugə] n sukker nt

suggest [sə'dʒest] v *foreslå

suggestion [sə'dʒestʃən] n forslag nt

suicide ['su:isaid] n selvmord nt

suit [su:t] v passe; tilpasse; klæde; n jakkesæt nt

suitable ['su:təbəl] adj passende

suitcase ['su:tkeis] n kuffert c

suite [swi:t] n suite c

sum [sʌm] n sum c

summary ['sʌməri] n sammenfatning c, resumé c

summer ['sʌmə] n sommer c; ~ time sommertid c

summit ['sʌmit] n top c

summons ['sʌmənz] n (pl ~es) stævning c

sun [sʌn] n sol c

sunbathe ['sʌnbeið] v solbade

sunburn ['sʌnbə:n] n solskoldning c

Sunday ['sʌndi] n søndag c

sun-glasses ['sʌn,glɑ:siz] pl solbriller pl

sunlight ['sʌnlait] n sollys nt

sunny ['sʌni] adj solrig

sunrise ['sʌnraiz] n solopgang c

sunset ['sʌnset] n solnedgang c

sunshade ['sʌnʃeid] n solskærm c

sunshine ['sʌnʃain] n solskin nt

sunstroke ['sʌnstrouk] n solstik nt

suntan oil ['sʌntænɔil] sololie c

superb [su'pə:b] adj storslået, prægtig

superficial [,su:pə'fiʃəl] adj overfladisk

superfluous [su'pə:fluəs] adj overflødig

superior [su'piəriə] adj højere, overlegen, bedre, større

superlative [su'pə:lətiv] adj superlativ; n superlativ c

supermarket ['su:pə,ma:kit] n supermarked nt

superstition [,su:pə'stiʃən] n overtro c

supervise ['su:pəvaiz] v føre kontrol med, *have opsyn med

supervision [,su:pə'viʒən] n kontrol c, opsyn nt

supervisor ['su:pəvaizə] n tilsynsførende c

supper ['sʌpə] n aftensmad c

supple ['sʌpəl] adj smidig, bøjelig

supplement ['sʌplimənt] n tillæg nt; supplement nt; v supplere

supply [sə'plai] n tilførsel c, forsyning c; forråd nt; udbud nt; v forsyne, skaffe

support [sə'pɔ:t] v *bære, støtte; n støtte c; ~ hose støttestrømpe c

supporter [sə'pɔ:tə] n tilhænger c

suppose [sə'pouz] v formode, *antage, *gå ud fra; supposing that forudsat at

suppository [sə'pɔzitəri] n stikpille c

suppress [sə'pres] v undertrykke

surcharge ['sə:tʃɑ:dʒ] n tillæg nt

sure [ʃuə] adj sikker

surely ['ʃuəli] adv sikkert

surface ['sə:fis] n overflade c

surf-board ['sə:fbɔ:d] n surfboard nt

surgeon ['sə:dʒən] n kirurg c; veterinary ~ veterinær c

surgery ['sə:dʒəri] n operation c; konsultationsværelse nt

surname ['sə:neim] n efternavn nt

surplus ['sə:pləs] n overskud nt

surprise [sə'praiz] n overraskelse c; v overraske

surrender [sə'rendə] v *overgive sig; n overgivelse c

surround [sə'raund] v *omgive, omringe

surrounding [sə'raundiŋ] adj omliggende

surroundings [sə'raundiŋz] pl omegn c

survey ['sə:vei] n oversigt c

survival [sə'vaivəl] n overlevelse c

survive [sə'vaiv] v overleve

suspect[1] [sə'spekt] v mistænke; ane

suspect[2] ['sʌspekt] n mistænkt c

suspend [sə'spend] v suspendere

suspenders [sə'spendəz] plAm seler pl; suspender belt strømpeholder c

suspension [sə'spenʃən] n affjedring c; ~ bridge hængebro c

suspicion [sə'spiʃən] n mistanke c; mistro c

suspicious [sə'spiʃəs] adj mistænkelig; mistroisk, mistænksom

sustain [sə'stein] v tåle

Swahili [swɑ'hi:li] n swahili nt

swallow ['swɔlou] v *synke, sluge; n svale c

swam [swæm] v (p swim)

swamp [swɔmp] n mose c

swan [swɔn] n svane c

swap [swɔp] v bytte

*swear [sweə] v *sværge; bande

sweat [swet] n sved c; v svede

sweater ['swetə] n sweater c

Swede [swi:d] n svensker c

Sweden ['swi:dən] Sverige

Swedish ['swi:diʃ] adj svensk

*sweep [swi:p] v feje

sweet [swi:t] adj sød; n bolsje nt; dessert c; sweets godter pl, slik c

sweeten ['swi:tən] v søde

sweetheart ['swi:thɑ:t] n kæreste c, skat c

sweetshop ['swi:tʃɔp] n chokoladeforretning c

swell [swel] adj prægtig

*swell [swel] v svulme

swelling ['sweliŋ] n opsvulmning c

swift [swift] adj hurtig

*swim [swim] v svømme

swimmer ['swimə] n svømmer c

swimming ['swimiŋ] n svømning c; ~ pool svømmebassin nt

swimming-trunks ['swimiŋtrʌŋks] pl badebukser pl

swim-suit ['swimsu:t] n badedragt c

swindle ['swindəl] v svindle; n svindel c

swindler ['swindlə] n svindler c

swing [swiŋ] n gynge c

*swing [swiŋ] v *svinge; gynge

Swiss [swis] adj schweizisk; n schweizer c

switch [switʃ] n afbryder c; v skifte; ~ off slukke for; ~ on tænde for

switchboard ['switʃbɔ:d] n omstillingsbord nt

Switzerland ['switsələnd] Schweiz

sword [sɔ:d] n sværd nt

swum [swʌm] v (pp swim)

syllable ['siləbəl] n stavelse c

symbol ['simbəl] n symbol nt

sympathetic [,simpə'θetik] adj deltagende, medfølende

sympathy ['simpəθi] n sympati c; medfølelse c

symphony ['simfəni] n symfoni c

symptom ['simtəm] n symptom nt

synagogue ['sinəgɔg] n synagoge c

synonym ['sinənim] n synonym nt

synthetic [sin'θetik] adj syntetisk

syphon ['saifən] n sifon c

Syria ['siriə] Syrien

Syrian ['siriən] adj syrisk; n syrer c

syringe [si'rindʒ] n sprøjte c

syrup ['sirəp] n sukkerlage c, saft c; sirup c

system ['sistəm] n system nt; decimal ~ decimalsystem nt

systematic [,sistə'mætik] adj systematisk

T

table ['teibəl] n bord nt; tabel c; ~ of contents indholdsfortegnelse c; ~

tennis bordtennis

table-cloth ['teibəlklɔθ] n dug c

tablespoon ['teibəlspu:n] n spiseske c

tablet ['tæblit] n tablet c

taboo [tə'bu:] n tabu nt

tactics ['tæktiks] pl taktik c

tag [tæg] n mærkeseddel c

tail [teil] n hale c

tail-light ['teillait] n baglygte c

tailor ['teilə] n skrædder c

tailor-made ['teiləmeid] adj skræddersyet

*take [teik] v *tage; *gribe; *bringe; *forstå, opfatte; *begribe, fatte; ~ away fjerne, *tage væk; ~ off starte; ~ out fjerne; ~ over *overtage; ~ place *finde sted; ~ up *optage

take-off ['teikɔf] n start c

tale [teil] n fortælling c, eventyr nt

talent ['tælənt] n anlæg nt, talent nt

talented ['tæləntid] adj begavet

talk [tɔ:k] v tale, snakke; n samtale c

talkative ['tɔ:kətiv] adj snakkesalig

tall [tɔ:l] adj høj

tame [teim] adj tam; v tæmme

tampon ['tæmpən] n tampon c

tangerine [,tændʒə'ri:n] n mandarin c

tangible ['tændʒibəl] adj håndgribelig

tank [tæŋk] n tank c

tanker ['tæŋkə] n tankskib nt

tanned [tænd] adj brun

tap [tæp] n vandhane c; bank nt; v banke

tape [teip] n lydbånd nt; bændel nt; adhesive ~ tape c, klæbestrimmel c; hæfteplaster nt

tape-measure ['teip,meʒə] n målebånd nt

tape-recorder ['teipri,kɔ:də] n båndoptager c

tapestry ['tæpistri] n vægtæppe nt, gobelin c

tar [ta:] n tjære c

target ['ta:git] n skydeskive c, mål nt

tariff ['tærif] n tarif c

tarpaulin [ta:'pɔ:lin] n presenning c

task [ta:sk] n opgave c

taste [teist] n smag c; v smage

tasteless ['teistləs] adj fad, smagløs

tasty ['teisti] adj velsmagende

taught [tɔ:t] v (p, pp teach)

tavern ['tævən] n kro c

tax [tæks] n skat c; v beskatte

taxation [tæk'seiʃən] n beskatning c

tax-free ['tæksfri:] adj skattefri

taxi ['tæksi] n taxi c, hyrevogn c; ~ rank taxiholdeplads c; ~ stand Am taxiholdeplads c

taxi-driver ['tæksi,draivə] n taxichauffør c

taxi-meter ['tæksi,mi:tə] n taxameter nt

tea [ti:] n te c; eftermiddagste c

*teach [ti:tʃ] v lære, undervise

teacher ['ti:tʃə] n lærer c; lærerinde c

teachings ['ti:tʃiŋz] pl lære c

tea-cloth ['ti:klɔθ] n viskestykke nt

teacup ['ti:kʌp] n tekop c

team [ti:m] n hold nt

teapot ['ti:pɔt] n tepotte c

*tear [teə] v *rive itu

tear¹ [tiə] n tåre c

tear² [teə] n rift c

tear-jerker ['tiə,dʒə:kə] n tåreperser c

tease [ti:z] v drille

tea-set ['ti:set] n testel nt

tea-shop ['ti:ʃɔp] n tesalon c

teaspoon ['ti:spu:n] n teske c

teaspoonful ['ti:spu:n,ful] n teskefuld c

technical ['teknikəl] adj teknisk

technician [tek'niʃən] n tekniker c

technique [tek'ni:k] n teknik c

technology [tek'nɔlədʒi] n teknologi c

teenager ['ti:,neidʒə] n teenager c

teetotaller [ti:'toutələ] n afholdsmand

c

telegram ['teligræm] *n* telegram *nt*

telegraph ['teligra:f] *v* telegrafere

telepathy [ti'lepəθi] *n* telepati *c*

telephone ['telifoun] *n* telefon *c; v* telefonere; ~ **book** *Am* telefonbog *c;* ~ **booth** telefonboks *c;* ~ **call** telefonopringning *c,* telefonsamtale *c;* ~ **directory** telefonbog *c;* ~ **exchange** telefoncentral *c;* ~ **operator** telefondame *c*

telephonist [ti'lefənist] *n* telefondame *c*

television ['telivizən] *n* fjernsyn *nt;* ~ **set** fjernsynsapparat *nt*

telex ['teleks] *n* fjernskriver *c*

***tell** [tel] *v* *sige; *fortælle

temper ['tempə] *n* vrede *c;* sind *nt*

temperature ['temprətʃə] *n* temperatur *c*

tempest ['tempist] *n* uvejr *nt*

temple ['tempəl] *n* tempel *nt;* tinding *c*

temporary ['tempərəri] *adj* midlertidig, foreløbig

tempt [tempt] *v* friste

temptation [temp'teiʃən] *n* fristelse *c*

ten [ten] *num* ti

tenant ['tenənt] *n* lejer *c*

tend [tend] *v* *have tilbøjelighed til; passe;* ~ **to** hælde til

tendency ['tendənsi] *n* tendens *c,* tilbøjelighed *c*

tender ['tendə] *adj* øm, sart; mør

tendon ['tendən] *n* sene *c*

tennis ['tenis] *n* tennis *c;* ~ **shoes** tennissko *pl*

tennis-court ['tenisko:t] *n* tennisbane *c*

tense [tens] *adj* anspændt

tension ['tenʃən] *n* spænding *c*

tent [tent] *n* telt *nt*

tenth [tenθ] *num* tiende

tepid ['tepid] *adj* lunken

term [tə:m] *n* udtryk *nt;* semester *nt,* frist *c,* periode *c;* vilkår *nt*

terminal ['tə:minəl] *n* endestation *c*

terrace ['terəs] *n* terrasse *c*

terrain [te'rein] *n* terræn *nt*

terrible ['teribəl] *adj* frygtelig, forfærdelig, rædsom

terrific [tə'rifik] *adj* storartet

terrify ['terifai] *v* forfærde; **terrifying** frygtindgydende

territory ['teritəri] *n* territorium *nt*

terror ['terə] *n* rædsel *c*

terrorism ['terərizəm] *n* terror *c,* terrorisme *c*

terrorist ['terərist] *n* terrorist *c*

test [test] *n* test *c; v* teste, afprøve

testify ['testifai] *v* vidne

text [tekst] *n* tekst *c*

textbook ['tekstbuk] *n* lærebog *c*

textile ['tekstail] *n* tekstil *c*

texture ['tekstʃə] *n* struktur *c*

Thai [tai] *adj* thailandsk; *n* thailænder *c*

Thailand ['tailænd] Thailand

than [ðæn] *conj* end

thank [θæŋk] *v* takke; ~ **you** tak

thankful ['θæŋkfəl] *adj* taknemmelig

that [ðæt] *adj* den; *pron* den, det; som; *conj* at

thaw [θɔ:] *v* tø, tø op; *n* tøvejr *nt*

the [ðə,ði] *art* -en; **the ... the** des ... des

theatre ['θiətə] *n* teater *nt*

theft [θeft] *n* tyveri *nt*

their [ðeə] *adj* deres

them [ðem] *pron* dem

theme [θi:m] *n* tema *nt,* emne *nt*

themselves [ðəm'selvz] *pron* sig; selv

then [ðen] *adv* da; derefter, så

theology [θi'ɔlədʒi] *n* teologi *c*

theoretical [θiə'retikəl] *adj* teoretisk

theory ['θiəri] *n* teori *c*

therapy ['θerəpi] *n* terapi *c*

there [ðeə] *adv* der; derhen

therefore [ˈðɛəfɔː] *conj* derfor

thermometer [θəˈmɔmitə] *n* termometer *nt*

thermostat [ˈθəːməstæt] *n* termostat *c*

these [ðiːz] *adj* disse

thesis [ˈθiːsis] *n* (pl theses) læresætning *c*

they [ðei] *pron* de

thick [θik] *adj* tyk; tæt

thicken [ˈθikən] *v* jævne, *gøre tyk

thickness [ˈθiknəs] *n* tykkelse *c*

thief [θiːf] *n* (pl thieves) tyv *c*

thigh [θai] *n* lår *nt*

thimble [ˈθimbəl] *n* fingerbøl *nt*

thin [θin] *adj* tynd

thing [θiŋ] *n* ting *c*

*think [θiŋk] *v* *synes; tænke; ~ of tænke på; ~ over tænke over

thinker [ˈθiŋkə] *n* tænker *c*

third [θəːd] *num* tredje

thirst [θəːst] *n* tørst *c*

thirsty [ˈθəːsti] *adj* tørstig

thirteen [θəːˈtiːn] *num* tretten

thirteenth [θəːˈtiːnθ] *num* trettende

thirtieth [ˈθəːtiəθ] *num* tredivte

thirty [ˈθəːti] *num* tredive

this [ðis] *adj* denne; *pron* denne

thistle [ˈθisəl] *n* tidsel *c*

thorn [θɔːn] *n* torn *c*

thorough [ˈθʌrə] *adj* omhyggelig, grundig

thoroughbred [ˈθʌrəbred] *adj* fuldblods

thoroughfare [ˈθʌrəfɛə] *n* færdselsåre *c*, hovedvej *c*

those [ðouz] *adj* de *art*; *pron* de

though [ðou] *conj* om end, skønt, selv om; *adv* dog

thought[1] [θɔːt] *v* (p, pp think)

thought[2] [θɔːt] *n* tanke *c*

thoughtful [ˈθɔːtfəl] *adj* tænksom; hensynsfuld

thousand [ˈθauzənd] *num* tusind

thread [θred] *n* tråd *c*; sytråd *c*; *v* *træde

threadbare [ˈθredbɛə] *adj* luvslidt

threat [θret] *n* trussel *c*

threaten [ˈθretən] *v* true

three [θriː] *num* tre

three-quarter [ˌθriːˈkwɔːtə] *adj* trefjerdedels

threshold [ˈθreʃould] *n* tærskel *c*

threw [θruː] *v* (p throw)

thrifty [ˈθrifti] *adj* sparsommelig

throat [θrout] *n* strube *c*; hals *c*

throne [θroun] *n* trone *c*

through [θruː] *prep* gennem

throughout [θruːˈaut] *adv* overalt

throw [θrou] *n* kast *c*

*throw [θrou] *v* slynge, kaste

thumb [θʌm] *n* tommelfinger *c*

thumbtack [ˈθʌmtæk] *nAm* tegnestift *c*

thump [θʌmp] *v* dunke

thunder [ˈθʌndə] *n* torden *c*; *v* tordne

thunderstorm [ˈθʌndəstɔːm] *n* tordenvejr *nt*

Thursday [ˈθəːzdi] torsdag *c*

thus [ðʌs] *adv* således

thyme [taim] *n* timian *c*

tick [tik] *n* mærke *nt*; ~ off krydse af

ticket [ˈtikit] *n* billet *c*; bøde *c*; ~ collector billetkontrollør *c*; ~ machine billetautomat *c*

tickle [ˈtikəl] *v* kilde

tide [taid] *n* tidevand *nt*; high ~ højvande *nt*; low ~ lavvande *nt*

tidings [ˈtaidiŋz] *pl* nyheder

tidy [ˈtaidi] *adj* ordentlig; *v* ordne; ~ up rydde op

tie [tai] *v* *binde, knytte; *n* slips *nt*

tiger [ˈtaigə] *n* tiger *c*

tight [tait] *adj* stram; snæver; *adv* fast

tighten [ˈtaitən] *v* stramme, spænde; strammes

tights [taits] *pl* strømpebukser *pl*

tile [tail] n kakkel c; tagsten c

till [til] prep indtil; conj indtil

timber ['timbə] n tømmer nt

time [taim] n tid c; gang c; all the ~ hele tiden; in ~ i tide; ~ of arrival ankomsttid c; ~ of departure afgangstid c

time-saving ['taim,seiviŋ] adj tidsbesparende

timetable ['taim,teibəl] n fartplan c

timid ['timid] adj sky

timidity [ti'midəti] n generthed c

tin [tin] n tin nt; dåse c; tinned food konserves pl

tinfoil ['tinfɔil] n stanniol nt

tin-opener ['ti,noupənə] n dåseåbner c

tiny ['taini] adj lille bitte

tip [tip] n spids c; drikkepenge pl

tire¹ [taiə] n dæk nt

tire² [taiə] v trætte

tired [taiəd] adj udmattet, træt

tiring ['taiəriŋ] adj trættende

tissue ['tiʃu:] n væv nt; papirlommetørklæde nt

title ['taitəl] n titel c

to [tu:] prep til, hen til, i; for at

toad [toud] n tudse c

toadstool ['toudstu:l] n svamp c

toast [toust] n ristet brød; skål c

tobacco [tə'bækou] n (pl ~s) tobak c; ~ pouch tobakspung c

tobacconist [tə'bækənist] n tobakshandler c; tobacconist's tobakshandel c

today [tə'dei] adv i dag

toddler ['tɔdlə] n rolling c

toe [tou] n tå c

toffee ['tɔfi] n karamel c

together [tə'geðə] adv sammen

toilet ['tɔilət] n toilet nt; ~ case toilettaske c

toilet-paper ['tɔilət,peipə] n toiletpapir nt

toiletry ['tɔilətri] n toiletsager pl

token ['toukən] n tegn nt; bevis nt; polet c

told [tould] v (p, pp tell)

tolerable ['tɔlərəbəl] adj udholdelig

toll [toul] n vejafgift c

tomato [tə'mɑ:tou] n (pl ~es) tomat c

tomb [tu:m] n grav c

tombstone ['tu:mstoun] n gravsten c

tomorrow [tə'mɔrou] adv i morgen

ton [tʌn] n ton c

tone [toun] n tone c; klang c

tongs [tɔŋz] pl tang c

tongue [tʌŋ] n tunge c

tonic ['tɔnik] n styrkende middel c

tonight [tə'nait] adv i aften, i nat

tonsilitis [,tɔnsə'laitis] n betændelse i mandlerne

tonsils ['tɔnsəlz] pl (hals)mandler

too [tu:] adv for; også

took [tuk] v (p take)

tool [tu:l] n værktøj nt; ~ kit værktøjssæt nt

toot [tu:t] vAm tude

tooth [tu:θ] n (pl teeth) tand c

toothache ['tu:θeik] n tandpine c

toothbrush ['tu:θbrʌʃ] n tandbørste c

toothpaste ['tu:θpeist] n tandpasta c

toothpick ['tu:θpik] n tandstikker c

toothpowder ['tu:θ,paudə] n tandpulver nt

top [tɔp] n top c; overside c; låg nt; on ~ of oven på; ~ side overside c

topcoat ['tɔpkout] n overfrakke c

topic ['tɔpik] n emne nt

topical ['tɔpikəl] adj aktuel

torch [tɔ:tʃ] n fakkel c; lommelygte c

torment¹ [tɔ:'ment] v pine

torment² ['tɔ:ment] n pine c

torture ['tɔ:tʃə] n tortur c; v tortere

toss [tɔs] v kaste

tot [tɔt] n pus nt

total ['toutəl] adj total, fuldstændig;

n total *c*

totalitarian [,toutæli'tearian] *adj* totalitær

totalizator ['toutǝlaizeitǝ] *n* totalisator *c*

touch [tʌtʃ] *v* berøre, røre ved; *n* berøring *c*; følelans *c*

touching ['tʌtʃiŋ] *adj* rørende

tough [tʌf] *adj* sej

tour [tuǝ] *n* rundrejse *c*

tourism ['tuǝrizǝm] *n* turisme *c*

tourist ['tuǝrist] *n* turist *c*; ~ **class** turistklasse *c*; ~ **office** turistbureau *nt*

tournament ['tuǝnǝmǝnt] *n* turnering *c*

tow [tou] *v* slæbe

towards [tǝ'wɔ:dz] *prep* imod

towel [tauǝl] *n* håndklæde *nt*

towelling ['tauǝliŋ] *n* frotté *c*

tower [tauǝ] *n* tårn *nt*

town [taun] *n* by *c*; ~ **centre** bymidte *c*; ~ **hall** rådhus *nt*

townspeople ['taunz,pi:pǝl] *pl* byboere *pl*

toxic ['tɔksik] *adj* giftig

toy [tɔi] *n* legetøj *pl*

toyshop ['tɔiʃɔp] *n* legetøjsforretning *c*

trace [treis] *n* spor *nt*; *v* opspore, efterspore

track [træk] *n* spor *nt*; bane *c*; sti *c*; *v* efterspore

tractor ['træktǝ] *n* traktor *c*

trade [treid] *n* handel *c*; erhverv *nt*, fag *nt*; *v* handle

trademark ['treidma:k] *n* varemærke *nt*

tradesman ['treidzmǝn] *n* (pl -men) købmand *c*; handlende *c*

trade-union [,treid'ju:njǝn] *n* fagforening *c*

tradition [trǝ'diʃǝn] *n* tradition *c*

traditional [trǝ'diʃǝnǝl] *adj* traditionel

traffic ['træfik] *n* færdsel *c*; ~ **jam** trafikprop *c*; ~ **light** trafiklys *nt*

trafficator ['træfikeitǝ] *n* blinklys *nt*

tragedy ['trædʒǝdi] *n* tragedie *c*

tragic ['trædʒik] *adj* tragisk

trail [treil] *n* sti *c*, spor *nt*

trailer ['treilǝ] *n* anhænger *c*; *nAm* campingvogn *c*

train [trein] *n* tog *nt*; *v* dressere, træne; **stopping** ~ bumletog *nt*; **through** ~ gennemgående tog; ~ **ferry** togfærge *c*

training ['treiniŋ] *n* træning *c*

trait [treit] *n* træk *nt*

traitor ['treitǝ] *n* forræder *c*

tram [træm] *n* sporvogn *c*

tramp [træmp] *n* landstryger *c*, vagabond *c*; *v* vagabondere

tranquil ['træŋkwil] *adj* rolig

tranquillizer ['træŋkwilaizǝ] *n* beroligende middel

transaction [træn'zækʃǝn] *n* transaktion *c*

transatlantic [,trænzǝt'læntik] *adj* transatlantisk

transfer [træns'fǝ:] *v* overføre

transform [træns'fɔ:m] *v* omdanne

transformer [træns'fɔ:mǝ] *n* transformator *c*

transition [træn'siʃǝn] *n* overgang *c*

translate [træns'leit] *v* *oversætte

translation [træns'leiʃǝn] *n* oversættelse *c*

translator [træns'leitǝ] *n* translatør *c*

transmission [trænz'miʃǝn] *n* transmission *c*

transmit [trænz'mit] *v* sende, udsende

transmitter [trænz'mitǝ] *n* sender *c*

transparent [træn'speǝrǝnt] *adj* gennemsigtig

transport[1] ['trænspɔ:t] *n* transport *c*

transport[2] [træn'spɔ:t] *v* transportere

transportation [,trænspɔ:'teiʃǝn] *n* transport *c*

trap [træp] n fælde c

trash [træʃ] n skrammel nt; ~ can Am affaldsspand c

travel ['trævəl] v rejse; ~ agency rejsebureau nt; ~ agent rejsearrangør c; ~ insurance rejseforsikring c; travelling expenses rejseudgifter pl

traveller ['trævələ] n rejsende c; traveller's cheque rejsecheck c

tray [trei] n bakke c

treason ['tri:zən] n forræderi nt

treasure ['treʒə] n skat c

treasurer ['treʒərə] n kasserer c

treasury ['treʒəri] n finansministerium nt

treat [tri:t] v behandle

treatment ['tri:tmənt] n kur c, behandling c

treaty ['tri:ti] n traktat c

tree [tri:] n træ nt

tremble ['trembəl] v skælve, ryste

tremendous [tri'mendəs] adj kolossal

trespass ['trespəs] v trænge ind

trespasser ['trespəsə] n uvedkommende c

trial [traiəl] n retssag c; prøve c

triangle ['traiæŋgəl] n trekant c

triangular [trai'æŋgjulə] adj trekantet

tribe [traib] n stamme c

tributary ['tribjutəri] n biflod c

tribute ['tribju:t] n hyldest c

trick [trik] n trick nt, fidus c

trigger ['trigə] n aftrækker c

trim [trim] v studse

trip [trip] n rejse c, udflugt c, tur c

triumph ['traiəmf] n triumf c; v triumfere

triumphant [trai'ʌmfənt] adj triumferende

trolley-bus ['trɔlibʌs] n trolleybus c

troops [tru:ps] pl tropper pl

tropical ['trɔpikəl] adj tropisk

tropics ['trɔpiks] pl troperne pl

trouble ['trʌbəl] n bekymring c, ulejlighed c, umage c; v ulejlige

troublesome ['trʌbəlsəm] adj besværlig

trousers ['trauzəz] pl bukser pl

trout [traut] n (pl ~) ørred c

truck [trʌk] nAm lastbil c

true [tru:] adj sand; ægte, virkelig; trofast, tro

trumpet ['trʌmpit] n trompet c

trunk [trʌŋk] n kuffert c; træstamme c; nAm bagagerum nt; trunks pl gymnastikbukser pl

trunk-call ['trʌŋkkɔ:l] n rigstelefonsamtale c

trust [trʌst] v stole på; n tillid c

trustworthy ['trʌst,wə:ði] adj pålidelig

truth [tru:θ] n sandhed c

truthful ['tru:θfəl] adj sandfærdig

try [trai] v forsøge; prøve; n forsøg nt; ~ on prøve

tube [tju:b] n rør nt; tube c

tuberculosis [tju:,bə:kju'lousis] n tuberkulose c

Tuesday ['tju:zdi] tirsdag c

tug [tʌg] v slæbe; n bugserbåd c; ryk nt

tuition [tju'iʃən] n undervisning c

tulip ['tju:lip] n tulipan c

tumbler ['tʌmblə] n bæger nt

tumour ['tju:mə] n svulst c

tuna ['tju:nə] n (pl ~, ~s) tunfisk c

tune [tju:n] n vise c, melodi c; ~ in stille ind

tuneful ['tju:nfəl] adj melodisk

tunic ['tju:nik] n tunika c

Tunisia [tju:'niziə] Tunesien

Tunisian [tju:'niziən] adj tunesisk; n tuneser c

tunnel ['tʌnəl] n tunnel c

turbine ['tə:bain] n turbine c

turbojet [,tə:bou'dʒet] n turbojet c

Turk [tə:k] n tyrker c

Turkey ['tə:ki] Tyrkiet

turkey ['tə:ki] n kalkun c

Turkish ['tə:kiʃ] adj tyrkisk; ~ **bath** tyrkisk bad

turn [tə:n] v dreje; vende, dreje om; n drejning c, vending c; sving nt; tur c; ~ **back** vende om; ~ **down** forkaste; ~ **into** forvandle til; ~ **off** dreje af for; ~ **on** lukke for; tænde for; dreje op for; ~ **over** vende om; ~ **round** vende; vende sig om

turning ['tə:niŋ] n sving nt

turning-point ['tə:niŋpoint] n vendepunkt nt

turnover ['tə:ˌnouvə] n omsætning c; ~ **tax** omsætningsskat c

turnpike ['tə:npaik] nAm afgiftsbelagt motorvej

turpentine ['tə:pəntain] n terpentin c

turtle ['tə:təl] n skildpadde c

tutor ['tju:tə] n huslærer c; formynder c

tuxedo [tʌk'si:dou] nAm (pl ~s, ~es) smoking c

tweed [twi:d] n tweed c

tweezers ['twi:zəz] pl pincet c

twelfth [twelfθ] num tolvte

twelve [twelv] num tolv

twentieth ['twentiəθ] num tyvende

twenty ['twenti] num tyve

twice [twais] adv to gange

twig [twig] n kvist c

twilight ['twailait] n tusmørke nt

twine [twain] n sejlgarn nt

twins [twinz] pl tvillinger pl; **twin beds** dobbeltsenge pl

twist [twist] v sno; *vride; n vridning c

two [tu:] num to

two-piece [ˌtu:'pi:s] adj todelt

type [taip] v *maskinskrive; n type c

typewriter ['taipraitə] n skrivemaskine c

typewritten ['taipritən] maskinskrevet

typhoid ['taifoid] n tyfus c

typical ['tipikəl] adj typisk, karakteristisk

typist ['taipist] n maskinskriverske c

tyrant ['taiərənt] n tyran c

tyre [taiə] n dæk nt; ~ **pressure** dæktryk nt

U

ugly ['ʌgli] adj grim

ulcer ['ʌlsə] n sår nt

ultimate ['ʌltimət] adj sidst

ultraviolet [ˌʌltrə'vaiələt] adj ultraviolet

umbrella [ʌm'brelə] n paraply c

umpire ['ʌmpaiə] n dommer c

unable [ʌ'neibəl] adj ude af stand til

unacceptable [ˌʌnək'septəbəl] adj uantagelig

unaccountable [ˌʌnə'kauntəbəl] adj uforklarlig

unaccustomed [ˌʌnə'kʌstəmd] adj uvant

unanimous [ju:'næniməs] adj enstemmig

unanswered [ˌʌ'nɑ:nsəd] adj ubesvaret

unauthorized [ˌʌ'nɔ:θəraizd] adj uautoriseret

unavoidable [ˌʌnə'vɔidəbəl] adj uundgåelig

unaware [ˌʌnə'weə] adj uvidende

unbearable [ʌn'beərəbəl] adj utålelig

unbreakable [ʌn'breikəbəl] adj brudsikker

unbroken [ˌʌn'broukən] adj intakt

unbutton [ˌʌn'bʌtən] v knappe op

uncertain [ʌn'sə:tən] adj ubestemt, uvis

uncle ['ʌŋkəl] n onkel c

unclean [ˌʌn'kli:n] adj uren

uncomfortable [ʌn'kʌmfətəbəl] adj ubekvem

uncommon [ʌn'kɔmən] adj usædvanlig, ualmindelig

unconditional [ˌʌnkən'diʃənəl] adj betingelsesløs

unconscious [ʌn'kɔnʃəs] adj bevidstløs

uncork [ʌn'kɔ:k] v *trække op

uncover [ʌn'kʌvə] v afdække

uncultivated [ˌʌn'kʌltiveitid] adj uopdyrket

under ['ʌndə] prep under, neden for, ned under

undercurrent ['ʌndəˌkʌrənt] n understrøm c

underestimate [ˌʌndə'restimeit] v undervurdere

underground ['ʌndəgraund] adj underjordisk; n undergrundsbane c

underline [ˌʌndə'lain] v understrege c

underneath [ˌʌndə'ni:θ] adv underneden

underpants ['ʌndəpænts] plAm underbenklæder pl

undershirt ['ʌndəʃə:t] n undertrøje c

undersigned ['ʌndəsaind] n undertegnede c

*understand [ˌʌndə'stænd] v *forstå

understanding [ˌʌndə'stændiŋ] n forståelse c

*undertake [ˌʌndə'teik] v *foretage

undertaking [ˌʌndə'teikiŋ] n foretagende nt

underwater ['ʌndəˌwɔ:tə] adj undersøisk

underwear ['ʌndəwɛə] n undertøj pl

undesirable [ˌʌndi'zaiərəbəl] adj uønsket

*undo [ʌn'du:] v løse op

undoubtedly [ʌn'dautidli] adv utvivlsomt

undress [ʌn'dres] v klæde sig af

undulating ['ʌndjuleitiŋ] adj bølgende

unearned [ˌʌ'nə:nd] adj ufortjent

uneasy [ʌ'ni:zi] adj usikker

uneducated [ˌʌ'nedjukeitid] adj uskolet

unemployed [ˌʌnim'plɔid] adj arbejdsløs

unemployment [ˌʌnim'plɔimənt] n arbejdsløshed c

unequal [ˌʌ'ni:kwəl] adj ulige

uneven [ˌʌ'ni:vən] adj ulige, ujævn

unexpected [ˌʌnik'spektid] adj uventet

unfair [ˌʌn'fɛə] adj uretfærdig

unfaithful [ʌn'feiθfəl] adj utro

unfamiliar [ˌʌnfə'miljə] adj ukendt

unfasten [ˌʌn'fɑ:sən] v løsne

unfavourable [ˌʌn'feivərəbəl] adj ugunstig

unfit [ˌʌn'fit] adj uegnet

unfold [ˌʌn'fould] v folde ud

unfortunate [ʌn'fɔ:tʃənət] adj uheldig

unfortunately [ʌn'fɔ:tʃənətli] adv beklageligvis, desværre

unfriendly [ˌʌn'frendli] adj uvenlig

unfurnished [ˌʌn'fə:niʃt] adj umøbleret

ungrateful [ʌn'greitfəl] adj utaknemmelig

unhappy [ʌn'hæpi] adj ulykkelig

unhealthy [ʌn'helθi] adj usund

unhurt [ˌʌn'hə:t] adj uskadt

uniform ['ju:nifɔ:m] n uniform c; adj ensartet

unimportant [ˌʌnim'pɔ:tənt] adj uvigtig

uninhabitable [ˌʌnin'hæbitəbəl] adj ubeboelig

uninhabited [ˌʌnin'hæbitid] adj ubeboet

unintentional [ˌʌnin'tenʃənəl] adj uforsætlig

union ['ju:njən] n forening c; union c,

forbund *nt*

unique [ju:ˈni:k] *adj* enestående; unik

unit [ˈju:nit] *n* enhed *c*

unite [ju:ˈnait] *v* forene

United States [ju:ˈnaitid steits] Forenede Stater

unity [ˈju:nəti] *n* enhed *c*

universal [ˌju:niˈvə:səl] *adj* universel, altomfattende

universe [ˈju:nivə:s] *n* univers *nt*

university [ˌju:niˈvə:səti] *n* universitet *nt*

unjust [ˌʌnˈdʒʌst] *adj* uretfærdig

unkind [ʌnˈkaind] *adj* uvenlig

unknown [ʌnˈnoun] *adj* ukendt

unlawful [ʌnˈlɔ:fəl] *adj* ulovlig

unlearn [ʌnˈlə:n] *v* lære sig af med

unless [ənˈles] *conj* medmindre

unlike [ʌnˈlaik] *adj* forskellig

unlikely [ʌnˈlaikli] *adj* usandsynlig

unlimited [ʌnˈlimitid] *adj* grænseløs, ubegrænset

unload [ʌnˈloud] *v* udlosse, læsse af

unlock [ʌnˈlɔk] *v* låse op, lukke op

unlucky [ʌnˈlʌki] *adj* uheldig

unnecessary [ʌnˈnesəsəri] *adj* unødvendig

unoccupied [ʌˈnɔkjupaid] *adj* ledig

unofficial [ˌʌnəˈfiʃəl] *adj* uofficiel

unpack [ʌnˈpæk] *v* pakke ud

unpleasant [ʌnˈplezənt] *adj* kedelig, ubehagelig; usympatisk, utiltalende

unpopular [ʌnˈpɔpjulə] *adj* ildeset, upopulær

unprotected [ˌʌnprəˈtektid] *adj* ubeskyttet

unqualified [ʌnˈkwɔlifaid] *adj* ukvalificeret

unreal [ʌnˈriəl] *adj* uvirkelig

unreasonable [ʌnˈri:zənəbəl] *adj* urimelig

unreliable [ˌʌnriˈlaiəbəl] *adj* upålidelig

unrest [ʌnˈrest] *n* uro *c*

unsafe [ʌnˈseif] *adj* usikker

unsatisfactory [ˌʌnsætisˈfæktəri] *adj* utilfredsstillende

unscrew [ʌnˈskru:] *v* skrue af

unselfish [ʌnˈselfiʃ] *adj* uselvisk

unskilled [ʌnˈskild] *adj* ufaglært

unsound [ʌnˈsaund] *adj* usund

unstable [ʌnˈsteibəl] *adj* ustabil

unsteady [ʌnˈstedi] *adj* ustabil, vaklevorn; vankelmodig

unsuccessful [ˌʌnsəkˈsesfəl] *adj* mislykket

unsuitable [ʌnˈsu:təbəl] *adj* upassende

unsurpassed [ˌʌnsəˈpɑ:st] *adj* uovertruffen

untidy [ʌnˈtaidi] *adj* uordentlig

untie [ʌnˈtai] *v* løse op

until [ənˈtil] *prep* indtil, til

untrue [ʌnˈtru:] *adj* usand

untrustworthy [ʌnˈtrʌstˌwə:ði] *adj* upålidelig

unusual [ʌnˈju:ʒuəl] *adj* usædvanlig, ualmindelig

unwell [ʌnˈwel] *adj* utilpas

unwilling [ʌnˈwiliŋ] *adj* uvillig

unwise [ʌnˈwaiz] *adj* uklog

unwrap [ʌnˈræp] *v* pakke op

up [ʌp] *adv* op, opefter

upholster [ʌpˈhoulstə] *v* *betrække, polstre

upkeep [ˈʌpki:p] *n* vedligeholdelse *c*

uplands [ˈʌpləndz] *pl* højland *nt*

upon [əˈpɔn] *prep* på

upper [ˈʌpə] *adj* øvre, højere

upright [ˈʌprait] *adj* rank; *adv* oprettstående

*upset [ʌpˈset] *v* forpurre; *adj* bestyrtet, rystet, chokeret

upside-down [ˌʌpsaidˈdaun] *adv* på hovedet

upstairs [ˌʌpˈstɛəz] *adv* ovenpå

upstream [ˌʌpˈstri:m] *adv* mod strømmen

upwards [ˈʌpwədz] adv opad

urban [ˈɔːbən] adj bymæssig

urge [əːdʒ] v tilskynde; n trang c

urgency [ˈɔːdʒənsi] n yderste vigtighed

urgent [ˈɔːdʒənt] adj haste-

urine [ˈjuərin] n urin c

Uruguay [ˈjuərəgwai] Uruguay

Uruguayan [ˌjuərəˈgwaiən] adj uruguayansk; n uruguayaner c

us [ʌs] pron os

usable [ˈjuːzəbəl] adj anvendelig

usage [ˈjuːzidʒ] n sædvane c

use¹ [juːz] v bruge; *be used to *være vant til; ~ up forbruge

use² [juːs] n brug c; nytte c; *be of ~ nytte

useful [ˈjuːsfəl] adj nyttig, brugbar

useless [ˈjuːsləs] adj unyttig

user [ˈjuːzə] n bruger c

usher [ˈʌʃə] n kontrollør c

usherette [ˌʌʃəˈret] n placøse c

usual [ˈjuːʒuəl] adj sædvanlig, almindelig

usually [ˈjuːʒuəli] adv sædvanligvis

utensil [juːˈtensəl] n redskab nt; brugsgenstand c

utility [juːˈtiləti] n nytte c

utilize [ˈjuːtilaiz] v benytte

utmost [ˈʌtmoust] adj yderst

utter [ˈʌtə] adj fuldkommen, komplet; v ytre

V

vacancy [ˈveikənsi] n vakance c; ledig stilling

vacant [ˈveikənt] adj ledig

vacate [vəˈkeit] v fraflytte

vacation [vəˈkeiʃən] n ferie c

vaccinate [ˈvæksineit] v vaccinere

vaccination [ˌvæksiˈneiʃən] n vaccination c

vacuum [ˈvækjuəm] n vakuum nt; vAm støvsuge; ~ cleaner støvsuger c; ~ flask termoflaske c

vagrancy [ˈveigrənsi] n vagabondering c

vague [veig] adj vag, uklar

vain [vein] adj forfængelig; forgæves; in ~ forgæves

valet [ˈvælit] n tjener c, kammertjener c

valid [ˈvælid] adj gyldig

valley [ˈvæli] n dal c

valuable [ˈvæljubəl] adj værdifuld; valuables pl værdigenstande pl

value [ˈvæljuː] n værdi c; v vurdere

valve [vælv] n ventil c

van [væn] n varevogn c

vanilla [vəˈnilə] n vanille c

vanish [ˈvæniʃ] v *forsvinde

vapour [ˈveipə] n damp c

variable [ˈveəriəbəl] adj variabel

variation [ˌveəriˈeiʃən] n afveksling c; forandring c

varied [ˈveərid] adj varieret

variety [vəˈraiəti] n udvalg nt; ~ show varietéforestilling c; ~ theatre varietéteater nt

various [ˈveəriəs] adj forskellige

varnish [ˈvɑːniʃ] n fernis c, lak c; v fernisere

vary [ˈveəri] v variere; *være forskellig

vase [vɑːz] n vase c

vast [vɑːst] adj vidtstrakt, umådelig

vault [vɔːlt] n hvælving c; boksanlæg nt

veal [viːl] n kalvekød nt

vegetable [ˈvedʒətəbəl] n grøntsag c; ~ merchant grønthandler c

vegetarian [ˌvedʒiˈteəriən] n vegetarianer c

vegetation [ˌvedʒiˈteiʃən] n vegetation c

vehicle ['vi:əkəl] n køretøj nt

veil [veil] n slør nt

vein [vein] n åre c; **varicose ~** åreknude c

velvet ['velvit] n fløjl nt

velveteen [,velvi'ti:n] n bomuldsfløjl nt

venerable ['venərəbəl] adj ærværdig

venereal disease [vi'niəriəl di'zi:z] kønssygdom c

Venezuela [,veni'zweilə] Venezuela

Venezuelan [,veni'zweilən] adj venezuelansk; n venezuelaner c

ventilate ['ventileit] v ventilere; lufte ud, udlufte

ventilation [,venti'leiʃən] n ventilation c; udluftning c

ventilator ['ventileitə] n ventilator c

venture ['ventʃə] v vove

veranda [və'rændə] n veranda c

verb [və:b] n verbum nt

verbal ['və:bəl] adj mundtlig

verdict ['və:dikt] n kendelse c, dom c

verge [və:dʒ] n kant c

verify ['verifai] v verificere, bekræfte

verse [və:s] n vers nt

version ['və:ʃən] n version c; oversættelse c

versus ['və:səs] prep mod, kontra

vertical ['və:tikəl] adj lodret

vertigo ['və:tigou] n svimmelhed c

very ['veri] adv meget; adj præcis, sand, virkelig; absolut

vessel ['vesəl] n fartøj nt; kar nt

vest [vest] n undertrøje c; nAm vest c

veterinary surgeon ['vetrinəri 'sə:-dʒən] dyrlæge c

via [vaiə] prep via

viaduct ['vaiədʌkt] n viadukt c

vibrate [vai'breit] v vibrere

vibration [vai'breiʃən] n vibration c

vicar ['vikə] n præst c

vicarage ['vikəridʒ] n præstebolig c

vice-president [,vais'prezidənt] n vice-præsident c

vicinity [vi'sinəti] n nabolag nt, nærhed c

vicious ['viʃəs] adj ondskabsfuld

victim ['viktim] n offer nt

victory ['viktəri] n sejr c

view [vju:] n udsigt c; opfattelse c, synspunkt nt; v betragte

view-finder ['vju:,faində] n søger c

vigilant ['vidʒilənt] adj årvågen, vagtsom

villa ['vilə] n villa c

village ['vilidʒ] n landsby c

villain ['vilən] n skurk c

vine [vain] n vinplante c

vinegar ['vinigə] n eddike c

vineyard ['vinjəd] n vinmark c

vintage ['vintidʒ] n vinhøst c

violation [vaiə'leiʃən] n krænkelse c

violence ['vaiələns] n vold c

violent ['vaiələnt] adj voldsom, heftig

violet ['vaiələt] n viol c; adj violet

violin [vaiə'lin] n violin c

virgin ['və:dʒin] n jomfru c

virtue ['və:tʃu:] n dyd c

visa ['vi:zə] n visum nt

visibility [,vizə'biləti] n sigtbarhed c

visible ['vizəbəl] adj synlig

vision ['viʒən] n fremsyn nt

visit ['vizit] v besøge; n besøg nt, visit c; **visiting hours** besøgstid c

visiting-card ['vizitiŋkɑ:d] n visitkort nt

visitor ['vizitə] n besøgende c

vital ['vaitəl] adj livsvigtig, afgørende

vitamin ['vitəmin] n vitamin nt

vivid ['vivid] adj livlig

vocabulary [və'kæbjuləri] n ordforråd nt; ordliste c

vocal ['voukəl] adj vokal; sang-; stemme-

vocalist ['voukəlist] n sanger c

voice [vɔis] n stemme c

void [vɔid] *adj* ugyldig; tom

volcano [vɔl'keinou] *n* (pl ~es, ~s) vulkan *c*

volt [voult] *n* volt *c*

voltage ['voultidʒ] *n* spænding *c*

volume ['vɔljum] *n* volumen *nt*; bind *nt*

voluntary ['vɔləntəri] *adj* frivillig

volunteer [,vɔlən'tiə] *n* frivillig *c*

vomit ['vɔmit] *v* kaste op, brække sig

vote [vout] *v* stemme; *n* stemme *c*, afstemning *c*

voucher ['vautʃə] *n* bon *c*

vow [vau] *n* løfte *nt*, ed *c; v* *sværge

vowel [vauəl] *n* vokal *c*

voyage ['vɔiidʒ] *n* rejse *c*

vulgar ['vʌlgə] *adj* vulgær; ordinær, folkelig

vulnerable ['vʌlnərəbəl] *adj* sårbar

vulture ['vʌltʃə] *n* grib *c*

W

wade [weid] *v* vade

wafer ['weifə] *n* vaffel *c*; oblat *c*

waffle ['wɔfəl] *n* vaffel *c*

wages ['weidʒiz] *pl* løn *c*

waggon ['wægən] *n* vogn *c*, jernbane-vogn *c*

waist [weist] *n* talje *c*, bæltested *nt*

waistcoat ['weiskout] *n* vest *c*

wait [weit] *v* vente; ~ for vente på; ~ on betjene

waiter ['weitə] *n* tjener *c*

waiting ['weitiŋ] *n* venten *c*

waiting-list ['weitiŋlist] *n* venteliste *c*

waiting-room ['weitiŋru:m] *n* vente-værelse *nt*

waitress ['weitris] *n* servitrice *c*

*wake [weik] *v* vække; ~ up vågne, vågne op

walk [wɔ:k] *v* *gå; spadsere; *n* spad-seretur *c;* gang *c;* **walking** til fods

walker ['wɔ:kə] *n* vandrer *c*

walking-stick ['wɔ:kiŋstik] *n* spadse-restok *c*

wall [wɔ:l] *n* mur *c;* væg *c*

wallet ['wɔlit] *n* tegnebog *c*

wallpaper ['wɔ:l,peipə] *n* tapet *nt*

walnut ['wɔ:lnʌt] *n* valnød *c*

waltz [wɔ:ls] *n* vals *c*

wander ['wɔndə] *v* strejfe om, vandre om

want [wɔnt] *v* *ville; ønske; *n* behov *nt;* savn *nt*, mangel *c*

war [wɔ:] *n* krig *c*

warden ['wɔ:dən] *n* vagthavende *c*, opsynsmand *c*

wardrobe ['wɔ:droub] *n* klædeskab *nt*, garderobe *c*

warehouse ['weəhaus] *n* pakhus *nt*, lagerbygning *c*

wares [weəz] *pl* varer *pl*

warm [wɔ:m] *adj* varm, hed; *v* varme

warmth [wɔ:mθ] *n* varme *c*

warn [wɔ:n] *v* advare

warning ['wɔ:niŋ] *n* advarsel *c*

wary ['weəri] *adj* forsigtig

was [wɔz] *v* (p be)

wash [wɔʃ] *v* vaske; ~ and wear strygefri; ~ up vaske op

washable ['wɔʃəbəl] *adj* vaskbar

wash-basin ['wɔʃ,beisən] *n* håndvask *c*

washing ['wɔʃiŋ] *n* vask *c*

washing-machine ['wɔʃiŋməʃi:n] *n* vaskemaskine *c*

washing-powder ['wɔʃiŋ,paudə] *n* vas-kepulver *nt*

washroom ['wɔʃru:m] *nAm* toilet *nt*

wash-stand ['wɔʃstænd] *n* vaskekum-me *c*

wasp [wɔsp] *n* hveps *c*

waste [weist] *v* spilde; *n* spild *nt; adj* udyrket

wasteful ['weistfəl] *adj* ødsel

wastepaper-basket [weist'peipə,ba:-

skit] n papirkurv c

watch [wɔtʃ] v *iagttage; overvåge; n ur nt; ~ **for** spejde efter; ~ **out** passe på

watch-maker [ˈwɔtʃˌmeikə] n urmager c

watch-strap [ˈwɔtʃstræp] n urrem c

water [ˈwɔːtə] n vand nt; **iced** ~ is-vand nt; **running** ~ rindende vand; ~ **pump** vandpumpe c; ~ **ski** vandski c

water-colour [ˈwɔːtəˌkʌlə] n vandfar-ve c; akvarel c

watercress [ˈwɔːtəkres] n brøndkarse c

waterfall [ˈwɔːtəfɔːl] n vandfald nt

watermelon [ˈwɔːtəˌmelən] n vandme-lon c

waterproof [ˈwɔːtəpruːf] adj vandtæt

water-softener [ˌwɔːtəˌsɔfnə] n blød-gøringsmiddel nt

waterway [ˈwɔːtəwei] n vandvej c

watt [wɔt] n watt c

wave [weiv] n bølge c; v vinke

wave-length [ˈweivleŋθ] n bølgelæng-de c

wavy [ˈweivi] adj bølget

wax [wæks] n voks nt

waxworks [ˈwækswɔːks] pl vokskabi-net nt

way [wei] n måde c, facon c; vej c; retning c; afstand c; **any** ~ ligegyl-digt hvordan; **by the** ~ for resten; **one-way traffic** ensrettet færdsel; **out of the** ~ af vejen; **the other** ~ **round** modsat; ~ **back** tilbagevej c; ~ **in** indgang c; ~ **out** udgang c

wayside [ˈweisaid] n vejkant c

we [wiː] pron vi

weak [wiːk] adj svag; tynd

weakness [ˈwiːknəs] n svaghed c

wealth [welθ] n rigdom c

wealthy [ˈwelθi] adj rig

weapon [ˈwepən] n våben nt

*****wear** [weə] v *bære, *have på; ~ **out** *slide

weary [ˈwiəri] adj træt

weather [ˈweðə] n vejr nt; ~ **fore-cast** vejrudsigt c

*****weave** [wiːv] v væve

weaver [ˈwiːvə] n væver c

wedding [ˈwediŋ] n bryllup nt

wedding-ring [ˈwediŋriŋ] n vielsesring c

wedge [wedʒ] n kile c

Wednesday [ˈwenzdi] onsdag c

weed [wiːd] n ukrudt nt

week [wiːk] n uge c

weekday [ˈwiːkdei] n hverdag c

weekly [ˈwiːkli] adj ugentlig

*****weep** [wiːp] v *græde

weigh [wei] v veje

weighing-machine [ˈweiiŋməˌʃiːn] n vægt c

weight [weit] n vægt c

welcome [ˈwelkəm] adj velkommen; n velkomst c; v *byde velkommen

weld [weld] v svejse

welfare [ˈwelfeə] n velvære nt

well¹ [wel] adv godt; adj rask; **as** ~ tillige, også; **as** ~ **as** såvel som; **well!** ak ja!

well² [wel] n kilde c, brønd c

well-founded [ˌwelˈfaundid] adj velbe-grundet

well-known [ˈwelnoun] adj kendt

well-to-do [ˌweltəˈduː] adj velhavende

went [went] v (p go)

were [wəː] v (p be)

west [west] n vest

westerly [ˈwestəli] adj vestlig

western [ˈwestən] adj vestlig

wet [wet] adj våd; fugtig

whale [weil] n hval c

wharf [wɔːf] n (pl ~s, wharves) kaj c

what [wɔt] pron hvad; ~ **for** hvorfor

whatever [wɔ'tevə] *pron* hvad end

wheat [wi:t] *n* hvede *c*

wheel [wi:l] *n* hjul *nt*

wheelbarrow ['wi:l,bærou] *n* trillebør *c*

wheelchair ['wi:ltʃeə] *n* kørestol *c*

when [wen] *adv* hvornår; *conj* når, da

whenever [we'nevə] *conj* når som helst

where [weə] *adv* hvor; *conj* hvor

wherever [weə'revə] *conj* hvor end

whether ['weðə] *conj* om; whether ... or om ... eller

which [witʃ] *pron* hvilken; som

whichever [wi'tʃevə] *adj* hvilken som helst

while [wail] *conj* mens; *n* stund *c*

whilst [wailst] *conj* medens

whim [wim] *n* grille *c*; lune *nt*

whip [wip] *n* pisk *c*; *v* piske

whiskers ['wiskəz] *pl* bakkenbarter *pl*

whisper ['wispə] *v* hviske; *n* hvisken *c*

whistle ['wisəl] *v* fløjte; *n* fløjte *c*

white [wait] *adj* hvid

whitebait ['waitbeit] *n* småfisk *pl*

whiting ['waitiŋ] *n* (pl ~) hvilling *c*

Whitsun ['witsən] pinse

who [hu:] *pron* hvem; som

whoever [hu:'evə] *pron* hvem der end

whole [houl] *adj* fuldstændig, hel; ubeskadiget; *n* hele *nt*

wholesale ['houlseil] *n* engroshandel *c*; ~ dealer grossist *c*

wholesome ['houlsəm] *adj* sund

wholly ['houlli] *adv* aldeles

whom [hu:m] *pron* hvem

whore [hɔ:] *n* luder *c*

whose [hu:z] *pron* hvis

why [wai] *adv* hvorfor

wicked ['wikid] *adj* ond

wide [waid] *adj* bred, vid

widen ['waidən] *v* udvide

widow ['widou] *n* enke *c*

widower ['widouə] *n* enkemand *c*

width [widθ] *n* bredde *c*

wife [waif] *n* (pl wives) kone *c*, hustru *c*

wig [wig] *n* paryk *c*

wild [waild] *adj* vild

will [wil] *n* vilje *c*; testamente *nt*

*will [wil] *v* *ville

willing ['wiliŋ] *adj* villig

will-power ['wilpauə] *n* viljestyrke *c*

*win [win] *v* *vinde

wind [wind] *n* vind *c*

*wind [waind] *v* sno sig; *trække op, vikle

winding ['waindiŋ] *adj* snoet

windmill ['windmil] *n* vejrmølle *c*, vindmølle *c*

window ['windou] *n* vindue *nt*

window-sill ['windousil] *n* vindueskarm *c*

windscreen ['windskri:n] *n* vindspejl *nt*; ~ wiper vinduesvisker *c*

windshield ['windʃi:ld] *nAm* vindspejl *nt*; ~ wiper *Am* vinduesvisker *c*

windy ['windi] *adj* forblæst

wine [wain] *n* vin *c*

wine-cellar ['wain,selə] *n* vinkælder *c*

wine-list ['wainlist] *n* vinkort *nt*

wine-merchant ['wain,mə:tʃənt] *n* vinhandler *c*

wine-waiter ['wain,weitə] *n* vintjener *c*

wing [wiŋ] *n* vinge *c*

winkle ['wiŋkəl] *n* strandsnegl *c*

winner ['winə] *n* vinder *c*

winning ['winiŋ] *adj* vindende; winnings *pl* gevinst *c*

winter ['wintə] *n* vinter *c*; ~ sports vintersport *c*

wipe [waip] *v* tørre af

wire [waiə] *n* tråd *c*; ståltråd *c*

wireless ['waiələs] *n* radio *c*

wisdom ['wizdəm] *n* visdom *c*

wise [waiz] *adj* viis

wish [wiʃ] *v* hige efter, ønske; *n* ønske *nt*, begæring *c*

witch [witʃ] *n* heks *c*

with [wið] *prep* med; af

*withdraw [wið'drɔ:] *v* *trække tilbage

within [wi'ðin] *prep* inden for; *adv* indvendigt

without [wi'ðaut] *prep* uden

witness ['witnəs] *n* vidne *nt*

wits [wits] *pl* forstand *c*

witty ['witi] *adj* vittig

wolf [wulf] *n* (pl wolves) ulv *c*

woman ['wumən] *n* (pl women) kvinde *c*

womb [wu:m] *n* livmoder *c*

won [wʌn] *v* (p, pp win)

wonder ['wʌndə] *n* under *nt*; forundring *c*; *v* *spørge sig selv

wonderful ['wʌndəfəl] *adj* herlig, vidunderlig

wood [wud] *n* træ *nt*; skov *c*

wood-carving ['wud,kɑ:viŋ] *n* træskærerarbejde *nt*

wooded ['wudid] *adj* skovklædt

wooden ['wudən] *adj* træ-; ~ shoe træsko *c*

woodland ['wudlənd] *n* skovstrækning *c*

wool [wul] *n* uld *c*; darning ~ stoppegarn *nt*

woollen ['wulən] *adj* ulden

word [wə:d] *n* ord *nt*

wore [wɔ:] *v* (p wear)

work [wə:k] *n* arbejde *nt*; *v* arbejde; virke, fungere; working day arbejdsdag *c*; ~ of art kunstværk *nt*; ~ permit arbejdstilladelse *c*

worker ['wə:kə] *n* arbejder *c*

working ['wə:kiŋ] *n* virkemåde *c*

workman ['wə:kmən] *n* (pl -men) arbejder *c*

works [wə:ks] *pl* fabrik *c*

workshop ['wə:kʃɔp] *n* værksted *nt*

world [wə:ld] *n* verden *c*; ~ war verdenskrig *c*

world-famous [,wə:ld'feiməs] *adj* verdensberømt

world-wide ['wə:ldwaid] *adj* verdensomspændende

worm [wə:m] *n* orm *c*

worn [wɔ:n] *adj* (pp wear) slidt

worn-out [,wɔ:n'aut] *adj* udslidt

worried ['wʌrid] *adj* bekymret

worry ['wʌri] *v* bekymre sig; *n* bekymring *c*

worse [wə:s] *adj* værre; *adv* værre

worship ['wə:ʃip] *v* *tilbede; *n* gudstjeneste *c*

worst [wə:st] *adj* værst; *adv* værst

worsted ['wustid] *n* kamgarn *nt*

worth [wə:θ] *n* værdi *c*; *be ~ *være værd; *be worth-while *være umagen værd

worthless ['wə:θləs] *adj* værdiløs

worthy of ['wə:ði əv] værdig

would [wud] *v* (p will)

wound¹ [wu:nd] *n* sår *nt*; *v* såre

wound² [waund] *v* (p, pp wind)

wrap [ræp] *v* pakke ind, vikle ind

wreck [rek] *n* vrag *nt*; *v* *ødelægge

wrench [rentʃ] *n* skruenøgle *c*; ryk *nt*; *v* *forvride

wrinkle ['riŋkəl] *n* rynke *c*

wrist [rist] *n* håndled *nt*

wrist-watch ['ristwɔtʃ] *n* armbåndsur *nt*

*write [rait] *v* *skrive; in writing skriftligt; ~ down *skrive ned

writer ['raitə] *n* forfatter *c*

writing-pad ['raitiŋpæd] *n* skriveblok *c*

writing-paper ['raitiŋ,peipə] *n* skrivepapir *nt*

written ['ritən] *adj* (pp write) skriftlig

wrong [rɔŋ] *adj* forkert, uret; *n* uret

c; v *gøre uret; **be ~** *have uret
wrote [rout] v (p write)

X

Xmas ['krisməs] jul
X-ray ['eksrei] n røntgenbillede nt; v
røntgenfotografere

Y

yacht [jɔt] n yacht c
yacht-club ['jɔtklʌb] n sejlklub c
yachting ['jɔtiŋ] n sejlsport c
yard [jɑːd] n gård c
yarn [jɑːn] n garn nt
yawn [jɔːn] v gabe
year [jiə] n år nt
yearly ['jiəli] adj årlig
yeast [jiːst] n gær c
yell [jel] v hyle; n hyl nt
yellow ['jelou] adj gul
yes [jes] ja
yesterday ['jestədi] adv i går
yet [jet] adv endnu; conj dog, imid-
lertid, alligevel
yield [jiːld] v *give; *give efter
yoke [jouk] n åg nt

yolk [jouk] n æggeblomme c
you [juː] pron du; dig; De; Dem; I;
jer
young [jʌŋ] adj ung
your [jɔː] adj Deres; din; jeres
yourself [jɔːˈself] pron dig; selv
yourselves [jɔːˈselvz] pron jer; selv
youth [juːθ] n ungdom c; ~ **hostel**
vandrerhjem nt
Yugoslav [ˌjuːgəˈslɑːv] n jugoslav c
Yugoslavia [ˌjuːgəˈslɑːviə] Jugoslavien

Z

zeal [ziːl] n iver c
zealous ['zeləs] adj ivrig
zebra ['ziːbrə] n zebra c
zenith ['zeniθ] n zenit nt; højdepunkt
nt
zero ['ziərou] n (pl ~s) nul nt
zest [zest] n oplagthed c
zinc [ziŋk] n zink c
zip [zip] n lynlås c; ~ **code** Am post-
nummer nt
zipper ['zipə] n lynlås c
zodiac ['zoudiæk] n dyrekreds c
zone [zoun] n zone c; område nt
zoo [zuː] n (pl ~s) zoo c
zoology [zouˈɔlədʒi] n zoologi c

Mad

almond mandel
anchovy ansjos, sardel
angel food cake let, luftig kage hovedsagelig med æggehvider
angels on horseback grillstegte østers rullet ind i baconskiver, serveres på toast
appetizer snacks, pindemad o.l.
apple æble
  ~ **charlotte** ovnbagt æblekage
  ~ **dumpling** indbagt æble
  ~ **sauce** æblemos
apricot abrikos
Arbroath smoky røget kuller
artichoke artiskok
asparagus asparges
  ~ **tip** aspargeshoved
aspic koldt kød eller fisk i gelé
assorted udvalg af
bacon and eggs spejlæg med bacon
bagel ringformet rundstykke
baked bagt
  ~ **Alaska** lagkagebund og is overtrukket med marengs-masse og hurtigt bagt i ovnen, flamberes ved bordet
  ~ **beans** hvide bønner i tomat-sovs
  ~ **potato** bagt kartoffel
Bakewell tart mandelkage med syltetøj
baloney slags kødpølse

banana banan
  ~ **split** dessert af banan med is, nødder og chokolade- eller frugtsovs
barbecue 1) hakkekød i tomat-sovs, serveret i en bolle 2) mål-tid i det fri med grillstegt kød
  ~ **sauce** stærkt krydret tomat-sovs
barbecued stegt på udendørs grill
basil basilikum
bass bars, havaborre
bean bønne
beef oksekød
  ~ **olive** benløs fugl
beefburger bøfsandwich af rent hakket oksekød
beet, beetroot rødbede
bilberry blåbær
bill regning
  ~ **of fare** spisekort
biscuit småkage, kiks
black pudding blodpølse
blackberry brombær
blackcurrant solbær
bloater let saltet, røget sild
blood sausage blodpølse
blueberry blåbær
boiled kogt
Bologna (sausage) slags kødpølse
bone ben
boned benfri, udbenet
Boston baked beans ret af hvide

bønner, baconskiver, tomatsovs og sirup

Boston cream pie luftig kage med lag af vanillecreme, overtrukket med chokolade

brains hjerne

braised grydestegt, braiseret

bramble pudding brombærbudding, ofte med æbler

braunschweiger røget leverpølse

bread brød

breaded paneret

breakfast morgenmad

breast bryst (fjerkræ)

brisket bryst (okse eller kalv)

broad bean hestebønne

broth bouillon

brown Betty æblekage med krydderier, dækket med rasp

brunch kombineret morgenmad og frokost

brussels sprout rosenkål

bubble and squeak slags biksemad; kartofler, kål og kødstykker stegt på panden

bun 1) bolle med rosiner (GB) 2) rundstykke (US)

butter smør

buttered smurt

cabbage kål

Caesar salad grøn salat, brødterninger, æg, salte ansjoser, ost og hvidløg

cake sandkage

cakes småkager, konditorkager

calf kalvekød

Canadian bacon røget svinefilet skåret i skiver

canapé kanapé, smørrebrødssnitte

cantaloupe slags melon

caper kapers

capercaillie, capercailzie tjurhane

caramel karamel, karamel-

carp karpe

carrot gulerod

cashew akajounød

casserole gryderet

catfish havkat, malle

catsup ketchup

cauliflower blomkål

celery selleri

cereal fællesbetegnelse for alle typer cornflakes

    hot ~ grød

check regning

Cheddar (cheese) den mest almindelige engelske skæreost, mild eller lagret

cheese ost

    ~ board osteplatte

    ~ cake aromatiseret kvarkkage

cheeseburger bøfsandwich med en skive smeltet ost

chef's salad grøn salat med skinke, kylling, hårdkogte æg, tomater og ost

cherry kirsebær

chestnut kastanie

chicken kylling

chicory 1) julesalat, endivie (GB) 2) cikoriesalat (US)

chili con carne krydret gryderet af hakkekød og brune bønner

chips 1) pommes frites (GB) 2) franske kartofler (US)

chit(ter)lings finker

chive purløg

chocolate chokolade

    ~ pudding 1) forskellige typer sandkage med chokolade (GB) 2) chokoladefromage (US)

choice udvalg, valg

chop kotelet

    ~ suey gryderet af hønse- eller svinekød og grønsager, serveres med ris

chopped hakket

chowder kraftig suppe af fisk og skaldyr

Christmas pudding lidt tung frugtkage, somme tider flamberet, serveres ved juletid

chutney stærkt krydrede, sursøde, syltede grønsager og frugter

cinnamon kanel

clam art musling

club sandwich sandwich med kold kylling, bacon, tomat, salat og mayonnaise

cobbler frugtkompot indbagt i tærtedej

cook-a-leekie soup hønsekødsuppe med porrer

coconut kokosnød

cod torsk

Colchester oyster engelsk østers af høj kvalitet

cold cuts/meat afskåret pålæg

coleslaw hvidkålssalat

compote kompot

condiment krydderi

consommé klar suppe, bouillon

cooked tilberedt

cookie småkage

corn 1) korn (GB) 2) majs (US)
~ **on the cob** majskolbe

cottage cheese hytteost

cottage pie hakkekød stegt i ovnen under lag af kartoffelmos

course ret

cover charge kuvertafgift

crab krabbe

cracker let saltet kiks

cranberry tranebær
~ **sauce** tranebærsyltetøj

crawfish 1) langust (GB) 2) jomfruhummer (US)

crayfish krebs

cream 1) fløde 2) creme 3) legeret suppe
~ **cheese** flødeost

~ **puff** vandbakkelse med cremefyld

creamed potatoes stuvede kartofler

creole stærkt krydret sovs med peberfrugt, tomat og løg

cress karse

crisps franske kartofler

croquette kroket

crumpet bolle, spises varm med smør

cucumber agurk

Cumberland ham kendt type røget skinke

Cumberland sauce sovs af ribsgelé tilsat vin, appelsinsaft og krydderier

cupcake lille sandkage

cured saltet, røget eller marineret

currant 1) korend 2) ribs

curried med karry

curry karry

custard vanillecreme, -budding
~ **pie** lille tærte fyldt med vanillecreme

cutlet lille kotelet, schnitzel

dab ising

Danish pastry wienerbrød

date daddel

Derby cheese gullig ost med stærk smag

devilled stærkt krydret

devil's food cake tung chokoladekage

devils on horseback svesker kogt i rødvin og fyldt med mandler og ansjoser, rullet ind i baconskiver og grilleret

Devonshire cream tyk fløde

diced skåret i terninger

diet food diætmad

dill dild

dinner middag

dish ret

donut beignet, ringformet berlinerpfannkuchen
double cream piskefløde
doughnut beignet, ringformet berlinerpfannkuchen
Dover sole søtunge af høj kvalitet
dressing 1) salatdressing 2) fars i fjerkræ (US)
Dublin Bay prawn jomfruhummer
duck and
duckling ung and
dumpling 1) indbagt frugt 2) melbolle
Dutch apple pie æbletærte overtrukket med et lag puddersukker og smør
éclair vandbakkelse med cremefyld og chokoladeglasur
eel ål
egg(s) æg
   boiled ~ blødkogt
   fried ~ spejlæg
   hard-boiled ~ hårdkogt
   poached ~ pocheret
   scrambled ~ røræg
   soft-boiled ~ smilende
eggplant aubergine
endive 1) cikoriesalat (GB) 2) julesalat (US)
entrée 1) forret 2) mellemret
fennel fennikel
fig figen
fillet filet
finnan haddock røget kuller
fish fisk
   ~ **and chips** friturestegt fisk med pommes frites
   ~ **cake** fiskefrikadelle
flan frugttærte
flapjack lille tyk pandekage
flounder flynder, skrubbe
fool frugtfromage med flødeskum
forcemeat krydret kødfars
fowl fjerkræ

frankfurter bayersk pølse
French bean grøn bønne, haricot vert
French bread flute
French dressing 1) salatdressing af olie og eddike (GB) 2) salatdressing med mayonnaise tilsat ketchup (US)
french fries pommes frites
French toast arme riddere
fresh frisk, fersk
fricassée frikassé
fried stegt
fritter lille stykke frugt, grønsag eller østers dyppet i pandekagedej og friturestegt
frogs' legs frølår
frosting glasur
fruit frugt
fry friturestegt ret
galantine fisk, frugt eller kød i gelé
game vildt
gammon røget skinke
garfish hornfisk
garlic hvidløg
garnish tilbehør
gherkin lille sylteagurk
giblets indmad af fjerkræ
ginger ingefær
goose gås
   ~ **berry** stikkelsbær
grape vindrue
   ~ **fruit** grapefrugt
grated reven
gravy sky, sovs
grayling stalling (fisk af laksefamilien)
green bean grøn bønne
green pepper grøn peberfrugt
green salad grøn salat
greens grønsager
grilled grillstegt
grilse ung laks

grouse fællesbetegnelse for hjerpe, rype, tjur og urfugl

gumbo kreolsk suppe med abelmoskusskud samt kød, fisk eller skaldyr

haddock kuller

haggis ret af hakket fåreindmad, blandet med havregryn og løg

hake kulmule

half halv, halvdel

halibut helleflynder

ham skinke

~ **and eggs** skinke med røræg

haricot bean grøn eller gul bønne

hash hakket eller fintskåret kød

hazelnut hasselnød

heart hjerte

herbs krydderurter

herring sild

home-made hjemmelavet

hominy grits grød af majsmel

honey honning

honeydew melon honningmelon

horse-radish peberrod

hot 1) varm 2) stærkt krydret

huckleberry blåbær

hush puppy friturestegt bagværk af majsmel

ice-cream is

iced 1) isafkølet 2) overtrukket med glasur

icing glasur

Idaho baked potato bagt kartoffel (kartoffelart specielt egnet til bagning i ovnen)

Irish stew fåreragout med kartofler og løg

Italian dressing salatdressing af olie, eddike, hvidløg og urter

jam marmelade, syltetøj

jellied i gelé

Jell-O gelédessert

jelly gelé

Jerusalem artichoke jordskok

John Dory sanktpetersfisk

jugged hare hareragout

juniper berry enebær

junket slags tykmælk, spises med sukker

kale grønkål

kedgeree slags plukfisk med ris og hårdkogte æg

kidney nyre

kipper røget sild

lamb lammekød

Lancashire hot pot gryderet af lammekoteletter og -nyrer med kartofler og løg

larded spækket

lean mager

leek porre

leg kølle, lårstykke, skank

lemon citron

~ **sole** rødtunge

lentil linse (bælgfrugt)

lettuce hovedsalat, grøn salat

lima bean slags hestebønne

liver lever

loaf brød

lobster hummer

loin (kalve)nyresteg, svinekam

Long Island duck and af høj kvalitet

low calorie kaloriefattig

lox røget laks

lunch frokost

macaroon makron

mackerel makrel

maize majs

maple syrup ahornsirup

marinated marineret, i lage

marjoram merian

marmalade orangemarmelade

marrow marv

~ **bone** marvben

marshmallow slags slik af sirup, æggehvide, sukker og husblas

marzipan marcipan

mashed potatoes kartoffelmos

meal måltid

meat kød
~ ball kødbolle
~ loaf forloren hare
~ pâté kødpostej

medium mellemstegt, medium

melted smeltet

Melton Mowbray pie kødpie

menu spisekort, menu

meringue marengs

mince 1) hakket kød 2) hakke-
mad
~ pie tærte fyldt med hakkede
rosiner, mandler, sukat og
krydderier

minced hakket
~ meat hakkekød

mint mynte

minute steak tynd skive stegt kød

mixed blandet
~ grill små stykker kød og
grønsager på spid, grilleret

molasses sirup

morel morkel

mousse 1) fin fars af fisk, fjerkræ
eller skinke 2) slags fromage

mulberry morbær

mullet multe (pigfinnefisk)

mulligatawny soup stærkt karry-
krydret, indisk hønsekødsuppe

mushroom svamp

muskmelon slags melon

mussel musling

mustard sennep

mutton fårekød

noodle nudel

nut nød

oatmeal havregrød

oil olie

okra abelmoskus (grønsag)

olive oliven

omelet æggekage, omelet

onion løg

orange appelsin

ox tongue oksetunge

oxtail oksehale

oyster østers

pancake pandekage, klatkage

parsley persille

parsnip pastinak

partridge agerhøne

pastry bagværk, kage

pasty postej, pie

pea ært

peach fersken

peanut jordnød
~ butter jordnødsmør

pear pære

pearl barley perlegryn

pepper peber
~ mint pebermynte

perch aborre

persimmon daddelblomme, kaki

pheasant fasan

pickerel ung gedde

pickled marineret

pickles 1) pickles 2) lille sylte-
agurk (US)

pigeon due

pigs' feet/trotters grisetæer

pike gedde

pineapple ananas

plaice rødspætte

plain uden tilsætning af nogen art

plate tallerken

plum blomme
~ pudding lidt tung frugtkage,
somme tider flamberet, serve-
res ved juletid

poached pocheret

popover let, luftigt bagværk

pork svinekød

porridge (havre)grød

porterhouse steak stor bøf af tyk-
steg uden ben

pot roast grydestegt steg med
grønsager

potato kartoffel
  ~ **chips** 1) pommes frites (GB)
    2) franske kartofler (US)
  ~ **in its jacket** kogt kartoffel
    med skræl
potted shrimps rejer blandet med
  kryddersmør, serveres koldt
poultry fjerkræ
prawn stor reje
prune sveske
ptarmigan fjeldrype
pudding budding
pumpkin græskar
quail vagtel
quince kvæde
rabbit kanin
radish radise
rainbow trout regnbueørred
raisin rosin
rare rødstegt, meget lidt stegt
raspberry hindbær
raw rå
red mullet mulle
red (sweet) pepper rød peberfrugt
redcurrant ribs
relish slags hakket pickles
rhubarb rabarber
rib (of beef) højreb
rib-eye steak entrecote
rice ris
rissole kød- eller fiskefrikadelle
river trout bækørred
roast 1) steg 2) stegt
Rock Cornish hen frilandshøne
roe rogn
roll rundstykke, kuvertbrød
rollmop herring hvidvinsmarine-
  ret sildefilet rullet omkring
  sylteagurk
round steak steg af okselår
Rubens sandwich sprængt okse-
  kød på ristet franskbrød med
  surkål, schweizerost og salat-
  dressing, serveres varm

rumpsteak engelsk bøf af tyk- eller
  tyndsteg
rusk tvebak
rye bread rugbrød
saddle rygstykke
saffron safran
sage salvie
salad salat
  ~ **bar** salat- og grønsagsbuffet
  ~ **cream** let sødet salatdressing
    med fløde
salmon laks
  ~ **trout** laksørred
salted saltet
sandwich to stykker brød sam-
  menlagt om pålæg
sauce sovs
sauerkraut surkål
sausage pølse
sautéed stegt hurtigt i smør eller
  olie
scallop kammusling
scone slags bolle af byg- eller
  havremel
Scotch broth suppe af fåre- eller
  oksekød, grønsager og perle-
  gryn
Scotch egg hårdkogt æg svøbt ind
  i frikadellefars og stegt
Scotch woodcock ristet brød med
  ansjospostej og røræg
sea bass havaborre
sea bream guldbrasen
sea kale strandkål; findes på
  strandbredden, de unge skud
  kan spises
seafood fisk, muslinger, skaldyr
  og bløddyr
(in) season (i) sæson(en)
seasoning krydderier
service betjening
  ~ **charge** betjeningsafgift
  ~ **(not) included** (ikke) ibereg-
    net

set menu fast menu, dagens mid-
    dag

shad majsild, stamsild

shallot chalotteløg

shellfish skaldyr

sherbet sorbet, halvfrossen saftis

shoulder bov

shredded skåret i fine strimler
    ~ wheat hvede-cornflakes

shrimp reje

silverside (of beef) lårtunge (af
    oksekød)

sirloin steak oksemørbradbøf

skewer stegespid

slice skive

sliced skåret i skiver

sloppy Joe hakket oksekød i
    tomatsovs, serveres på brød

smoked røget

snack let måltid, mellemmåltid

sole søtunge

soup suppe

sour sur

soused herring marineret sild

spice krydderi

spinach spinat

spiny lobster langust

(on a) spit (på) spid

sponge cake sandkage

sprat brisling

squash græskar

starter forret

steak-and-kidney pie oksekød og
    nyrer indbagt i pie

steamed dampet, kogt mør med
    meget lidt væde

stew ragout, stuvning

Stilton (cheese) engelsk skimmel-
    ost

strawberry jordbær

string bean grøn bønne

stuffed farseret, fyldt

stuffing fars, fyld

suck(l)ing pig pattegris

sugar sukker

sugarless sukkerfri

sundae is med frugt, nødder, flø-
    deskum og frugtsaft

supper aftensmad, middag

swede kålroe

sweet 1) sød 2) dessert
    ~ corn majs
    ~ potato sød kartoffel

sweetbread brissel

Swiss cheese schweizerost

Swiss roll roulade med syltetøj
    eller smørcreme

Swiss steak skive oksekød braise-
    ret med tomat og løg

T-bone steak bøf af tyndsteg,
    hvor benet danner et T

table d'hôte fast menu, dagens
    middag

tangerine slags mandarin

tarragon esdragon

tart frugttærte

tenderloin filet, mørbrad

Thousand Island dressing salat-
    dressing af mayonnaise, peber-
    frugt og chilisovs

thyme timian

toad-in-the-hole oksekød (eller
    pølse) indbagt i dej

toast ristet brød

toasted ristet
    ~ cheese ristet brød med smel-
    tet osteskive
    ~ (cheese) sandwich pariser-
    toast

tomato tomat

tongue tunge

treacle sirup

trifle trifli

tripe kallun

trout ørred

truffle trøffel

tuna, tunny tunfisk

turbot pighvar

turkey kalkun
turnip majroe, hvidroe
turnover sammenfoldet tærte med fyld
turtle soup skildpaddesuppe
underdone rødstegt, meget lidt stegt
veal kalvekød
~ **bird** benløs fugl af kalvekød
~ **cutlet** kalveschnitzel
vegetable grønsag
~ **marrow** courgette
venison rådyrkød
vichyssoise kold suppe med kartofler og porrer
vinegar eddike
Virginia baked ham ovnstegt, røget skinke pyntet med stegte ananasskiver og kirsebær
vol-au-vent tartelet
wafer vaffel (kiks)

waffle vaffel
walnut valnød
water ice sorbet, halvfrossen saftis, sodavandsis
watercress brøndkarse
watermelon vandmelon
well-done gennemstegt
Welsh rabbit/rarebit ristet brød med smeltet ost
whelk trompetsnegl
whipped cream flødeskum
whitebait småfisk
wine list vinkort
woodcock sneppe
Worcestershire sauce krydret sovs af eddike og soja
York ham meget fin, røget skinke
Yorkshire pudding slags budding af pandekagedej, som serveres til roastbeef
zwieback tvebak

Drikke

ale let sødet, stærkt øl gæret ved høj temperatur
bitter ~ mørkt, let bittert øl
brown ~ let sødet, mørkt øl på flaske
light ~ lyst øl på flaske
mild ~ mørkt, fyldigt fadøl
pale ~ lyst øl på flaske med stærk humlesmag
applejack æblebrændevin (US)
Athole Brose varm drink af whisky, tilsat vand, honning og havregryn
Bacardi cocktail varm drink af rom og gin, tilsat grenadine og lime
barley water drik på basis af byg med frugtsmag af forskellig art
barley wine mørkt øl med højt alkoholindhold
beer øl
bottled ~ på flaske
draft, draught ~ fadøl
bitters bitter

black velvet lige dele champagne og mørkt øl *(stout)*, serveres ofte til østers

bloody Mary drink af vodka, tomatjuice og krydderier

bourbon amerikansk whisky fremstillet af majs

brandy 1) cognac 2) frugt-brændevin 3) brandy

~ **Alexander** drink af brandy, kakaolikør og fløde

British wines vin fremstillet i Storbritannien af importerede druer eller druesaft

cherry brandy kirsebærlikør

chocolate chokolade

cider cider, alkoholholdig æble-saft

~ **cup** drik af cider, krydderier, sukker og is

claret rød bordeaux-vin

cobbler vindrink med frugtstyk-ker

coffee kaffe

~ **with cream** med fløde

black ~ uden fløde

caffeine-free ~ koffeinfri

white ~ med mælk

Coke Coca-Cola

cordial hjertestyrkning, f. eks. likør eller cognac

cream fløde

cup 1) kop 2) kold punch

daiquiri drink af rom med lime og sukker

double dobbelt mål spiritus

Drambuie likør fremstillet af whisky og honning

dry tør

~ **martini** 1) tør vermouth (GB) 2) cocktail af gin og tør vermouth (US)

egg-nog æggepunch

gin and it drink af gin og sød vermouth

gin-fizz drink af gin. citronsaft, danskvand og sukker

ginger ale sodavand med ingefær-smag

ginger beer let sødet, alkoholhol-dig drink med ingefærsmag

grasshopper drink af pebermynte-likør, kakaolikør og fløde

Guinness (stout) let sødet, mørkt og fyldigt øl med kraftig hum-lesmag (portertype)

half pint ca. 3 dl

highball drink af whisky eller brændevin, fortyndet med vand, danskvand eller *ginger ale*

iced iskold

Irish coffee kaffe med irsk whisky og flødeskum

Irish Mist irsk likør fremstillet af whisky og honning

Irish whiskey irsk whisky, rundere i smagen end skotsk whisky, fremstillet af byg, rug, havre og hvede og lagret i trækar

juice juice, frugtsaft

lager øl af pilsnertype

lemonade citronvand

lime juice saft af lime (grøn citron)

liqueur likør

liquor spiritus

long drink spiritus fortyndet med vand eller danskvand og ister-ninger

malt whisky skotsk whisky frem-stillet af malt

Manhattan cocktail af *bourbon*, sød vermouth og angostura

milk mælk

mineral water mineralvand

mulled wine varm, krydret vin, minder om gløgg

neat tør; drink uden is, vand eller anden tilsætning

old-fashioned cocktail af whisky, angostura, citronskal og sukker

on the rocks med isterninger

Ovaltine drik af kakao og malt

Pimm's cup(s) alkoholholdig drink, fortyndes med frugtjuice eller danskvand

~ **No. 1** med gin

~ **No. 2** med whisky

~ **No. 3** med rom

~ **No. 4** med brandy

pink champagne rosa champagne

pink lady cocktail af gin, æble-brændevin (Calvados), grena-dine, citronsaft og piskede æggehvider

pint ca. 6 dl

port (wine) portvin

porter mørkt, bittert øl

quart måleenhed, 1,14 l (US 0,95 l)

root beer slags sodavand tilsat ekstrakt af urter og rødder

rum rom

rye (whiskey) amerikansk whisky fremstillet af rug; tungere og skarpere i smagen end *bourbon*

scotch (whisky) skotsk whisky fremstillet af en blanding af byg- og hvedewhisky

screwdriver drink af vodka og appelsinjuice

shandy *bitter ale* blandet med *ginger beer*

short drink enhver form for ufortyndet spiritus

sloe gin-fizz slåenlikør med citronsaft, sukker og danskvand

soda water danskvand

soft drink alkoholfri drik

sour 1) sur 2) om en drink, hvor man har tilsat citronsaft

spirits spiritus

stinger drink af cognac og pebermyntelikør

stout mørkt øl med højt alkoholindhold og kraftig humlesmag

straight tør, ren

sweet sød

tea te

toddy drink af spiritus, kogende vand, citron, sukker og krydderier

Tom Collins drink af gin, citronsaft, sukker og danskvand

water vand

whisky sour drink af whisky, citronsaft og sukker

wine vin

red ~ rød

sparkling ~ mousserende

white ~ hvid

Engelske uregelmæssige verber

Nedenstående liste viser de mest almindelige engelske uregelmæssige verber. Sammensatte verber eller verber, der begynder med en forstavelse, bøjes som de usammensatte: f.eks. *withdraw* bøjes som *draw* og *mistake* som *take*.

Infinitiv navnemåde	Imperfektum datid	Perfektum participium datids tillægsmåde	
arise	arose	arisen	*opstå*
awake	awoke	awoken/awaked	*vågne*
be	was	been	*være*
bear	bore	borne	*bære*
beat	beat	beaten	*slå*
become	became	become	*blive*
begin	began	begun	*begynde*
bend	bent	bent	*bøje*
bet	bet	bet	*vædde*
bid	bade/bid	bidden/bid	*byde*
bind	bound	bound	*binde*
bite	bit	bitten	*bide*
bleed	bled	bled	*bløde*
blow	blew	blown	*blæse*
break	broke	broken	*slå i stykker*
breed	bred	bred	*opdrætte*
bring	brought	brought	*bringe*
build	built	built	*bygge*
burn	burnt/burned	burnt/burned	*brænde*
burst	burst	burst	*briste*
buy	bought	bought	*købe*
can*	could	–	*kunne*
cast	cast	cast	*kaste; støbe*
catch	caught	caught	*fange, gribe*
choose	chose	chosen	*vælge*
cling	clung	clung	*klynge sig*
clothe	clothed/clad	clothed/clad	*klæde på*
come	came	come	*komme*
cost	cost	cost	*koste*
creep	crept	crept	*krybe*
cut	cut	cut	*skære*
deal	dealt	dealt	*handle*
dig	dug	dug	*grave*
do (he does*)	did	done	*gøre*
draw	drew	drawn	*trække; tegne*
dream	dreamt/dreamed	dreamt/dreamed	*drømme*
drink	drank	drunk	*drikke*
drive	drove	driven	*køre*
dwell	dwelt	dwelt	*bo*
eat	ate	eaten	*spise*

* præsens (nutid)

fall	fell	fallen	*falde*
feed	fed	fed	*fodre*
feel	felt	felt	*føle*
fight	fought	fought	*kæmpe*
find	found	found	*finde*
flee	fled	fled	*flygte*
fling	flung	flung	*kaste*
fly	flew	flown	*flyve*
forsake	forsook	forsaken	*svigte*
freeze	froze	frozen	*fryse*
get	got	got	*få*
give	gave	given	*give*
go (he goes*)	went	gone	*gå*
grind	ground	ground	*male*
grow	grew	grown	*vokse*
hang	hung	hung	*hænge*
have (he has*)	had	had	*have*
hear	heard	heard	*høre*
hew	hewed	hewed/hewn	*hugge*
hide	hid	hidden	*skjule*
hit	hit	hit	*ramme*
hold	held	held	*holde*
hurt	hurt	hurt	*såre*
keep	kept	kept	*beholde*
kneel	knelt	knelt	*knæle*
knit	knitted/knit	knitted/knit	*strikke*
know	knew	known	*vide; kende*
lay	laid	laid	*lægge*
lead	led	led	*føre*
lean	leant/leaned	leant/leaned	*læne*
leap	leapt/leaped	leapt/leaped	*springe*
learn	learnt/learned	learnt/learned	*lære*
leave	left	left	*forlade*
lend	lent	lent	*låne (ud)*
let	let	let	*lade; udleje*
lie	lay	lain	*ligge*
light	lit/lighted	lit/lighted	*tænde*
lose	lost	lost	*miste*
make	made	made	*lave*
may*	might	–	*måtte (gerne)*
mean	meant	meant	*betyde*
meet	met	met	*møde*
mow	mowed	mowed/mown	*meje*
must*	must	–	*måtte, skulle*
ought* (to)	ought	–	*burde*
pay	paid	paid	*betale*
put	put	put	*lægge, stille*
read	read	read	*læse*

---

* præsens (nutid)

rid	rid	rid	*befri*
ride	rode	ridden	*ride; køre*
ring	rang	rung	*ringe*
rise	rose	risen	*stå op*
run	ran	run	*løbe*
saw	sawed	sawn	*save*
say	said	said	*sige*
see	saw	seen	*se*
seek	sought	sought	*søge*
sell	sold	sold	*sælge*
send	sent	sent	*sende*
set	set	set	*sætte*
sew	sewed	sewed/sewn	*sy*
shake	shook	shaken	*ryste*
shall*	should	–	*skulle*
shed	shed	shed	*udgyde*
shine	shone	shone	*skinne*
shoot	shot	shot	*skyde*
show	showed	shown	*vise*
shrink	shrank	shrunk	*krybe*
shut	shut	shut	*lukke*
sing	sang	sung	*synge*
sink	sank	sunk	*synke*
sit	sat	sat	*sidde*
sleep	slept	slept	*sove*
slide	slid	slid	*glide*
sling	slung	slung	*slynge*
slink	slunk	slunk	*luske*
slit	slit	slit	*flække*
smell	smelled/smelt	smelled/smelt	*lugte*
sow	sowed	sown/sowed	*så*
speak	spoke	spoken	*tale*
speed	sped/speeded	sped/speeded	*ile*
spell	spelt/spelled	spelt/spelled	*stave*
spend	spent	spent	*tilbringe; give ud*
spill	spilt/spilled	spilt/spilled	*spilde*
spin	spun	spun	*spinde*
spit	spat	spat	*spytte*
split	split	split	*spalte*
spoil	spoilt/spoiled	spoilt/spoiled	*ødelægge; forkæle*
spread	spread	spread	*sprede*
spring	sprang	sprung	*springe (op)*
stand	stood	stood	*stå*
steal	stole	stolen	*stjæle*
stick	stuck	stuck	*klæbe*
sting	stung	stung	*stikke*
stink	stank/stunk	stunk	*stinke*
strew	strewed	strewed/strewn	*strø*

---

* præsens (nutid)

stride	strode	stridden	*skridte ud*
strike	struck	struck/stricken	*slå*
string	strung	strung	*trække på snor*
strive	strove	striven	*stræbe*
swear	swore	sworn	*sværge*
sweep	swept	swept	*feje*
swell	swelled	swollen/swelled	*svulme*
swim	swam	swum	*svømme*
swing	swung	swung	*svinge*
take	took	taken	*tage*
teach	taught	taught	*undervise*
tear	tore	torn	*rive itu*
tell	told	told	*fortælle*
think	thought	thought	*tænke*
throw	threw	thrown	*kaste*
thrust	thrust	thrust	*støde*
tread	trod	trodden	*træde*
wake	woke/waked	woken/waked	*vågne; vække*
wear	wore	worn	*have på*
weave	wove	woven	*væve*
weep	wept	wept	*græde*
will *	would	—	*ville*
win	won	won	*vinde*
wind	wound	wound	*sno*
wring	wrung	wrung	*vride*
write	wrote	written	*skrive*

---

* præsens (nutid)

Engelske forkortelser

AA	Automobile Association	britisk automobilklub
AAA	American Automobile Association	amerikansk automobilklub
ABC	American Broadcasting Company	privat amerikansk radio- og tv-selskab
A.D.	anno Domini	e.Kr.
Am.	America; American	Amerika; amerikansk
a.m.	ante meridiem (before noon)	før middag (om tidspunkter mellem kl. 0.00 og 12.00)
Amtrak	American railroad corporation	privat amerikansk jernbane-selskab
AT & T	American Telephone and Telegraph Company	amerikansk telefon- og telegrafselskab
Ave.	avenue	avenu
BBC	British Broadcasting Corporation	britisk radio- og tv-selskab
B.C.	before Christ	f.Kr.
bldg.	building	bygning
Blvd.	boulevard	boulevard
B.R.	British Rail	de britiske statsbaner
Brit.	Britain; British	Storbritannien; britisk
Bros.	brothers	brdr., brødrene
¢	cent	1/100 dollar
Can.	Canada; Canadian	Canada; canadisk
CBS	Columbia Broadcasting System	privat amerikansk radio- og tv-selskab
CID	Criminal Investigation Department	kriminalpolitiet i Storbritannien
CNR	Canadian National Railway	de canadiske statsbaner
c/o	(in) care of	c/o
Co.	company	kompagni
Corp.	corporation	A/S, aktieselskab
CPR	Canadian Pacific Railways	privat canadisk jernbaneselskab
D.C.	District of Columbia	Columbia-distriktet (Washington, D.C.)
DDS	Doctor of Dental Science	tandlæge
dept.	department	afdeling
EEC	European Economic Community	EEC

e.g.	*for instance*	f.eks.
Eng.	*England; English*	England; engelsk
excl.	*excluding; exclusive*	eksklusive, ikke iberegnet
ft.	*foot/feet*	fod (30,5 cm)
GB	*Great Britain*	Storbritannien
H.E.	*His/Her Excellency;*	Hans/Hendes Excellence;
	His Eminence	Hans Eminence
H.H.	*His Holiness*	Hans Hellighed (paven)
H.M.	*His/Her Majesty*	Hans/Hendes Majestæt
H.M.S.	*Her Majesty's ship*	britisk flådefartøj
hp	*horsepower*	hk., hestekræfter
Hwy	*highway*	hovedvej
i.e.	*that is to say*	dvs.
in.	*inch*	tomme (2,54 cm)
Inc.	*incorporated*	A/S, aktieselskab
incl.	*including, inclusive*	inklusive, iberegnet
£	*pound sterling*	pund sterling
L.A.	*Los Angeles*	Los Angeles
Ltd.	*limited*	A/S, aktieselskab
M.D.	*Doctor of Medicine*	læge, cand. med.
M.P.	*Member of Parliament*	parlamentsmedlem
mph	*miles per hour*	miles i timen
Mr.	*Mister*	hr.
Mrs.	*Missis*	fru
Ms.	*Missis/Miss*	fru/frøken
nat.	*national*	national, lands-
NBC	*National Broadcasting*	privat amerikansk radio-
	Company	og tv-selskab
No.	*number*	nr.
N.Y.C.	*New York City*	byen New York
O.B.E.	*Officer (of the Order)*	Ridder af den britiske
	of the British Empire	imperieorden
p.	*page; penny/pence*	side; 1/100 pund (engelsk
		møntenhed)
p.a.	*per annum*	pro anno, årlig
Ph.D.	*Doctor of Philosophy*	dr. phil.
p.m.	*post meridiem*	efter middag (om tidspunkter
	(after noon)	mellem kl. 12.00 og 24.00)
PO	*Post Office*	postkontor
POO	*post office order*	postanvisning
pop.	*population*	befolkning, indbyggere
P.T.O.	*please turn over*	vend
RAC	*Royal Automobile Club*	kongelig britisk
		automobilklub

RCMP	*Royal Canadian Mounted Police*	det beredne politi i Canada
Rd.	*road*	vej
ref.	*reference*	henvisning
Rev.	*reverend*	pastor
RFD	*rural free delivery*	postomdeling på landet
RR	*railroad*	jernbane
RSVP	*please reply*	s.u., svar udbedes
$	*dollar*	dollar
Soc.	*society*	selskab
St.	*saint; street*	sankt; gade
STD	*Subscriber Trunk Dialling*	fuldautomatisk telefon
UN	*United Nations*	FN
UPS	*United Parcel Service*	pakkepost service
US	*United States*	USA
USS	*United States Ship*	amerikansk flådefartøj
VAT	*value added tax*	moms
VIP	*very important person*	meget betydningsfuld person
Xmas	*Christmas*	jul
yd.	*yard*	yard (91,44 cm)
YMCA	*Young Men's Christian Association*	KFUM
YWCA	*Young Women's Christian Association*	KFUK
ZIP	*ZIP code*	postnummer

Talord

Mængdetal		Ordenstal	
0	zero	1st	first
1	one	2nd	second
2	two	3rd	third
3	three	4th	fourth
4	four	5th	fifth
5	five	6th	sixth
6	six	7th	seventh
7	seven	8th	eighth
8	eight	9th	ninth
9	nine	10th	tenth
10	ten	11th	eleventh
11	eleven	12th	twelfth
12	twelve	13th	thirteenth
13	thirteen	14th	fourteenth
14	fourteen	15th	fifteenth
15	fifteen	16th	sixteenth
16	sixteen	17th	seventeenth
17	seventeen	18th	eighteenth
18	eighteen	19th	nineteenth
19	nineteen	20th	twentieth
20	twenty	21st	twenty-first
21	twenty-one	22nd	twenty-second
22	twenty-two	23rd	twenty-third
23	twenty-three	24th	twenty-fourth
24	twenty-four	25th	twenty-fifth
25	twenty-five	26th	twenty-sixth
30	thirty	27th	twenty-seventh
40	forty	28th	twenty-eighth
50	fifty	29th	twenty-ninth
60	sixty	30th	thirtieth
70	seventy	40th	fortieth
80	eighty	50th	fiftieth
90	ninety	60th	sixtieth
100	a/one hundred	70th	seventieth
230	two hundred and thirty	80th	eightieth
1,000	a/one thousand	90th	ninetieth
10,000	ten thousand	100th	hundredth
100,000	a/one hundred thousand	230th	two hundred and thirtieth
1,000,000	a/one million	1,000th	thousandth

Klokken

Englænderne og amerikanerne anvender 12-timesystemet. Forkortelsen *a.m. (ante meridiem)* føjes til tidspunkter mellem kl. 00.00 og 12.00, og *p.m. (post meridiem)* til tidspunkter mellem kl. 12.00 og 24.00. I Storbritannien er man dog langsomt ved at gå over til 24-timesystemet ved officielle tidsangivelser.

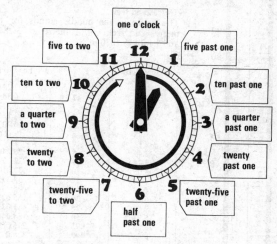

I'll come at seven a.m.	Jeg kommer kl. 7 om morgenen.
I'll come at two p.m.	Jeg kommer kl. 2 om efter-middagen.
I'll come at eight p.m.	Jeg kommer kl. 8 om aftenen.

Ugedage

Sunday	søndag	*Thursday*	torsdag
Monday	mandag	*Friday*	fredag
Tuesday	tirsdag	*Saturday*	lørdag
Wednesday	onsdag		

Table Column Legend (thermometer):

C°		F°
100		212
40		105
36,9		98,6
35		
30		90
25		80
20		70
15		60
10		50
5		40
0		32
		30
−5		20
−10		10
−15		0
−20		

158

Conversion tables/
Omregningstabeller

Meter og fod
Tallet i midten gælder både for meter og fod.
F.eks.: 1 meter = 3,281 fod og 1 fod = 0,30 m.

Metres and feet
The figure in the middle stands for both
metres and feet, e.g. 1 metre = 3.281 ft.
and 1 foot = 0.30 m.

Meter/Metres		Fod/Feet
0.30	1	3.281
0.61	2	6.563
0.91	3	9.843
1.22	4	13.124
1.52	5	16.403
1.83	6	19.686
2.13	7	22.967
2.44	8	26.248
2.74	9	29.529
3.05	10	32.810
3.66	12	39.372
4.27	14	45.934
6.10	20	65.620
7.62	25	82.023
15.24	50	164.046
22.86	75	246.069
30.48	100	328.092

Temperatur
For at lave celsius-grader om til fahrenheit
skal man gange med 1,8 og lægge 32 til dette
resultat.
For at lave fahrenheit-grader om til celsius
skal man trække 32 fra og dele resultatet
med 1,8.

Temperature
To convert Centigrade to Fahrenheit, mul-
tiply by 1.8 and add 32.
To convert Fahrenheit to Centigrade, sub-
tract 32 from Fahrenheit and divide by 1.8.

Nogle nyttige sætninger

Some Basic Phrases

Vær så venlig.	Please.
Mange tak.	Thank you very much.
Åh, jeg be'r.	Don't mention it.
Godmorgen.	Good morning.
Goddag *(eftermiddag)*.	Good afternoon.
Godaften.	Good evening.
Godnat.	Good night.
Farvel.	Good-bye.
På gensyn.	See you later.
Hvor er…?	Where is/Where are…?
Hvad hedder dette?	What do you call this?
Hvad betyder det?	What does that mean?
Taler De engelsk?	Do you speak English?
Taler De tysk?	Do you speak German?
Taler De fransk?	Do you speak French?
Taler De spansk?	Do you speak Spanish?
Taler De italiensk?	Do you speak Italian?
Vil De tale lidt langsommere?	Could you speak more slowly, please?
Jeg forstår ikke.	I don't understand.
Kan jeg få…?	Can I have…?
Kan De vise mig…?	Can you show me…?
Kan De sige mig…?	Can you tell me…?
Vil De være så venlig at hjælpe mig?	Can you help me, please?
Jeg vil gerne have…	I'd like…
Vi vil gerne have…	We'd like…
Vær så venlig at give mig…	Please give me…
Vær så venlig at hente…til mig.	Please bring me…
Jeg er sulten.	I'm hungry.
Jeg er tørstig.	I'm thirsty.
Jeg er faret vild.	I'm lost.
Skynd Dem!	Hurry up!

Der er...

Der er ikke...

There is/There are...

There isn't/There aren't...

Ankomst

Må jeg se Deres pas?

Har De noget at fortolde?

Nej, intet.

Vil De hjælpe mig med min bagage?

Hvor holder bussen til centrum?

Denne vej.

Hvor kan jeg få en taxi?

Hvad koster det til...?

Kør mig til denne adresse.

Jeg har travlt.

Arrival

Your passport, please.

Have you anything to declare?

No, nothing at all.

Can you help me with my luggage, please?

Where's the bus to the centre of town, please?

This way, please.

Where can I get a taxi?

What's the fare to...?

Take me to this address, please.

I'm in a hurry.

Hotel

Mit navn er...

Har De reserveret?

Jeg vil gerne have et værelse med bad.

Hvor meget koster det per nat?

Må jeg se værelset?

Hvilket nummer har mit værelse?

Der er ikke noget varmt vand.

Jeg vil gerne tale med direktøren.

Er der blevet ringet til mig?

Er der post til mig?

Må jeg bede om regningen?

Hotel

My name is...

Have you a reservation?

I'd like a room with a bath.

What's the price per night?

May I see the room?

What's my room number, please?

There's no hot water.

May I see the manager, please?

Did anyone telephone me?

Is there any mail for me?

May I have my bill (check), please?

På restaurant

Har De en ,,dagens middag"?

Må jeg se spisekortet?

Eating out

Do you have a fixed-price menu?

May I see the menu?

Må vi få et askebæger?	May we have an ashtray, please?
Undskyld, hvor er toilettet?	Where's the toilet, please?
Jeg vil gerne have en forret.	I'd like an hors d'œuvre (starter).
Har De suppe?	Have you any soup?
Jeg vil gerne have fisk.	I'd like some fish.
Hvilke slags fisk har De?	What kind of fish do you have?
Jeg vil gerne have en bøf.	I'd like a steak.
Hvilke grønsager har De?	What vegetables have you got?
Tak, ikke mere.	Nothing more, thanks.
Hvad ønsker De at drikke?	What would you like to drink?
Jeg vil gerne have en øl.	I'll have a beer, please.
Jeg vil gerne have en flaske vin.	I'd like a bottle of wine.
Må jeg bede om regningen?	May I have the bill (check), please?
Er det med betjening?	Is service included?
Mange tak, det smagte dejligt.	Thank you, that was a very good meal.

Ud at rejse

Travelling

Hvor er banegården?	Where's the railway station, please?
Hvor er billetkontoret?	Where's the ticket office, please?
Jeg vil gerne have en billet til...	I'd like a ticket to...
Første eller anden klasse?	First or second class?
Første klasse, tak.	First class, please.
Enkelt eller retur?	Single or return (one way or roundtrip)?
Skal jeg skifte tog?	Do I have to change trains?
Fra hvilken perron afgår toget til...?	What platform does the train for... leave from?
Hvor er den nærmeste under-grundsstation?	Where's the nearest underground (subway) station?
Hvor er rutebilstationen?	Where's the bus station, please?
Hvornår kører den første bus til...?	When's the first bus to...?
Jeg vil gerne af ved næste stoppested.	Please let me off at the next stop.

Forlystelser

Hvad går der i biografen?

Hvornår begynder filmen?

Er der flere billetter til i aften?

Hvor kan vi gå ud og danse?

Relaxing

What's on at the cinema (movies)?

What time does the film begin?

Are there any tickets for tonight?

Where can we go dancing?

Gøre bekendtskaber

Goddag.

Hvordan har De det?

Godt, tak. Og De?

Må jeg præsentere Dem for...?

Mit navn er...

Det glæder mig at træffe Dem.

Hvor længe har De været her?

Det glædede mig at træffe Dem.

Har De noget imod, at jeg ryger?

Undskyld, kan De give mig ild?

Må jeg byde Dem en drink?

Må jeg invitere Dem ud at spise i aften?

Hvor skal vi mødes?

Meeting people

How do you do.

How are you?

Very well, thank you. And you?

May I introduce...?

My name is...

I'm very pleased to meet you.

How long have you been here?

It was nice meeting you.

Do you mind if I smoke?

Do you have a light, please?

May I get you a drink?

May I invite you for dinner tonight?

Where shall we meet?

Forretninger, indkøb m.m.

Hvor er den nærmeste bank?

Hvor kan jeg indløse rejsechecks?

Vil De give mig nogle småpenge?

Hvor er det nærmeste apotek?

Hvórdan kommer jeg derhen?

Kan man nemt gå derhen?

Undskyld, vil De hjælpe mig?

Hvor meget koster den her? Og den der?

Shops, stores and services

Where's the nearest bank, please?

Where can I cash some travellers' cheques?

Can you give me some small change, please?

Where's the nearest chemist's (pharmacy)?

How do I get there?

Is it within walking distance?

Can you help me, please?

How much is this? And that?

Det er ikke helt det, jeg gerne vil have.

It's not quite what I want.

Den kan jeg lide.

I like it.

Kan De anbefale noget mod solforbrænding?

Can you recommend something for sunburn?

Jeg vil gerne klippes.

I'd like a haircut, please.

Jeg vil gerne have en manicure.

I'd like a manicure, please.

Når De spørger om vej

Street directions

Vil De vise mig på kortet, hvor jeg er?

Can you show me on the map where I am?

De er ikke på den rigtige vej.

You are on the wrong road.

Kør/Gå ligeud.

Go/Walk straight ahead.

Det er til venstre/til højre.

It's on the left/on the right.

Ulykker

Emergencies

Tilkald straks en læge.

Call a doctor quickly.

Tilkald en ambulance.

Call an ambulance.

Tilkald politiet.

Please call the police.

danish-english

dansk-engelsk

Introduction

This dictionary has been designed to take account of your practical needs. Unnecessary linguistic information has been avoided. The entries are listed in alphabetical order, regardless of whether the entry is printed in a single word or in two or more separate words. As the only exception to this rule, a few idiomatic expressions are listed alphabetically as main entries, according to the most significant word of the expression. When an entry is followed by sub-entries, such as expressions and locutions, these are also listed in alphabetical order.[1]

Each main-entry word is followed by a phonetic transcription (see guide to pronunciation). Following the transcription is the part of speech of the entry word whenever applicable. If an entry word is used as more than one part of speech, the translations are grouped together after the respective part of speech.

Irregular plurals are given in brackets after the part of speech.

Whenever an entry word is repeated in irregular forms or sub-entries, a tilde (~) is used to represent the full word. In plurals of long words, only the part that changes is written out fully, whereas the unchanged part is represented by a hyphen (-).

Entry word:	fisk c (pl ~)	Plural:	fisk
	bryllup nt (pl ~per)		bryllupper
	antibiotikum nt (pl -ka)		antibiotika

An asterisk (*) in front of a verb indicates that it is irregular. For more detail, refer to the list of irregular verbs.

Abbreviations

adj	adjective	p	past tense
adv	adverb	pl	plural
Am	American	plAm	plural (American)
art	article	pp	past participle
c	common gender	pr	present tense
conj	conjunction	pref	prefix
n	noun	prep	preposition
nAm	noun (American)	pron	pronoun
nt	neuter	v	verb
num	numeral	vAm	verb (American)

---

[1] Note that Danish alphabetical order differs from our own for three letters: ae, ø and å. These are considered independent characters and come after z, in that order.

Guide to Pronunciation

Each main entry in this part of the dictionary is followed by a phonetic transcription which shows you how to pronounce the words. This transcription should be read as if it were English. It is based on Standard British pronunciation, though we have tried to take account of General American pronunciation also. Below, only those letters and symbols are explained which we consider likely to be ambiguous or not immediately understood.

The syllables are separated by hyphens, and stressed syllables are printed in *italics*.

Of course, the sounds of any two languages are never exactly the same, but if you follow carefully our indications, you should be able to pronounce the foreign words in such a way that you'll be understood. To make your task easier, our transcriptions occasionally simplify slightly the sound system of the language while still reflecting the essential sound differences.

Consonants

dh	like th in the
g	always hard, as in go
g̱	a g-sound where the tongue doesn't quite close the air passage between itself and the roof of the mouth, so that the escaping air produces audible friction
ng	as in singer, not as in finger (no g-sound!)
r	pronounced in the back of the mouth
s	always hard, as in so

Vowels and Diphthongs

aa	long a, as in car, without any r-sound; quite often "flat" a, almost like a in bad
ah	a short version of aa; between a in cat and u in cut; quite often "flat" a, almost like a in cat
ai	as in air, without any r-sound
aw	as in raw (British pronunciation)
æ	like a in cat
ææ	a long æ-sound
eh	like e in get

er as in oth**er**, without any **r**-sound

ew a "rounded **ee**-sound"; say the vowel sound **ee** (as in s**ee**), and while saying it, round your lips as for **oo** (as in s**oo**n), without moving your tongue; when your lips are in the **oo** position, but your tongue is in the **ee** position, you should be pronouncing the correct sound

i as in b**i**t

igh as in s**igh**

o always as in h**o**t (British pronunciation)

ou as in l**ou**d

ur as in f**ur**, but with rounded lips and no **r**-sound

1) A bar over a vowel symbol (e.g. $\overline{ew}$) shows that this sound is long.

2) Raised letters (e.g. **ʸaa**, **urᵒᵒ**) should be pronounced only fleetingly.

3) In spoken Danish, there is a phenomenon called the "stød", which is a glottal stop (as in the .Cockney pronunciation of water—wa'er) and can occur in conjunction with a consonant or a vowel. We don't show the "stød" in our transcriptions, as it is not essential to understanding and being understood.

A

abbedi (ah-bay-*di*) *nt* abbey
abe (*aa*-ber) *c* monkey
abnorm (ahb-*nom*) *adj* abnormal
abonnement (ah-boa-ner-*mahng*) *nt* subscription
abonnent (ah-boa-*nehnd*) *c* subscriber
abonnere (ah-boa-*nayo*) *v* subscribe
aborre (*ah*-baw-o) *c* perch; bass
abort (ah-*bawd*) *c* abortion; miscarriage
abrikos (ah-bri-*koas*) *c* apricot
absolut (ahb-soa-*lood*) *adj* sheer, very; *adv* absolutely
abstrakt (ahb-*strahgd*) *adj* abstract
absurd (ahb-*soord*) *adj* absurd
accelerere (ahg-seh-ler-ler-*ray*-o) *v* accelerate
accent (ahg-*sahng*) *c* accent
acceptabel (ahg-sehb-*tah*-berl) *adj* acceptable
acceptere (ahg-sehb-*tayo*) *v* accept
addition (ah-di-*s*ʸoan) *c* addition
adel (*ah*-dherl) *c* nobility
adelig (*ah*-dher-li) *adj* noble
adgang (*ahdh*-gahng) *c* admission, access, entrance, admittance, entry; approach; ~ **forbudt** no admittance; ***give** ~ admit; **ingen** ~ no entry

***adlyde** (*ahdh*-lew-dher) *v* obey
administration (ahdh-mi-ni-sdrah-sʸoan) *c* administration; management
administrativ (*ahdh*-mi-ni-sdrah-teeᵒᵒ) *adj* administrative
administrere (ahdh-mi-ni-*sdræ*-o) *v* manage; **administrerende** administrative; executive
admiral (ahdh-mi-*rahl*) *c* admiral
adoptere (ah-dob-*tayo*) *v* adopt
adressat (ah-drah-*sahd*) *c* addressee
adresse (ah-*drah*-ser) *c* address
adressere (ah-drah-*say*-o) *v* address
adskille (*ahdh*-sgayl-er) *v* separate, distinguish, disconnect
adskillelse (*ahdh*-sgayl-erl-ser) *c* separation, division
adskillige (*ahdh*-sgayl-i-er) *adj* several
adskilt (*ahdh*-sgayld) *adj* separate; *adv* apart
adspredelse (*ahdh*-sbræ-dherl-ser) *c* diversion, amusement
advare (*ahdh*-vah-ah) *v* warn; caution
advarsel (*ahdh*-vah-serl) *c* (pl -sler) warning
adverbium (ahdh-*vær*-bi-om) *nt* (pl -ier) adverb
advokat (ahdh-voa-*kahd*) *c* lawyer; solicitor; attorney, barrister
adækvat (ahdh-eh-*kvahd*) *adj* adequate

af (ah) *prep* by, from, with, for, of; *adv* off; ~ **og til** occasionally

afbestille (ou-bay-sdayler) *v* cancel

afbetale (ou-bay-tah-ler) *v* *pay on account

afbetalingskøb (ou-bay-tah-layngs-kurb) *nt* (pl ~) hire-purchase

***afbryde** (ou-brew-dher) *v* interrupt; *cut off, disconnect

afbrydelse (ou-brew-dherl-ser) *c* interruption

afbryder (ou-brew-dho) *c* switch

afdeling (ou-day-layng) *c* division, section; department

afdrag (ou-drou) *nt* (pl ~) instalment

afdække (ou-deh-ger) *v* uncover

affald (ou-fahl) *nt* garbage, refuse, litter, rubbish

affaldsspand (ou-fahl-sbahn) *c* dustbin; trash can *Am*

affatte (ou-fah-der) *v* *draw up

affekt (ah-*fehgd*) *c* passion

affekteret (ah-fehg-*tay*-odh) *adj* affected

affjedring (ou-fᵛaydh-ræng) *c* suspension

affære (ah-*fææ*-o) *c* business; affair

afføringsmiddel (ou-furr-ayngs-midherl) *nt* (pl -midler) laxative

afgang (ou-gahng) *c* departure; resignation

afgangstid (ou-gahngs-tidh) *c* time of departure

afgifter (ou-gif-do) *pl* dues *pl*

afgrund (ou-gron) *c* abyss, precipice

afgrøde (ou-grü-dher) *c* crop

afgud (ou-goodh) *c* idol

***afgøre** (ou-gur-o) *v* decide

afgørelse (ou-gur-ol-ser) *c* decision

afgørende (ou-gur-o-ner) *adj* decisive, final, crucial, cardinal

***afgå** (ou-go) *v* depart; pull out; ~ **ved døden** die

afhandling (ou-hahn-layng) *c* treatise, thesis, essay

afhente (ou-hehn-der) *v* fetch; collect

***afholde sig fra** (ou-holer) abstain from

afholdsmand (ou-hols-mahn) *c* (pl -mænd) teetotaller

***afhænge af** (ou-hehng-er) depend on

afhængig (ou-*hehngi*) *adj* dependant

aflang (ou-lahng) *adj* oblong

aflejring (ou-ligh-ræng) *c* deposit

aflevere (ou-lay-vay-o) *v* deliver

aflyse (ou-lew-ser) *v* cancel

aflytte (ou-lew-der) *v* eavesdrop

aflæsse (ou-leh-ser) *v* discharge

afløb (ou-lurb) *nt* (pl ~) drain, outlet

afløse (ou-lur-ser) *v* relieve, replace

afmatning (ou-mahd-nayng) *c* recession

afpresning (ou-præss-nayng) *c* extortion

afpresse (ou-præ-ser) *v* extort

afprøve (ou-prur-ver) *v* test

afrejse (ou-righ-ser) *c* departure

Afrika (ah-fri-kah) Africa

afrikaner (ah-fri-*kah*-no) *c* African

afrikansk (ah-fri-*kahnsg*) *adj* African

afrundet (ou-ron-erdh) *adj* rounded

afsende (ou-sehn-er) *v* dispatch, *send off

afsides (ou-sidh-erss) *adj* remote; *adv* aside

afskaffe (ou-sgah-fer) *v* abolish

afsked (ou-sgdaydh) *c* parting; ***tage** ~ **med** *take leave of

afskedige (ou-sgay-dhi-er) *v* discharge, dismiss; fire

afskibe (ou-sgi-ber) *v* ship

afskrift (ou-sgræfd) *c* copy

afsky (ou-sgew) *c* dislike, disgust

***afskyde** (ou-sgew-dher) *v* launch

afskyelig (ou-*sgew*-ew-li) *adj* disgusting

afslag (ou-slah) *nt* (pl ~) refusal

afslapning (ou-slahb-nayng) c relaxation; recreation

afslappet (ou-slah-berdh) adj relaxed, easy-going

afslutning (ou-slood-nayng) c closing, conclusion, end, finish

afslutte (ou-sloo-der) v finish; end

afsløre (ou-slur-o) v reveal

afsløring (ou-slur-ræng) c revelation

*afslå (ou-slo) v refuse

afsnit (ou-snit) nt (pl ~) section, paragraph

afspark (ou-sbaag) nt (pl ~) kick-off

afstamning (ou-sdahm-nayng) c origin

afstand (ou-sdahn) c space; distance, way

afstandsmåler (ou-sdahns-maw-lo) c range-finder

afstemning (ou-sdehm-nayng) c vote

*aftage (ou-tah-ah) v remove, *take off; *buy; decrease

aftale (ou-taa-ler) c agreement; engagement, appointment, date

aften (ahf-dern) c (pl aftner) evening, night; i ~ tonight

aftenkjole (ahf-dern-kᵛoa-ler) c gown

aftensmad (ahf-derns-mahdh) c supper; dinner

aftryk (ou-trurg) nt (pl ~) print

aftrækker (ou-træ-go) c trigger

afvande (ou-vah-ner) v drain

afveksling (ou-vehgs-layng) c variation

afvente (ou-vehn-der) v await

*afvige (ou-vi-er) v deviate

afvigelse (ou-vi-erl-ser) c aberration

afvise (ou-vi-ser) v refuse; reject

afværge (ou-vær-ger) v prevent

agent (ah-gehnd) c agent

agentur (ah-gehn-toor) nt agency

agentvirksomhed (ah-gehnd-veerg-som-haydh) c agency

agerhøne (ah-go-hūr-ner) c (pl -høns) partridge

agern (ah-gon) nt (pl ~) acorn

aggressiv (ah-græ-seeᵒᵒ) adj aggressive

agt (ahgd) c purpose

agte (ahg-der) v esteem

agtelse (ahg-derl-ser) c regard, respect, esteem

agtværdig (ahgd-vær-di) adj honourable, respectable

agurk (ah-goorg) c cucumber

ahorn (ah-hoarn) c (pl ~) maple

akademi (ah-kah-day-mi) nt academy

ak ja! (ahg ᵛah) well!

akkompagnere (ah-kom-pahn-ᵛay-o) v accompany

akkreditiv (ah-kræ-di-teeᵒᵒ) nt letter of credit

akkumulator (ah-koa-moo-laa-to) c battery

akkurat (ah-koo-rahd) adj accurate

aksel (ahg-serl) c (pl aksler) axle

akt (ahgd) c act

aktie (ahg-sᵛer) c share

aktiemarked (ahg-sᵛer-maa-gerdh) nt stock market

aktion (ahg-sᵛoan) c action

aktiv (ahg-teeᵒᵒ) adj active

aktivitet (ahg-ti-vi-tayd) c activity

aktuel (ahg-too-ehl) adj topical

akut (ah-kood) adj acute

akvarel (ah-kvah-ræl) c (pl ~ler) water-colour

al (ahl) adj (nt alt; pl alle) all; alt i alt altogether

alarm (ah-lahm) c alarm

albue (ahl-bōō-oo) c elbow

album (ahl-bom) nt (pl ~s) album

aldeles (ahl-day-lerss) adv wholly

alder (ahl-o) c (pl aldre) age

alderdom (ahl-o-dom) c age; old age

aldrig (ahl-dri) adv never

alene (ah-lay-ner) adv alone, only

alf (ahlf) c elf

alfabet (ahl-fah-bayd) nt alphabet

algebra (ahl-gay-brah) c algebra

algerier (ahl-sᵞi-o) c Algerian

Algeriet (ahl-sᵞeh-ri-erdh) Algeria

algerisk (ahl-sᵞi-risg) adj Algerian

alkohol (ahl-goa-hol) c alcohol

alkoholholdig (ahl-goa-hoal-hol-di) adj alcoholic

allé (ah-lay) c avenue

allerede (ah-lo-rææ-dher) adv already

allergi (ah-lær-gi) c allergy

allermest (ah-lo-maysd) adv most of all

alliance (ah-li-ahng-ser) c alliance

allierede (ah-li-ay-ro-dher) pl Allies pl

alligevel (ah-lee-vehl) adv yet; anyway

almanak (ahl-mah-nahg) c (pl ~ker) almanac

almen (ahl-mayn) adj public, common; broad

almindelig (ahl-mayn-er-li) adj frequent, common; plain, simple

i almindelighed (i ahl-mayn-er-li-haydh) in general

almægtig (ahl-mehg-di) adj omnipotent

alpehue (ahl-ber-hōō-oo) c beret

alsidig (ahl-si-dhi) adj all-round

alt (ahld) c alto

alter (ahl-do) nt (pl altre) altar

alternativ (ahl-tær-nah-tee°°) nt alternative

altid (ahl-tidh) adv ever, always

alting (ahl-tayng) pron everything

altomfattende (ahld-om-fah-der-ner) adj universal

altså (ahl-so) adv so

alvor (ahl-vo) c seriousness; gravity

alvorlig (ahl-vo-li) adj serious; grave; bad

ambassade (ahm-bah-saa-dher) c embassy

ambassadør (ahm-bah-sah-durr) c ambassador

ambitiøs (ahm-bi-sᵞurs) adj ambitious

ambulance (ahm-boo-lahng-ser) c ambulance

Amerika (ah-may-ri-kah) America

amerikaner (ah-may-ri-kah-no) c American

amerikansk (ah-may-ri-kahnsg) adj American

ametyst (ah-mer-tewsd) c amethyst

amme (ah-mer) v nurse

amnesti (ahm-neh-sdi) c amnesty

amt (ahmd) nt province

amulet (ah-moo-lehd) c (pl ~ter) lucky charm, charm

analfabet (ahn-ahl-fah-bayd) c illiterate

analyse (ah-nah-lew-ser) c analysis

analysere (ah-nah-lew-say-o) v analyse

analytiker (ah-nah-lew-ti-go) c analyst

ananas (ah-nah-nahss) c (pl ~) pineapple

anarki (ah-nah-ki) nt anarchy

anatomi (ah-nah-toa-mi) c anatomy

anbefale (ahn-bay-fah-ler) v recommend; register; **anbefalet brev** registered letter

anbefaling (ahn-bay-fah-layng) c recommendation

anbefalingsskrivelse (ahn-bay-fah-layngs-sgree-vehl-ser) c letter of recommendation

*anbringe (ahn-bræng-er) v place

and (ahn) c (pl ænder) duck

andel (ahn-dayl) c share; **andels-** co-operative

andelsforetagende (ahn-dayls-faw-o-tah-er-ner) nt co-operative

anden (ah-nern) num second; pron different, other; **en ~** another

anderledes (ah-no-lay-dherss) adv otherwise

andetsteds (ah-nerdh-sdehdhs) adv elsewhere

andragende (*ahn*-drou-er-ner) *nt* petition

ane (*aa*-ner) *v* suspect

anelse (*aa*-nerl-ser) *c* notion

anerkende (*ah*-no-keh-ner) *v* recognize

anerkendelse (*ah*-no-kehn-erl-ser) *c* recognition

anfald (*ahn*-fahl) *nt* (pl ~) fit, attack

anførelsestegn (*ahn*-fur-ol-serss-tighn) *pl* quotation marks

anfører (*ahn*-fūr-o) *c* leader

anger (ahng-o) *c* repentance

*angive (*ahn*-gi-ver) *v* indicate; inform against

angreb (*ahn*-græb) *nt* (pl ~) attack; raid

*angribe (*ahn*-gri-ber) *v* attack; assault

angst (ahngsd) *c* fright, fear

*angå (*ahn*-go) *v* concern; affect; angående about, concerning, with reference to, regarding; hvad angår as regards

anholdelse (*ahn*-hol-erl-ser) *c* arrest

ankel (ahng-gerl) *c* (pl ankler) ankle

anker (ahng-go) *nt* (pl ankre) anchor

anklage (*ahn*-klaa-ah) *c* charge; *v* accuse, charge

anklagede (*ahn*-klah-ah-dher) *c* (pl ~) accused

*ankomme (*ahn*-kom-er) *v* arrive

ankomst (*ahn*-komsd) *c* arrival

ankomsttid (*ahn*-komsd-tidh) *c* time of arrival

anledning (*ahn*-laydh-nayng) *c* occasion, cause

anliggende (*ahn*-lay-ger-ner) *nt* affair, concern; matter

anlæg (*ahn*-lehg) *nt* (pl ~) talent, faculty

anmassende (*ahn*-mah-ser-ner) *adj* presumptuous

anmeldelse (*ahn*-mehl-erl-ser) *c* review, report, notify

anmode (*ahn*-moa-dher) *v* request

anmodning (*ahn*-moadh-nayng) *c* request

anneks (ah-*nehgs*) *nt* annex

annektere (ah-nehg-*tay*-o) *v* annex

annonce (ah-*nong*-ser) *c* advertisement

annullere (ah-noo-*lay*-o) *v* cancel; recall

annullering (ah-noo-*lay*-ræng) *c* cancellation

anonym (ah-noa-*newm*) *adj* anonymous

ansat (*ahn*-sahd) *c* (pl ~te) employee

*anse (*ahn*-say) *v* regard, consider

anseelse (ahn-*say*-erl-ser) *c* reputation

anselig (ahn-*say*-li) *adj* substantial, considerable

ansigt (*ahn*-saygd) *nt* face

ansigtscreme (*ahn*-saygds-kræm) *c* face-cream

ansigtsmaske (*ahn*-saygds-mahss-ger) *c* face-pack

ansigtsmassage (*ahn*-saygds-mah-*saa*-sYer) *c* face massage

ansigtspudder (*ahn*-saygds-poodh-o) *nt* face-powder

ansigtstræk (*ahn*-saygds-træg) *nt* (pl ~) feature

ansjos (ahn-*sYoas*) *c* anchovy

anskaffe (*ahn*-sgah-fer) *v* *buy

anskaffelse (*ahn*-sgah-ferl-ser) *c* purchase

anspore (*ahn*-sboa-o) *v* incite

anspændelse (*ahn*-sbehn-erl-ser) *c* strain

anspændt (*ahn*-sbehnd) *adj* tense

anstalt (*ahn*-sdahld) *c* institute

anstrengelse (*ahn*-sdræng-erl-ser) *c* effort; strain

anstændig (ahn-*sdehn*-di) *adj* decent

anstændighed (ahn-*sdehn*-di-haydh) *c* decency

anstød (*ahn*-sdurdh) *nt* (pl ~) offence

anstødelig (ahn-*sdur*-dher-li) *adj* offensive

ansvar (*ahn*-svah) *nt* responsibility; liability; blame

ansvarlig (ahn-*svah*-li) *adj* responsible; liable; ~ **for** in charge of

*****ansætte** (*ahn*-seh-der) *v* engage

ansøge (*ahn*-sur-er) *v* apply

ansøgning (*ahn*-sur-nayng) *c* application

*****antage** (*ahn*-tah-ah) *v* suppose, assume

antagelig (ahn-*tah*-ah-li) *adj* presumable

antal (*ahn*-tahl) *nt* number, quantity

antenne (ahn-*teh*-ner) *c* aerial

antibiotikum (ahn-ti-bi-*oa*-ti-kom) *nt* (pl -ka) antibiotic

antik (ahn-*tig*) *adj* antique

antikvitet (ahn-ti-kvi-*tayd*) *c* antique; **antikviteter** antiquities *pl*

antikvitetshandler (ahn-ti-kvi-*tayds*-hahn-lo) *c* antique dealer

antipati (*ahn*-ti-pah-ti) *c* dislike

antologi (ahn-toa-loa-*gi*) *c* anthology

antyde (*ahn*-tew-dher) *v* suggest, hint

anvende (*ahn*-vehn-er) *v* employ, use; apply

anvendelig (ahn-*vehn*-er-li) *adj* usable

anvendelse (*ahn*-vehn-erl-ser) *c* application, use

anvise (*ahn*-vi-ser) *v* indicate

aperitif (ah-pay-ri-*tif*) *c* (pl ~fer) aperitif

apotek (ah-boa-*tayg*) *nt* chemist's, pharmacy; drugstore *nAm*

apoteker (ah-boa-*tay*-go) *c* chemist

apparat (ah-bah-*rahd*) *nt* apparatus; appliance, machine

appel (ah-*pehl*) *c* (pl ~ler) appeal

appelsin (ah-behl-*sin*) *c* orange

appetit (ah-ber-*tid*) *c* appetite

appetitlig (ah-ber-*tid*-li) *adj* appetizing

appetitvækker (ah-ber-*tid*-veh-go) *c* appetizer

applaudere (ah-plou-*day*-o) *v* clap, applaud

april (ah-*pril*) April

ar (ah) *nt* (pl ~) scar

araber (ah-*rah*-bo) *c* Arab

arabisk (ah-*rah*-bisg) *adj* Arab

arbejde (aa-*bigh*-der) *nt* labour, work; job, employment; *v* work

arbejder (aa-*bigh*-do) *c* workman, worker; labourer

arbejdsbesparende (aa-*bighds*-bay-sbah-ah-ner) *adj* labour-saving

arbejdsdag (aa-*bighds*-dah) *c* working day

arbejdsformidling (aa-*bighds*-fo-midh-layng) *c* employment exchange

arbejdsgiver (aa-*bighds*-gee-vo) *c* employer

arbejdsløs (aa-*bighds*-lurs) *adj* unemployed

arbejdsløshed (aa-*bighds*-lurss-haydh) *c* unemployment

arbejdstilladelse (aa-*bighds*-tay-lah-dherl-ser) *c* work permit; labor permit *Am*

arbejdsværelse (aa-*bighds*-vai-ol-ser) *nt* study

areal (ah-ræ-*ahl*) *nt* area

Argentina (ah-gehn-*tee*-nah) Argentina

argentiner (ah-gehn-*ti*-no) *c* Argentinian

argentinsk (ah-gehn-*tinsg*) *adj* Argentinian

argument (ah-goo-*mehnd*) *nt* argument

argumentere (ah-goo-mehn-*tay*-o) *v* argue

ark (aag) *nt* (pl ~) sheet
arkade (ah-*kaa*-dher) *c* arcade
arkitekt (ah-gi-*tehgd*) *c* architect
arkitektur (ah-gi-tehg-*toor*) *c* architecture
arkiv (ah-*kee*ᵒᵒ) *nt* archives pl
arkæolog (ah-keh-oa-*loa*) *c* archaeologist
arkæologi (ah-keh-oa-loa-*gi*) *c* archaeology
arm (ahm) *c* arm; **arm i arm** arm-in-arm
armbånd (*aam*-bon) *nt* (pl ~) bracelet; bangle
armbåndsur (*aam*-bons-oor) *nt* wristwatch
armlæn (*aam*-lehn) *nt* (pl ~) arm
armstol (*aam*-sdoal) *c* armchair
aroma (ah-*rōā*-mah) *c* aroma
arrangere (ah-rahng-*sʸay*-o) *v* arrange
arrestation (ah-ræ-sdah-*sʸoan*) *c* arrest
arrestere (ah-ræ-*sday*-o) *v* arrest
arrestforvarer (ah-*ræsd*-fo-vah-o) *c* jailer
art (ahd) *c* nature, kind; species
artig (aa-di) *adj* good
artikel (ah-*ti*-gerl) *c* (pl -kler) article
artiskok (ah-ti-*sgog*) *c* (pl ~ker) artichoke
artistisk (ah-*tiss*-disg) *adj* artistic
arv (ahv) *c* inheritance; legacy
arve (*aa*-ver) *v* inherit
arvelig (*aa*-ver-li) *adj* hereditary
asbest (ahss-*behsd*) *c* asbestos
asfalt (ahss-*fahld*) *c* asphalt
asiat (ah-si-*ahd*) *c* Asian
asiatisk (ah-si-*ah*-disg) *adj* Asian
Asien (*ah*-sʸern) Asia
aske (*ahss*-ger) *c* ash
askebæger (*ahss*-ger-bai-o) *nt* (pl -gre) ashtray
asparges (ah-*sbahs*) *c* (pl ~) asparagus
aspekt (ah-*sbehgd*) *nt* aspect
aspirin (ah-sbi-*rin*) *c* aspirin
assistance (ah-si-*stahng*-ser) *c* assistance
assistent (ah-si-*sdehnd*) *c* assistant
associere (ah-soa-*sʸay*-o) *v* associate
assurance (ah-soo-*rahng*-ser) *c* insurance
astma (*ahsd*-mah) *c* asthma
astronomi (ah-sdroa-noa-*mi*) *c* astronomy
asyl (ah-*sewl*) *nt* asylum
at (ahd) *conj* that
ateist (ah-tay-*isd*) *c* atheist
Atlanterhavet (ahd-*lahn*-do-hah-verdh) the Atlantic
atlask (*ahd*-lahsg) *nt* satin
atletik (ahd-ler-*tig*) *c* athletics pl
atmosfære (ahd-moass-*fai*-o) *c* atmosphere
atom (ah-*toam*) *nt* atom; **atom-** atomic
atomenergi (ah-*toam*-ay-no-gi) *c* nuclear energy
atomkerne (ah-*toam*-kær-ner) *c* nucleus of an atom
atten (*ah*-dern) *num* eighteen
attende (*ah*-der-ner) *num* eighteenth
atter (*ah*-do) *adv* again, once more
attest (ah-*tehsd*) *c* certificate
attraktion (ah-trahg-*sʸoan*) *c* attraction
attrå (*ah*-tro) *v* desire
attråværdig (*ah*-tro-vær-di) *adj* desirable
aubergine (oa-bær-*sʸin*) *c* eggplant
auditorium (ou-di-*toa*-ri-om) *nt* (pl -rier) auditorium
august (ou-*gosd*) August
auktion (oug-*sʸoan*) *c* auction
Australien (ou-*sdrah*-li-ern) Australia
australier (ou-*sdrah*-li-o) *c* Australian
australsk (ou-*sdrahlsg*) *adj* Austral-

ian

autentisk (ou-*tehn*-disg) *adj* authentic

automat (ou-toa-*mahd*) *c* slot-machine

automatisering (ou-toa-mah-ti-*sayr*-ayng) *c* automation

automatisk (ou-toa-*mah*-disg) *adj* automatic

automobil (ou-toa-moa-*bil*) *c* motorcar

automobilklub (ou-toa-moa-*bil*-kloob) *c* (pl ~ber) automobile club

autonom (ou-toa-*noam*) *adj* autonomous

autorisation (ou-toa-ri-sah-sᵛoan) *c* authorization; permit

autoritet (ou-toa-ri-*tayd*) *c* authority

autoritær (ou-toa-ri-*tær*) *adj* authoritarian

autoværn (*ou*-toa-værn) *nt* (pl ~) crash barrier

avanceret (ah-vahng-*say*-odh) *adj* advanced

aversion (ah-vær-sᵛoan) *c* aversion

avis (ah-*vis*) *c* newspaper, paper

aviskiosk (ah-*vis*-kᵛosg) *c* newsstand

avle (*ou*-ler) *v* *grow; generate

B

baby (*bay*-bi) *c* baby

babylift (*bay*-bi-lifd) *c* carry-cot

babysitter (*bay*-bi-si-do) *c* babysitter

bacille (bah-*si*-ler) *c* germ

bacon (*bay*-kon) *c* bacon

bad (bahdh) *nt* bath

bade (*baa*-dher) *v* bathe

badebukser (*baa*-dher-bog-so) *pl* bathing-suit; swimming-trunks *pl*

badedragt (*baa*-dher-drahgd) *c* swimsuit, bathing-suit

badehætte (*baa*-dher-heh-der) *c* bath-

ing-cap

badehåndklæde (*baa*-dher-hon-klai-dher) *nt* bath towel

badekåbe (*baa*-dher-kaw-ber) *c* bathrobe

badesalt (*baa*-dher-sahld) *nt* bath salts

badested (*baa*-dher-sdehdh) *nt* seaside resort

badeværelse (*baa*-dher-vai-ol-ser) *nt* bathroom

bag (bah) *prep* behind

bagage (bah-*gaa*-sᵛer) *c* baggage, luggage

bagagebærer (bah-*gaa*-sᵛer-bai-o) *c* carrier

bagagenet (bah-*gaa*-sᵛer-nehd) *nt* (pl ~) luggage rack

bagageopbevaring (bah-*gaa*-sᵛer-ob-bay-vah-ræng) *c* left luggage office; baggage deposit office *Am*

bagagerum (bah-*gaa*-sᵛer-rom) *nt* (pl ~) boot; trunk *nAm*

bagbord (*bou*-boar) *nt* port

bagdel (*bou*-dayl) *c* bottom, behind

bage (*baa*-ah) *v* bake

bagefter (bah-ehf-do) *adv* afterwards

bager (*baa*-o) *c* baker

bageri (baa-o-*ri*) *nt* bakery

baggrund (*bou*-gron) *c* background

baghold (*bou*-hol) *nt* (pl ~) ambush

baglygte (*bou*-lurg-der) *c* tail-light, rear-light

baglæns (*bou*-lehns) *adv* backwards

bagside (*bou*-see-dher) *c* back; rear; reverse

bagvaskelse (*bou*-vahss-gehl-ser) *c* slander

bagved (*bah*-vaydh) *adv* behind

bagværk (*bou*-værg) *nt* pastry

bakgear (*bahg*-geer) *nt* (pl ~) reverse gear

bakke (*bah*-ger) *c* hill; tray; *v* reverse, back

bakkenbarter (bah-gern-bah-do) pl whiskers pl; sideburns pl

bakket (bah-gerd) adj hilly

bakketop (bah-ger-tob) c (pl ~pe) hilltop

bakterie (bahg-tayr-Yer) c bacterium

bal (bahl) nt (pl ~ler) ball

balance (bah-lahng-ser) c balance

balde (bah-ler) c buttock

balkon (bahl-kong) c balcony; circle

ballet (bah-lehd) c (pl ~ter) ballet

ballon (bah-long) c balloon

balsal (bahl-sahl) c ballroom

balustrade (bah-lew-sdraa-dher) c rail

bambus (bahm-booss) c (pl ~) bamboo

banan (bah-nahn) c banana

bande¹ (bahn-der) c gang

bande² (bah-ner) v curse, *swear

bandit (bahn-did) c (pl ~ter) bandit

bane (baa-ner) c course, lane; track

bange (bahng-er) adj afraid; *være ~ *be afraid

bank¹ (bahngg) c bank

bank² (bahngg) nt (pl ~) tap, beating

banke (bahng-ger) v knock; tap; *beat

banken (bahng-gern) c knock

banket (bahng-kehd) c (pl ~ter) banquet

banketsal (bahng-kehd-sahl) c banqueting-hall

bankindskud (bahngg-ayn-skoodh) nt (pl ~) deposit

bankkonto (bahngg-kon-toa) c (pl -konti) bank account

banner (bahn-o) nt banner

bar (bah) c bar, saloon; adj bare

barber (bah-bayr) c barber

barberblad (bah-bayr-blahdh) nt razor-blade

barbercreme (bah-bayr-kræm) c shaving-cream

barbere sig (bah-bay-o) shave

barberkost (bah-bayr-koasd) c shaving-brush

barbermaskine (bah-bayr-mah-sgee-ner) c safety-razor, razor; elektrisk ~ electric razor

barbersæbe (bah-bayr-sai-ber) c shaving-soap

bark (baag) c bark

barm (bahm) c bosom

barmhjertig (bahm-Yær-di) adj merciful

barmhjertighed (bahm-Yær-di-haydh) c mercy

barn (bahn) nt (pl børn) child; kid; forældreløst ~ orphan

barndom (baan-dom) c childhood

barnebarn (baa-ner-bahn) nt (pl børnebørn) grandchild

barnepige (baa-ner-pee-i) c nurse

barnevogn (baa-ner-voºn) c pram; baby carriage Am

barok (bah-rog) adj baroque

barometer (bah-roa-may-do) nt (pl -metre) barometer

barpige (bah-pee-i) c barmaid

barriere (bah-ri-ai-o) c barrier

barsk (baasg) adj harsh, rough

bartender (bah-tehn-do) c barman, bartender

baryton (bah-i-ton) c baritone

bas (bahss) c (pl ~ser) bass

base (bah-ser) c base

basilika (bah-si-li-kah) c basilica

basis (baa-siss) c (pl baser) basis

bastard (bah-sdahd) c bastard

batteri (bah-der-ri) nt battery

bebo (bay-boa) v inhabit

beboelig (bay-boa-er-li) adj habitable, inhabitable

beboelsesejendom (bay-boa-erl-serss-igh-ern-dom) c (pl ~me) block of flats; apartment house Am

beboelseshus (bay-boa-erl-serss-hoos) nt house

beboelsesvogn (bay-*boaerl*-serss-voᵒᵒn) c caravan

beboer (bay-*boa*-o) c inhabitant; occupant

bebrejde (bay-*brigh*-der) v reproach

bebrejdelse (bay-*brigh*-derl-ser) c blame, reproach

bede (*bay*-dher) c beet

*bede (*bay*-dher) v pray; beg, ask; ~ om undskyldning apologize

bedrag (bay-*drou*) nt (pl ~) deceit, delusion

bedrage (bay-*drou*-er) v deceive; delude, cheat

bedrageri (bay-drou-o-*ri*) nt fraud

bedre (*behdh*-ro) adj better; superior; bedst best

bedrift (bay-*dræfd*) c achievement, exploit, feat

bedring (*behdh*-ræng) c recovery

bedrøvelse (bay-*drur*-verl-ser) c sadness, sorrow

bedrøvet (bay-*drur*-verdh) adj sad

bedstefar (*behss*-der-fah) c (pl -fædre) grandfather; granddad

bedsteforældre (*behss*-der-fo-*ehl*-dro) pl grandparents pl

bedstemor (*behss*-der-moar) c (pl -mødre) grandmother

bedømme (bay-*durm*-er) v judge

bedøvelse (bay-*dur*-verl-ser) c anaesthesia

bedøvelsesmiddel (bay-*dur*-verl-serss-midh-erl) nt (pl -midler) anaesthetic

bedårende (bay-*do*-o-ner) adj enchanting, charming

befale (bay-*fah*-ler) v command, order

befaling (bay-*fah*-layng) c order

befalingsmand (bay-*fah*-layngs-mahn) c (pl -mænd) commander, officer

befolkning (bay-*folg*-nayng) c population

befrielse (bay-*fri*-erl-ser) c liberation, release

begavet (bay-*gah*-verdh) adj talented, gifted, clever

begejstret (bay-*gigh*-sdrerdh) adj enthusiastic, keen

begejstring (bay-*gigh*-sdræng) c enthusiasm

begge (*beh*-ger) pron both; either

begivenhed (bay-*gi*-vern-haydh) c event, happening

begrave (bay-*grah*-ver) v bury

begravelse (bay-*grah*-verl-ser) c funeral; burial

begreb (bay-*græb*) nt notion; idea, conception

*begribe (bay-*gri*-ber) v *see; *take

begrunde (bay-*gron*-er) v base, motivate

begrænse (bay-*græn*-ser) v limit; begrænset limited

begynde (bay-*gurn*-er) v *begin; commence; ~ forfra recommence

begyndelse (bay-*gurn*-erl-ser) c beginning; begyndelses- initial; i begyndelsen at first

begær (bay-*gær*) nt desire; lust

begære (bay-*gæ*-o) v desire

begæring (bay-*gæ*-ræng) c demand, request, wish

begærlig (bay-*gær*-li) adj greedy

begærlighed (bay-*gær*-li-haydh) c greed

*begå (bay-*go*) v commit

behage (bay-*hah*-ah) v please

behagelig (bay-*hah*-ah-li) adj agreeable, pleasant; enjoyable, pleasing; easy

behandle (bay-*hahn*-ler) v treat; handle

behandling (bay-*hahn*-layng) c treatment

*beholde (bay-*hol*-er) v *keep

beholder (bay-*hol*-o) c container

behov (bay-*ho*ᵒᵒ) nt need, requirement, want

behændig (bay-*hehn*-di) *adj* skilful, agile

behøve (bay-*hur*-ver) *v* need; demand

beige (baish) *adj* beige

bekende (bay-*kehn*-er) *v* confess

bekendelse (bay-*kehn*-erl-ser) *c* confession

bekendt (bay-*kehnd*) *c* acquaintance

*****bekendtgøre** (bay-*kehnd*-gur-o) *v* announce

bekendtgørelse (bay-*kehnd*-gur-ol-ser) *c* announcement

beklage (bay-*klah*-ah) *v* regret

beklageligvis (bay-*klah*-ah-li-vis) *adv* unfortunately

beklagelse (bay-*klah*-ahl-ser) *c* regret

bekostelig (bay-*koss*-der-li) *adj* expensive

bekræfte (bay-*kræf*-der) *v* confirm; acknowledge

bekræftelse (bay-*kræf*-derl-ser) *c* confirmation

bekræftende (bay-*kræf*-der-ner) *adj* affirmative

bekvem (bay-*kvehm*) *adj* comfortable, convenient

bekvemmelighed (bay-*kvehm*-er-li-haydh) *c* comfort

bekymre sig (bay-*kurm*-ro) worry

bekymret (bay-*kurm*-rodh) *adj* worried; anxious, concerned

bekymring (bay-*kurm*-ræng) *c* trouble, worry; care, concern

bekæmpe (bay-*kehm*-ber) *v* combat, fight

belastning (bay-*lahsd*-nayng) *c* charging, load

belejlig (bay-*ligh*-li) *adj* convenient

belejring (bay-*ligh*-ræng) *c* siege

beleven (bay-*lay*-vern) *adj* courteous

Belgien (*behl*-gᵞern) Belgium

belgier (*behl*-gᵞo) *c* Belgian

belgisk (*behl*-gisg) *adj* Belgian

beliggende (bay-*lay*-ger-ner) *adj* situated

beliggenhed (bay-*lay*-gern-haydh) *c* situation, site; location

belysning (bay-*lews*-nayng) *c* lighting

belysningsmåler (bay-*lews*-nayngs-maw-lo) *c* exposure meter

*****belægge** (bay-*leh*-ger) *v* pave

beløb (bay-*lurb*) *nt* (pl ~) amount; **rundt ~** lump sum

*****beløbe sig til** (bay-*lur*-ber) amount to

belønne (bay-*lurn*-er) *v* reward

belønning (bay-*lurn*-ayng) *c* reward; prize

bemærke (bay-*mær*-ger) *v* observe, note, notice; remark

bemærkelsesværdig (bay-*mær*-gerl-serss-vær-di) *adj* noticeable, remarkable

bemærkning (bay-*mærg*-nayng) *c* remark

ben (bayn) *nt* (pl ~) leg; bone

benskinne (*bāyn*-sgay-ner) *c* splint

benytte (bay-*nur*-der) *v* utilize; apply, employ, use

benzin (behn-*sin*) *c* petrol, fuel; gas *nAm*, gasoline *nAm*

benzinpumpe (behn-*sin*-pom-ber) *c* petrol pump; fuel pump *Am*; gas pump *Am*

benzinstation (behn-*sin*-sdah-sᵞoan) *c* petrol station; gas station *Am*

benzintank (behn-*sin*-tahngg) *c* petrol tank

benægte (bay-*nehg*-der) *v* deny

benægtende (bay-*nehg*-der-ner) *adj* negative

benævnelse (bay-*neh*ᵒᵒ-nerl-ser) *c* denomination

benådning (bay-*nodh*-nayng) *c* pardon

beordre (bay-o-dro) *v* order

berede (bay-*ræ*-dher) *v* prepare

beredt (bay-*ræd*) *adj* prepared

beregne (bay-*righ*-ner) *v* calculate

beregning (bay-*righ*-nayng) *c* calculation

beretning (bay-*ræd*-nayng) *c* account

berette (bay-*ræ*-der) *v* *tell, record, report

berettiget (bay-*ræ*-di-erdh) *adj* just; entitled

berolige (bay-roa-li-er) *v* calm down; reassure; **beroligende middel** tranquillizer

beruset (bay-*roo*-serdh) *adj* intoxicated

berygtet (bay-*rurg*-derdh) *adj* notorious

berømmelse (bay-*rurm*-erl-ser) *c* fame

berømt (bay-*rurmd*) *adj* famous; noted

berømthed (bay-*rurmd*-haydh) *c* celebrity

berøre (bay-rur-o) *v* touch; affect

berøring (bay-*rurr*-ayng) *c* touch; contact

besat (bay-*sahd*) *adj* occupied; possessed

besejle (bay-*sigh*-ler) *v* sail

besejre (bay-*sigh*-ro) *v* *beat, defeat, conquer

*besidde (bay-*sidh*-er) *v* possess

besiddelse (bay-*sidh*-erl-ser) *c* possession

besindig (bay-*sayn*-di) *adj* sober, cool

beskadige (bay-*sgah*-dhi-er) *v* damage

beskatning (bay-*sgahd*-nayng) *c* taxation

beskatte (bay-*sgah*-der) *v* tax

besked (bay-*sgaydh*) *c* message; ***give** ~ inform

beskeden (bay-*sgay*-dhern) *adj* modest

beskedenhed (bay-*sgay*-dhern-haydh) *c* modesty

beskidt (bay-*sgid*) *adj* dirty, filthy

*beskrive (bay-*sgri*-ver) *v* describe

beskrivelse (bay-*sgri*-verl-ser) *c* description

beskylde (bay-*sgewl*-er) *v* accuse

beskyldning (bay-*sgewl*-nayng) *c* accusation, charge

beskytte (bay-*sgur*-der) *v* protect

beskyttelse (bay-*sgur*-derl-ser) *c* protection

beskæftige (bay-*sgehf*-di-er) *v* employ; ~ **sig med** *be occupied with

beskæftigelse (bay-*sgehf*-di-erl-ser) *c* occupation; employment

*beslaglægge (bay-*slou*-leh-ger) *v* confiscate; impound

beslutning (bay-*slood*-nayng) *c* decision

beslutsom (bay-*slood*-som) *adj* resolute

beslutte (bay-*sloo*-der) *v* decide

beslægtet (bay-*slehg*-derdh) *adj* related

bestanddel (bay-*sdahn*-dayl) *c* element; ingredient

bestemme (bay-*sdehm*-er) *v* decide; determine, destine; designate

bestemmelse (bay-*sdehm*-erl-ser) *c* stipulation; decision; decree

bestemmelsessted (bay-*sdehm*-erl-serss-sdehdh) *nt* destination

bestemt (bay-*sdehmd*) *adj* definite; **aldeles** ~ without fail

*bestige (bay-*sti*-i) *v* ascend

*bestikke (bay-*sday*-ger) *v* bribe; corrupt

bestikkelse (bay-*sday*-gerl-ser) *c* bribery, corruption, bribe

bestille (bay-*sdayl*-er) *v* *do; order; engage, reserve

bestilling (bay-*sdayl*-ayng) *c* order; booking

*bestride (bay-*sdri*-dher) *v* dispute, challenge

bestyre (bay-*sdew*-o) *v* manage

bestyrelse (bay-*sdew*-ol-ser) *c* board; direction

bestyrtet (bay-*sdewr*-derdh) *adj* upset

*bestå (bay-*sdo*) *v* exist, last; pass; ~ af consist of

besvare (bay-*svah*-ah) *v* answer, return

besvime (ber-*svi*-mer) *v* faint

besvær (bay-*svær*) *nt* trouble, nuisance; inconvenience

besværlig (bay-*svær*-li) *adj* troublesome, inconvenient

besynderlig (bay-*surn*-o-li) *adj* strange, curious, funny

*besætte (bay-*seh*-der) *v* occupy

besættelse (bay-*seh*-derl-ser) *c* occupation

besøg (bay-*sur*) *nt* (pl ~) call, visit

besøge (bay-*sur*-ur) *v* call on, visit

besøgende (bay-*sur*-ur-ner) *c* (pl ~) visitor

besøgstid (bay-*surs*-tidh) *c* visiting hours

betagende (bay-*tah*-er-ner) *adj* moving; impressive; glamorous

betale (bay-*tah*-ler) *v* *pay; ~ sig *pay; ~ tilbage reimburse, *pay back

betaling (bay-*tah*-layng) *c* payment

betalingsmodtager (bay-*tah*-layngs-moadh-tah-o) *c* payee

betegnelse (bay-*tigh*-nerl-ser) *c* denomination

betegnende (bay-*tigh*-ner-ner) *adj* characteristic, indicative

betingelse (bay-*tayng*-erl-ser) *c* condition

betingelsesløs (bay-*tayng*-erl-serss-lurs) *adj* unconditional

betinget (bay-*tayng*-erdh) *adj* conditional

betjene (bay-t^Yeh-ner) *v* wait on

betjening (bay-t^Yeh-nayng) *c* service

betjeningsafgift (bay-t^Yeh-nayngs-ou-gifd) *c* service charge

beton (bay-*tong*) *c* concrete

betone (bay-*toa*-ner) *v* stress

betoning (bay-*toa*-nayng) *c* stress

betragte (bay-*trahg*-der) *v* consider, regard; view

betro (bay-*troa*) *v* entrust, confide

*betræde (bay-*træ*-dher) *v* enter

*betrække (bay-*træ*-ger) *v* upholster

betvivle (bay-tvee^oo-ler) *v* doubt

*betyde (bay-*tew*-dher) *v* *mean; imply

betydelig (bay-*tew*-dher-li) *adj* considerable

betydende (bay-*tew*-dher-ner) *adj* big

betydning (bay-*tewdh*-nayng) *c* importance; meaning, sense; *være af ~ matter

betydningsfuld (bay-*tewdh*-nayngs-fool) *adj* significant

betydningsløs (bay-*tewdh*-nayngs-lurs) *adj* insignificant

betændelse (bay-*tehn*-erl-ser) *c* inflammation

betænkelig (bay-*tehng*-ger-li) *adj* alarming; uneasy; critical

beundre (bay-*on*-dro) *v* admire

beundrer (bay-*on*-dro) *c* admirer

beundring (bay-*on*-dræng) *c* admiration

bevare (bay-*vah*-ah) *v* *keep

bevidst (bay-*vaysd*) *adj* conscious, deliberate

bevidsthed (bay-*vaysd*-haydh) *c* consciousness

bevidstløs (bay-*vaysd*-lurs) *adj* unconscious

bevilge (bay-*vil*-Yer) *v* grant

bevilling (bay-*vil*-ayng) *c* licence, permission; *give ~ license

bevis (bay-*vis*) *nt* evidence, proof; token; certificate

bevise (bay-*vi*-ser) *v* prove; *show, demonstrate

bevogte (bay-*vog*-der) *v* guard

bevæbne (bay-*vehb*-ner) v arm; **be-væbnet** armed

bevæge (bay-*veh*-eh) v move; ~ **sig** move

bevægelig (bay-*veh*-eh-li) adj movable, mobile

bevægelse (bay-*veh*-ehl-ser) c motion, movement; emotion

beværte (bay-*vær*-der) v entertain

beværtning (bay-*værd*-nayng) c public house

beære (bay-*eh*-o) v honour

bh (bay-*ho*) c bra

bi (bi) c bee

bibel (*bi*-berl) c (pl bibler) bible

bibetydning (*bi*-bay-tewdh-nayng) c connotation

bibliotek (bib-li-oa-*tayg*) nt library

bid¹ (bidh) c (pl ~der) morsel; ~ **mad** snack

bid² (bidh) nt (pl ~) bite

***bide** (*bee*-dher) v *bite

bidrag (*bi*-drou) nt (pl ~) contribution; allowance

bifald (*bi*-fahl) nt applause; approval

bifalde (*bi*-fahl-er) v consent, approve of

biflod (*bi*-floadh) c tributary

bil (bil) c car, automobile

bilag (*bi*-lah) nt (pl ~) enclosure, annex

bilde sig ind (*bi*-ler) imagine

bilist (bi-*lisd*) c motorist

bilkørsel (*beel*-kurr-serl) c motoring

billard (bil-*yahd*) nt billiards pl

bille (*bi*-ler) c bug; beetle

billedbog (bay-*lerdh*-bo°°) c (pl -bøger) picture book

billede (bay-*ler*-dher) nt picture; image

billedhugger (bay-*lerdh*-ho-go) c sculptor

billedskærerarbejde (bay-*lerdh*-sgeh-o-aa-*bigh*-der) nt carving

billet (bi-*lehd*) c (pl ~ter) ticket

billetautomat (bi-*lehd*-ou-toa-mahd) c ticket machine

billetkontor (bi-*lehd*-koan-toar) nt box-office

billetkontrollør (bi-*lehd*-kon-troa-lurr) c ticket collector

billetluge (bi-*lehd*-lōō-oo) c box-office

billetpris (bi-*lehd*-pris) c fare

billig (*bi*-li) adj inexpensive, cheap

billigbog (*bi*-li-bo°°) c (pl -bøger) paperback

billigelse (*bi*-li-il-ser) c approval

biludlejning (*beel*-oodh-lahi-nayng) c car hire; car rental Am

bind (bayn) nt (pl ~) volume

***binde** (*bay*-ner) v tie; *bind; ~ **sammen** bundle

bindestreg (*bay*-ner-sdrigh) c hyphen

biograf (bi-oa-*grahf*) c cinema; pictures; movie theater Am, movies Am

biologi (bi-oa-loa-*gi*) c biology

birk (beerg) c birch

biskop (*bi*-sgob) c (pl ~per) bishop

bistade (*bi*-sdaa-dher) nt beehive

bister (*bi*-sdo) adj fierce

***bistå** (*bi*-sdo) v assist

bitter (bay-*do*) adj bitter

bjerg (bYærg) nt mountain, mount

bjergbestigning (bYærg-bay-sdi-nayng) c mountaineering

bjerghytte (bYærg-hew-der) c chalet

bjergkløft (bYærg-klurfd) c glen

bjergkæde (bYærg-kai-dher) c mountain range

bjergrig (bYærg-ri) adj mountainous

bjælke (bYehl-ger) c beam

bjærge (bYær-ger) v salvage; gather in

bjørn (bYurrn) c bear

blad (blahdh) nt leaf; blade

bladguld (blahdh-gool) nt gold leaf

bladhandler (blahdh-hahn-lo) c newsagent

blaffe (*blah*-fer) v hitchhike

blaffer (*blah*-fo) c hitchhiker

blande (*blah*-ner) v mix; shuffle; ~ **sig i** interfere with; **blandet** mixed

blanding (*blah*-nayng) c mixture

blandt (blahnd) *prep* amid, among; ~ **andet** among other things; **midt** ~ amid

blank (blahngg) *adj* bright, shining; blank; broke

blanket (blahng-*kehd*) c (pl ~ter) form

ble (blay) c nappy; diaper *nAm*

bleg (bligh) *adj* pale

blege (*bligh*-er) v bleach

blegne (*bligh*-ner) v turn pale; fade

blid (blidh) *adj* gentle

blik (blayg) *nt* (pl ~ke) look; glance; **kaste et** ~ glance

blikkenslager (*blay*-gern-slah-o) c plumber

blind (blayn) *adj* blind

blindtarm (*blayn*-tahm) c appendix

blindtarmsbetændelse (*blayn*-tahms-bay-tehn-erl-ser) c appendicitis

blinklys (*blayngg*-lews) *nt* (pl ~) indicator; trafficator; directional signal *Am*

blitzpære (*blids*-pai-o) c flash-bulb

*****blive** (*blee*-ver) v stay; *become; *grow, *go, *get; ~ **ved** continue; ~ **ved med** *keep on, *keep

blivende (*blee*-ver-ner) *adj* lasting, permanent

blod (bloadh) *nt* blood

blodforgiftning (*bloadh*-fo-gifd-nayng) c blood-poisoning

blodkar (*bloadh*-kah) *nt* (pl ~) blood-vessel

blodmangel (*bloadh*-mahng-erl) c anaemia

blodomløb (*bloadh*-om-lurb) *nt* circulation

blodtryk (*bloadh*-trurg) *nt* blood pressure

blokere (blo-*kay*-o) v block

blomkål (*blom*-kol) c cauliflower

blomme (*blo*-mer) c plum

blomst (blomsd) c flower

blomsterbed (*blom*-sdo-baydh) *nt* flowerbed

blomsterforretning (*blom*-sdo-fo-ræd-nayng) c flower-shop

blomsterhandler (*blom*-sdo-hahn-lo) c florist

blomsterløg (*blom*-sdo-loi) *nt* (pl ~) bulb

blomstre (*blom*-sdro) v blossom

blomstrende (*blom*-sdro-ner) *adj* flourishing, flowering; prosperous

blond (blond) *adj* fair

blondine (blon-*dee*-ner) c blonde

blot (blod) *adv* merely

blottet (*blo*-derdh) *adj* naked

bluse (*bloo*-ser) c blouse

bly (blew) *nt* lead

blyant (*blew*-ahnd) c pencil

blyantspidser (*blew*-ahnd-sbay-so) c pencil-sharpener

blæk (blehg) *nt* ink

blæksprutte (*blehg*-sproo-der) c octopus

blænde (*bleh*-ner) v blind; **blændende** glaring, dazzling

blære (*blai*-o) c blister; bladder

blærebetændelse (*blai*-o-bay-tehn-erl-ser) c cystitis

blæse (*blai*-ser) v *blow; **blæsende** windy, gusty

blød (blurdh) *adj* soft; smooth

bløde (*blūr*-dher) v *bleed

*****blødgøre** (*blurdh*-gur-o) v soften

blødgøringsmiddel (*blurdh*-gurr-ayngs-midh-erl) *nt* (pl -midler) water-softener

blødning (*blurdh*-nayng) c bleeding; haemorrhage

blå (blo) *adj* blue

bo (boa) *v* live; reside, stay

boble (*bob*-ler) *c* bubble

bod (boadh) *c* stall; penance, booth

bog (boo͞o) *c* (pl bøger) book

bogføre (*boo͞o*-fur-o) *v* book

boghandel (*boo͞o*-hahn-erl) *c* bookstore

boghandler (*boo͞o*-hahn-lo) *c* bookseller

boglade (*boo͞o*-laa-dher) *c* bookstore

boglig (*boo͞o*-li) *adj* literary

bogreol (*boo͞o*-ræ-oal) *c* bookstand

bogstav (*bog*-sdou) *nt* letter; **stort ~** capital letter

boks (bogs) *c* booth; safe

boksanlæg (*bogs*-ahn-lehg) *nt* (pl ~) vault

bokse (*bog*-ser) *v* box

boksekamp (*bog*-ser-kahmb) *c* boxing match

bold (bold) *c* ball

bolig (*boa*-li) *c* house

Bolivia (boa-*li*-vi-ah) Bolivia

bolivianer (boa-li-vi-*ah*-no) *c* Bolivian

boliviansk (boa-li-vi-*ahnsg*) *adj* Bolivian

bolle (*bo*-ler) *c* bun

bolsje (*bol*-sʸer) *nt* sweet; candy *nAm*

bolt (bold) *c* bolt

bom (bom) *c* (pl ~me) barrier

bombardere (bom-bah-*day*-o) *v* bomb

bombe (*bom*-ber) *c* bomb

bomuld (*bo*-mool) *c* cotton; **bomuldscotton**

bomuldsfløjl (*bo*-mools-floil) *nt* velveteen

bon (bong) *c* voucher; sales ticket

bonde (*bo*-ner) *c* (pl bønder) peasant

bondegård (*bo*-ner-go) *c* farm

bopæl (*boa*-pehl) *c* domicile; residence

bor (boar) *nt* (pl ~) drill

bord (boar) *nt* table; ***gå fra borde** disembark; ***gå om ~** embark;

koldt ~ buffet; **om ~** aboard

bordel (bo-*dehl*) *nt* (pl ~ler) brothel

bordtennis (*boar*-teh-niss) table tennis

bore (*boā*-o) *v* bore, drill

borg (boo͞o) *c* castle; stronghold

borger (bawoo-o) *c* citizen; **borgercivic**

borgerlig (bawoo-o-li) *adj* middleclass; bourgeois; **~ ret** civil law

borgmester (bo-*mehss*-do) *c* (pl mestre) mayor

borte (*baw*-der) *adv* gone

bortforklare (bawd-fo-klah-ah) *v* explain away

bortforpagte (bawd-fo-pahg-der) *v* lease

bortset fra (bawd-sayd) apart from

bosiddende (boa-saydh-er-ner) *adj* resident

botanik (boa-tah-*nig*) *c* botany

boutique (boo-*tig*) *c* boutique

brag (brahg) *nt* (pl ~) noise

brand (brahn) *c* fire

brandalarm (brahn-ah-lahm) *c* firealarm

brandfarlig (brahn-faa-li) *adj* inflammable

brandsikker (brahn-say-go) *adj* fireproof

brandsår (brahn-so) *nt* (pl ~) burn

brandtrappe (brahn-trah-ber) *c* fireescape

brandvæsen (brahn-veh-sern) *nt* firebrigade

brase (braa-ser) *v* fry

brasen (brah-sern) *c* bream

brasilianer (brah-sil-ʸah-no) *c* Brazilian

brasiliansk (brah-sil-ʸahnsg) *adj* Brazilian

Brasilien (brah-*sil*-ʸern) Brazil

brat (brahd) *adj* steep

breche (bræ-sher) *c* breach

bred[1] (brædh) c (pl ~der) shore, bank

bred[2] (brædh) adj broad, wide

bredde (bræ-der) c breadth, width

breddegrad (bræ-der-grahdh) c latitude

brede (brææ-dher) v *spread; ~ ud *spread out

bremse (bræm-ser) c brake; v slow down

bremsetromle (bræm-ser-troam-ler) c brake drum

brev (bræoo) nt letter

brevkasse (bræoo-kah-ser) c letter-box; mailbox nAm

brevkort (bræoo-kawd) nt (pl ~) post card, card

brevpapir (bræoo-pah-peer) nt note-paper

brevveksling (bræoo-vehgs-layng) c correspondence

brillant (bril-Yahnd) adj brilliant

briller (bræ-lo) pl spectacles, glasses

brillestel (bræ-ler-sdehl) nt (pl ~) spectacle frame

*bringe (bræ-nger) v *bring; *take; ~ tilbage *bring back

brint (brænd) c hydrogen

brintoverilte (brænd-o°°-o-il-der) c peroxide

brise (bree-ser) c breeze

brist (bræsd) c (pl ~) flaw, defect; fault

briste (bræss-der) v *burst; crack

brite (bri-der) c Briton

britisk (bri-disg) adj British

bro (broa) c bridge

broche (bro-sYer) c brooch

brochure (broa-sYew-o) c brochure

brodere (broa-day-o) v embroider

broderi (broa-do-ri) nt embroidery

broderskab (broa-dho-sgahb) nt fraternity

broget (braw-gerdh) adj colourful, motley; varied; confused

brok (brog) c (pl ~) hernia

*brolægge (broa-leh-ger) v pave

brolægning (broa-lehg-nayng) c pavement

brombær (broam-bær) nt (pl ~) blackberry

bronkitis (brong-ki-diss) c bronchitis

bronze (brong-ser) c bronze; bronze-bronze

bror (broar) c (pl brødre) brother

brud[1] (broodh) c bride

brud[2] (broodh) nt (pl ~) fracture, break

brudgom (broodh-gom) c (pl ~me) bridegroom

brudsikker (broodh-say-go) adj un-breakable

brudstykke (broodh-sdur-ger) nt fragment

brug (broo) c use; custom, usage

brugbar (broo-bah) adj useful; fit

bruge (broo-oo) v use; employ, *spend

bruger (broo-o) c user

brugsanvisning (broos-ahn-vis-nayng) c directions for use

brugsgenstand (broos-gehn-sdahn) c utensil

brugt (brogd) adj second-hand

brumme (bro-mer) v growl

brun (broon) adj brown; tanned

brunette (broo-neh-der) c brunette

brus (broos) nt (pl ~) fizz

brusk (broosg) c cartilage

brutal (broo-tahl) adj brutal

brutto- (broo-toa) gross

*bryde (brew-dher) v *break; ~ ind burgle, *break in; ~ sammen collapse; ~ sig om care for

brygge (brur-ger) v brew

bryggeri (brur-go-ri) nt brewery

bryllup (brur-lob) nt (pl ~per) wedding

bryllupsrejse (*brur*-lobs-righ-ser) *c* honeymoon

bryst (brursd) *nt* breast; chest

brystholder (*brursd*-ho-lo) *c* bra, brassiere

brystkasse (*brursd*-kah-ser) *c* chest

brystsvømning (*brursd*-svurm-nayng) *c* breaststroke

brækjern (*bræg*-Yærn) *nt* (pl ~) crowbar

brække (*bræ*-ger) *v* fracture; crack; ~ **sig** vomit

brænde (brah-ner) *v* *burn; ~ **på** *burn

brændeknude (brah-ner-knōō-dher) *c* log

brændemærke (*bræ*-ner-mær-ger) *nt* brand

brændpunkt (*brahn*-pongd) *nt* focus

brændsel (*brahn*-serl) *nt* fuel

brændselsolie (*brahn*-serls-oal-Yer) *c* fuel oil

bræt (brahd) *nt* (pl brædder) board

brød (brurdh) *nt* (pl ~) bread; loaf; **ristet** ~ toast

brøkdel (*brurg*-dayl) *c* fraction

brøl (brurl) *nt* (pl ~) roar

brøle (*brūr*-ler) *v* roar

brønd (brurn) *c* well

brøndkarse (*brurn*-kaa-ser) *c* watercress

budbringer (*boodh*-bræng-o) *c* messenger

budget (bew-*sʸehd*) *nt* (pl ~ter) budget

budskab (*boodh*-sgahb) *nt* message

bue (*bōō*-oo) *c* bow; arch

bueformet (*bōō*-oo-fo-merdh) *adj* arched

buegang (*bōō*-oo-gahng) *c* arcade

buet (*bōō*-oodh) *adj* curved

bugserbåd (boog-*sayr*-bodh) *c* tug

bugt (bogd) *c* bay, gulf; creek

buket (boo-*kehd*) *c* (pl ~ter) bunch; bouquet

bukke (*bo*-ger) *v* bow; ~ **under** succumb

buksedragt (*bog*-ser-drahgd) *c* pantsuit

bukser (*bog*-so) *pl* trousers *pl;* pants *plAm*

bule (*bōō*-ler) *c* lump, bump; dent

bulgarer (bool-*gah*-ah) *c* Bulgarian

Bulgarien (bool-*gah*-Yern) Bulgaria

bulgarsk (bool-*gahsg*) *adj* Bulgarian

bumletog (*bom*-ler-to°°) *nt* (pl ~) stopping train

bund (bon) *c* bottom

bundfald (*bon*-fahl) *nt* deposit; dregs

bundt (bond) *nt* bundle

bundte (*bon*-der) *v* bundle

bunke (*bong*-ger) *c* lot

buntmager (*bond*-mah-o) *c* furrier

bur (boor) *nt* cage

*burde (*boor*-der) *v* *ought to

bureau (bew-*roa*) *nt* agency

bureaukrati (bew-roa-krah-*ti*) *nt* bureaucracy

bus (booss) *c* (pl ~ser) coach, bus

busk (boosg) *c* bush

buskvækst (*boosg*-vehgsd) *c* shrub

buste (*bewss*-der) *c* bust

busteholder (*bewss*-der-ho-lo) *c* brassiere

butik (boo-*tig*) *c* (pl ~ker) shop

butiksindehaver (boo-*tigs*-ay-ner-hah-vo) *c* shopkeeper

butterfly (*bo*-do-fligh) *c* (pl -flies) bow tie; butterfly stroke

buttet (*boo*-derdh) *adj* plump

by (bew) *c* town, city

byboere (*bew*-boa-o-o) *pl* townspeople *pl*

byg (bewg) *c* barley

byge (*bēw*-ew) *c* shower

bygge (*bew*-ger) *v* *build; construct

byggeri (bew-go-*ri*) *nt* construction

bygning (*bewg*-nayng) *c* building;

construction

bygningskunst (*bewg*-nayngs-konsd) *c* architecture

byld (bewl) *c* abscess, boil; sore

bymidte (*bew*-may-der) *c* town centre

bymæssig (*bew*-meh-si) *adj* urban

byrde (*bewr*-der) *c* load, burden; charge

bytning (*bewd*-nayng) *c* exchange

bytte (*bew*-der) *v* exchange; swap; *nt* booty; prey

byttepenge (*bew*-der-pehng-er) *pl* change

bæger (*bai*-go) *nt* (pl bægre) cup; tumbler

bæk (behg) *c* (pl ~ke) stream, brook

bækken (*beh*-gern) *nt* basin; pelvis

bælte (*behl*-der) *nt* belt

bæltested (*behl*-der-sdehdh) *nt* waist

bændel (*behn*-erl) *nt* (pl -dler) tape

bænk (behngg) *c* bench

bær (bær) *nt* (pl ~) berry

***bære** (*bai*-o) *v* carry; support, *bear; *wear; ~ **sig** *ad* proceed

bæver (*beh*-vo) *c* beaver

bøddel (*burdh*-erl) *c* (pl bødler) executioner

bøde (*būr*-dher) *c* penalty, fine; ticket

bøf (burf) *c* (pl ~fer) steak

bøg (bur) *c* beech

bøje (*boi*-er) *c* buoy; *v* *bend; ~ **sig** *bend down; **bøjet** curved

bøjelig (*boi*-er-li) *adj* flexible, supple

bøjle (*boi*-ler) *c* hanger, coat-hanger

bølge (*burl*-ger) *c* wave

bølgelængde (*burl*-ger-lehng-der) *c* wave-length

bølgende (*burl*-Yer-ner) *adj* undulating

bølget (*burl*-gerdh) *adj* wavy

bølleagtig (*bur*-ler-ahg-di) *adj* rowdy

bøn (burn) *c* (pl ~ner) prayer

***bønfalde** (*burn*-fahl-er) *v* entreat, implore, beg

bønne (*bur*-ner) *c* bean

børnehave (*burr*-ner-haa-ver) *c* kindergarten

børnelammelse (*burr*-ner-lah-merl-ser) *c* polio

børneværelse (*burr*-ner-vai-ol-ser) *nt* nursery

børs (burrs) *c* stock exchange, exchange

børste (*burr*-sder) *c* brush; *v* brush

båd (bodh) *c* boat

både ... og (*baw*-dher og) both ... and

bånd (bon) *nt* (pl ~) ribbon; band; tape

båndoptager (*bon*-ob-tah-o) *c* recorder, tape-recorder

C

café (kah-*fay*) *c* café

cafeteria (kah-fer-*tayr*-Yah) *nt* (pl -ier) cafeteria; self-service restaurant

calvinisme (kahl-vi-*niss*-mer) *c* Calvinism

campere (kahm-*pay*-o) *v* camp

campingplads (*kahm*-payng-plahss) *c* camping site

campingvogn (*kahm*-payng-vo°°n) *c* caravan; trailer *nAm*

campist (kahm-*pisd*) *c* camper

Canada (*kah*-nah-dah) Canada

canadier (kah-*nah*-dYo) *c* Canadian

canadisk (kah-*nah*-disg) *adj* Canadian

celle (*seh*-ler) *c* cell

cellofan (seh-loa-*fahn*) *nt* cellophane

celsius (*sehl*-si-ooss) centigrade

cembalo (t^Yehm-bah-loa) *nt* harpsichord

cement (say-*mehnd*) *c* cement

censur (sehn-*soor*) *c* censorship

centimeter (sehn-ti-*may*-do) *c* (pl ~) centimetre

central (sehn-*trahl*) *adj* central

centralisere (sehn-trah-li-*say*-o) *v* centralize

centralvarme (sehn-*trahl*-vaa-mer) *c* central heating

centrum (*sehn*-trom) *nt* (pl -trer) centre

ceremoni (sā̄y-o-moa-*ni*) *c* ceremony

ceremoniel (sā̄y-o-moa-ni-*ehl*) *adj* ceremonious, formal

certifikat (sær-ti-fi-*kahd*) *nt* certificate

champagne (sᵛahm-*pahn*-ᵛer) *c* champagne

champignon (sᵛahm-pin-ᵛong) *c* mushroom

chance (sᵛahng-ser) *c* opportunity, chance

charlatan (sᵛaa-lah-tahn) *c* quack

charme (sᵛaa-mer) *c* charm; attraction

charmerende (sᵛah-*may*-o-ner) *adj* charming

charterflyvning (sᵛaa-do-flew ᵒᵒ-nayng) *c* charter flight

chassis (sᵛah-*si*) *nt* chassis

chauffør (sᵛoa-*furr*) *c* driver; chauffeur

check (sᵛehg) *c* (pl ~s) cheque; check *nAm*

checke (*tᵛeh*-ger) *v* check; ~ **ind** check in; ~ **ud** check out

checkhæfte (sᵛehg-hehf-der) *nt* cheque-book; check-book *nAm*

chef (sᵛehf) *c* boss, manager

Chile (*tᵛee*-ler) Chile

chilener (tᵛi-*lay*-no) *c* Chilean

chilensk (tᵛi-*laynsg*) *adj* Chilean

chok (sᵛog) *nt* (pl ~) shock

choker (sᵛur ᵒᵒ-ko) *c* choke

chokere (sᵛoa-*kay*-o) *v* shock; **chokerende** shocking

chokolade (sᵛoa-goa-*laa*-dher) *c* chocolate

chokoladeforretning (sᵛoa-goa-*laa*-

dher-fo-ræd-nayng) *c* sweetshop; candy store *Am*

ciffer (*si*-fo) *nt* (pl cifre) digit; figure

cigar (si-*gah*) *c* cigar

cigaret (si-gah-*ræd*) *c* (pl ~ter) cigarette

cigaretetui (si-gah-*ræd*-ay-too-i) *nt* cigarette-case

cigaretrør (si-gah-*ræd*-rurr) *nt* (pl ~) cigarette-holder

cigarettobak (si-gah-*ræd*-toa-bahg) *c* (pl ~ker) cigarette tobacco

cigarettænder (si-gah-*ræd*-teh-no) *c* cigarette-lighter

cigarforretning (si-*gah*-fo-ræd-nayng) *c* cigar shop

cirka (*seer*-gah) *adv* about, approximately

cirkel (*seer*-gerl) *c* (pl -kler) circle

cirkus (*seer*-gooss) *c* (pl ~) circus

citat (si-*tahd*) *nt* quotation

citere (si-*tay*-o) *v* quote

citron (si-*troan*) *c* lemon; **grøn** ~ lime

civil (si-*vil*) *adj* civil; civilian

civilisation (si-vi-li-sah-sᵛoan) *c* civilization

civiliseret (si-vi-li-*say*-odh) *adj* civilized

civilist (si-vi-*lisd*) *c* civilian

Colombia (koa-*loam*-bi-ah) Colombia

colombianer (koa-loam-bi-*ah*-no) *c* Colombian

colombiansk (koa-loam-bi-*ahnsg*) *adj* Colombian

coma (*kōa*-mah) *c* coma

communiqué (koa-moo-ni-*kay*) *nt* communiqué

cowboybukser (*ko* ᵒᵒ-boi-bog-so) *pl* jeans, Levis *pl*

creme (kræm) *c* cream

Cuba (*kōo*-bah) Cuba

cubaner (koo-*bah*-no) *c* Cuban

cubansk (koo-*bahnsg*) *adj* Cuban

curlere (*kūr*-lo-o) *pl* hair rollers

cykel (*sew*-gerl) *c* (pl cykler) cycle, bicycle

cykelsti (*sew*-gerl-sdi) *c* cycle track

cykle (*sewg*-ler) *v* cycle

cyklist (sewg-*lisd*) *c* cyclist

cyklus (*sew*-klooss) *c* (pl -ler) cycle

cylinder (sew-*layn*-do) *c* (pl -dre) cylinder

cølibat (sur-li-*bahd*) *nt* celibacy

D

da (dah) *adv* then; *conj* when

daddel (*dah*-dherl) *c* (pl dadler) date

dadle (*dahdh*-ler) *v* blame

dag (dah) *c* day; **i ~** today; **om dagen** by day; **per ~** per day

dagblad (*dou*-blahdh) *nt* daily

dagbog (*dou*-bo⁰⁰) *c* (pl -bøger) diary

daggry (*dou*-grew) *nt* daybreak

daglig (*dou*-li) *adj* daily; everyday

dagligdags (*dou*-li-dahs) *adj* ordinary

dagligstue (*dou*-li-sdōō-oo) *c* living-room; sitting-room

dagslys (*douss*-lews) *nt* daylight

dagsorden (*douss*-o-dern) *c* agenda

dagtur (*dou*-toor) *c* day trip

dal (dahl) *c* valley

dam (dahm) *c* (pl ~me) pond

dambræt (*dahm*-bræd) *nt* (pl ~ter) draught-board

dame (*daa*-mer) *c* lady

dameskrædderinde (*daa*-mer-sgræ-dho-ay-ner) *c* dressmaker

dametoilet (*daa*-mer-toa-ah-lehd) *nt* (pl ~ter) ladies' room; powder-room

dameundertøj (*daa*-mer-o-no-toi) *pl* lingerie

damp (dahmb) *c* steam; vapour

dampskib (*dahmb*-sgib) *nt* steamer

damspil (*dahm*-sbayl) *nt* (pl ~) draughts; checkers *plAm*

Danmark (*dahn*-maag) Denmark

dans (dahns) *c* dance

danse (*dahn*-ser) *v* dance

dansk (dahnsg) *adj* Danish

dansker (*dahn*-sgo) *c* Dane

dase (*daa*-ser) *v* laze, loaf

dask (dahsg) *nt* (pl ~) smack

dato (*daa*-toa) *c* date

datter (*dah*-do) *c* (pl døtre) daughter

datterdatter (*dah*-do-dah-do) *c* (pl -døtre) granddaughter

dattersøn (*dah*-do-surn) *c* (pl ~ner) grandson

daværende (*dah*-veh-o-ner) *adj* of that time, then

De (di) *pron* you

de (di) *pron* they; those; *art* those

debat (day-*bahd*) *c* (pl ~ter) debate, discussion

debattere (daybah-*tay*-o) *v* discuss

debet (*day*-bayd) *c* debit

december (day-*sehm*-bo) December

decimalsystem (day-si-*mahl*-sew-sdaym) *nt* decimal system

defekt (day-*fehgd*) *c* fault; *adj* faulty

definere (day-fi-*nay*-o) *v* define

definition (day-fi-ni-*sʸoan*) *c* definition

dej (dahi) *c* dough; batter

dejlig (*digh*-li) *adj* nice, pleasant, good, delicious

deklaration (day-klah-rah-*sʸoan*) *c* declaration

dekoration (day-koa-rah-*sʸoan*) *c* decoration, ornament; set

dekort (day-*kawd*) *c* discount

del (dayl) *c* part

dele (*day*-ler) *v* share; divide; **~ sig** fork; **~ ud** *deal

delegation (day-lay-gah-*sʸoan*) *c* delegation

delegeret (day-lay-*gay*-odh) *c* (pl -re-de) delegate

delikat (day-li-*kahd*) *adj* delicate

delikatesse (day-li-kah-*teh*-ser) *c* delicatessen

deling (*dāy*-layng) *c* division

dels (dayls) *adv* partly

*****deltage** (*dayl*-tah-ah) *v* participate, *take part

deltagende (*dayl*-tah-ah-ner) *adj* sympathetic

deltager (*dayl*-tah-o) *c* participant

delvis (*dāyl*-vis) *adj* partial; *adv* partly

Dem (dehm) *pron* you

dem (dehm) *pron* them

demokrati (day-moa-krah-*ti*) *nt* democracy

demokratisk (day-moa-*krah*-disg) *adj* democratic

demonstration (day-moan-sdrah-*sᵞoan*) *c* demonstration

demonstrere (day-moan-*sdræ*-o) *v* demonstrate

den (dehn) *pron* (nt det, pl de) that

denatureret sprit (day-nah-too-*ræ*-odh sbrid) methylated spirits

denne (*deh*-ner) *pron* (nt dette, pl disse) this

deodorant (day-oa-doa-*rahnd*) *c* deodorant

departement (day-pah-der-*mahng*) *nt* department

deponere (day-poa-*nay*-o) *v* bank, deposit

depot (day-*poad*) *nt* depot

depression (day-præ-*sᵞoan*) *c* depression

deprimere (day-pri-*may*-o) *v* depress; **deprimerende** depressing

deprimeret (day-pri-*may*-odh) *adj* depressed

deputation (day-poo-tah-*sᵞoan*) *c* delegation

deputeret (day-poo-*tay*-odh) *c* (pl -re-de) deputy

der (dehr) *adv* there

derefter (*dehr*-ehf-do) *adv* then

Deres (*dai*-oss) *pron* your

deres (*dai*-oss) *pron* their

derfor (*dehr*-fo) *adv* therefore

derhen (*dehr*-hehn) *adv* there

derovre (*dehr*-oᵒᵒ-ro) *adv* over there

des . . . des (dehss) the ... the

desertere (day-sær-*tay*-o) *v* desert

desinfektionsmiddel (dayss-ayn-fehg-*sᵞoans*-midh-erl) *nt* (pl -midler) disinfectant

desinficere (dayss-ayn-fi-*say*-o) *v* disinfect

desperat (dayss-bo-*rahd*) *adj* desperate

dessert (day-*sehrd*) *c* dessert; sweet

desuden (dayss-*ōō*-dhern) *adv* also, besides

desværre (day-*sveh*-o) *adv* unfortunately

det (day) *pron* it; that

detailhandel (day-*tighl*-hahn-erl) *c* retail trade

detailhandler (day-*tighl*-hahn-lo) *c* retailer

detaillist (day-tigh-*ᵞisd*) *c* retailer

detalje (day-*tahl*-ᵞer) *c* detail

detaljeret (day-tahl-*ᵞay*-odh) *adj* detailed

detektiv (day-dehg-*tee*ᵒᵒ) *c* detective

devaluere (day-vah-loo-*ay*-o) *v* devalue

devaluering (day-vah-loo-*ay*-ræng) *c* devaluation

diabetes (di-ah-*bāy*-derss) *c* diabetes

diabetiker (di-ah-*bay*-ti-go) *c* diabetic

diagnose (di-ah-*nōā*-ser) *c* diagnosis; **stille en ~** diagnose

diagonal (di-ah-goa-*nahl*) *c* diagonal; *adj* diagonal

diagram (di-ah-*grahm*) *nt* (pl ~mer)

chart
dialekt (di-ah-*lehgd*) c dialect
diamant (di-ah-*mahnd*) c diamond
diarré (di-ah-*ræ*) c diarrhoea
dieselmotor (*di*-serl-*mōā*-to) c diesel
difteritis (dif-do-*ri*-diss) c diphtheria
dig (digh) *pron* you, yourself
dige (*dee*-i) *nt* dike
digt (daygd) *nt* poem
digter (*dayg*-do) c poet
dikkedarer (day-ger-*dah*-ah) *pl* fuss
diktafon (dig-tah-*foan*) c dictaphone
diktat (dig-*tahd*) *nt* dictation
diktator (dig-*taa*-to) c dictator
diktere (dig-*tay*-o) v dictate
dille (*di*-ler) c craze
dimension (di-mehn-s*Y*oan) c size
din (din) *pron* (nt dit, pl dine) your
diplom (di-*ploam*) *nt* certificate
diplomat (di-ploa-*mahd*) c diplomat
direkte (di-*ræg*-der) *adj* direct; *adv* straight, directly
direktion (di-ræg-s*Y*oan) c direction
direktiv (di-ræg-*tee*ᵒᵒ) *nt* directive
direktør (di-ræg-*turr*) c manager, director; executive
dirigent (di-ri-*gehnd*) c conductor
dirigere (di-ri-*gay*-o) v conduct
dis (diss) c mist, haze
disciplin (di-si-*plin*) c discipline
diset (*dee*-serdh) *adj* misty, hazy
disk (daysg) c counter
diskonto (diss-*kon*-toa) c bank-rate
diskusprolaps (diss-kooss-proa-lahbs) c slipped disc
diskussion (diss-goo-s*Y*oan) c discussion, argument
diskutere (diss-goo-*tay*-o) v discuss, argue
disponeret for (diss-boa-*nay*-odh) subject to
disponibel (diss-boa-*ni*-berl) *adj* available
disput (diss-*pewd*) c (pl ~ter) dispute

disse (*di*-ser) *pron* these
distrikt (di-*sdrægd*) *nt* district
divan (*dee*-vahn) c couch
diverse (di-*vær*-ser) *adj* miscellaneous
diæt (di-*ehd*) c diet
djævel (d*Y*ai-verl) c (pl -vle) devil
dobbelt (dig-berld) *adj* double
dobbeltsenge (do-berld-sehng-er) *pl* twin beds
dog (doᵒᵒ) *adv* still, however; but, though, yet
dok (dog) c (pl ~ke) dock
doktor (*dog*-do) c doctor
dokument (doa-goo-*mehnd*) *nt* document; certificate
dokumentmappe (doa-goo-*mehnd*-mah-ber) c attaché case
dom (dom) c (pl ~me) judgment; verdict, sentence
domfælde (*dom*-fehl-er) v convict
domfældelse (*dom*-fehl-erl-ser) c conviction
domfældt (*dom*-fehld) c convict
domkirke (*dom*-keer-ger) c cathedral
dommer (*do*-mo) c judge; umpire; referee
domstol (*dom*-sdoal) c court; law court
donation (doa-nah-s*Y*oan) c donation
donkraft (*doan*-krahfd) c jack
dosis (*dōā*-siss) c (pl doser) dose
doven (*do*ᵒᵒ-ern) *adj* lazy; idle
drage (*draa*-ger) c dragon; kite
drager (*draa*-go) c porter
dragkiste (*drahg*-keess-der) c chest
drama (*draa*-mah) *nt* drama
dramatiker (drah-*mah*-ti-go) c dramatist
dramatisk (drah-*mah*-tisg) *adj* dramatic
dreje (*drigh*-er) v turn; ~ **af for** turn off; ~ **om** turn; ~ **op for** turn on
drejning (*drigh*-nayng) c turn; curve

dreng (dræng) c lad, boy

drengespejder (dræng-er-sbigh-do) c boy scout

dressere (dræ-say-o) v train

dreven (dræ∞oo-ern) adj skilled, shrewd

drik (dræg) c (pl ~ke) drink; beverage; **alkoholfri ~** soft drink; **stærke drikke** spirits

*drikke (dræ-ger) v *drink

drikkelig (dræ-ge-li) adj drinkable; for drinking

drikkepenge (dræ-ger-pehng-er) pl tip; gratuity

drikkevand (dræ-ger-vahn) nt drinking-water

drilagtig (dræl-ahg-di) adj mischievous

drille (dræ-ler) v tease; kid

dristig (dræss-di) adj bold

dristighed (dræss-di-haydh) c nerve

*drive (dree-ver) v *drive; *run; laze; **~ frem** propel

drivhus (dree∞-hoos) nt greenhouse

drivkraft (dree∞-krahfd) c (pl -kræfter) driving force

dronning (dro-nayng) c queen

drukne (drog-ner) v drown; *be drowned

dræbe (dræ∂-ber) v kill

dræne (dræ∂-ner) v drain

drøfte (drurf-der) v discuss, debate; argue

drøftelse (drurf-derl-ser) c deliberation, discussion, debate

drøm (drurm) c (pl ~me) dream

drømme (drur-mer) v *dream

drøn (drurn) nt (pl ~) roar

dråbe (draw-ber) c drop

du (doo) pron you

due (dōō-oo) c pigeon

duelig (dōō-oo-li) adj able

duft (dofd) c scent

dug¹ (doo) c table-cloth

dug² (doog) c dew

dukke (do-ger) c doll

dukketeater (do-ger-tay-ah-do) nt (pl -tre) puppet-show

dum (doam) adj stupid, silly; dumb

dumdristig (doam-dræss-di) adj daring

dumpe (dom-ber) v fail; flunk vAm

dun (doon) nt (pl ~) down

dundre (don-ro) v bump

dunke (dong-ger) v thump

dunkel (dong-gerl) adj dim; obscure

dusin (doo-sin) nt (pl ~) dozen

dværg (dværg) c dwarf

dyb (dewb) adj deep; low

dybde (dewb-der) c depth

dybfrost (dewb-frosd) frozen food

dybfryser (dewb-frew̄-so) c deep-freeze

dybsindig (dewb-sayn-di) adj profound

dyd (dewdh) c virtue

dygtig (durg-di) adj able, capable; skilful

dygtighed (durg-di-haydh) c ability; skill

dykke (dur-ger) v dive

dykkerbriller (dur-go-bræ-lo) pl goggles pl

dynamo (dew-naa-moa) c dynamo

dyne (dēw-ner) c eiderdown

dynge (durng-er) c heap

dyppekoger (dur-ber-ko∞-o) c immersion heater

dyr¹ (dewr) nt (pl ~) animal, beast

dyr² (dewr) adj expensive, dear

dyrebar (dēw-o-bah) adj precious, dear

dyrekreds (dēw-o-kræs) c zodiac

dyrke (dewr-ger) v cultivate, till; *grow, raise

dyrlæge (dewr-lai-eh) c veterinary surgeon

dysenteri (dew-sehn-do-ri) c dysentery

dyster (*dewss*-do) *adj* gloomy

dæk (dehg) *nt* (pl ~) deck; tire, tyre

dække (*deh*-ger) *v* cover; ~ **bord** *lay the table

dækskahyt (*dehgs*-kah-*hewd*) *c* (pl ~ter) deck cabin

dæktryk (*dehg*-trurg) *nt* (pl ~) tyre pressure

dæmning (*dehm*-nayng) *c* dam

dæmpet (*dehm*-perdh) *adj* dim

dæmring (*dehm*‧ræng) *c* dawn

***dø** (dur) *v* die

døbe (*dūrber*) *v* baptize, christen

død (durdh) *c* death; *adj* dead

dødbider (durdh-bidh-o) *c* bore

dødbringende (durdh-bræng-er-ner) *adj* mortal

dødelig (*dūr*-dher-li) *adj* mortal; fatal

dødsstraf (durdh-sdrahf) *c* (pl ~fe) death penalty

døgn (doin) *nt* (pl ~) twenty-four hours

døgnflue (*doin*-flōō-oo) *c* fad

dømme (*dur*-mer) *v* judge; sentence

dør (durr) *c* door

dørklokke (*durr*-klo-ger) *c* doorbell

dørslag (*durr*-slah) *nt* (pl ~) strainer

dørvogter (*durr*-vog-do) *c* doorman

døv (dur°°) *adj* deaf

dåb (dob) *c* baptism; christening

dåkalv (*do*-kahlv) *c* fawn

dårlig (*dawr*-li) *adj* bad, ill; sick

dåse (*daw*-ser) *c* canister; tin, can

dåseåbner (*dawser*-awb-no) *c* can opener, tin-opener

E

ebbe (*eh*-ber) *c* low tide

Ecuador (eh-kvah-*doar*) Ecuador

ecuadorianer (eh-kvah-do-i-*ah*-no) *c* Ecuadorian

ed (aydh) *c* oath; vow; curse

edderkop (*ehdh*-o-kob) *c* (pl ~per) spider

eddike (*ehdh*-ger) *c* vinegar

effektiv (eh-*fayg*-tee°°) *adj* effective, efficient

efter (*ehf*-do) *prep* after; ~ **at** after

efterforske (ayf-do-faw-sger) *v* investigate

***efterfølge** (*ehf*-do-furl-Yer) *v* succeed

***eftergøre** (*ehf*-do-gur-o) *v* imitate, ape; forge; copy

efterhånden (ehf-do-*hon*-ern) *adv* gradually, progressively

efterkommer (*ehf*-do-ko-mo) *c* descendant

***efterlade** (*ehf*-do-lah-dher) *v* *leave; *leave behind

efterligne (*ehf*-do-li-ner) *v* imitate

efterligning (*ehf*-do-li-nayng) *c* imitation

efterlysning (*ehf*-do-lews-nayng) *c* police message

eftermiddag (*ehf*-do-mi-dah) *c* afternoon; **i** ~ this afternoon

eftermiddagste (*ehf*-do-may-dahss-tay) *c* tea

efternavn (*ehf*-do-noun) *nt* surname, family name

***efterse** (*ehf*-do-say) *v* inspect

eftersende (*ehf*-do-sehn-er) *v* forward

eftersom (*ehf*-do-som) *conj* because, as

efterspore (*ehf*-do-sboa-o) *v* trace

efterspørgsel (*ehf*-do-sburr-serl) *c* (pl -sler) demand

eftersøgning (*ehf*-do-sur-nayng) *c* search

eftertanke (*ehf*-do-tahng-ger) *c* reflection, consideration

efterår (*ehf*-do-o) *nt* (pl ~) autumn; fall *nAm*

eg (ay) *c* oak

egal (ay-*gahl*) *adj* level, even

ege ($\overline{ay}$-ay) *c* spoke

egen (*igh*-ern) *adj* own

egenskab ($\overline{ay}$-ayn-sgahb) *c* quality; property

egentlig (*ay*-ayn-li) *adv* really, properly; *adj* real, proper, actual

egern (*ay*-on) *nt* (pl ~) squirrel

egn (ighn) *c* district; country

egne sig (*igh*-ner) *be fit for, qualify

egnet (*igh*-nerdh) *adj* convenient, appropriate

egoisme (ay-goa-*iss*-mer) *c* selfishness

egoistisk (ay-goa-*iss*-disg) *adj* egoistic

Egypten (eh-*gewb*-dern) Egypt

egypter (eh-*gewb*-do) *c* Egyptian

egyptisk (eh-*gewb*-disg) *adj* Egyptian

eje (*igh*-er) *v* own; *nt* possession

ejendele (*igh*-ern-d$\overline{ay}$-ler) *pl* property, belongings *pl*

ejendom (*igh*-ern-dom) *c* (pl ~me) property; premises *pl*

ejendommelig (igh-ern-*dom*-li) *adj* peculiar, quaint

ejendomsmægler (igh-ern-doms-mai-lo) *c* house agent

ejer (*igh*-o) *c* owner; proprietor

ekko (*eh*-koa) *nt* echo

eksakt (ehg-*sahgd*) *adj* precise

eksamen (ehg-*saa*-mern) *c* (pl -miner) examination; *tage ~ graduate

eksamensbevis (ehg-*saa*-merns-bay-vis) *nt* diploma

eksem (ehg-*saym*) *c* eczema

eksempel (ehg-*sehm*-berl) *nt* (pl -pler) instance, example; for ~ for instance, for example

eksemplar (ehg-serm-*plah*) *nt* copy, specimen

eksil (ehg-*sil*) *nt* exile

eksistens (ehg-si-*sdehns*) *c* existence

eksistere (ehg-si-*sday*-o) *v* exist

eksklusiv (*ehgs*-kloo-see^{oo}) *adj* exclusive

eksotisk (ehg-*soa*-tisg) *adj* exotic

ekspedere (ehgs-bay-*day*-o) *v* dispatch; attend to, serve

ekspedient (ehg-sbay-di-*ehnd*) *c* shop assistant, salesman

ekspedition (ehg-sbay-di-*s*Yoan) *c* expedition

ekspeditrice (ehg-sbay-di-*tree*-ser) *c* salesgirl

eksperiment (ehgs-pæ-ri-*mehnd*) *nt* experiment

eksperimentere (ehgs-pæ-ri-mehn-*tay*-o) *v* experiment

ekspert (ehgs-*pærd*) *c* expert

eksplodere (ehgs-ploa-*day*-o) *v* explode

eksplosion (ehgs-ploa-*s*Yoan) *c* blast, explosion

eksplosiv (*ehgs*-ploa-see^{oo}) *adj* explosive

eksponering (ehgs-poa-*nay*-ræng) *c* exposure

eksport (ehgs-*pawd*) *c* export, exportation; exports *pl*

eksportere (ehgs-po-*tay*-o) *v* export

ekspres (ehgs-*præss*) special delivery; ekspres- express

eksprestog (ehgs-*præss*-tooo) *nt* (pl ~) express train

ekstase (ehgs-*taa*-ser) *c* ecstasy

ekstra (*ehgs*-drah) *adj* extra; additional, spare

ekstravagant (ehgs-drah-vah-*gahnd*) *adj* extravagant

ekstrem (ehgs-*træm*) *adj* extreme

elasticitet (ay-lah-sdi-si-*tayd*) *c* elasticity

elastik (ay-lah-*sdig*) *c* (pl ~ker) rubber band, elastic band

elastisk (ay-*lah*-sdisg) *adj* elastic

elefant (ay-ler-*fahnd*) *c* elephant

elegance (ay-ler-*gahng*-ser) *c* elegance

elegant (ay-ler-*gahnd*) *adj* elegant

elektricitet (ay-lehg-træ-si-*tayd*) *c*

electricity
elektriker (ay-*lehg*-træ-go) *c* electrician
elektrisk (ay-*lehg*-træsg) *adj* electric
elektronisk (ay-lehg-*troa*-nisg) *adj* electronic
element (ay-ler-*mehnd*) *nt* element
elementær (ay-ler-mehn-*tær*) *adj* elementary; primary
elendig (ay-*lehn*-di) *adj* miserable
elendighed (ay-*lehn*-di-haydh) *c* misery
elev (ay-*lay*ᵒᵒ) *c* scholar, pupil; learner
elevator (ay-ler-*vaa*-to) *c* lift; elevator *nAm*
elfenben (*ehl*-fern-bayn) *nt* ivory
eliminere (ay-li-mi-*nay*-o) *v* eliminate
eller (*eh*-lo) *conj* or
ellers (*ehl*-oss) *adv* else; otherwise
elleve (*ehl*-ver) *num* eleven
ellevte (*ehlf*-der) *num* eleventh
elm (ehlm) *c* elm
elsdyr (*ehls*-dewr) *nt* (pl ~) moose
elshaver (*ehl*-sᵞay-vo) *c* shaver
elske (*ehl*-sger) *v* love; **elsket** beloved
elsker (*ehl*-sgo) *c* lover
elskerinde (ehl-sgo-ay-ner) *c* mistress
emalje (ay-*mahl*-ᵞer) *c* enamel
emaljeret (ay-mahl-ᵞay-odh) *adj* enamelled
embargo (ehm-*baa*-goa) *c* embargo
embede (ehm-*bay*-dher) *nt* office
emblem (ehm-*blaym*) *nt* emblem
emigrant (ay-mi-*grahnd*) *c* emigrant
emigration (ay-mi-grah-sᵞoan) *c* emigration
emigrere (ay-mi-*græ*-o) *v* emigrate
eminent (ay-mi-*nehnd*) *adj* outstanding
emne (*ehm*-ner) *nt* theme, topic
en (ayn) *art* (nt et) a *art*; *num* one; - **en** the *art;* ~ **til** another
enakter (*ay*-ner-ahg-do) *c* one-act play

end (ehn) *conj* than
ende (*eh*-ner) *c* bottom; end; *v* end
endefuld (*eh*-ner-fool) *c* spanking
endelig (*eh*-ner-li) *adj* final; eventual; *adv* at last
endeløs (*eh*-ner-lurs) *adj* endless, immense
endestation (*eh*-ner-sdah-sᵞoan) *c* terminal
endetarm (*eh*-ner-tahm) *c* rectum
endevende (*eh*-ner-vehn-er) *v* search
endnu (ay-*noo*) *adv* yet, still
endossere (ahng-doa-*say*-o) *v* endorse
endvidere (ehn-*vidh*-o-o) *adv* furthermore
eneforhandler (*āy*-ner-fo-hahn-lo) *c* distributor
energi (eh-nær-*gi*) *c* energy; power
energisk (eh-*nær*-gisg) *adj* energetic
eneste (*āy*-nerss-der) *adj* only; sole
enestue (*āy*-ner-sdōō-oo) *c* private room
enestående (*āy*-ner-sdo-o-ner) *adj* exceptional
eng (ehng) *c* meadow
engang (ayn-*gahng*) *adv* some time, some day
engangs- (*āy*n-gahngs) disposable
engel (*ehng*-erl) *c* (pl engle) angel
engelsk (*ehng*-erlsg) *adj* English; British
England (*ehng*-lahn) England, Britain
englænder (*ehng*-lehn-o) *c* Englishman; Briton
engroshandel (ahng-*groa*-hahn-erl) *c* wholesale
enhed (*āy*n-haydh) *c* unit; unity
enhver (ayn-*vær*) *pron* everybody, anyone, everyone
*****være enig** (*vai*-o *āy*-ni) agree
enighed (*āy*-ni-haydh) *c* agreement
enke (*ehng*-ger) *c* widow
enkel (*ehng*-gerl) *adj* plain, simple
enkelt (*ehng*-gerld) *adj* individual,

single; *adv* simply

enkelthed (*ehng*-gerld-haydh) *c* detail

enkeltperson (*ehng*-gerld-pær-soan) *c* individual

enkeltværelse (*ehng*-gerld-vai-ol-ser) *nt* single room

enkemand (*ehng*-ger-mahn) *c* (pl -mænd) widower

enorm (ay-*nom*) *adj* immense, enormous

enquete (ahng-*kait*) *c* enquiry

ens (ayns) *adj* alike

ensartet (*ayns*-ah-derdh) *adj* uniform

ensidig (*āyn*-si-dhi) *adj* one-sided

ensom (*āyn*-som) *adj* lonely

enstemmig (*āyn*-sdehm-i) *adj* unanimous

ental (*āyn*-tahl) *nt* singular

enten ... eller (*ehn*-dern eh-lerr) either ... or

entertainer (ehn-to-*tay*-no) *c* entertainer

entré (ahng-*tray*) *c* entrance-hall; entrance-fee; appearence

entreprenør (ahng-tro-pro-*nurr*) *c* contractor

epidemi (ay-pi-day-*mi*) *c* epidemic

epilepsi (ay-pi-lehb-*si*) *c* epilepsy

epilog (ay-pi-*loa*) *c* epilogue

episk (ay-*pisg*) *adj* epic

episode (ay-pi-*sōā*-dher) *c* episode

epos (*āy*-poss) *nt* (pl ~) epic

eremit (ay-ræ-*mit*) *c* (pl ~ter) hermit

erfare (ær-*fah*-ah) *v* experience

erfaren (ær-*fah*-ahn) *adj* experienced

erfaring (ær-*fah*-ræng) *c* experience

erhverv (ær-*værv*) *nt* (pl ~) business

erhverve (ær-*vær*-ver) *v* acquire

erhvervelse (ær-*vær*-verl-ser) *c* acquisition

erhvervsret (ær-*værvs*-ræd) *c* commercial law

erindre (ay-*ræn*-dro) *v* recall

erindring (ay-*ræn*-dræng) *c* remembrance

erkende (ær-*kehn*-er) *v* confess, acknowledge; admit

erklære (ær-*kleh*-o) *v* declare; state

erklæring (ær-*kleh*-ræng) *c* declaration; statement

erobre (ay-*roa*-bro) *v* conquer

erobrer (ay-*roa*-bro) *c* conqueror

erobring (ay-*roa*-bræng) *c* conquest; capture

erstatning (ær-*sdahd*-nayng) *c* substitute, replacement; compensation

erstatte (ær-*sdah*-der) *v* replace, substitute; compensate

eskadre (eh-*sgahdh*-ro) *c* squadron

eskorte (eh-*sgaw*-der) *c* escort

eskortere (ehss-go-*tay*-o) *v* escort

esplanade (ehss-plah-*naa*-dher) *c* esplanade

essay (*eh*-say) *nt* (pl ~s) essay

essens (ay-*sehns*) *c* essence

etablere (ay-tahb-*lay*-o) *v* establish

etage (ay-*taa*-sᵛer) *c* floor, storey; apartment *nAm*

etape (ay-*tah*-ber) *c* stage

etiket (ay-di-*kehd*) *c* (pl ~ter) label

etikettere (ay-di-keh-*tay*-o) *v* label

Etiopien (eh-ti-*oa*-pᵛern) Ethiopia

etiopier (eh-ti-*oa*-pᵛo) *c* Ethiopian

etiopisk (eh-ti-*oa*-pisg) *adj* Ethiopian

etui (ay-too-*i*) *nt* case

Europa (ay°°-*rōā*-pah) Europe

europæer (ay°°-roa-*peh*-o) *c* European

europæisk (ay°°-roa-*peh*-isg) *adj* European

evakuere (ay-vah-koo-*ay*-o) *v* evacuate

evangelium (ay-vahng-*gayl*-ᵛom) *nt* (pl -lier) gospel

eventuel (ay-vehn-too-*ehl*) *adj* possible

eventyr (*ai*-vern-tewr) *nt* (pl ~) adventure; tale, fairytale

evig (*ay̅vi*) adj eternal
evighed (*ay̅*-vi-haydh) c eternity
evne (*eh°°*-ner) c ability, faculty; gift
evolution (ay-voa-loo-s*Y*oan) c evolution
excentrisk (ehg-*sehn*-træsg) adj eccentric

F

fabel (*fah*-berl) c (pl fabler) fable
fabrik (fah-*bræg*) c (pl ~ker) works
pl, factory; mill
fabrikant (fah-bri-*kahnd*) c manufacturer
fabrikere (fah-bri-*kay*-o) v manufacture
facade (fah-*saa*-dher) c façade
facon (fah-*song*) c way, manner; shape
fad¹ (fahdh) nt dish; cask
fad² (fahdh) adj tasteless
fag (fah) nt (pl ~) trade, discipline
fagforening (fou-fo-ay-*nayng*) c tradeunion
faglært (fou-*lærd*) adj skilled
fagmand (*fou*-mahn) c (pl -mænd) expert
fajance (fah-*Yahng*-ser) c faience
fakkel (*fah*-gerl) c (pl fakler) torch
faktisk (*fahg*-disg) adj actual, factual; substantial; adv actually, as a matter of fact, in effect
faktor (*fahg*-to) c factor
faktum (*fahg*-tom) nt (pl -ta) data pl
faktura (fahg-*too*-rah) c invoice
fakturere (fahg-too-*ræ*-o) v invoice
fakultet (fah-kool-*tayd*) nt faculty
fald (fahl) nt (pl ~) fall; i hvert ~ at any rate
*falde (*fah*-ler) v *fall; ~ sammen coincide; ~ til ro calm down

faldefærdig (fah-ler-*fær*-di) adj ramshackle
falk (fahlg) c hawk
fallit (fah-*lit*) adj bankrupt
falme (*fahl*-mer) v fade; discolour; falmet discoloured
falsk (fahlsg) adj false
familie (fah-*mil*-Yer) c family
familiær (fah-mil-*Yær*) adj familiar; free
fanatisk (fah-*nah*-disg) adj fanatical
fange (*fahng*-er) c prisoner; v *catch; capture; *tage til ~ capture
fangenskab (*fahng*-ern-sgahb) nt imprisonment
fantasi (fahn-tah-*si*) c imagination; fancy, fantasy
fantastisk (fahn-*tahss*-disg) adj fantastic
far (faa) c (pl fædre) father; daddy, dad
farce (*faa*-ser) c farce
fare (*faaah*) c danger; peril, risk
*fare (*faaah*) v rush; faret vild lost
farfar (*fah*-fah) c (pl -fædre) grandfather
farlig (*faa*-li) adj dangerous; perilous
farmakologi (fah-mah-koa-loa-*gi*) c pharmacology
farmor (*fah*-moar) c (pl -mødre) grandmother
farseret (fah-*say*-odh) adj stuffed
fart (fahd) c speed; rate; *sætte farten ned slow down; *sætte farten op accelerate
fartplan (*fahd*-plahn) c timetable
fartøj (*faa*-toi) nt vessel
farve (*faa*-ver) c colour; dye; v dye
farveblind (*faaver*-blayn) adj colourblind
farvefilm (*faa*-ver-film) c (pl ~) colour film
farvel! (fah-*vehl*) good-bye!
farverig (*faaver*-ri) adj colourful

farvestof (faa-ver-sdof) nt (pl ~fer) colourant

farvestrålende (faa-ver-sdrol-ner) adj gay

farvet (faa-verdh) adj coloured

farvægte (faa-ver-ehg-der) adj fast-dyed

fasan (fah-sahn) c pheasant

fascinere (fah-si-nay-o) v fascinate

fascisme (fah-siss-mer) c fascism

fascist (fah-sisd) c fascist

fascistisk (fah-siss-disg) adj fascist

fase (faa-ser) c phase; stage

fast (fahsd) adj firm; fixed, permanent; adv tight

fastboende (fahsd-boa-er-ner) c (pl ~) resident

faste (faa-sder) c fast; lent

fastelavn (fahss-der-loun) c Shrove-tide

*fastgøre (fahsd-gur-o) v attach

*fastholde (fahsd-hol-er) v *keep, *stick to; insist

fastland (fahsd-lahn) nt continent; mainland

*fastlægge (fahsd-leh-ger) v define

*fastslå (fahsd-slo) v establish; ascertain

*fastsætte (fahsd-seh-der) v determine; stipulate

fatal (fah-tahl) adj fatal

fatning (fahd-nayng) c socket

fatte (fah-der) v *take; grasp, *understand

fattig (fah-di) adj poor

fattigdom (fah-di-dom) c poverty

favorisere (fah-voa-ri-say-o) v favour

favorit (fah-voa-rit) c (pl ~ter) favourite

fe (fay) c fairy

feber (fay-bo) c (pl febre) fever

febril (fay-bril) adj feverish

febrilsk (fay-brilsg) adj feverish, agitated

februar (fay-broo-ah) February

fed (faydh) adj fat; corpulent

fedme (faydh-mer) c fatness

fedt (fayd) nt fat

fedtet (fay-derdh) adj greasy; slippery; stingy

fedtholdig (fayd-hol-di) adj fatty

feinschmecker (fighn-smeh-go) c gourmet

fej (figh) adj cowardly

feje (figh-er) v *sweep

fejl (fighl) c (pl ~) mistake, fault; *tage ~ *be mistaken; err

fejlagtig (fighl-ahg-di) adj mistaken

fejle (figh-ler) v fail, miss, err

fejlfri (fighl-fri) adj faultless

fejltagelse (fighl-tah-erl-ser) c mistake

fejltrin (fighl-trin) nt (pl ~) slip

fejre (figh-ro) v celebrate

felt (fehld) nt field; check

feltkikkert (fehld-ki-god) c field glasses

feltråb (fehld-rob) nt (pl ~) password

feltseng (fehld-sehng) c camp-bed; cot nAm

fem (fehm) num five

feminin (fay-mi-nin) adj feminine

femte (fehm-der) num fifth

femten (fehm-dern) num fifteen

femtende (fehm-der-ner) num fifteenth

ferie (fayr-Yer) c holiday; vacation; på ~ on holiday

feriekoloni (fayr-Yer-koa-loa-ni) c holiday camp

feriested (fayr-Yer-stehdh) nt holiday resort

ferm (færm) adj skilful

fernis (fær-niss) c (pl ~ser) varnish

fernisere (fær-ni-say-o) v varnish

fersken (fær-sgern) c peach

ferskvand (færsg-vahn) nt fresh water

fest (fehsd) c celebration; feast; par-

ty
festival (fehss-di-vahl) c festival
festlig (fehsd-li) adj festive
feudal (fur°°-dahl) adj feudal
fiasko (fi-ahss-goa) c failure
fiber (fi-bo) c (pl fibre) fibre
fidus (fi-doos) c trick; confidence
figen (fee-in) c (pl figner) fig
figur (fi-goor) c figure; diagram
fiktion (fig-sYoan) c fiction
fil (fil) c file
filial (fi-li-ahl) c branch
filipens (fi-li-pehns) c pimple; **filipenser** acne
filippiner (fi-li-pi-no) c Filipino
Filippinerne (fi-li-pi-no-ner) Philippines pl
filippinsk (fi-li-pinsg) adj Philippine
film (film) c (pl ~) film; movie
filme (fil-mer) v film
filmkamera (film-kah-may-rah) nt camera
filmlærred (film-lai-odh) nt screen
filosof (fi-loa-sof) c (pl ~fer) philosopher
filosofi (fi-loa-soa-fi) c philosophy
filt (fild) c felt
filter (fil-do) nt (pl -tre) filter
fin (fin) adj fine; **fint!** okay!, all right!
financier (fi-nahn-sYay) c investor
finanser (fi-nahn-so) pl finances pl
finansiel (fi-nahn-sYehl) adj financial
finansiere (fi-nahn-sYay-o) v finance
finansministerium (fi-nahns-mi-ni-sdayr-Yom) nt (pl -ier) treasury
*finde (fay-ner) v *find; *come across; *think
finger (fayng-o) c (pl -gre) finger
fingeraftryk (fayng-o-ou-trurg) nt (pl ~) fingerprint
fingerbøl (fayng-o-burl) nt (pl ~) thimble
fingernem (fayng-o-nehm) adj dexterous

finke (fayng-ger) c finch
Finland (fayn-lahn) Finland
finne (fay-ner) c Finn
finsk (faynsg) adj Finnish
fire (fee-o) num four
firma (feer-mah) nt firm, company
firs (feers) num eighty
fisk (faysg) c (pl ~) fish
fiske (fayss-ger) v fish; angle
fiskeben (fayss-ger-bayn) nt (pl ~) fishbone
fiskeforretning (fayss-ger-fo-rædnayng) c fish shop
fiskegrej (fay-sger-grigh) nt fishing tackle
fiskehandler (fayss-ger-hahn-lo) c fishmonger, fishdealer
fiskekrog (fayss-ger-kro°°) c fishing hook
fiskekutter (fayss-ger-koo-do) c fishing-vessel
fiskenet (fayss-ger-nehd) nt (pl ~) fishing net
fisker (fayss-go) c fisherman
fiskeredskaber (fayss-ger-rædh-sgahbo) pl fishing gear
fiskeri (fayss-go-ri) nt fishing industry
fiskerleje (fay-sgo-ligh-er) nt fishing-hamlet
fiskesnøre (fayss-ger-snūr-o) c fishing line
fiskestang (fayss-ger-sdahng) c (pl -stænger) fishing rod
fisketegn (fayss-ger-tighn) nt (pl ~) fishing licence
fjeder (fYay-dho) c (pl -dre) spring
fjende (fYay-ner) c enemy
fjendtlig (fYaynd-li) adj hostile
fjer (fYayr) c (pl ~) feather
fjerde (fYai-o) num fourth
fjerkræ (fYayr-kræ) nt poultry, fowl
fjern (fYærn) adj distant, remote; far, far-away, far-off; **fjernere** further;

fjernest furthest
fjerne (f Y ær-ner) v remove; *take away; *take out
fjernelse (f Y ær-nerl-ser) c removal
fjernskriver (f Y ærn-sgree-vo) c telex
fjernsyn (f Y ærn-sewn) nt television
fjernsynsapparat (f Y ærn-sewns-ah-bah-rahd) nt television set
fjollet (f Y o-lerdh) adj foolish, silly
fjols (f Y ols) nt fool
fjord (f Y oar) c fjord
fjorten (f Y oar-dern) num fourteen
fjortende (f Y oar-der-ner) num fourteenth
flad (flahdh) adj flat; level
flag (flahg) nt (pl ~) flag
flakke om (flah-ger) wander, roam
flakon (flah-kong) c flask
flamingo (flah-mayng-goa) c flamingo
flamme (flah-mer) c flame
flaske (flahss-ger) c bottle
flaskehals (flahss-ger-hahls) c bottleneck
fleksibel (flehg-si-berl) adj flexible
flere (flay-o) adj more; several; **flest** most
flertal (flayr-tahl) nt majority; plural
flid (flidh) c diligence
flink (flayngg) adj kind
flis (flis) c chip
flittig (fli-di) adj industrious, diligent
flod (floadh) c river; flood
flodbred (floadh-brædh) c (pl ~der) riverside, river bank
flodmunding (floadh-mo-nayng) c estuary
flok (flog) c (pl ~ke) flock; bunch
flonel (floa-nehl) c flannel
flot (flod) adj handsome
flue (floo-oo) c fly
flugt (flogd) c escape
fly (flew) nt (pl ~) aircraft
***flyde** (flew-dher) v flow; float
flydende (flew-dher-ner) adj liquid;

fluid; adv fluent
flygel (flew-erl) nt (pl -gler) grand piano
flygte (flurg-der) v escape
flygtig (flurg-di) adj casual
flygtning (flurgd-nayng) c refugee; fugitive runaway
flystyrt (flew-sdewrd) nt (pl ~) plane crash
flytbar (flurd-bah) adj movable
flytning (flurd-nayng) c move
flytte (flur-der) v move; remove
***flyve** (flew-ver) v *fly
flyvemaskine (flew-ver-mah-sgee-ner) c aeroplane, plane, aircraft; airplane nAm
flyveplads (flew-ver-plahss) c airfield
flyvning (flew oo-nayng) c flight
flænge (flehng-er) v rip, *tear, scratch; c tear, scratch
fløde (flur-dher) c cream
flødeagtig (flur-dher-ahg-di) adj creamy
flødefarvet (flur-dher-faa-vaydh) adj cream
fløjl (floil) nt velvet
fløjte (floi-der) c whistle, flute; v whistle
flåde (flaw-dher) c navy; fleet; **flåde**-naval
fnise (fnee-ser) v giggle
fod (foadh) c (pl fødder) foot; **til fods** on foot; walking
fodbold (foadh-bold) c football; soccer
fodboldhold (foadh-bold-hol) nt (pl ~) soccer team
fodboldkamp (foadh-bold-kahmb) c football match
fodbremse (foadh-bræm-ser) c footbrake
fodgænger (foadh-gehng-o) c pedestrian
fodgængerovergang (foadh-gehng-o-o oo-o-gahng) c crossing, pedestrian

crossing; crosswalk *nAm*

fodnote (*foadh*-nōā-der) *c* footnote

fodpleje (*foadh*-pligh-er) *c* pedicure

fodplejer (*foadh*-pligh-o) *c* chiropodist

fodpudder (*foadh*-poodh-o) *nt* foot powder

foged (*fōā*-oadh) *c* bailiff

fok (fog) *c* (pl ~ke) foresail

fold (fol) *c* fold; crease

folde (*fo*-ler) *v* fold; ~ **sammen** fold; ~ **ud** unfold

folk (folg) *nt* (pl ~) people *pl;* nation, people; folk; **folke-** national; popular

folkedans (*fol*-ger-dahns) *c* folk-dance

folkelig (*fol*-ger-li) *adj* popular, national; vulgar

folkerig (*fol*-ger-ri) *adj* populous

folkeskare (*fol*-ger-sgaaah) *c* crowd

folkeslag (*fol*-ger-slah) *nt* (pl ~) people

Folketinget (*fol*-ger-tayng-aydh) Danish parliament

folketingsmedlem (*fol*-ger-tayngs-mehdh-lehm) *nt* (pl ~mer) Member of Parliament

folkevise (*fol*-ger-vee-ser) *c* folk song

folklore (fol-*klōā*-o) *c* folklore

fond (fond) *nt* (pl ~s) fund

fondsbørs (*fons*-burrs) *c* stock exchange

fonetisk (foa-*nay*-tisg) *adj* phonetic

for¹ (fo) *prep* for; *conj* for; *adv* too; ~ **at** in order to, to

for² (foar) *nt* (pl ~) lining

foragt (fo-*ahgd*) *c* contempt, scorn, disdain

foragte (fo-*ahg*-der) *v* despise; scorn

foran (*faw*-ahn) *prep* before, ahead of, in front of; *adv* ahead

forandre (fo-*ahn*-dro) *v* alter, change

forandring (fo-*ahn*-dræng) *c* variation, change; alteration

foranstaltning (fo-ahn-*sdahld*-nayng) *c*

measure; arrangement

forargelse (fo-*ah*-erl-ser) *c* indignation, scandal

forbande (fo-*bahn*-er) *v* curse

forbavse (fo-*bou*-ser) *v* amaze, astonish; **forbavsende** astonishing, amazing

forbavselse (fo-*bahoo*-serl-ser) *c* amazement, astonishment

forbedre (fo-*behdh*-ro) *v* improve

forbedring (fo-*behdh*-ræng) *c* improvement

forbehold (*faw*-bay-hol) *nt* (pl ~) reservation

forberede (*faw*-bay-ræ-dher) *v* prepare

forberedelse (*faw*-bay-ræ-dherl-ser) *c* preparation

forberedende (*faw*-bay-ræ-dher-ner) *adj* preliminary

forbi (fo-*bi*) *prep* past; *adv* over

***forbigå** (fo-*bi*-go) *v* pass over, pass by

***forbinde** (fo-*bayn*-er) *v* connect; join; link; dress; bandage

forbindelse (fo-*bayn*-erl-ser) *c* connection; reference, link

forbinding (fo-*bayn*-ayng) *c* bandage

forbindskasse (fo-*bayns*-kah-ser) *c* first-aid kit

forbipasserende (fo-*bi*-pah-say-o-ner) *c* (pl ~) passer-by

forbjerg (*faw*-bʸærg) *nt* headland

***forblive** (fo-*bli*-ver) *v* stay, remain

forblæst (fo-*blehsd*) *adj* windy

forbløffe (fo-*blur*-fer) *v* amaze, astonish

forbløffende (fo-*blur*-fer-ner) *adj* striking

forbogstav (*faw*-bog-sdou) *nt* initial

forbruge (fo-*broo*-er) *v* use up, consume

forbruger (fo-*broo*-o) *c* consumer

forbrydelse (fo-*brew*-dherl-ser) *c*

crime

forbryder (fo-brew-dho) c criminal

forbryderisk (fo-brew-dho-risg) adj criminal

forbud (faw-boodh) nt (pl ~) prohibition, ban

forbudt (fo-bood) adj prohibited

forbund (faw-bon) nt (pl ~) league, union; federation; **forbunds-** federal

forbundsfælle (faw-bons-feh-ler) c associate; ally

*__forbyde__ (fo-bew-dher) v prohibit, *forbid

forcere (fo-say-o) v strain; force

fordampe (fo-dahm-ber) v evaporate

fordel (faw-dayl) c benefit, advantage, profit; *drage ~ benefit

fordelagtig (fo-dayl-ahg-di) adj advantageous; cheap

fordele (fo-day-ler) v divide, distribute

fordi (fo-di) conj as, because

fordom (faw-dom) c (pl ~me) prejudice

fordre (faw-dro) v claim, demand

fordrejet (fo-drigh-erdh) adj distorted

fordring (faw-dræng) c claim

*__fordrive__ (fo-driver) v chase

fordøje (fo-doi-er) v digest

fordøjelig (fo-doi-er-li) adj digestible

fordøjelse (fo-doi-erl-ser) c digestion

fordøjelsesbesvær (fo-doi-erl-serss-bay-svær) nt indigestion

forebygge (faw-o-bew-ger) v prevent; **forebyggende** preventive

foredrag (faw-o-drou) nt (pl ~) lecture

*__foregive__ (faw-o-gi-ver) v pretend

*__foregribe__ (faw-o-griber) v anticipate

foregående (faw-o-go-er-ner) adj preceding

*__forekomme__ (faw-o-kom-er) v happen, occur; seem

forekommende (faw-o-kom-er-ner) adj thoughtful, courteous

forelsket (fo-ehl-sgerdh) adj in love

*__forelægge__ (faw-o-leh-ger) v submit; present

forelæsning (faw-o-lehs-nayng) c lecture

foreløbig (faw-o-lur-bi) adj temporary; provisional

forene (fo-ay-ner) v unite; join; **forenet** joint

Forenede Stater (fo-ay-ner-dher sdah-do) the States, United States

forening (fo-ay-nayng) c union; association, club, society

*__foreskrive__ (faw-o-sgri-ver) v prescribe

*__foreslå__ (faw-o-slo) v propose, suggest

*__forespørge__ (faw-o-sburr-o) v inquire, enquire, query

forespørgsel (faw-o-sburr-serl) c (pl -sler) inquiry, enquiry, query

forestille (faw-o-sdayl-er) v introduce, present; represent; ~ **sig** imagine, fancy, conceive

forestilling (faw-o-sdayl-ayng) c introduction; idea; conception; show, performance

*__foretage__ (faw-o-tah-ah) v *undertake

foretagende (faw-o-tah-er-ner) nt undertaking; concern, enterprise

*__foretrække__ (faw-o-træ-ger) v prefer

forevise (faw-o-vi-ser) v *show, exhibit, *show

forevisning (faw-o-vis-nayng) c exhibition

forfader (faw-faa-dho) c (pl -fædre) ancestor

*__forfalde__ (fo-fahl-er) v expire, *fall due; *fall into decay

forfalden (fo-fahl-ern) adj dilapidated; due

forfalske (fo-*fahl*-sger) *v* forge; counterfeit

forfalskning (fo-*fahlsg*-nayng) *c* fake

forfatning (fo-*fahd*-nayng) *c* constitution

forfatter (fo-*fah*-do) *c* author, writer

forfremme (fo-*fræm*-er) *v* promote

forfremmelse (fo-*fræm*-erl-ser) *c* promotion

forfriske (fo-*fræss*-ger) *v* refresh

forfriskende (fo-*fræss*-ger-ner) *adj* refreshing

forfriskning (fo-*fræsg*-nayng) *c* refreshment, drink

forfængelig (fo-*fehng*-er-li) *adj* vain

forfærde (fo-*færder*) *v* terrify

forfærdelig (fo-*fær*-der-li) *adj* dreadful, terrible, frightful

*****forfølge** (fo-*furl*-Yer) *v* chase; pursue

forføre (fo-*fur*-o) *v* seduce

forgifte (fo-*gif*-der) *v* poison

forgrund (faw-gron) *c* foreground

forgyldt (fo-*gewld*) *adj* gilt

forgænger (faw-gehng-o) *c* predecessor

forgæves (fo-*geh*-verss) *adj* vain; *adv* in vain

i forgårs (i faw-gos) the day before yesterday

forhandle (fo-*hahn*-ler) *v* negotiate

forhandler (fo-*hahn*-lo) *c* dealer

forhandling (fo-*hahn*-layng) *c* negotiation

forhastet (fo-*hahss*-derdh) *adj* premature

forhekse (fo-*hehg*-ser) *v* bewitch

forhen (faw-hehn) *adv* formerly

forhenværende (faw-hehn-veh-o-ner) *adj* former

forhindre (fo-*hayn*-dro) *v* prevent

forhindring (fo-*hayn*-dræng) *c* obstacle

forhold (faw-hol) *nt* (pl ~) relation; affair

forholdsvis (faw-hols-vis) *adj* relative

forhøje (fo-*hoi*-er) *v* raise

forhøjelse (fo-*hoi*-erl-ser) *c* increase, rise

forhøjning (fo-*hoi*-nayng) *c* rise

forhør (fo-hurr) *nt* (pl ~) examination, interrogation

forhøre (fo-hur-o) *v* interrogate; ~ sig inquire

forhåbningsfuld (fo-hob-nayngs-fool) *adj* hopeful

på forhånd (po faw-hon) in advance

forjaget (fo-Yah-erdh) *adj* hasty

forkaste (fo-*kahss*-der) *v* turn down, reject

forkert (fo-*kayrd*) *adj* false, wrong

forklare (fo-*klah*-ah) *v* explain; **forklarlig** explainable; accountable

forklaring (fo-*klah*-ayng) *c* explanation

forkludre (fo-*kloodh*-ro) *v* muddle

forklæde (faw-klai-dher) *nt* apron

forklæde sig (fo-*kleh*-dher) disguise

forklædning (fo-*klehdh*-nayng) *c* disguise

forkorte (fo-*kaw*-der) *v* shorten

forkortelse (fo-*kaw*-derl-ser) *c* abbreviation

forkæle (fo-*keh*-ler) *v* *spoil

forkæmper (faw-kehm-bo) *c* champion, advocate

forkærlighed (faw-kær-li-haydh) *c* preference

forkølelse (fo-kur-lerl-ser) *c* cold

*****blive forkølet** (blee-ver fo-*kur*-lerdh) *catch a cold

forkørselsret (faw-kurr-serls-ræd) *c* right of way

*****forlade** (fo-*lah*-dher) *v* *leave; desert; check out

forlange (fo-*lahng*-er) *v* ask, demand; charge

forlangende (fo-*lahng*-er-ner) *nt* demand

forleden (fo-*lay*-dhayn) *adv* recently
forlegen (fo-*ligh*-ern) *adj* embarrassed; *gøre ~ embarrass
forlig (fo-*li*) *nt* (pl ~) settlement
forlovede (fo-*lo*-ver-dher) *c* (pl ~) fiancé; fiancée
forlovelse (fo-*lo*-verl-ser) *c* engagement
forlovelsesring (fo-*lo*-verl-serss-ræng) *c* engagement ring
forlovet (fo-*lo*-verdh) *adj* engaged
forlygte (faw-*lurg*der) *c* headlamp, headlight
forlyste (fo-*lurss*-der) *v* entertain
forlystelse (fo-*lurss*-derl-ser) *c* entertainment
***forlægge** (fo-*leh*-ger) *v* *mislay
forlægger (faw-*leh*-go) *c* publisher
forlænge (fo-*lehng*-er) *v* extend; renew
forlængelse (fo-*lehng*-erl-ser) *c* extension
forlængerledning (fo-*lehng*-o-laydh-nayng) *c* extension cord
***forløbe** (fo-*lur*-ber) *v* pass; **forløben** past; **forløbet** past
form (fom) *c* shape, form
formalitet (fo-mah-li-*tayd*) *c* formality
formand (faw-mahn) *c* (pl -mænd) chairman, president
forme (faw-mer) *v* form, shape; model
formel (fo-merl) *c* (pl -mler) formula
formiddag (faw-mi-dah) *c* mid-morning, morning
formindske (fo-*mayn*-sger) *v* reduce, lessen, decrease
formode (fo-*moa*-dher) *v* suppose, assume
formodning (fo-*moadh*-nehng) *c* guess
formue (faw-*moo*-oo) *c* fortune
formynder (faw-*murn*-o) *c* guardian
formynderskab (faw-*mur*-no-sgahb) *nt* custody, guardianship

formørkelse (fo-*murr*-gayl-ser) *c* eclipse
formål (faw-mol) *nt* (pl ~) object, purpose; objective
formålstjenlig (faw-mols-t*Υ*ain-li) *adj* appropriate, suitable
fornavn (faw-noun) *nt* first name; Christian name
fornem (faw-nehm) *adj* distinguished
fornemme (fo-*nehm*-er) *v* *feel; perceive
fornemmelse (fo-*nehm*-erl-ser) *c* sensation, perception
fornuft (fo-*nofd*) *c* reason, sense
fornuftig (fo-*nof*-di) *adj* reasonable, sensible
forny (fo-*new*) *v* renew
fornægte (fo-*nehg*-der) *v* disown; deny
fornærme (fo-*nær*-mer) *v* offend; insult; **fornærmende** offensive
fornærmelse (fo-*nær*-merl-ser) *c* offence; insult
fornødenhed (fo-*nur*-dhern-haydh) *c* necessity, requirement
fornøjelse (fo-*noi*-erl-ser) *c* pleasure; amusement
fornøjet (fo-*noi*-erdh) *adj* glad; joyful
forpagtning (fo-*pahgd*-nayng) *c* lease
forpligte (fo-*playg*-der) *v* oblige; ~ sig engage; *være forpligtet til *be obliged to
forpligtelse (fo-*playg*-derl-ser) *c* obligation; engagement
forpurre (fo-*poo*-ro) *v* prevent; *upset
forrest (fo-osd) *adj* first, front-line; *adv* foremost
forret (faw-ræd) *c* (pl ~ter) hors-d'œuvre
forretning (fo-*ræd*-nayng) *c* store; deal, business; **forretninger** business; *gøre ~ med *deal with
forretningscenter (fo-*ræd*-nayngs-sehn-do) *nt* (pl -tre) shopping

centre

forretningsmand (fo-*ræd*-nayngs-mahn) c (pl -mænd) businessman

forretningsmæssig (fo-*ræd*-nayngs-meh-si) adj business-like

forretningsrejse (fo-*ræd*-nayngs-righ-ser) c business trip

forretningstid (fo-*ræd*-nayngs-tidh) c business hours

forrige (*faw*-i-o) adj former, previous, last

forrykt (fo-*rewgd*) adj crazy

forræder (fo-*rædh*-o) c traitor

forræderi (fo-*ræ*-dho-ri) nt treason

forråd (*faw*-rodh) nt (pl ~) supply

forråde (fo-*ro*-dher) v betray

forsamle (fo-*sahm*-ler) v assemble; ~ **sig** gather

forsamling (fo-*sahm*-layng) c assembly

forseelse (fo-*say*-erl-ser) c offence

forsende (fo-*sehn*-er) v despatch

forsendelse (fo-*sehn*-erl-ser) c expedition

*forse sig** (fo-*say*) offend

forside (*faw*-see-dher) c front; front page

forsigtig (fo-*sayg*-di) adj cautious, careful; wary

forsigtighed (fo-*sayg*-di-haydh) c caution; precaution

forsikre (fo-*sayg*-ro) v assure; insure

forsikring (fo-*sayg*-ræng) c insurance

forsikringspolice (fo-*sayg*-rængs-poa-lee-ser) c insurance policy

forsikringspræmie (fo-*sayg*-rængs-præm-Yer) c premium

forsinke (fo-*sayng*-ger) v delay

forsinkelse (fo-*sayng*-gerl-ser) c delay

forsinket (fo-*sayng*-gerdh) adj late; overdue

forskel (*faw*-sgehl) c (pl ~le) difference; distinction, contrast

forskellig (fo-*sgehl*-i) adj different;

distinct, unlike; **forskellige** various; *være ~ differ; vary

forskning (*fawsg*-nayng) c research

forskrække (fo-*sgræ*-ger) v frighten; *blive forskrækket *be frightened

forskud (*faw*-sgoodh) nt (pl ~) advance; **betale i** ~ advance

forslag (*faw*-slah) nt (pl ~) proposition, suggestion, proposal; motion

forsoning (fo-*soa*-nayng) c reconciliation

forspring (*faw*-spræng) nt (pl ~) lead

forstad (*faw*-sdahdh) c (pl -stæder) suburb; **forstads-** suburban

forstand (fo-*sdahn*) c reason, brain; wits pl

forstavelse (*faw*-sdaa-verl-ser) c prefix

forstoppelse (fo-*sdob*-erl-ser) c constipation

forstuve (fo-*sdoo*-oo) v sprain

forstuvning (fo-*sdoo*-nayng) c sprain

forstyrre (fo-*sdew*-o) v interrupt, disturb

forstyrrelse (fo-*sdew*-ol-ser) c disturbance, interruption

forstørre (fo-*sdur*-o) v enlarge

forstørrelse (fo-*sdur*-ol-ser) c enlargement

forstørrelsesglas (fo-*sdur*-ol-serss-glahss) nt (pl ~) magnifying glass

forstøver (fo-*sdur*-vo) c atomizer

*forstå** (fo-*sdo*) v *understand; *see; *take

forståelse (fo-*sdo*-erl-ser) c understanding

forsvar (*faw*-svah) nt (pl ~) defence; plea

forsvare (fo-*svah*-ah) v defend

*forsvinde** (fo-*svayn*-er) v vanish, disappear

forsvundet (fo-*svon*-erdh) adj lost, disappeared

forsyne (fo-*sew*-ner) v supply; ~ **med** furnish with

forsyning (fo-*sew*-nayng) c supply

forsøg (fo-*sur*) nt (pl ~) try, attempt; experiment

forsøge (fo-*sur*-ur) v try; attempt

forsømme (fo-*surm*-er) v miss, neglect

forsømmelig (fo-*surm*-er-li) adj neglectful

forsømmelse (fo-*surm*-erl-ser) c neglect

fort (fawd) nt fort

fortaler (faw-*taa*-lo) c advocate

fortid (*faw*-tidh) c past

fortjene (fo-t*Yeh*-ner) v merit, deserve

fortjeneste (fo-t*Yeh*-nerss-der) c merit; gain

fortolde (fo-*tol*-er) v declare

fortov (*faw*-to⁰⁰) nt pavement; sidewalk *nAm*

fortrinsret (*faw*-trins-ræd) c priority

fortrolig (fo-*troa*-li) adj confidential

fortrylle (fo-*trewl*-er) v bewitch

fortryllelse (fo-*trewl*-erl-ser) c spell; glamour

fortryllende (fo-*trewl*-er-ner) adj enchanting, glamorous

fortræd (fo-*trædh*) c harm; mischief; ***gøre** ~ harm

fortræffelig (fo-*træ*-fer-li) adj first-rate

*fortsætte (fawd-*seh*-der) v continue; *go on, proceed, carry on

fortsættelse (fawd-*seh*-derl-ser) c continuation; sequel

fortvivle (fo-*tvee⁰⁰*-ler) v despair

fortvivlelse (fo-*tvee⁰⁰*-lerl-ser) c despair

fortynde (fo-*turn*-er) v dilute

*fortælle (fo-*tehl*-er) v *tell; relate

fortælling (fo-*tehl*-ayng) c story, tale

forud (*faw*-oodh) adv before

forudbetalt (*faw*-oodh-bay-tahld) adj prepaid

foruden (fo-*oo*-dhern) prep besides

forudgående (*faw*-oodh-go-o-ner) adj previous; prior

forudsat at (*faw*-oodh-sahd ahd) provided that, supposing that

*forudse (*faw*-oodh-say) v foresee

*forudsige (*faw*-oodh-si-i) v predict; forecast

forudsigelse (*faw*-oodh-si-erl-ser) c forecast

forundre (fo-*on*-dro) v surprise, astonish, amaze

forundring (fo-*on*-drayng) c wonder, surprise, astonishment

forurening (fo-oo-*ræ*-nayng) c pollution

forurolige (fo-oo-*roa*-li-er) v alarm

foruroligende (fo-oo-*roa*-lee-er-ner) adj scary

forvaltningsret (fo-*vahld*-naynges-ræd) c administrative law

forvandle til (fo-*vahn*-ler) turn into

forvaring (fo-*vah*-ræng) c custody

forvask (*faw*-vahsg) c prewash

i forvejen (i *faw*-vigh-ern) in advance

forveksle (fo-*vehg*-sler) v *mistake, confuse

forvente (fo-*vehn*-der) v expect; anticipate

forventning (fo-*vehnd*-nayng) c expectation

forventningsfuld (fo-*vehnd*-nayngs-fool) adj expectant

forvirre (fo-*veer*-o) v embarrass, confuse; **forvirret** confused

forvirring (fo-*veer*-ayng) c confusion; disturbance, muddle

forvisse sig om (fo-*vay*-ser) ascertain

forvolde (fo-*vol*-er) v cause

*forvride (fo-*vri*-dher) v wrench, twist, sprain

forældet (fo-*ehl*-erdh) adj ancient; out of date

forældre (fo-*ehl*-dro) *pl* parents *pl*

forære (fo-æ-o) *v* *give, present

foræring (fo-æ-ræng) *c* gift, present

forøge (fo-ur-ur) *v* increase

forøgelse (fo-ur-url-ser) *c* increase

forår (faw-o) *nt* (pl ~) spring; springtime

forårsage (fo-o-*sah*-ah) *v* cause

fotoforretning (*foa*-toa-fo-ræd-nayng) *c* camera shop

fotograf (foa-doa-*grahf*) *c* photographer

fotografere (foa-doa-grah-*fay*-o) *v* photograph

fotografering (foa-doa-grah-*fay*-ræng) *c* photography

fotografi (foa-doa-grah-*fi*) *nt* photo, photograph

fotokopi (*foa*-toa-koa-pi) *c* photostat

foyer (foi-*y*ay) *c* foyer; lobby

fra (frah) *prep* out of, off, as from, from; ~ og med as from, from

fradrag (*frah*-drou) *nt* (pl ~) rebate

fraflytte (*frah*-flur-der) *v* vacate

fragt (frahgd) *c* freight

frakke (*frah*-ger) *c* coat

frankere (frahng-*kay*-o) *v* stamp

franko (*frahng*-koa) post-paid

Frankrig (*frahng*-kri) France

fransk (frahnsg) *adj* French

franskmand (*frahnsg*-mahn) *c* (pl -mænd) Frenchman

fraråde (frah-ro-dher) *v* dissuade from

frastødende (frah-sdur-dher-ner) *adj* repellent, repulsive

*fratage (frah-*tah*-ah) *v* deprive of

*fratræde (frah-*træ*-dher) *v* resign

fratrædelse (frah-*træ*-dherl-ser) *c* resignation

*fratrække (frah-*træ*-ger) *v* deduct, subtract

fravær (frah-vær) *nt* (pl ~) absence

fraværende (frah-veh-o-ner) *adj* absent

fred (frædh) *c* peace

fredag (*fræ*-dah) *c* Friday

fredelig (*fræ*æ-dher-li) *adj* peaceful; restful

fredsommelig (frædh-*som*-er-li) *adj* peaceful

frekvens (fray-*kvehns*) *c* frequency

frelse (*fræl*-ser) *v* save, rescue; *c* rescue, salvation

frem (fræm) *adv* forward

fremad (*fræm*-ahdh) *adv* onwards

fremefter (fræm-*ayf*-do) *adv* forward

fremføre (*fræm*-fur-o) *v* adduce, advance; present; *bring up

fremgang (*fræm*-gahng) *c* advance, progress

fremgangsmåde (*fræm*-gahngs-maw-dher) *c* procedure, process; approach, method

*fremgå (*fræm*-go) *v* appear

fremhæve (*fræm*-heh-ver) *v* emphasize

fremkalde (*fræm*-kahl-er) *v* develop; cause

fremme (*fræ*-mer) *v* promote

fremmed (*fræ*-merdh) *c* stranger; *adj* foreign, strange

fremragende (*fræm*-rou-er-ner) *adj* splendid, excellent

fremskaffe (*fræm*-sgah-fer) *v* produce, furnish

fremskridt (*fræm*-sgrid) *nt* (pl ~) progress; *gøre ~ *get on

fremskridtsvenlig (*fræm*-sgrids-vehn-li) *adj* progressive

fremstamme (*fræm*-sdahm-er) *v* falter

fremstille (*fræm*-sdayl-er) *v* produce; manufacture

fremstilling (*fræm*-sdayl-ayng) *c* report, account; manufacture

fremstående (*fræm*-sdo-er-ner) *adj* outstanding

fremtid (*fræm*-tidh) *c* future

fremtidig (*fræm*-ti-dhi) *adj* future

fremtoning (*fræm*-toa-nayng) *c* appearance

*fremtræde (*fræm*-træ-dher) *v* appear

fremvise (*fræm*-vi-ser) *v* *show; display

fremvisning (*fræhm*-vis-nayng) *c* display

fri (fri) *adj* free

fribadestrand (*fri*-baa-dher-sdrahn) *c* nudist beach

fribillet (*fri*-bi-lehd) *c* (pl ~ter) free ticket

frifindelse (*fri*-fayn-erl-ser) *c* acquittal

frigørelse (*fri*-gur-ol-ser) *c* emancipation

frihed (*fri*-haydh) *c* freedom, liberty

friktion (frig-sʸoan) *c* friction

frikvarter (*fri*-kvah-tayr) *nt* break

frimærke (*fri*-mær-ger) *nt* stamp, postage stamp

frimærkeautomat (*fri*-mær-ger-ahoo-toa-mahd) *c* stamp machine

frisk (fræsg) *adj* fresh; brisk

frist (fræsd) *c* respite; time; term

friste (*fræss*-der) *v* tempt

fristelse (*fræss*-dayl-ser) *c* temptation

frisure (fri-*sēw*-o) *c* hair-do

frisør (fri-*surr*) *c* hairdresser

*fritage (fri-*tah*-ah) *v* exempt; ~ for discharge of; fritaget exempted

fritagelse (fri-*tah*-ahl-ser) *c* exemption

fritid (*fri*-tidh) *c* spare time, leisure

fritidscenter (*fri*-tidhs-sehn-do) *nt* (pl -centre) recreation centre

frivillig (fri-*vil*-i) *c* volunteer; *adj* voluntary

frokost (*fro*-gosd) *c* lunch; luncheon

from (from) *adj* pious

frossen (*fro*-sern) *adj* frozen

frost (frosd) *c* frost

frostknude (*frosd*-knoo-dher) *c* chilblain

frostvæske (*frosd*-vehss-ger) *c* anti-freeze

frotté (froa-*tay*) *c* towelling

frue (froo-oo) *c* madam; mistress

frugt (frogd) *c* fruit

frugtbar (*frogd*-bah) *adj* fertile

frugthave (*frogd*-haa-ver) *c* orchard

fryd (frewdh) *c* delight, joy

frygt (frurgd) *c* fear

frygte (*frurg*-der) *v* fear; dread

frygtelig (*frurg*-der-li) *adj* terrible, awful, dreadful

frygtindgydende (*frurgd*-ayn-gew-dher-ner) *adj* terrifying

frynse (*frurn*-ser) *c* fringe

*fryse (*frēw*-ser) *v* *freeze

frysepunkt (*frēw*-ser-pongd) *nt* freezing-point

fræk (fræg) *adj* insolent, impertinent; bold

frækhed (*fræg*-haydh) *c* impertinence

frø¹ (frur) *c* frog

frø² (frur) *nt* (pl ~) seed

frøken (*frur*-gern) *c* miss

fugl (fool) *c* bird

fugt (fogd) *c* damp

fugte (*fog*-der) *v* moisten, damp

fugtig (*fog*-di) *adj* humid, moist, damp; wet

fugtighed (*fog*-di-haydh) *c* humidity, moisture

fugtighedscreme (*fog*-di-haydhs-kræm) *c* moisturizing cream

fuld (fool) *adj* full; drunk

fuldblods (*fool*-bloadhs) *adj* thoroughbred

fuldbyrde (*fool*-bewr-der) *v* accomplish

fuldende (*fool*-ehn-er) *v* complete

fuldendthed (*fool*-ehnd-haydh) *c* perfection

fuldføre (*fool*-fur-o) *v* complete; accomplish

fuldkommen (*fool*-kom-ern) *adj* perfect; complete, *adv* perfectly, quite, absolutely

fuldkommenhed (fool-kom-ern-haydh) c perfection

fuldkornsbrød (fool-koarns-brurdh) nt (pl ~) wholemeal bread

fuldstændig (fool-sdehn-di) adj total, complete; **fuldstændigt** altogether, quite, completely

fundament (fon-dah-mehnd) nt base

fundamental (fon-dah-mehn-tahl) adj fundamental

fungere (fong-gay-o) v work

funklende (fong-gler-ner) adj sparkling

funktion (fong-sYoan) c function; operation

fusion (foo-sYoan) c merger

fy! (few) shame!

fyld (fewl) nt stuffing, filling

fylde (few-ler) v fill; ~ **op** fill up

fyldepen (few-ler-pehn) c (pl ~ne) fountain-pen

fyldestgørende (fewl-ersd-gur-o-ner) adj sufficient

fyr (fewr) c guy, fellow, chap; boy

fyrre (fūr-o) num forty

fyrste (fewr-sder) c prince

fyrtårn (fewr-ton) nt lighthouse

fysik (few-sig) c physics

fysiker (few-si-go) c physicist

fysiologi (few-sYoa-loa-gi) c physiology

fysisk (few-sisg) adj physical

fædreland (fehdh-ro-lahn) nt native country, fatherland

fægte (fehg-der) v fence

fælde (feh-ler) c trap

fælg (fehlg) c rim

fælles (fehl-erss) adj common; joint

i fællesskab (i fehl-erss-sgahb) jointly

fængsel (fehng-serl) nt (pl -sler) prison, jail; gaol

fængsle (fehng-sler) v imprison; captivate, fascinate

færdig (fær-di) adj finished; *gøre ~ finish

færdighed (fær-di-haydh) c skill

færdsel (fær-serl) c traffic; **ensrettet ~** one-way traffic

færdselsåre (fær-serls-aw-o) c thoroughfare

færge (fær-ger) c ferry-boat

fæste (feh-sder) v fasten; ~ **med nål** pin

fæstne (fehsd-ner) v attach

fæstning (fehsd-nayng) c fortress

fætter (fæ-do) c (pl fætre) cousin

føde (fūr-dher) c food

føderation (fur-der-rah-sYoan) c federation

fødested (fūr-dher-sdehdh) nt place of birth

fødsel (fur-serl) c (pl -sler) birth; childbirth

fødselsdag (fur-serls-dah) c birthday

fødselsveer (fur-serls-vay-o) pl labour

født (furd) adj born

føl (furl) nt (pl ~) foal

føle (fūr-ler) v *feel; ~ **på** *feel

følelse (fūr-lerl-ser) c feeling; sensation

følelsesløs (fūr-lerl-serss-lurs) adj insensitive; numb

følesans (fūr-ler-sahns) c touch

følge (furl-Yer) c sequence; issue, result; **som ~ af** owing to

***følge** (furl-Yer) v follow; accompany; ~ **med** *keep up with

følgelig (furl-Yer-li) adv consequently

følgende (furl-Yer-ner) adj following; subsequent, next

føljeton (furl-Yer-tong) c serial

følsom (fūrl-som) adj sensitive

før (furr) conj before; prep before; adv before

føre (fūr-o) v conduct, *drive; carry

førende (fūr-o-ner) adj leading

fører (fūr-o) c leader

førerbevis (*fūr*-o-bay-vis) *nt* driving
licence

førerhund (*fūr*-o-hoon) *c* guide-dog

føring (*fūr*-ræng) *c* lead

førkrigs- (furr-kriss) pre-war

først (furrsd) *adj* foremost, initial;
adv at first; **for det første** first of
all; **~ og fremmest** especially, es-
sentially

første (*furr*-sder) *num* first

førstehjælp (*furr*-sder-Yehlb) *c* first-
aid

førstehjælpsstation (*furr*-sder-Yehlbs-
sdah-sᵛoan) *c* first-aid post

førsteklasses (*furr*-sder-klah-serss) *adj*
first-class

førsterangs (*furr*-sder-rahngs) *adj*
first-rate

få (fo) *adj* few

*få (fo) *v* receive, obtain, *get;
*have; **~ til at** cause to

får (for) *nt* (pl ~) sheep

fårekylling (*faw*-o-kew-layng) *c* crick-
et

fårekød (*faw*-o-kurdh) *nt* mutton

fåresyge (*faw*-o-sēw-ew) *c* mumps

G

gab (gahb) *nt* (pl ~) mouth

gabe (*gaa*-ber) *v* yawn; gape

gade (*gaa*-dher) *c* street; road

gadedørsnøgle (*gaa*-dher-durrs-noi-ler)
c latchkey

gadekryds (*gaa*-dher-krewss) *nt* (pl
~) crossroads

gadekær (*gaa*-dher-kær) *nt* (pl ~) vil-
lage pond

gaffel (*gah*-ferl) *c* (pl gafler) fork

gage (*gaa*-sᵛer) *c* pay

gal (gahl) *adj* mad

galde (*gah*-ler) *c* bile, gall

galdeblære (*gah*-ler-blai-o) *c* gall
bladder

galdesten (*gah*-ler-sdayn) *c* (pl ~)
gallstone

galge (*gahl*-ᵛer) *c* gallows *pl*

galleri (gah-ler-*ri*) *nt* gallery

galop (gah-*lob*) *c* (pl ~per) gallop

gammel (*gah*-merl) *adj* old; ancient,
aged; stale

gammeldags (*gah*-merl-dahs) *adj* old-
fashioned; ancient, quaint

gane (*gaa*-ner) *c* palate

gang (gahng) *c* time; walk, gait; **en
~** once; **en ~ til** once more; **gang
på gang** again and again

gangart (*gahng*-ahd) *c* gait, pace

gange (*gah*-nger) *v* multiply

gangsti (*gahng*-sdi) *c* footpath

ganske (*gahn*-sger) *adv* quite, fairly;
rather

garage (gah-*raa*-sᵛer) *c* garage

garantere (gaa-ahn-*tay*-o) *v* guaran-
tee

garanti (gaa-ahn-*ti*) *c* guarantee

garderobe (gah-der-*rōa*-ber) *c*
cloakroom; wardrobe; checkroom
nAm

garderobeskab (gah-der-*rōa*-ber-
sgahb) *nt* closet *nAm*

gardin (gah-*din*) *nt* curtain

garn (gahn) *nt* (pl ~) yarn

gartner (*gaad*-no) *c* gardener

gas (gahss) *c* gas

gaskomfur (*gahss*-kom-foor) *nt* gas
cooker

gasovn (*gahss*-oᵒᵒn) *c* gas stove

gasværk (*gahss*-værg) *nt* gasworks

gave (*gaa*-ver) *c* gift, present; dona-
tion

gavl (goul) *c* gable

gavmild (*gou*-mil) *adj* liberal, gener-
ous

gavmildhed (*gou*-mil-haydh) *c* gener-
osity

gavn (goun) *c* benefit, advantage, profit

gaze (gaa-ser) *c* gauze

gear (gir) *nt* (pl ~) gear; **skifte ~** change gear

gearkasse (geer-kah-ser) *c* gear-box

gearstang (geer-sdahng) *c* (pl -stænger) gear lever

gebis (gay-biss) *nt* (pl ~ser) false teeth

gebyr (gay-bewr) *nt* charge

ged (gaydh) *c* goat

gedde (gay-dher) *c* pike

gedebuk (gāy-dher-bog) *c* (pl ~ke) goat

gedeskind (gāy-dher-sgayn) *nt* (pl ~) kid

gejst (gighsd) *c* soul

gelé (sᵞay-lay) *c* jelly

gelænder (gay-lehn-o) *nt* rail

gemen (gay-mayn) *adj* mean

gemme (geh-mer) *v* *hide

gemytlig (gay-mewd-li) *adj* jolly

general (gay-ner-rahl) *c* general

generation (gay-ner-rah-sᵞoan) *c* generation

generator (gay-ner-raa-to) *c* generator

genere (sᵞay-nay-o) *v* bother

generel (gay-ner-ræl) *adj* general

genert (sᵞay-nayrd) *adj* shy

generthed (sᵞay-nayrd-haydh) *c* timidity, shyness

generøs (sᵞay-ner-rurs) *adj* generous

***genfinde** (gehn-fayn-er) *v* recover

genforene (gehn-fo-ay-ner) *v* reunite

geni (sᵞay-ni) *nt* genius

genial (gay-ni-ahl) *adj* brilliant

genkende (gehn-kehn-er) *v* recognize

genlyd (gehn-lewdh) *c* echo

gennem (gehn-erm) *prep* through

gennembløde (geh-nerm-blur-dher) *v* soak

gennembore (geh-nerm-boa-o) *v* pierce

gennemføre (geh-nerm-fur-o) *v* carry out

gennemførlig (geh-nerm-furr-li) *adj* feasible

***gennemgå** (geh-nerm-go) *v* *go through; suffer

gennemrejse (geh-nerm-righ-ser) *c* passage

gennemsigtig (geh-nerm-sayg-di) *adj* transparent; sheer

gennemslag (geh-nerm-slah) *nt* (pl ~) carbon copy

gennemsnit (geh-nerm-snid) *nt* (pl ~) average; profile; **i ~** on the average

gennemsnitlig (geh-nehm-snid-li) *adj* average; medium

gennemsøge (geh-nerm-sur-ur) *v* search

gennemtræk (geh-nerm-træg) *c* draught

gennemtrænge (geh-nerm-træng-er) *v* penetrate

gennemvæde (geh-nerm-veh-dher) *v* soak

genopblomstring (gehn-ob-blom-sdræng) *c* revival

***genoptage** (gehn-ob-tah-ah) *v* resume

gensidig (gehn-si-dhi) *adj* mutual

genstand (gehn-sdahn) *c* article; object

genstridig (gehn-sdri-dhi) *adj* obstinate

***gentage** (gehn-tah-ah) *v* repeat

gentagelse (gehn-tah-erl-ser) *c* repetition

geografi (gayᵒᵒ-grah-fi) *c* geography

geologi (gay-oa-loa-gi) *c* geology

geometri (gay-oa-may-tri) *c* geometry

gerne (gær-ner) *adv* gladly

gerning (gær-nayng) *c* deed

gerrig (gær-ri) *adj* avaricious

gespenst (gay-*sbehnsd*) *nt* phantom

gestikulere (gehss-di-koo-*lay*-o) *v* gesticulate

gestus (*gehss*-dooss) *c* (pl ~) sign

gevinst (gay-*vaynsd*) *c* winnings *pl*

gevir (gay-*veer*) *nt* antlers *pl*

gevær (gay-*vær*) *nt* rifle; gun

gidsel (*gi*-serl) *nt* (pl -sler) hostage

gift (gifd) *c* poison

gifte sig (*gif*-der) marry

giftig (*gif*-di) *adj* poisonous; toxic

gigantisk (gi-*gahn*-tisg) *adj* gigantic

gigt (gigd) *c* gout, rheumatism

gips (gibs) *c* plaster

gisne (*giss*-ner) *v* guess

gispe (*giss*-ber) *v* pant

*****give** (*gee*-ver) *v* *give; ~ efter *give away, *give in; ~ ud *spend

giver (*gee*-vo) *c* donor

glad (glahdh) *adj* cheerful, glad; good-humoured

glamme (*glah*-mer) *v* bay

glans (glahns) *c* gloss

glansløs (*glahns*-lurs) *adj* mat

glas (glahss) *nt* (pl ~) glass; **glasglass**; **kulørt ~** stained glass

glasere (glah-*say*-o) *v* glaze

glat (glahd) *adj* even, smooth; slippery

glemme (*gleh*-mer) *v* *forget

glemsom (*glehm*-som) *adj* forgetful

gletscher (*glehd*-sⱽo) *c* glacier

*****glide** (*glee*-dher) *v* *slide, glide; slip, skid

glimt (glaymd) *nt* (pl ~) glimpse; flash

glippe (*glay*-ber) *v* fail

global (gloa-*bahl*) *adj* global

globus (*gloa*-booss) *c* (pl ~ser) globe

glæde (*glai*-dher) *c* joy, gladness; pleasure; **med ~** gladly

glæde sig over (*glai*-dher) enjoy

glædelig (*glai*-dher-li) *adj* joyful

glød (glurdh) *c* glow

gløde (*glūr*-dher) *v* glow

gnaven (*gnaa*-vern) *adj* cross

*****gnide** (*gnee*-dher) *v* rub

gnist (gnisd) *c* spark

gobelin (goa-ber-*lehng*) *c* tapestry

god (goadh) *adj* good, kind; **godt** well; **godt!** all right!

goddag! (goa-*dah*) hello!

godkende (*goadh*-kehn-er) *v* approve; approve of

godkendelse (*goadh*-kehn-erl-ser) *c* authorization

godmodig (goadh-*moa*-dhi) *adj* good-natured

gods (goss) *nt* estate; goods *pl*

*****godskrive** (*goadh*-sgri-ver) *v* credit

godstog (*goss*-toⁱⁱ) *nt* (pl ~) goods train; freight-train *nAm*

godter (*go*-do) *pl* sweets; candy *nAm*

*****godtgøre** (*god*-gur-o) *v* prove, *make good; reimburse

godtroende (*goadh*-troa-oa-ner) *adj* credulous

golf (golf) *c* golf

golfbane (*golf*-baa-ner) *c* golf-links, golf-course

gondol (gon-*doal*) *c* gondola

graciøs (grah-si-*urs*) *adj* graceful

grad (grahdh) *c* degree; **i den ~** so

gradvis (*grahdh*-vis) *adj* gradual; *adv* gradually

graf (grahf) *c* graph

grafisk (*grah*-fisg) *adj* graphic

gram (grahm) *nt* (pl ~) gram

grammatik (grah-mah-*tig*) *c* grammar

grammatisk (grah-*mah*-disg) *adj* grammatical

grammofon (grah-moa-*foan*) *c* record-player, gramophone

grammofonplade (grah-moa-*foan*-plaa-dher) *c* record; disc

gran (grahn) *c* fir-tree

granit (grah-*nid*) *c* (pl ~ter) granite

grapefrugt (*grææb*-frogd) *c* grape-fruit

gratis (*graa*-diss) *adj* gratis, free, free of charge

gratulation (grah-too-lah-*s⋎oan*) *c* congratulation

gratulere (grah-too-*lay*-o) *v* congratulate

grav (grahoo) *c* pit; grave, tomb

grave (*graa*-ver) *v* *dig

gravere (grah-*vay*-o) *v* engrave

gravid (grah-*vidh*) *adj* pregnant

gravsten (*grou*-sdayn) *c* (pl ~) tombstone, gravestone

gravsætning (*grou*-sehd-nayng) *c* burial

gravør (grah-*vurr*) *c* engraver

greb (græb) *nt* (pl ~) grasp, clutch; grip

gren (græn) *c* branch; bough

greve (*græ*æ-ver) *c* count; earl

grevinde (græoo-*ay*-ner) *c* countess

grevskab (*græoo*-sgahb) *nt* county

grib (grib) *c* (pl ~be) vulture

*gribe (*gree*-ber) *v* *catch; *take, seize; grasp, grip; ~ ind intervene; interfere

grille (*gri*-ler) *c* whim

grillere (gril-*⋎ay*-o) *v* grill

grill-restaurant (*gril*-ræss-doa-rahng) *c* grill-room

grim (græm) *adj* ugly

grin (grin) *nt* (pl ~) grin; *gøre til ~ ridicule

grine (*gree*-ner) *v* grin

gris (gris) *c* pig

gros (gross) *nt* (pl ~) gross

grosserer (groa-*say*-o) *c* merchant

grossist (groa-*sisd*) *c* wholesale dealer

grotte (*gro*-der) *c* cave; grotto

grov (gro°°) *adj* coarse; gross

gru (groo) *c* horror; dread

grube (*grōo*-ber) *c* pit

grufuld (*groo*-fool) *adj* horrible

grund (gron) *c* grounds, ground; reason, cause; **på** ~ **af** for, because of; owing to, on account of

grundig (*gron*-di) *adj* thorough

grundlag (*gron*-lah) *nt* (pl ~) basis

*grundlægge (*gron*-leh-ger) *v* found

grundlæggende (*gron*-leh-ger-ner) *adj* basic

grundsætning (*gron*-sehd-nayng) *c* principle

gruppe (*groo*-ber) *c* group, party; set

grus (groos) *nt* gravel; grit

grusom (*grōo*-som) *adj* cruel; harsh

gryde (*grēw*-dher) *c* pot

*græde (*græ*æ-dher) *v* *weep, cry

Grækenland (*græ*-gern-lahn) Greece

græker (*græ*-go) *c* Greek

græmmelse (*græ*-merl-ser) *c* sorrow

grænse (*græn*-ser) *c* boundary, frontier, border; limit, bound

grænseløs (*græn*-ser-lurs) *adj* unlimited

græs (græss) *nt* grass

græsgang (*græss*-gahng) *c* pasture

græshoppe (*græss*-ho-ber) *c* grasshopper

græsk (græsg) *adj* Greek

græsplæne (*græss*-plai-ner) *c* lawn

græsse (*græ*-ser) *v* graze

græsstrå (*græss*-sdro) *nt* (pl ~) blade of grass

grøft (grurfd) *c* ditch

grøn (grurn) *adj* green

grønthandler (*grurn*-hahn-lo) *c* greengrocer; vegetable merchant

grøntsag (*grurn*-sah) *c* vegetable; **grøntsager** greens *pl*

grå (gro) *adj* grey

grådig (*graw*-dhi) *adj* greedy

gud (goodh) *c* god

guddommelig (goodh-*dom*-er-li) *adj* divine

gudfar (*goodh*-faa) *c* (pl -fædre) godfather

gudinde (goodh-ay-ner) c goddess

gudstjeneste (goodhs-tᵞeh-ner-sder) c service

guide (gaayd) c guide; guidebook

guitar (gi-tah) c guitar

gul (gool) adj yellow

gulbrun (gool-broon) adj fawn

guld (gool) nt gold

guldmine (gool-mee-ner) c goldmine

guldsmed (gool-smaydh) c goldsmith

gulerod (goo-ler-roadh) c (pl -rødder) carrot

gulsot (gool-soad) c jaundice

gulv (gol) nt floor

gulvtæppe (gol-teh-per) nt carpet

gummi (go-mi) c gum, rubber

gummisko (go-mi-sgoa) pl plimsolls pl

gunstig (gon-sdi) adj favourable

gurgle (goorg-ler) v gargle

guvernante (goo-vær-nahn-der) c governess

guvernør (goo-vær-nurr) c governor

gyde (gēw-dher) c alley

gylden (gewl-ern) adj golden

gyldig (gewl-di) adj valid

gylp (gewlb) c fly

gymnasielærer (gewm-nah-sᵞer-lai-o) c teacher

gymnast (gewm-nahsd) c gymnast

gymnastik (gewm-nah-sdig) c gymnastics pl

gymnastikbukser (gewm-nah-sdig-bog-so) pl trunks pl

gymnastiksal (gewm-nah-sdig-sahl) c gymnasium

gymnastiksko (gewm-nah-sdig-sgoa) pl gym shoes; sneakers plAm

gynge (gurng-er) c swing; v rock, *swing

gynækolog (gew-neh-koa-loa) c gynaecologist

gysen (gēw-sern) c shudder

gæld (gehl) c debt

***gælde** (geh-ler) v *be worth; apply

gælle (geh-ler) c gill

gængs (gehngs) adj current

gær (gær) c yeast

gærde (gai-o) nt fence

gære (gai-o) v ferment

gæst (gehsd) c guest

gæsteværelse (gehss-der-vai-ol-ser) nt spare room, guest-room

gæstfri (gehsd-fri) adj hospitable

gæstfrihed (gehsd-fri-haydh) c hospitality

gætte (geh-der) v guess

gø (gur) v bark

gødning (gurdh-nayng) c dung, manure

gøg (gurg) c cuckoo

***gøre** (gūr-o) v *do

***gå** (gaw) v *go; walk; ~ **forbi** pass by; ~ **forud for** precede; ~ **fra borde** disembark; ~ **fremad** advance; ~ **igennem** *go through; ~ **ind** enter, *go in; ~ **ned** descend; ~ **om bord** embark; ~ **op ad** mount; ~ **tilbage** return ~ **ud** *go out; ~ **uden om** by-pass; ~ **ud fra** suppose, assume; ~ **videre** *go on, *go ahead

gåde (gaw-dher) c enigma, riddle, puzzle

gådefuld (gaw-dher-fool) adj mysterious; enigmatic

i går (i gor) yesterday

gård (gor) c yard, court; farm

gårdejer (gaw-igh-o) c farmer

gårdmandskone (gaw-mahns-kōa-ner) c farmer's wife

gås (gos) c (pl gæs) goose

gåsehud (gaw-ser-hoodh) c gooseflesh

H

had (hahdh) *nt* hatred, hate
hade (*haa*-dher) *v* hate
hage (*haa*-ger) *c* chin
hagl (houl) *nt* (pl ~) hail
haj (high) *c* shark
hakke (*hah*-ger) *c* pick-axe; *v* chop, mince
hale (*haa*-ler) *c* tail; *v* haul
hals (hahls) *c* neck, throat; **ondt i halsen** sore throat
halsbrand (*hahls*-brahn) *c* heartburn
halsbånd (*hahls*-bon) *nt* (pl ~) collar
halssmykke (*hahls*-smur-ger) *nt* necklace
halstørklæde (*hahls*-turr-klai-dher) *nt* scarf
halt (hahld) *adj* lame
halte (*hahl*-der) *v* limp
halv (hahl) *adj* half; **halv-** semi-; **halvt** half
halvcirkel (*hahl*-seer-gerl) *c* (pl -kler) semicircle
halvdel (*hahl*-dayl) *c* half
halvere (hahl-*vay*-o) *v* halve
halvfems (hahl-*fehms*) *num* ninety
halvfjerds (hahl-*fʸærs*) *num* seventy
halvleg (*hah*-ligh) *c* half-time
halvtreds (hahl-*træss*) *num* fifty
halvvejs (*hahl*-vighs) *adv* halfway
halvø (*hahl*-ur) *c* peninsula
ham (hahm) *pron* him
hammer (*hah*-mo) *c* (pl hamre) hammer
hamp (hahmb) *c* hemp
han (hahn) *pron* he; **han-** male
handel (*hahn*-erl) *c* business, trade; commerce; **handels-** commercial
handelsvare (*hahn*-erls-vaa-ah) *c* merchandise
handicappet (*hahn*-di-kah-berdh) *adj* disabled

handle (*hahn*-ler) *v* act; trade, shop
handlende (*hahn*-ler-ner) *c* (pl ~) dealer
handling (*hahn*-layng) *c* act, action; deed; plot
handske (*hahn*-sger) *c* glove
hane (*haa*-ner) *c* cock
hans (hahns) *pron* his
hare (*haa*-ah) *c* hare
harmoni (hah-moa-*ni*) *c* harmony
harpe (*haa*-ber) *c* harp
harpiks (*haa*-pigs) *c* resin
harsk (haasg) *adj* rancid
hasselnød (*hah*-serl-nurdh) *c* (pl ~der) hazelnut
hast (hahsd) *c* haste; **haste-** urgent; **i ~** in a hurry
hastig (*hahss*-di) *adj* rapid
hastighed (*hahss*-di-haydh) *c* speed
hastighedsbegrænsning (*hahss*-di-haydhs-bay-græns-nayng) *c* speed limit
hastighedsgrænse (*hahss*-di-haydhs-græn-ser) *c* speed limit
hastværk (*hahsd*-værg) *nt* hurry
hat (hahd) *c* (pl ~te) hat
hav (hou) *nt* sea
have (*haa*-ver) *c* garden; **zoologisk ~** zoological gardens
have (hah) *v* *have; **~ på** *wear
havedyrkning (*haa*-ver-dewrg-nayng) *c* horticulture
havfrue (hou-*frōō*-oo) *c* mermaid
havfugl (*hou*-fool) *c* sea-bird
havmåge (*hou*-maw-ger) *c* seagull
havn (houn) *c* port, harbour; seaport
havnearbejder (*hou*-ner-aa-bigh-do) *c* docker
havre (*hou*-ro) *c* oats *pl*
havvand (*hou*-vahn) *nt* sea-water
hebraisk (hay-*brah*-isg) *nt* Hebrew
hed (haydh) *adj* warm, hot
hedde (*hay*-dher) *v* *be called, *be named

hede (*hāy*-dher) *c* heat; moor, heath

hedensk (*hay*-dhernsg) *adj* pagan, heathen

hedning (*haydh*-nayng) *c* pagan, heathen

heftig (*hehf*-di) *adj* fierce, intense, violent

hegn (highn) *nt* (pl ~) fence

hej! (high) hello!

hejre (*high*-ro) *c* heron

hejse (*high*-ser) *v* hoist

heks (hehgs) *c* witch

hel (hayl) *adj* whole, entire; **helt** completely, entirely; quite; **helt igennem** quite

helbred (*hehl*-brædh) *nt* health

helbrede (*hehl*-bræ-dher) *v* cure, heal

helbredelse (*hehl*-bræ-dherl-ser) *c* cure; recovery

held (hehl) *nt* luck

heldig (*hehl*-di) *adj* lucky; fortunate

hele (*hāy*-ler) *nt* whole, entity

helgen (*hehl*-ᵞern) *c* saint

helgenskrin (*hehl*-ᵞern-sgrin) *nt* (pl ~) shrine

helleflynder (*heh*-ler-flur-no) *c* halibut

hellere (*heh*-law-o) *adv* rather

hellig (*heh*-li) *adj* holy; sacred

helligbrøde (*heh*-li-brūr-dher) *c* sacrilege

helligdag (*heh*-li-dah) *c* holiday

helligdom (*heh*-li-dom) *c* (pl ~me) shrine

hellige (*heh*-li-i) *v* dedicate; devote

helpension (*hāyl*-pahng-sᵞoan) *c* full board, bed and board

helt (hehld) *c* hero

helvede (*hehl*-ver-dher) *nt* hell

hemmelig (*heh*-mer-li) *adj* secret

hemmelighed (*heh*-mer-li-haydh) *c* secret

hende (*hay*-ner) *pron* her

hendes (*hay*-nerss) *pron* her

hengiven (*hehn*-gi-vern) *adj* affectionate

hengivenhed (hehn-*gi*-vern-haydh) *c* affection

i henhold til (i *hehn*-hol tayl) with reference to

henrette (*hehn*-ræ-der) *v* execute

henrettelse (*hehn*-ræ-derl-ser) *c* execution

henrivende (hehn-*ri*-ver-ner) *adj* adorable; delightful

henrykke (*hehn*-rur-ger) *v* delight; **henrykt** delighted

hensigt (*hehn*-saygd) *c* purpose, intention; design; ***have til ~** intend

hensigtsmæssig (hehn-*saygds*-meh-si) *adj* adequate

henstand (*hehn*-sdahn) *c* respite

hensyn (*hehn*-sewn) *nt* (pl ~) consideration; **med ~ til** regarding

hensynsfuld (*hehn*-sewns-fool) *adj* considerate

hensynsløs (*hehn*-sewns-lurs) *adj* inconsiderate

hente (*hehn*-der) *v* fetch, *get; pick up, collect

hen til (hehn tayl) to

henvende sig til (*hehn*-vehn-er) turn to; address oneself to

henvise til (*hehn*-vi-ser) refer to

henvisning (*hehn*-vis-nayng) *c* reference

her (hayr) *adv* here

herberg (*hær*-bærg) *nt* hostel

herkomst (*hær*-komsd) *c* origin, birth

herlig (*hær*-li) *adj* wonderful, delightful

herre (*hær*-ro) *c* gentleman; master

herredømme (*hær*-ro-dur-mer) *nt* dominion, rule

herregård (*hær*-ro-gor) *c* manor, manor-house

herretoilet (*hær*-ro-toa-ah-*lehd*) *nt* (pl ~ter) men's room

herske (*hær*-sger) *v* rule

hersker (*hær*-sgo) c ruler

hertug (*hær*-too) c duke

hertuginde (hær-too-*ay*-ner) c duchess

hest (hehsd) c horse

hestekraft (*hehss*-der-krahfd) c (pl -kræfter) horsepower

hestesko (*hehss*-der-sgoa) c (pl ~) horseshoe

hestevæddeløb (*hehss*-der-vai-dher-lurb) nt (pl ~) horserace

heteroseksuel (hay-to-roa-sehg-soo-ehl) adj heterosexual

hidsig (*hi*-si) adj hot-tempered, quick-tempered

hidtil (*hidh*-tayl) adv so far

hierarki (hi-ay-rah-*ki*) nt hierarchy

hige efter (*hee*-i) aspire to, crave for

hikke (*hay*-ger) c hiccup

hilse (*hil*-ser) v greet; salute

hilsen (*hil*-sern) c greeting

himmel (*hay*-merl) c (pl himle) sky, heaven

hinanden (hin-*ahn*-ern) pron each other

hindbær (*hayn*-bær) nt (pl ~) raspberry

hinde (*hay*-ner) c membrane

hindre (*hayn*-dro) v impede, hinder

hindring (*hayn*-dræng) c impediment, obstacle

hinke (*hayng*-ger) v play hopscotsh

hinsides (*hin*-si-dherss) prep beyond

historie (hi-*sdoar*-ʸer) c story; history

historiker (hi-*sdoa*-ri-go) c historian

historisk (hi-*sdoa*-risg) adj historic, historical

hittegods (*hi*-deh-goss) nt lost and found, lost property

hittegodskontor (*hi*-der-goss-koan-toar) nt lost property office

hjelm (ʸehlm) c helmet

hjem¹ (ʸehm) nt (pl ~) home

hjem² (ʸehm) adv home; *tage ~ *go home

hjemme (ʸeh-mer) adv home, at home

hjemmelavet (ʸeh-mer-lah-verdh) adj home-made

hjemrejse (ʸehm-righ-ser) c journey home; return journey

hjemve (ʸehm-ver) c homesickness

hjerne (ʸær-ner) c brain

hjernerystelse (ʸær-ner-rurss-derl-ser) c concussion

hjerte (ʸær-der) nt heart

hjerteanfald (ʸær-der-ahn-fahl) nt (pl ~) heart attack

hjertebanken (ʸær-der-bahng-gern) c palpitation

hjertelig (ʸær-der-li) adj cordial; hearty

hjerteløs (ʸær-der-lurs) adj heartless

hjord (ʸod) c herd

hjort (ʸawd) c deer

hjul (ʸool) nt (pl ~) wheel

hjælp (ʸehlb) c aid, assistance, help; relief

***hjælpe** (ʸehl-ber) v help; aid, assist

hjælper (ʸehl-bo) c helper

hjælpsom (ʸehlb-som) adj helpful

hjørne (ʸurr-ner) nt corner

hof (hof) nt (pl ~fer) court

hofte (*hof*-der) c hip

hofteholder (*hof*-der-ho-lo) c girdle

hold (hol) nt (pl ~) team

holdbar (*hol*-bah) adj durable; valid

***holde** (*ho*-ler) v *keep, *hold; pull up; ~ af love, like; fancy, *be fond of; ~ op cease; quit; ~ oppe *hold up; ~ på *hold; insist; ~ sig fast *hold on; ~ sig fra *keep off; ~ tilbage restrain; ~ ud *stand, endure; *keep up

holdning (*hol*-nayng) c attitude, position

Holland (*ho*-lahn) Holland

hollandsk (*ho*-lahnsg) adj Dutch

hollænder (*ho*-lehn-o) c Dutchman

homoseksuel (hōa-moa-sehg-soo-ehl) adj homosexual

honning (ho-nayng) c honey

honorar (hoa-noa-rah) nt fee

honorere (hoa-noa-ræ-o) v remunerate

hop (hob) nt (pl ~) hop

hoppe (ho-ber) v jump; *leap; hop; skip; c mare

horisont (hoa-ri-sond) c horizon

horn (hoarn) nt (pl ~) horn

hornorkester (hoarn-o-kehss-do) nt (pl -tre) brass band

hos (hoass) prep at

hospital (hoass-bi-tahl) nt hospital

hoste (hōa-sder) c cough; v cough

hotel (hoa-tehl) nt (pl ~ler) hotel

hov (ho⁰⁰) c hoof

hoved (hōa-oadh) nt head; hovedmain, chief, principal, primary; capital, cardinal; på hovedet upside-down

hovedbanegård (hōa-oadh-baa-ner-go) c central station

hovedbrud (hōa-oadh-broodh) nt (pl ~) puzzle

hoveddæk (hōa-oadh-dehg) nt (pl ~) main deck

hovedgade (hōa-oadh-gaa-dher) c main street

hovedkvarter (hōa-oadh-kvah-tayr) nt headquarters pl

hovedledning (hōa-oadh-laydh-nayng) c mains pl

hovedlinje (hōa-oadh-lin-ʸer) c main line

hovedpine (hōa-oadh-pee-ner) c headache

hovedpude (hōa-oadh-pōō-dher) c pillow

hovedsag (hōa-oadh-sah) c main thing

hovedsagelig (hōa-oadh-sah-er-li) adv mainly

hovedstad (hōa-oadh-sdahdh) c (pl -stæder) capital

hovedvej (hōa-oadh-vigh) c main road; thoroughfare

hovmester (ho⁰⁰-mehss-do) c (pl -mestre) steward

hovmodig (ho⁰⁰-moa-dhi) adj haughty

hud (hoodh) c skin; hide; hård ~ callus

hudafskrabning (hoodh-ou-sgrahbnayng) c graze, abrasion

hudcreme (hoodh-kræm) c skin cream

hue (hōō-oo) c cap

hukommelse (hoo-kom-erl-ser) c memory

hul¹ (hol) nt (pl ~ler) hole

hul² (hool) adj hollow

hule (hōō-ler) c cavern, cave

hulepindsvin (hōō-ler-payn-svin) nt (pl ~) porcupine

hulhed (hōōl-haydh) c cavity

humle (hom-ler) c hop

humlebi (hom-ler-bi) c bumblebee

hummer (hom-o) c lobster

humor (hōō-mo) c humour

humoristisk (hoo-moa-riss-disg) adj humorous

humør (hoo-murr) nt mood; spirits, spirit; i godt ~ good-tempered

hun (hoon) pron she; hun- female

hund (hoon) c dog

hundegalskab (hoo-ner-gahl-sgahb) c rabies

hundehus (hoo-ner-hoos) nt kennel

hundrede (hoon-ro-dher) num hundred

hurtig (hoar-di) adj quick, fast; swift, rapid; hurtigt soon, quickly

hurtighed (hoar-di-haydh) c speed

hus (hoos) nt house; home

husassistent (hooss-ah-si-sdehnd) c housemaid

husbåd (hooss-bodh) c houseboat

husdyr (*hooss*-dewr) *nt* (pl ~) domestic animal

huse (*hōō*-ser) *v* house; lodge

husejer (*hooss*-igh-o) *c* landlord

husholderske (*hooss*-hol-o-sger) *c* housekeeper

husholdning (*hooss*-hol-nayng) *c* housework, household, housekeeping

huske (*hooss*-ger) *v* remember

huslig (*hooss*-li) *adj* domestic

husly (*hooss*-lew) *nt* accommodation; skaffe ~ accommodate

huslærer (*hooss*-lai-o) *c* tutor

husmor (*hooss*-moar) *c* (pl -mødre) housewife

hustru (*hooss*-droo) *c* wife

husvært (*hooss*-værd) *c* landlord

hvad (vahdh) *pron* what; ~ end whatever; ~ som helst anything

hval (vahl) *c* whale

hvede (*vāy*-dher) *c* wheat

hvedebrødsdage (*vāy*-dher-brurdhs-daa-ah) *pl* honeymoon

hvedemel (*vāy*-dher-mayl) *nt* flour

hvem (vehm) *pron* who; whom; ~ der end whoever; ~ som helst anybody

hveps (vehbs) *c* wasp

hver (vær) *pron* each, every

hverdag (*vær*-dah) *c* weekday

hverken ... eller (*vær*-gern eh-lo) neither ... nor

hvid (vidh) *adj* white

hvidløg (*vidh*-loi) *nt* (pl ~) garlic

hvile (*vee*-ler) *c* rest; *v* rest; ~ sig rest; ~ ud rest

hvilehjem (*vee*-ler-Yehm) *nt* (pl ~) rest-home

hvilken (*vayl*-gern) *pron* which; ~ som helst whichever; any

hvilling (*vi*-layng) *c* whiting

hvin (vin) *nt* (pl ~) shriek

hvine (*vee*-ner) *v* shriek

hvis (vayss) *pron* whose; *conj* if

hviske (*vayss*-ger) *v* whisper

hvisken (*vayss*-gern) *c* whisper

hvor (vo) *adv* where; how; ~ end wherever; ~ mange how many; ~ meget how much; ~ som helst anywhere

hvordan (vo-*dahn*) *adv* how

hvorfor (vo-*fo*) *adv* why; what for

hvornår (vo-*no*) *adv* when

hvælving (*vehl*-vayng) *c* arch; vault

hyggelig (*hew*-ger-li) *adj* cosy; enjoyable

hygiejne (hew-gi-*igh*-ner) *c* hygiene

hygiejnebind (hew-gi-*igh*-ner-bayn) *nt* (pl ~) sanitary towel

hygiejnisk (hew-gi-*igh*-nisg) *adj* hygienic

hykler (*hewg*-lo) *c* hypocrite

hykleri (hewg-lo-*ri*) *nt* hypocrisy

hyklerisk (*hewg*-lo-risg) *adj* hypocritical

hyl (hewl) *nt* (pl ~) yell

hylde (*hew*-ler) *c* shelf; *v* cheer

hyldest (*hewl*-ersd) *c* tribute; homage

hyle (*hēw*-ler) *v* yell; roar

hymne (*hewm*-ner) *c* hymn

hyppig (*hew*-bi) *adj* frequent; hyppigt frequently

hyppighed (*hew*-bi-haydh) *c* frequency

hyrde (*hewr*-der) *c* shepherd

hyrevogn (*hēw*-o-voºn) *c* taxi

hysterisk (hew-*sday*-risg) *adj* hysterical

hytte (*hew*-der) *c* cabin; hut

hæder (*heh*-dho) *c* glory

hædre (*hehdh*-ro) *v* honour

hæfteklamme (*hehf*-der-klah-mer) *c* staple

hæfteplaster (*hehf*-der-plahss-do) *nt* (pl -tre) adhesive tape, plaster

hæk (hehg) *c* (pl ~ke) hedge

hækle (*hehg*-ler) *v* crochet

hæl (hehl) c heel

hælde (heh-ler) v pour; ~ til tend to

hældning (hehl-nayng) c gradient

hæmme (heh-mer) v impede, restrain

hæmorroider (heh-moa-ree-dho) pl
haemorrhoids pl, piles pl

hænde (heh-ner) v occur

hændelse (heh-nerl-ser) c happening,
occurrence; event

hænge op (hehng-er) *hang

*hænge (hehng-er) v *hang

hængebro (hehng-er-broa) c suspension bridge

hængekøje (hehng-er-koi-er) c hammock

hængelås (hehng-er-los) c padlock

hængesmykke (hehng-er-smur-ger) nt
pendant

hængsel (hehng-serl) nt (pl -sler)
hinge

hær (hær) c army

hæs (hehs) adj hoarse

hæslig (hehss-li) adj hideous

hætte (heh-der) c hood

hævde (heh^oo-der) v maintain; assert

hæve (hai-ver) v raise; *draw, cash

hævn (heh^oo n) c revenge

hø (hur) nt hay

høfeber (hur-fay-bo) c hay fever

høflig (hurf-li) adj polite; civil

høg (hur) c hawk

høj (hoi) adj high, tall; loud; c hillock

højde (hoi-der) c height; altitude

højdepunkt (hoi-der-pongd) nt height;
zenith

højderyg (hoi-der-rurg) c (pl ~ge)
ridge

højere (hoi-o-o) adj superior; upper;
taller, higher; louder

højest (hoi-ersd) adj extreme; tallest,
highest; loudest; supreme

højhus (hoi-hoos) nt tower block

højland (hoi-lahn) nt uplands pl

højlydt (hoi-lewd) adj loud

højmesse (hoi-meh-ser) c morning
service

højre (hoi-ro) adj right; right-hand

højrød (hoi-rurdh) adj crimson

højslette (hoi-sleh-der) c plateau

højst (hoisd) adv at most

højsæson (hoi-seh-song) c high season, peak season

højt (hoid) adv aloud

højtidelig (hoi-ti-dher-li) adj solemn

højttaler (hoi-taa-lo) c loud-speaker

højvande (hoi-vah-ner) nt high tide

høne (hūr-ner) c hen

høre (hūr-o) v *hear

hørelse (hūr-ol-ser) c hearing

hørlig (hurr-li) adj audible

høst (hursd) c harvest

høste (hurss-der) v reap, harvest

høvding (hur^oo-dayng) c chief; chieftain

håb (hob) nt (pl ~) hope

håbe (haw-ber) v hope

håbløs (hawb-lurs) adj hopeless

hån (hon) c scorn

hånd (hon) c (pl hænder) hand; for
hånden available; hånd- manual

håndarbejde (hon-aa-bigh-der) nt
handicraft, handwork; needlework

håndbagage (hon-bah-gaa-s^yer) c
hand luggage; hand baggage Am

håndbog (hon-bo^oo) c (pl -bøger)
handbook

håndbold (hon-bold) hand-ball

håndbremse (hon-bræm-ser) c handbrake

håndcreme (hon-kræm) c handcream,
lotion

håndflade (hon-flaa-dher) c palm

håndfuld (hon-fool) c handful

håndgribelig (hon-gri-ber-li) adj tangible, palpable

håndjern (hon-^yærn) pl handcuffs pl

håndklæde (hon-klai-dher) nt towel

håndlavet (hon-lah-verdh) adj håndmade

håndled (hon-laydh) nt (pl ~) wrist

håndskrift (hon-sgræfd) c handwriting

håndtag (hon-tah) nt (pl ~) handle; knob; grip

håndtaske (hon-tahss-ger) c bag, handbag

håndtere (hon-tay-o) v handle

håndterlig (hon-tayr-li) adj manageable

håndtryk (hon-trurg) nt (pl ~) handshake

håndvask (hon-vahsg) c wash-basin

håne (haw-ner) v mock

hår (ho) nt (pl ~) hair

hårbørste (haw-burr-sder) c hairbrush

hårcreme (haw-kræm) c hair cream

hård (ho) adj hard

hårdnakket (haw-nah-gerdh) adj obstinate

håret (haw-odh) adj hairy

hårklemme (haw-kleh-mer) c hairgrip; bobby pin Am

hårlak (haw-lahg) c (pl ~ker) hairspray

hårnet (haw-nehd) nt (pl ~) hair-net

hårnål (haw-nol) c hairpin

hårnålesving (haw-no-ler-svayng) nt (pl ~) hairpin bend

hårolie (haw-oal-Yer) c hair-oil

hårrejsende (haw-righ-ser-ner) adj horrible

hårtørrer (haw-tūr-o) c hair-dryer

hårvand (haw-vahn) nt hair tonic

I

I (i) pron you

i (i) prep for, in, to, at

*****iagttage** (i-ahg-tah-ah) v watch; observe

iagttagelse (i-ahg-tah-ahl-ser) c observation

ibenholt (i-bern-hold) nt ebony

idé (i-day) c idea; **lys ~** brain-wave

ideal (i-day-ahl) nt ideal

ideel (i-day-ehl) adj ideal

identificere (i-dehn-ti-fi-say-o) v identify

identifikation (i-dehn-ti-fi-kah-sYoan) c identification

identisk (i-dehn-tisg) adj identical

identitet (i-dehn-ti-tayd) c identity

idiom (i-di-oam) nt idiom

idiomatisk (i-di-oa-mah-tisg) adj idiomatic

idiot (i-di-oad) c idiot

idiotisk (i-di-oa-disg) adj idiotic

idol (i-doal) nt idol

idrætsmand (i-dræds-mahn) c (pl -mænd) athlete

ifølge (i-furl-Yer) prep according to

igen (i-gehn) adv again

ignorere (in-Yoa-ræ-o) v ignore

ihærdig (i-hær-di) adj energetic, diligent

ikke (ay-ger) not; **slet ~** by no means

ikon (i-koan) c icon

ild (il) c fire

ildelugtende (i-ler-log-der-ner) adj smelly, evil-smelling

ildeset (i-ler-sayd) adj unpopular

ildevarslende (i-ler-vaa-sler-ner) adj ominous

ildfast (il-fahsd) adj fireproof

ildslukker (il-slo-go) c fire-extinguisher

ildsted (il-sdehdh) nt hearth

ile (ee-ler) v hurry, hasten

illegal (i-ler-gahl) adj illegal

illumination (i-loo-mi-nah-sYoan) c illumination

illuminere (i-loo-mi-nay-o) v illuminate

illusion (i-loo-s^yoan) *c* illusion

illustration (i-loo-sdrah-s^yoan) *c* picture, illustration

illustrere (i-loo-sdræ-o) *v* illustrate

ilt (ild) *c* oxygen

imellem (i-mehl-erm) *prep* among

imens (i-mehns) *adv* meanwhile

imidlertid (i-midh-lo-tidh) *adv* however; yet

imitation (i-mi-tah-s^yoan) *c* imitation

imitere (i-mi-tay-o) *v* imitate

immunisere (i-moo-ni-say-o) *v* immunize

immunitet (i-moo-ni-tayd) *c* immunity

imod (i-moadh) *prep* towards

imperium (aym-payr-^yom) *nt* (pl -ier) empire

impliceret (aym-pli-say-odh) *adj* concerned

imponere (aym-poa-nay-o) *v* impress

imponerende (aym-poa-nay-o-ner) *adj* imposing, impressive

import (aym-pawd) *c* import

importafgift (aym-pawd-ou-gifd) *c* duty

importere (aym-po-tay-o) *v* import

importtold (aym-pawd-tol) *c* import duty

importvarer (aym-pawd-vaa-ah) *pl* import

importør (aym-po-turr) *c* importer

impotens (aym-poa-tehns) *c* impotence

impotent (aym-poa-tehnd) *adj* impotent

improvisere (aym-proa-vi-say-o) *v* improvise

impuls (aym-pools) *c* impulse

impulsiv (aym-pool-see^{oo}) *adj* impulsive

imødekommende (i-mūr-dher-kom-er-ner) *adj* obliging; kind

ind (ayn) *adv* in; ~ **i** inside; ~ **imellem** in the meantime

indad (ayn-ahdh) *adv* inwards

indbefatte (ayn-bay-fah-der) *v* comprise

indbildsk (ayn-bilsg) *adj* conceited

indbildt (ayn-bild) *adj* imaginary

indbinding (ayn-bayn-ayng) *c* binding

indblandet (ayn-blahn-erdh) *adj* involved

indblanding (ayn-blahn-ayng) *c* interference

indblik (ayn-blayg) *nt* insight

indbringende (ayn-bræng-er-ner) *adj* profitable

indbrud (ayn-broodh) *nt* (pl ~) house-breaking; burglary

indbrudstyv (ayn-broodhs-tew^{oo}) *c* burglar

****indbyde** (ayn-bew-dher) *v* invite, ask

indbygger (ayn-bew-go) *c* inhabitant

indbyrdes (ayn-bewr-derss) *adj* mutual

inde (ay-ner) *adv* indoors, inside

****indebære** (ay-ner-beh-o) *v* imply

indehaver (ay-ner-hah-vo) *c* owner

****indeholde** (ay-ner-hol-er) *v* contain

indeks (ayn-dehgs) *nt* index

inden (ay-nern) *adv* before; ~ **for** within; ~ **længe** shortly, soon

indendørs (ay-nern-durrs) *adj* indoor

indeni (ay-nern-i) *adv* inside; **inden i** inside

indenrigs- (ay-nern-riss) domestic

inder (ayn-do) *c* Indian

inderside (ay-no-see-dher) *c* inside

indeslutte (ay-ner-sloo-der) *v* encircle

indespærre (ay-ner-sbær-o) *v* lock up

indeværende (ay-ner-veh-o-ner) *adj* current

indfald (ayn-fahl) *nt* (pl ~) invasion; idea

indflydelse (ayn-flew-dherl-ser) *c* influence

indflydelsesrig (ayn-flew-dherl-serss-ri) *adj* influential; powerful

indfri (*ayn*-fri) *v* redeem; **pay off

indfødt (*ayn*-furd) *c* native; *adj* native

indføje (*ayn*-foi-er) *v* insert

indføre (*ayn*-fur-o) *v* import; introduce; enter

indførsel (*ayn*-furr-serl) *c* (pl -sler) import

indgang (*ayn*-gahng) *c* entrance, entry; way in

indhold (*ayn*-hol) *nt* contents *pl*

indholdsfortegnelse (*ayn*-hols-fo-tigh-nerl-ser) *c* table of contents

indianer (ayn-di-*ah*-no) *c* Indian

indiansk (ayn-di-*ahnsg*) *adj* Indian

indicere (ayn-di-*say*-o) *v* indicate

Indien (*ayn*-dᵛern) India

indirekte (*ayn*-di-ræg-der) *adj* indirect

indisk (*ayn*-disg) *adj* Indian

individ (ayn-di-*vidh*) *nt* individual

individuel (ayn-di-vi-doo-*ehl*) *adj* individual

indkassere (*ayn*-kah-say-o) *v* cash

indkomst (*ayn*-komsd) *c* revenue, income

indkomstskat (*ayn*-komsd-sgahd) *c* (pl ~ter) income-tax

indkøbstaske (*ayn*-kurbs-tahss-ger) *c* shopping bag

indledende (*ayn*-lay-dher-ner) *adj* preliminary

indledning (*ayn*-laydh-nayng) *c* introduction, beginning, opening

indlysende (*ayn*-lew-ser-ner) *adj* obvious

indlæggelse (*ayn*-leh-gerl-ser) *c* hospitalization

indløse (*ayn*-lur-ser) *v* cash

indmeldelse (*ayn*-mehl-erl-ser) *c* registration

indmeldelsesblanket (*ayn*-mehl-erl-serss-blahng-*kehd*) *c* (pl ~ter) registration form

indoneser (ayn-doa-*nay*-so) *c* Indonesian

Indonesien (ayn-doa-*nay*-sᵛern) Indonesia

indonesisk (ayn-doa-*nay*-sisg) *adj* Indonesian

indpakning (*ayn*-pahg-nayng) *c* packing

indpakningspapir (*ayn*-pahg-nayngs-pah-peer) *nt* wrapping paper

indre (*ayn*-dro) *nt* interior; *adj* inside, inner, internal

indretning (*ayn*-ræd-nayng) *c* arrangement; apparatus, appliance

indrette (*ayn*-ræ-der) *v* arrange, furnish

indrømme (*ayn*-rurm-er) *v* admit; acknowledge

indrømmelse (*ayn*-rurm-erl-ser) *c* concession

indsamle (*ayn*-sahm-ler) *v* collect

indsamler (*ayn*-sahm-lo) *c* collector

indsat (*ayn*-sahd) *c* (pl ~te) prisoner

indsats (*ayn*-sahts) *c* bet

indse (*ayn*-say) *v* *see, realize

indsigt (*ayn*-saygd) *c* insight

indskibning (*ayn*-sgib-nayng) *c* embarkation

indskrive (*ayn*-sgri-ver) *v* book; register; inscribe; ~ sig check in, register

indskrænkning (*ayn*-sgrængg-nayng) *c* restriction

indskyde (*ayn*-sgew-dher) *v* insert

indsprøjte (*ayn*-sbroi-der) *v* inject

indsprøjtning (*ayn*-sbroid-nayng) *c* injection; shot

indstille (*ayn*-sdayl-er) *v* adjust

indtage (*ayn*-tah) *v* *take in; capture

indtil (*ayn*-tayl) *prep* till, until; *conj* till; ~ nu so far

indtryk (*ayn*-trurg) *nt* (pl ~) impression; **gøre ~ på* impress

indtræden (*ayn*-træ-dhern) *c* entry, entrance

*indtræffe (ayn-træ-fer) v happen

indtægt (ayn-tehgd) c revenue; earnings pl

indtørre (ayn-tūr-o) v dry up

industri (ayn-doo-sdri) c industry

industriel (ayn-doo-sdri-ehl) adj industrial

industriområde (ayn-doo-sdri-om-rawdher) nt industrial area

indvandre (ayn-vahn-dro) v immigrate

indvandrer (ayn-vahn-dro) c immigrant

indvandring (ayn-vahn-dræng) c immigration

indvende (ayn-vehn-er) v object

indvendig (ayn-vehn-di) adj internal; inner; indvendigt within

indvending (ayn-vehn-aying) c objection

indviklet (ayn-vayg-lerdh) adj complicated; complex

indvillige (ayn-vil-i-er) v agree; consent

indvilligelse (ayn-vil-i-erl-ser) c consent; approval

indvolde (ayn-vo-ler) pl bowels pl; insides, intestines

indånde (ayn-on-er) v inhale

infanteri (ayn-fahn-to-ri) nt infantry

infektion (ayn-fehg-sᵞoan) c infection

infinitiv (ayn-fi-ni-tee⁰⁰) c infinitive

infirmeri (ayn-feer-mo-ri) nt infirmary

inflation (ayn-flah-sᵞoan) c inflation

influenza (ayn-floo-ehn-sah) c flu, influenza

information (ayn-fo-mah-sᵞoan) c information

informationskontor (ayn-fo-mah-sᵞoans-koan-toar) nt information bureau

informere (ayn-fo-may-o) v inform

infrarød (ayn-frah-rurdh) adj infra-red

ingefær (ayng-er-fær) c ginger

ingen (ayng-ern) pron no; no one, nobody; none

ingeniør (ayn-sᵞayn-ᵞurr) c engineer

ingrediens (ayn-græ-di-ehns) c ingredient

initiativ (i-ni-ti-ah-tee⁰⁰) nt initiative

inkludere (ayn-kloo-day-o) v include; inkluderet included

inklusive (ayn-kloo-see⁰⁰) adv inclusive

inkompetent (ayn-kom-bay-tehnd) adj incompetent

insekt (ayn-sehgd) nt insect; bug nAm

insektmiddel (ayn-sehgd-midh-erl) nt (pl -midler) insect repellent

insistere (ayn-si-sday-o) v insist

inskription (ayn-sgræb-sᵞoan) c inscription

inspektion (ayn-sbehg-sᵞoan) c inspection

inspektør (ayn-sbehg-turr) c inspector

inspicere (ayn-sbi-say-o) v inspect

inspirere (ayn-sbi-ray-o) v inspire

installation (ayn-sdah-lah-sᵞoan) c installation

installere (ayn-sdah-lay-o) v install

instinkt (ayn-sdayngd) nt instinct

institut (ayn-sdi-tood) nt (pl ~ter) institute

institution (ayn-sdi-too-sᵞoan) c institution

instruere (ayn-sdroo-ay-o) v direct

instruktør (ayn-sdroog-turr) c director; instructor

instrument (ayn-sdroo-mehnd) nt instrument

instrumentbræt (ayn-sdroo-mehnd-bræd) nt (pl ~ter) dashboard

intakt (ayn-tahgd) adj intact; unbroken

intellekt (ayn-tay-lehgd) c intellect

intellektuel (ayn-tay-lehg-too-ehl) adj

intellectual

intelligens (ayn-tay-li-*gehns*) c intelligence

intelligent (ayn-tay-li-*gehnd*) adj clever, intelligent

interessant (ayn-træ-*sahnd*) adj interesting

interesse (ayn-to-*ræ*-ser) c interest

interessere (ayn-træ-*say*-o) v interest; **interesseret** interested

intern (ayn-*tærn*) adj internal

international (ayn-to-nah-s^Yoa-nahl) adj international

intet (*ayn*-derdh) nothing

intetkøns- (*ayn*-derdh-kurns) neuter

intetsigende (*ayn*-derdh-si-er-ner) adj insignificant

intetsteds (*ayn*-derdh-sdehdhs) adv nowhere

intim (ayn-*tim*) adj intimate

intrige (ayn-*tree*-er) c intrigue

introducere (ayn-troa-doo-*say*-o) v introduce

invadere (ayn-vah-*day*-o) v invade

invalid (ayn-vah-*lidh*) c invalid; adj crippled, disabled

invasion (ayn-vah-s^Yoan) c invasion

investere (ayn-veh-*sday*-o) v invest

investering (ayn-veh-*sday*-ræng) c investment

invitere (ayn-vi-*tay*-o) v invite; **invitation** c invitation

involvere (ayn-vol-*vay*-o) v involve

Irak (*ee*-rahg) Iraq

iraker (i-*rah*-ko) c Iraqi

irakisk (i-*rah*-kisg) adj Iraqi

Iran (*ee*-rahn) Iran

iraner (i-*rah*-no) c Iranian

iransk (i-*rahnsg*) adj Iranian

Irland (*eer*-lahn) Ireland

irlænder (*eer*-lehn-o) c Irishman

ironi (i-roa-*ni*) c irony

ironisk (i-*roa*-nisg) adj ironical

irritabel (eer-i-*tah*-berl) adj irritable

irritere (eer-i-*tay*-o) v annoy, irritate

irriterende (eer-i-*tay*-o-ner) adj annoying

irsk (eersg) adj Irish

is (is) c ice; ice-cream

isenkram (i-sern-krahm) nt hardware

isenkramforretning (i-sern-krahm-fo-ræd-nayng) c hardware store

iskold (iss-kol) adj freezing

Island (iss-lahn) Iceland

islandsk (iss-lahnsg) adj Icelandic

islænding (iss-lehn-ayng) c Icelander

isolation (i-soa-lah-s^Yoan) c isolation

isolator (i-soa-*laa*-to) c insulator

isolere (i-soa-*lay*-o) v isolate; insulate; **isoleret** isolated

isolering (i-soa-*lay*-ræng) c isolation; insulation

ispose (iss-pōā-ser) c ice-bag

Israel (iss-rahl) Israel

israeler (iss-rah-ay-lo) c Israeli

israelsk (iss-rah-aylsg) adj Israeli

isskab (iss-sgahb) nt refrigerator

istap (iss-tahb) c (pl ~per) icicle

isvand (iss-vahn) nt iced water

især (i-*sær*) adv in particular, especially

Italien (i-*tahl*-^Yern) Italy

italiener (i-tahl-*Yeh*-no) c Italian

italiensk (i-tahl-*Yehnsg*) adj Italian

iver (*i*-vo) c zeal; diligence

ivrig (ee^{oo}-ri) adj anxious, zealous; eager

*iværksætte (i-*værg*-seh-der) v *bring about; *put into effect

J

ja (^Yah) yes

jade (^Yaa-dher) c jade

jage (^Yaa-ah) v hunt; ~ **bort** chase

jagt (^Yahgd) c hunt; chase; hunting

jagthytte (*V*ahgd-hew-der) *c* lodge

jagttegn (*V*ahgd-tighn) *nt* (pl ~) game licence

jakke (*V*ah-ger) *c* jacket

jakkesæt (*V*ah-ger-sæd) *nt* (pl ~) suit

jalousi (s*V*ah-loo-*si*) *c* jealousy; *nt* shutter

jaloux (s*V*ah-*loo*) *adj* jealous

jammer (*V*ahm-o) *c* misery

jamre (*V*ahm-ro) *v* moan

januar (*V*ah-noo-ah) January

Japan (*V*aa-pahn) Japan

japaner (*V*ah-*pah*-no) *c* Japanese

japansk (*V*ah-*pahnsg*) *adj* Japanese

jeg (*V*igh) *pron* I

jer (*V*ær) *pron* you; yourselves

jeres (*V*ai-oss) *pron* your

jern (*V*ærn) *nt* (pl ~) iron; **jern-** iron

jernbane (*V*ærn-baa-ner) *c* railway; railroad *nAm*

jernbanefløjl (*V*ærn-baa-ner-floil) *nt* corduroy

jernbaneoverskæring (*V*ærn-baa-ner-o^{oo}-o-sgeh-ræng) *c* level crossing, crossing

jernbanevogn (*V*ærn-baa-ner-vo^{oo}n) *c* waggon, coach

jernstøberi (*V*ærn-sdur-bo-ri) *nt* iron-works

jetfly (d*V*ehd-flew) *nt* (pl ~) jet

jeton (s*V*eh-*tong*) *c* (pl ~s) chip

jod (*V*oadh) *c* iodine

jolle (*V*o-ler) *c* dinghy

jomfru (*V*om-froo) *c* virgin

jord (*V*oar) *c* earth; ground, soil

Jordan (*V*oar-dahn) Jordan

jordaner (*V*oar-*dah*-no) *c* Jordanian

jordansk (*V*oar-*dahnsg*) *adj* Jordanian

jordbund (*V*oar-bon) *c* soil

jordbunden (*V*oar-bon-ern) *adj* down-to-earth

jordbær (*V*oar-bær) *nt* (pl ~) strawberry

jordemoder (*V*oar-moar) *c* (pl -mødre) midwife

jordnød (*V*oar-nurdh) *c* (pl ~der) peanut

jordskælv (*V*oar-sgehlv) *nt* (pl ~) earthquake

journalist (s*V*oor-nah-*lisd*) *c* journalist; reporter

journalistik (s*V*oor-nah-li-*sdig*) *c* journalism

jubilæum (*V*oo-bi-*lai*-om) *nt* (pl -æer) jubilee

jugoslav (*V*oo-goa-*slahv*) *c* Yugoslav, Jugoslav

Jugoslavien (*V*oo-goa-*slah*-vi-ern) Yugoslavia, Jugoslavia

jugoslavisk (*V*oo-goa-*slah*-visg) *adj* Jugoslav

jul (*V*ool) Christmas; Xmas

juli (*V*oo-li) July

jumper (d*V*om-bo) *c* jersey

jungle (d*V*ong-ler) *c* jungle

juni (*V*oo-ni) June

junior (*V*oon-*V*o) *adj* junior

juridisk (*V*oo-*ri*-dhisg) *adj* legal

jurist (*V*oo-*risd*) *c* lawyer

jury (*V*$\overline{oo}$-ri) *c* jury

justere (*V*oo-*stay*-o) *v* adjust

juvel (*V*oo-*vayl*) *c* gem; **juveler** jewellery

juvelér (*V*oo-ver-*layr*) *c* jeweller

jæger (*V*ai-o) *c* hunter

jævn (*V*eh^{oo}n) *adj* level; flat; plain, simple

jævnbyrdighed (*V*eh^{oo}n-bewr-di-haydh) *c* equality

jævne (*V*eh^{oo}-ner) *v* thicken

jævnstrøm (*V*eh^{oo}n-sdrurm) *c* direct current

jøde (*V*ur-dher) *c* Jew

jødisk (*V*ur-dhisg) *adj* Jewish

K

kabaret (kah-bah-*ræ*) c (pl ~ter) cabaret

kabel (*kah*-berl) nt (pl kabler) cable

kabine (kah-*bee*-ner) c cabin

kabinet (kah-bi-*nehd*) nt (pl ~ter) cabinet

kaffe (*kah*-fer) c coffee

kaffekande (*kah*-fer-kah-ner) c coffee pot

kaffekolbe (*kah*-fer-kol-ber) c percolator

kaffekop (*kah*-fer-kob) c (pl ~per) coffee cup

kage (*kaa*-ah) c cake

kahyt (kah-*hewd*) c (pl ~ter) cabin

kaj (kahi) c wharf, quay; dock

kaki (*kah*-gi) c khaki

kakkel (*kah*-gerl) c (pl kakler) tile

kalamitet (kah-lah-mi-*tayd*) c calamity

kalcium (*kahl*-sYom) nt calcium

kalde (kah-ler) v call

kalender (kah-*lehn*-o) c calendar; diary

kalk (kahlg) c lime

kalkun (kahl-*koon*) c turkey

kalorie (kah-*loar*-Yer) c calorie

kalv (kahlv) c calf

kalvekød (*kahl*-ver-kurdh) nt veal

kalveskind (*kahl*-ver-sgayn) nt (pl ~) calf skin

kam (kahm) c (pl ~me) comb

kamé (kah-*may*) c cameo

kamel (kah-*mayl*) c camel

kamera (*kah*-mo-rah) nt camera

kamgarn (*kahm*-gahn) nt worsted

kamin (kah-*min*) c fireplace

kammer (kahm-o) nt (pl kamre) chamber

kammerat (kah-mo-*rahd*) c comrade

kammertjener (*kahm*-o-tYai-no) c valet

kamp (kahmb) c fight, combat; struggle, battle; match

kampagne (kahm-*pahn*-Yer) c campaign

kanal (kah-*nahl*) c canal; channel

kanariefugl (kah-*nah*-Yer-fool) c canary

kande (*kah*-ner) c jug, pitcher

kandelaber (kahn-der-*lah*-bo) c (pl -labre) candelabrum

kandidat (kahn-di-*dahd*) c candidate

kane (*kaa*-ner) c sleigh

kanel (kah-*nayl*) c cinnamon

kanin (kah-*nin*) c rabbit

kano (*kaa*-noa) c canoe

kanon (kah-*noan*) c gun

kant (kahnd) c edge; rim; verge

kantine (kahn-*tee*-ner) c canteen

kantsten (*kahnd*-sdayn) c (pl ~) curb

kaos (*kaa*-oss) nt chaos

kaotisk (kah-*oa*-tisg) adj chaotic

kap (kahb) nt (pl ~) cape

kapacitet (kah-pah-si-*tayd*) c capacity

kapel (kah-*pehl*) nt (pl ~ler) chapel

kapellan (kah-bay-*lahn*) c chaplain

kapital (kah-bi-tahl) c capital

kapitalanbringelse (kah-bi-*tahl*-ahn-bræng-erl-ser) c investment

kapitalisme (kah-bi-tah-*liss*-mer) c capitalism

kapitulation (kah-bi-too-lah-sYoan) c capitulation

kapløb (*kahb*-lurb) nt (pl ~) race

kappe (*kah*-ber) c cloak; robe

kappestrid (*kah*-ber-stridh) c competition

kapre (*kaa*-bro) v hijack

kaprer (*kaa*-bro) c hijacker

kapsel (*kahb*-serl) c (pl -sler) capsule

kaptajn (kahb-*tighn*) c captain

kar (kah) nt (pl ~) vessel

karaffel (kah-*rah*-ferl) c (pl karafler) carafe

karakter (kaa-ahg-*tayr*) c character;

mark
karakterisere (kaa-ahg-tayr-i-*say*-o) *v* characterize
karakteristisk (kaa-ahg-tay-*riss*-disg) *adj* typical, characteristic
karakterstyrke (kaa-ahg-*tayr*-sdewr-ger) *c* guts
karaktertræk (kaaahg-*tayr*-træg) *nt* (pl ~) characteristic
karamel (kaa-ah-*mehl*) *c* (pl ~ler) caramel, toffee
karantæne (kaa-ahn-*tai*-ner) *c* quarantine
karat (kah-*rahd*) *c* (pl ~) carat
karbonpapir (kah-*bong*-pah-peer) *nt* carbon paper
karburator (kah-boo-*raa*-to) *c* carburettor
kardinal (kah-di-*nahl*) *c* cardinal
karet (kah-*ræd*) *c* coach
karneval (*kaa*-ner-vahl) *nt* (pl ~ler) carnival
karosseri (kah-ro-so-*ri*) *nt* body-work; body *nAm*
karpe (*kaa*-ber) *c* carp
karré (kah-*ræ*) *c* house block *Am*
karriere (kah-i-*ai*-o) *c* career
karrosse (kah-*ro*-ser) *c* carriage
karrusel (kah-roo-*sehl*) *c* (pl ~ler) merry-go-round
karry (*kaa*-i) *c* curry
kartoffel (kah-*to*-ferl) *c* (pl -tofler) potato
karton (kah-*tong*) *c* cardboard; carton; **karton-** cardboard
kaserne (kah-*sær*-ner) *c* barracks *pl*
kashmir (*kahsh*-meer) *c* cashmere
kasino (kah-*see*-noa) *nt* casino
kasket (kah-*sgehd*) *c* (pl ~ter) cap
kasse (*kah*-ser) *c* pay-desk; cashier's office
kassere (kah-*say*-o) *v* discard; reject
kasserer (kah-*say*-o) *c* cashier; treasurer

kassererske (kah-*say*-o-sger) *c* cashier
kasserolle (kah-ser-*ro*-ler) *c* saucepan
kast (kahsd) *nt* (pl ~) throw, cast
kastanje (kah-*sdahn*-Yer) *c* chestnut
kastanjebrun (kah-*sdahn*-Yer-broon) *adj* auburn
kaste (*kahss*-der) *v* *throw; toss, *cast; ~ op vomit
kat (kahd) *c* (pl ~te) cat
katakombe (kah-tah-*koam*-ber) *c* catacomb
katalog (kah-tah-*loa*) *nt* catalogue
katar (kah-*tah*) *c* catarrh
katastrofal (kah-dah-sdroa-*fahl*) *adj* disastrous
katastrofe (kah-dah-*sdroā*-fer) *c* catastrophe, disaster
katedral (kah-der-*drahl*) *c* cathedral
kategori (kah-der-goa-*ri*) *c* category
katolsk (kah-*toalsg*) *adj* catholic
kaution (kou-s^Yoan) *c* bail, security
kautionist (kou-s^Yoa-*nisd*) *c* guarantor
kaviar (*kah*-vi-ah) *c* caviar
ked af det (kaydh ah day) sorry
kede (*kāy*-dher) *v* bore; ~ sig *be bored
kedel (*kay*-dherl) *c* (pl kedler) kettle
kedelig (*kāy*-dher-li) *adj* boring, unpleasant; dull
keglebane (*kigh*-ler-baa-ner) *c* bowling alley
kejser (*kigh*-so) *c* emperor
kejserdømme (*kigh*-so-dur-mer) *nt* empire
kejserinde (kigh-so-*ay*-ner) *c* empress
kejserlig (*kigh*-so-li) *adj* imperial
kejtet (*kigh*-derdh) *adj* awkward
kejthåndet (*kighd*-hon-erdh) *adj* left-handed
kemi (kay-*mi*) *c* chemistry
kemisk (*kay*-misg) *adj* chemical
kende (*keh*-ner) *v* *know

kendelse (*keh*-nerl-ser) *c* verdict

kendeord (*keh*-ner-oar) *nt* (pl ~) article

kender (*keh*-no) *c* connoisseur

kendetegn (*keh*-ner-tighn) *nt* (pl ~) characteristic

kendetegne (*keh*-ner-tigh-ner) *v* characterize; mark

kendsgerning (*kehns*-gær-nayng) *c* fact

kendskab (*kehn*-sgahb) *nt* knowledge

kendt (kehnd) *adj* well-known, famous

kennel (*kehn*-erl) *c* kennel

Kenya (*kehn*-Yah) Kenya

keramik (kay-rah-*mig*) *c* pottery, ceramics *pl*

kerne (*kær*-ner) *c* nucleus; pip; core, heart, essence; **kerne-** nuclear

kernehus (*kær*-ner-hoos) *nt* core

ketsjer (*kehd*-sYo) *c* racquet

kigge (*ki*-ger) *v* glance, look; peep

kighoste (*kee*-hōā-sder) *c* whooping cough

kikkert (*ki*-god) *c* binoculars *pl*

kilde (*ki*-ler) *c* spring, well; source, fountain; *v* tickle

kile (*kee*-ler) *c* wedge

kilo (*ki*-loa) *nt* (pl ~) kilogram

kilometer (ki-loa-*may*-do) *c* (pl ~) kilometre

kilometersten (ki-loa-*may*-do-sdayn) *c* (pl ~) milestone

kilometertal (ki-loa-*may*-do-tahl) *nt* distance in kilometres

kim (kim) *c* (pl ~) germ

Kina (*kee*-nah) China

kind (kayn) *c* cheek

kindben (*kayn*-bayn) *nt* (pl ~) cheekbone

kindtand (*kayn*-tahn) *c* (pl -tænder) molar

kineser (ki-*nay*-so) *c* Chinese

kinesisk (ki-*nay*-sisg) *adj* Chinese

kinin (ki-*nin*) *c* quinine

kiosk (kYosg) *c* kiosk

kirke (*keer*-ger) *c* church; chapel

kirkegård (*keer*-ger-go) *c* cemetery; graveyard, churchyard

kirketjener (*keer*-ger-tYai-no) *c* sexton

kirketårn (*keer*-ger-ton) *nt* steeple

kirsebær (*keer*-ser-bær) *nt* (pl ~) cherry

kirtel (*keer*-derl) *c* (pl -tler) gland

kirurg (ki-*roorg*) *c* surgeon

kjole (kYōā-ler) *c* dress; frock

klage (*klaa*-ah) *c* complaint; *v* complain

klagebog (*klaa*-ah-boᵒᵒ) *c* (pl -bøger) complaints book

klam (klahm) *adj* damp

klampe (*klahm*-ber) *c* clamp

klang (klahng) *c* sound; tone

klappe (*klah*-ber) *v* clap

klar (klah) *adj* clear; serene, bright; evident; ready

klare (*klaa*-ah) *v* manage, *make; ~ sig med *make do with

***klargøre** (*klaa*-gur-o) *v* *make ready

***klarlægge** (*klaa*-leh-ger) explain, clarify

klarsyn (*klaa*-sewn) *nt* vision

klasse (*klah*-ser) *c* form, class

klassekammerat (*klah*-ser-kah-mo-rahd) *c* class-mate

klasseværelse (*klah*-ser-vai-ol-ser) *nt* classroom

klassificere (klah-si-fi-*say*-o) *v* classify

klassisk (*klah*-sisg) *adj* classical

klat (klahd) *c* (pl ~ter) blot

klatre (*klahd*-ro) *v* climb

klatring (*klahd*-ræng) *c* climb

klausul (klou-*sool*) *c* clause

klaver (klah-*vayr*) *nt* piano

klenodie (klay-*noadh*-Yer) *nt* gem

klient (kli-*aynd*) *c* client; customer

klima (*klee*-mah) *nt* climate

klimaanlæg (*klee*-mah-ahn-lehg) *nt* (pl

~) air-conditioning

klinik (kli-*nig*) c (pl ~ker) clinic

klint (klaynd) c cliff

klipning (*klayb*-nayng) c haircut

klippe (*klay*-ber) c rock; v *cut; ~ **af** *cut off

klippeblok (*klay*-ber-blog) c (pl ~ke) boulder

klipperig (*klay*-ber-ri) adj rocky

klippeskrænt (*klay*-ber-sgrænd) c cliff

klistre (*kliss*-dro) v paste; *stick

klit (klid) c (pl ~ter) dune

klo (kloa) c (pl kløer) claw

kloak (kloa-*aag*) c (pl ~ker) sewer

klode (*kloā*-dher) c globe

klods (kloss) c block

klodset (*klo*-serdh) adj clumsy

klog (klo⁰⁰) adj clever

klokke (*klo*-ger) c bell; **klokken . . . at** ... o'clock

klokkespil (*klo*-ger-sbayl) nt (pl ~) chimes pl

klor (kloar) c chlorine

kloster (*klo*-sdo) nt (pl -tre) convent, monastery; cloister

klovn (klo⁰⁰n) c clown

klub (kloob) c (pl ~ber) club

klud (kloodh) c rag; cloth

klukke (*kloo*-ger) v chuckle

klump (klomb) c lump

klumpet (*klom*-berdh) adj lumpy

klæbe (*klai*-ber) v *stick

klæbestrimmel (*klai*-ber-sdræm-erl) c (pl -strimler) adhesive tape

klæbrig (*klaib*-ri) adj sticky

klæde (*klai*-dher) nt cloth; v suit, *become; ~ **på** dress; ~ **sig** dress; ~ **sig af** undress; ~ **sig om** change; ~ **sig på** dress

klædebørste (*klai*-dher-burrs-der) c clothes-brush

klæder (*klai*-dho) pl clothes pl

klædeskab (*klai*-dher-sgahb) nt wardrobe

klø (klur) v itch; pl beating

kløe (*klūr*-ur) c itch

kløft (klurfd) c chasm

kløver (*klur*-vo) c clover

knage (knaa-ah) c peg

knagerække (knaa-ah-ræ-ger) c hat rack

knallert (*knahl*-od) c moped; motorbike nAm

knap[1] (knahb) c (pl ~per) button

knap[2] (knahb) adj scarce; barely

knaphed (*knahb*-haydh) c shortage, scarcity

knaphul (*knahb*-hol) nt (pl ~ler) buttonhole

knappe (*knah*-ber) v button; ~ **op** unbutton

knappenål (*knah*-ber-nol) c pin

knastaksel (*knahsd*-ahg-serl) c (pl -sler) camshaft

kneb (knayb) nt (pl ~) trick

knejpe (*knigh*-ber) c pub

***knibe** (*knee*-ber) v pinch

knibtang (*knee*⁰⁰-tahng) c (pl -tænger) pincers pl

knipling (*knayb*-layng) c lace

knippel (*knay*-berl) c (pl -pler) club

knirke (*kneer*-ger) v creak

kniv (knee⁰⁰) c knife

kno (knoa) c knuckle

knogle (*kno*⁰⁰-ler) c bone

knop (knob) c (pl ~per) bud

knude (*knōō*-dher) c knot

knudepunkt (*knōō*-dher-pongd) nt junction

knurre (*knōā*-o) v grumble

knus (knoos) nt (pl ~) hug

knuse (*knōō*-ser) v crush, *break, smash; hug; cuddle

knust (knoosd) adj broken

knytnæve (*knewd*-nai-ver) c fist

knytte (*knew*-der) v tie, knot; **knyttet til** attached to

knæ (kneh) nt (pl ~) knee

knægt (knehgd) *c* lad; knave

knæle (*knai*-ler) *v* *kneel

knæskal (*kneh*-sgahl) *c* (pl ~ler) kneecap

ko (koa) *c* (pl køer) cow

koagulere (koa-ah-goo-*lay*-o) *v* coagulate

kobber (*koo*-o) *nt* copper

kobling (*kob*-layng) *c* clutch

kode (*koa*-dher) *c* code

kofanger (*koa*-fahng-o) *c* bumper, fender

koffein (ko-fer-*in*) *nt* caffeine

koffeinfri (ko-fer-*in*-fri) *adj* decaffeinated

koge (*kaw*-ger) *v* boil

kogebog (*kaw*-ger-bo°°) *c* (pl -bøger) cookery-book; cookbook *nAm*

kok (kog) *c* (pl ~ke) cook

kokain (koa-kah-*in*) *c* cocaine

kokosnød (koa-goass-nurdh) *c* (pl ~der) coconut

kold (kol) *adj* cold

kollega (koa-*lay*-gah) *c* (pl -ger) colleague

kollektiv (*ko*-layg-tee°°) *adj* collective

kollidere (koa-li-*day*-o) *v* collide

kollision (koa-li-s*y*oan) *c* crash, collision

koloni (koa-loa-*ni*) *c* colony

kolonialvarer (koa-loa-ni-*ahl*-vaa-ah) *pl* groceries *pl*

kolonne (koa-*lo*-ner) *c* column

kolossal (koa-loa-*sahl*) *adj* tremendous, enormous

kombination (kom-bi-nah-s*y*oan) *c* combination

kombinere (kom-bi-*nay*-o) *v* combine

komedie (koa-*maydh*-*y*er) *c* comedy

komfort (kom-*fawd*) *c* comfort

komfortabel (kom-fo-*tah*-berl) *adj* comfortable

komfur (kom-*foor*) *nt* stove, cooker

komiker (*koa*-mi-go) *c* comedian

komisk (*koa*-misg) *adj* comic

komité (koa-mi-*tay*) *c* committee

komma (*ko*-mah) *nt* comma

kommandere (koa-mahn-*day*-o) *v* command

komme (*ko*-mer) *nt* arrival, coming

*komme (*ko*-mer) *v* *come; kommende oncoming; following; ~ sig recover; ~ tilbage return

kommentar (koa-mehn-*tah*) *c* comment

kommentere (koa-mehn-*tay*-o) *v* comment

kommerciel (ko-mær-s*y*ehl) *adj* commercial

kommission (koa-mi-s*y*oan) *c* commission

kommode (koa-*moa*-dher) *c* chest of drawers; bureau *nAm*

kommunal (koa-moo-*nahl*) *adj* municipal

kommunalbestyrelse (koa-moo-*nahl*-bay-sdew-ol-ser) *c* town council; municipality

kommune (koa-*moo*-ner) *c* commune

kommunikation (koa-moo-ni-kah-s*y*oan) *c* communication

kommunisme (koa-moo-*niss*-mer) *c* communism

kommunist (koa-moo-*nisd*) *c* communist

kompagnon (kom-pahn-*y*ong) *c* associate; partner

kompakt (kom-*pahgd*) *adj* compact

kompas (kom-*pahss*) *nt* (pl ~ser) compass

kompensation (kom-pehn-sah-s*y*oan) *c* compensation

kompensere (kom-pehn-*say*-o) *v* compensate

kompetence (kom-per-*tahng*-ser) *c* competence, capacity

kompetent (kom-per-*tehnd*) *adj* competent, qualified; capable

kompleks (kom-*plehgs*) nt complex

komplet (kom-*plehd*) adj utter, complete

kompliceret (kom-pli-*say*-odh) adj complicated

kompliment (kom-pli-*mahng*) c compliment

komplimentere (kom-pli-mayn-*tay*-o) v compliment

komplot (kom-*plod*) nt (pl ~ter) plot

komponist (koam-poa-*nisd*) c composer

komposition (koam-poa-si-s*Y*oan) c composition

kompromis (koam-proa-*mi*) nt compromise

koncentration (kon-sayn-trah-s*Y*oan) c concentration

koncentrere (kon-sehn-*træ*-o) v concentrate

koncern (kon-*surn*) c concern

koncert (kon-*særd*) c concert

koncertsal (kon-*særd*-sahl) c concert hall

koncession (kon-seh-s*Y*oan) c concession

koncis (kon-*sis*) adj concise

kondition (kon-di-s*Y*oan) c condition

konditor (kon-*di*-do) c confectioner

konditori (kon-di-do-*ri*) nt pastry shop

konduktør (kon-doag-*turr*) c conductor

kone (*kōa*-ner) c wife

konfekt (kon-*fehgd*) c chocolates pl

konfektionssyet (kon-fehg-s*Y*oans-sew-erdh) adj ready-made

konference (kon-fer-*rahng*-ser) c conference

konfiskere (kon-fi-*sgay*-o) v confiscate

konflikt (kon-*fligd*) c conflict

konge (*kong*-er) c king

kongelig (*kong*-er-li) adj royal

kongerige (*kong*-er-ree-i) nt kingdom

kongregation (kong-græ-gah-s*Y*oan) c congregation

kongres (kong-*græss*) c (pl ~ser) congress

konklusion (kong-kloo-s*Y*oan) c conclusion

konkret (kong-*kræd*) adj concrete

konkurrence (kong-goo-*rahng*-ser) c contest, competition; rivalry

konkurrent (kong-goo-*rænd*) c competitor, rival

konkurrere (kong-goo-*ræ*-o) v compete

konkurs (kong-*koors*) adj bankrupt

konsekvens (kon-ser-*kvehns*) c consequence

konservativ (kon-*sær*-vah-tee⁰⁰) adj conservative

konservatorium (kon-*sær*-vah-*toar*-*Y*om) nt (pl -ier) music academy

konservere (kon-*sær*-vay-o) v preserve

konservering (kon-*sær*-vayr-ayng) c preservation

konserves (kon-*sær*-verss) pl tinned food

konstant (kon-*sdahnd*) adj constant; even

konstatere (kon-sdah-*tay*-o) v *find; note, ascertain; diagnose

konstruere (kon-sdroo-*ay*-o) v construct

konstruktion (kon-sdroog-s*Y*oan) c construction

konsul (*kon*-sool) c consul

konsulat (kon-soo-*lahd*) nt consulate

konsultation (kon-sool-tah-s*Y*oan) c consultation

konsultationscenter (kon-sool-tah-s*Y*oans-sehn-do) nt (pl -tre) health centre

konsultationstid (kon-sool-tah-s*Y*oans-tidh) c consultation hours, surgery hours

konsultationsværelse (kon-sool-tah-s^yoans-vai-ol-ser) *nt* surgery

konsultere (kon-sool-*tay*-o) *v* consult

konsument (kon-soo-*mehnd*) *c* consumer

kontakt (kon-*tahgd*) *c* contact

kontakte (kon-*tahg*-der) *v* contact

kontaktlinser (kon-*tahgd*-layn-so) *pl* contact lenses

kontanter (kon-*tahn*-do) *pl* cash

kontinent (kon-ti-*nehnd*) *nt* continent

kontinental (kon-ti-nehn-*tahl*) *adj* continental

kontingent (kon-tayng-*gehnd*) *nt* subscription; contingency

kontinuerlig (kon-ti-noo-*ayr*-li) *adj* continuous

konto (*kon*-toa) *c* (pl -ti) account

kontor (koan-*toar*) *nt* office

kontorist (kon-toa-*risd*) *c* clerk

kontortid (koan-*toar*-tidh) *c* office hours

kontra (*kon*-trah) *prep* versus

kontrakt (kon-*trahgd*) *c* agreement, contract

kontrast (kon-*trahsd*) *c* contrast

kontrol (koan-*trol*) *c* (pl ~ler) inspection, control; supervision; **føre ~ med** supervise

kontrollere (kon-troa-*lay*-o) *v* control, check

kontrollør (kon-troa-*lurr*) *c* supervisor; usher

kontroversiel (kon-troa-vær-s^yehl) *adj* controversial

kontusion (kon-too-s^yoan) *c* bruise

konversation (kon-vær-sah-s^yoan) *c* conversation

konvolut (kon-voa-*lood*) *c* (pl ~ter) envelope

koordination (kōa-o-di-nah-s^yoan) *c* co-ordination

koordinere (kōa-o-di-*nay*-o) *v* co-ordinate

kop (kob) *c* (pl ~per) cup

kopi (koa-*pi*) *c* copy

kopiere (koa-p^yay-o) *v* copy

kopper (ko-bo) *pl* smallpox

kor (koar) *nt* (pl ~) choir

koral (koa-*rahl*) *c* (pl ~ler) coral

korend (koa-*ræn*) *c* currant

korn (koarn) *nt* (pl ~) grain, corn

kornmark (*koarn*-maag) *c* cornfield

korpulent (ko-boo-*lehnd*) *adj* stout, corpulent

korrekt (ko-*rægd*) *adj* correct; right

korrespondance (kaw-o-sbon-*dahng*-ser) *c* correspondence

korrespondent (kaw-o-sbon-*dehnd*) *c* correspondent

korrespondere (kaw-oss-bon-*day*-o) *v* correspond

korridor (ko-i-*doar*) *c* corridor

korrigere (ko-i-*gay*-o) *v* correct

korrupt (ko-*roobd*) *adj* corrupt

korruption (koa-roob-s^yoan) *c* corruption

kors (kawss) *nt* (pl ~) cross

korset (ko-*sehd*) *nt* (pl ~ter) corset

korsfæste (*kawss*-fehss-der) *v* crucify

korsfæstelse (*kawss*-fehss-derl-ser) *c* crucifixion

korstog (*kawss*-to^{oo}) *nt* (pl ~) crusade

korsvej (*kawss*-vigh) *c* road fork

kort (kawd) *nt* (pl ~) map; card; *adj* short, brief; **grønt ~** green card

kortfattet (*kawd*-fah-derdh) *adj* brief

kortslutning (*kawd*-slood-nayng) *c* short circuit

kosmetik (koss-mer-*tig*) *c* cosmetics *pl*

kost[1] (kosd) *c* food; fare; **~ og logi** room and board, board and lodging, bed and board

kost[2] (koast) *c* broom

kostbar (*kosd*-bah) *adj* expensive; precious

koste (*koss*-der) *v* *cost

kostskole (*kosd*-sgōā-ler) *c* boarding-school

kotelet (koa-der-*lehd*) *c* (pl ~ter) cutlet, chop

kovending (*koa*-veh-nayng) *c* veering; volte-face

koøje (*koa*-oi-er) *nt* porthole

krabbe (*krah*-ber) *c* crab

kradse (*krah*-ser) *v* scratch

kraft (krahfd) *c* (pl kræfter) force, power; energy

kraftig (*krahf*-di) *adj* strong; powerful; stout

kraftværk (*krahfd*-værg) *nt* power-station

krage (*kraa*-ger) *c* crow

krampe (*krahm*-ber) *c* cramp; convulsion

kran (krahn) *c* crane

kranium (*krahn*-Yom) *nt* (pl -ier) skull

krat (krahd) *nt* (pl ~) scrub

krater (*krah*-do) *nt* crater

krav (krou) *nt* (pl ~) claim; requirement

krave (*kraa*-ver) *c* collar

kraveben (*kraa*-ver-bayn) *nt* (pl ~) collarbone

kraveknap (*kraa*-ver-knahb) *c* (pl ~per) collar stud

kravle (*krou*-ler) *v* crawl

kredit (kræ-*did*) *c* (pl ~ter) credit

kreditkort (*kræ*-did-kawd) *nt* (pl ~) credit card; charge plate *Am*

kreditor (*kræ*-di-to) *c* creditor

kreds (kræs) *c* circle; ring; district; sphere

kredsløb (*kræ*æss-lurb) *nt* (pl ~) circulation; cycle

kreere (kræ-*ay*-o) *v* create

kridt (krid) *nt* chalk

krig (kri) *c* war

krigsfange (*kriss*-fah-nger) *c* prisoner of war

krigsmagt (*kriss*-mahgd) *c* military force

krigsskib (*kriss*-sgib) *nt* man-of-war

kriminalitet (kri-mi-nah-li-*tayd*) *c* criminality

kriminalroman (kri-mi-*nahl*-roa-mahn) *c* detective story

kriminel (kri-mi-*nehl*) *adj* criminal

krise (*kree*-ser) *c* crisis

kristen[1] (*kræss*-dern) *c* (pl -tne) Christian

kristen[2] (*kræss*-dern) *adj* Christian

Kristus (*kræss*-dooss) Christ

kritik (kri-*tig*) *c* (pl ~ker) criticism

kritiker (*kri*-ti-go) *c* critic

kritisere (kri-ti-*say*-o) *v* criticize

kritisk (*kri*-tisg) *adj* critical

kro (kroa) *c* inn; tavern

krog (kro⁰⁰) *c* hook; corner

kroget (kro⁰⁰-erdh) *adj* crooked

krokodille (kro-ger-*di*-ler) *c* crocodile

krom (kroam) *nt* chromium

kronblad (*krōān*-blahdh) *nt* petal

krone (*krōā*-ner) *c* crown; *v* crown

kronisk (*kroa*-nisg) *adj* chronic

kronologisk (kroa-noa-*loa*-isg) *adj* chronological

krop (krob) *c* (pl ~pe) body

kroværwt (kroa-*værd*) *c* inn-keeper

krucifiks (kroo-si-*figs*) *nt* crucifix

krudt (krood) *nt* gunpowder

krukke (*kro*-ger) *c* jar; ham

krum (krom) *adj* bent

krumme (*kro*-mer) *c* crumb

krumning (*krom*-nayng) *c* bend

krumtapaksel (*krom*-tahb-ahg-serl) *c* (pl -sler) crankshaft

krumtaphus (*krom*-tahb-hoos) *nt* crankcase

krus (kroos) *nt* (pl ~) mug

krybbe (*krew*-ber) *c* manger

krybdyr (*krewb*-dewr) *nt* (pl ~) reptile

*krybe (*krēw*-ber) *v* *creep; *shrink

krydderi (krur-dho-*ri*) *nt* spice

krydret (*krurdh*-rodh) *adj* spiced; spicy

krydse (*krew*-ser) *v* cross; ~ **af** tick off

krydsning (*krewss*-nayng) *c* crossing

krydstogt (*krewss*-togd) *nt* cruise

krykke (*krur*-ger) *c* crutch

krympefri (*krurm*-ber-fri) *adj* shrinkproof

krystal (krew-*sdahl*) *nt* (pl ~ler) crystal; **krystal-** crystal

kræft (kræfd) *c* cancer

krænke (*kræng*-ger) *v* violate; insult; injure

krænkelse (*kræng*-gerl-ser) *c* violation

kræsen (*krææ*-sern) *adj* particular

kræve (*krææ*-ver) *v* claim; require, ask for, demand

krølle (*krur*-ler) *c* curl; *v* curl; crease; **krøllet** curly

krøllejern (*krur*-ler-Yærn) *nt* (pl ~) curling-tongs *pl*

kuffert (*ko*-fod) *c* trunk; case, suitcase; bag

kugle (*kōō*-ler) *c* bullet; sphere

kuglepen (*kōō*-ler-pehn) *c* (pl ~ne) ballpoint-pen, Biro

kujon (koo-*Yoan*) *c* coward

kul (kol) *nt* (pl ~) coal

kuld (kool) *nt* (pl ~) litter

kulde (*koo*-ler) *c* cold

kuldegysning (*koo*-ler-gewss-nayng) *c* chill, shiver

kuller (*kool*-o) *c* haddock

kultiveret (kool-ti-*vay*-odh) *adj* cultured

kultur (kool-*toor*) *c* culture

kun (kon) *adv* only

kunde (*kon*-ner) *c* customer; client

*****kundgøre** (*kon*-gur-o) *v* announce; proclaim

kundgørelse (*kon*-gur-ol-ser) *c* announcement

*****kunne** (*koo*-ner) *v* *can, *be able to; *may; *might

kunst (konsd) *c* art; **de skønne kunster** fine arts

kunstakademi (konsd-ah-kah-der-mi) *nt* art school

kunstgalleri (konsd-gah-lo-ri) *nt* gallery, art gallery

kunsthistorie (konsd-hi-stoar-Yay) *c* art history

kunsthåndværk (konsd-hon-værg) *nt* (pl ~) handicraft

kunstig (*kon*-sdi) *adj* artificial

kunstindustri (konsd-ayn-doo-sdri) *c* arts and crafts

kunstner (*konsd*-no) *c* artist

kunstnerinde (konsd-no-*ay*-ner) *c* artist

kunstnerisk (*konsd*-no-risg) *adj* artistic

kunstsamling (*konsd*-sahm-layng) *c* art collection

kunstudstilling (*konsd*-oodh-sdayl-ayng) *c* art exhibition

kunstværk (*konsd*-værg) *nt* work of art

kupé (koo-*pay*) *c* compartment

kupon (koo-*pong*) *c* coupon

kuppel (*koo*-berl) *c* (pl kupler) dome

kur (koor) *c* cure

kurere (koo-*ræ*-o) *v* cure

kuriositet (koo-ri-oa-si-*tayd*) *c* curio, curiosity

kurs (koors) *c* course

kursiv (koor-*see*ᵒᵒ) *c* italics *pl*

kursted (*koor*-sdehdh) *nt* spa

kursus (*koor*-sooss) *nt* (pl kurser) course

kurv (koorv) *c* basket; hamper

kurve (*koor*-ver) *c* curve; bend

kusine (koo-*see*-ner) *c* cousin

kustode (koo-*stōā*-dher) *c* custodian; attendant

kuvertafgift (koo-*værd*-ou-gifd) *c* cov-

er charge
kvadrat (kvah-*drahd*) *nt* square
kvadratisk (kvah-*drah*-disg) *adj* square
kvaksalver (*kvahg*-sahl-vo) *c* quack
kvalificeret (kvah-li-fi-*say*-odh) *adj* qualified
kvalifikation (kvah-li-fi-kah-sᵞoan) *c* qualification
kvalitet (kvah-li-*tayd*) *c* quality
kvalme (*kvahl*-mer) *c* nausea; sickness
kvantitet (kvahn-ti-*tayd*) *c* quantity
kvart (kvaad) *c* quarter
kvartal (kvah-*tahl*) *nt* quarter
kvarter (kvah-*tayr*) *nt* quarter of an hour; district, quarter
kvartårlig (*kvaad*-aw-li) *adj* quarterly
kviksølv (*kvig*-surl) *nt* mercury
kvinde (*kvay*-ner) *c* woman
kvindelæge (*kvay*-ner-lai-eh) *c* gynaecologist
kvist (kvaysd) *c* twig
kvittering (kvi-*tay*-ræng) *c* receipt
kvota (*kvōa*-tah) *c* quota
kvæg (kvehg) *nt* (pl ~) cattle *pl*
*kvæle (*kvai*-ler) *v* strangle, choke
*kvæles (*kvai*-lerss) *v* choke
kvælstof (*kvail*-sdof) *nt* nitrogen
kvæste (*kvehss*-der) *v* injure; **kvæstet** injured
kvæstelse (*kvehss*-derl-ser) *c* injury
kylling (*kew*-layng) *c* chicken
kys (kurss) *nt* (pl ~) kiss
kysk (kewsg) *adj* chaste
kysse (*kur*-ser) *v* kiss
kyst (kursd) *c* coast; sea-coast, seaside
kæbe (*kai*-ber) *c* jaw
kæde (*kai*-dher) *c* chain
kæk (kehg) *adj* brave; plucky
kælder (*keh*-lo) *c* (pl -dre) cellar, basement
kæledyr (*kai*-ler-dewr) *nt* (pl ~) pet
kæledægge (kai-ler-*deh*-ger) *c* pet,

darling
kælk (kehlg) *c* sledge
kæmpe (*kehm*-ber) *c* giant; *v* *fight, struggle, battle; combat
kæmpehøj (*kehm*-ber-hoi) *c* barrow, tumulus
kæmpemæssig (*kehm*-ber-meh-si) *adj* enormous
kæmpestor (*kehm*-ber-sdoar) *adj* huge
kænguru (kehng-*gōō*-roo) *c* kangaroo
kæp (kehb) *c* (pl ~pe) stick
kæphest (*kehb*-hehsd) *c* hobby-horse; fad
kær (kær) *adj* dear
kæreste (*kai*-o-sder) *c* sweetheart, darling
kærlig (*kær*-li) *adj* affectionate
kærlighed (*kær*-li-haydh) *c* love
kærlighedshistorie (*kær*-li-haydhs-hi-sdoar-ᵞer) *c* love-story
kærre (*kær*-ro) *c* cart
kærtegn (*kær*-tighn) *nt* (pl ~) caress
kø (kur) *c* queue; ***stå i ~** queue; stand in line *Am*
køb (kurb) *nt* (pl ~) purchase
købe (*kūr*-ber) *v* *buy; purchase
købekraft (*kūr*-ber-krahfd) *c* purchasing power
køber (*kūr*-bo) *c* buyer; purchaser
købesum (*kur*-ber-som) *c* (pl ~mer) purchase price
købmand (*kur*-mahn) *c* (pl -mænd) grocer; merchant, tradesman
købmandsforretning (*kur*-mahns-fo-ræd-nayng) *c* grocer's
*købslå (*kurb*-slo) *v* bargain
kød (kurdh) *nt* flesh; meat
køje (*koi*-er) *c* berth, bunk
køkken (*kur*-gern) *nt* kitchen
køkkenchef (*kur*-gern-sᵞehf) *c* chef
køkkenhave (*kur*-gern-haa-ver) *c* kitchen garden
køl (kurl) *c* keel

køleskab (*kūr*-ler-sgahb) *nt* refrigerator; fridge

kølesystem (*kūr*-ler-sew-*sdaym*) *nt* cooling system

kølig (*kūr*-li) *adj* chilly, cool

kølle (*kur*-ler) *c* club

køn¹ (kurn) *nt* (pl ∼) gender, sex; **køns-** genital

køn² (kurn) *adj* good-looking, pretty

kønssygdom (*kurns*-sew-dom) *c* (pl ∼me) venereal disease

køre (*kūr*-o) *v* *drive; *ride; ∼ **i bil** motor

kørebane (*kūr*-o-baa-ner) *c* carriageway; roadway *nAm*

køreplan (*kūr*-o-plahn) *c* schedule

kørestol (*kūr*-o-sdoal) *c* wheelchair

køretur (*kūr*-o-toor) *c* drive

køretøj (*kūr*-o-toi) *nt* vehicle

kål (kol) *c* cabbage

L

laboratorium (lah-boa-rah-*toar*-yom) *nt* (pl -ier) laboratory

labyrint (lah-bew-*rænd*) *c* labyrinth; maze

lade (*laa*-dher) *c* barn

*lade (*laa*-dher) *v* *let; allow to; ∼ **ligge** *leave; ∼ **som om** pretend; ∼ **til** seem

ladning (*lahdh*-nayng) *c* cargo; charge

lag (lah) *nt* (pl ∼) layer

lagen (*lah*-ern) *nt* sheet

lager (*lah*-o) *nt* (pl lagre) store, stock; ***have på** ∼ stock

lagerbygning (*lah*-o-bewg-nayng) *c* warehouse

lageropgørelse (*lah*-o-ob-gur-ol-ser) *c* inventory

lagkage (*lou*-kaa-ah) *c* layer cake

lagune (lah-*gōō*-ner) *c* lagoon

lak (lahg) *c* (pl ∼ker) lacquer; varnish

lakrids (lah-*kriss*) *c* liquorice

laks (lahgs) *c* (pl ∼) salmon

lam¹ (lahm) *nt* (pl ∼) lamb

lam² (lahm) *adj* lame

lamme (*lah*-mer) *v* paralyse

lammekød (*lah*-mer-kurdh) *nt* lamb

lampe (*lahm*-ber) *c* lamp

lampeskærm (*lahm*-ber-sgærm) *c* lampshade

land (lahn) *nt* country; land; ***gå i** ∼ land; **i** ∼ ashore; **landet** country; countryside

landbrug (*lahn*-broo) *nt* agriculture; **landbrugs-** agrarian

lande (*lah*-ner) *v* land

landevej (*lah*-ner-vigh) *c* highway

landevejskro (*lah*-ner-vighss-kroa) *c* roadhouse; roadside restaurant

landflygtig (lahn-*flurg*-di) *c* exile

landgangsbro (*lahn*-gahngs-broa) *c* gangway

landlig (*lahn*-li) *adj* rural; rustic

landmand (*lahn*-mahn) *c* (pl -mænd) farmer

landmærke (*lahn*-mær-ger) *nt* landmark

landsby (*lahns*-bew) *c* village

landskab (*lahn*-sgahb) *nt* landscape, scenery

landsmand (*lahns*-mahn) *c* (pl -mænd) countryman

landsted (*lahn*-sdehdh) *nt* country house

landstryger (*lahn*-sdrew-o) *c* tramp

landtange (*lahn*-tah-nger) *c* isthmus

lang (lahng) *adj* long; **langt** by far

langs (lahngs) *prep* along, past; **på** ∼ lengthways

langsom (*lahng*-som) *adj* slow

langsynet (*lahng*-sew-nerdh) *adj* longsighted

langvarig (*lahng*-vah-i) *adj* long; prolonged

lappe (*lah*-ber) *v* patch

large (lahrsh) *adj* liberal

last (lahsd) *c* cargo; vice

lastbil (lahsd-bil) *c* lorry; truck *nAm*

laste (*lahss*-der) *v* charge

lastrum (lahsd-rom) *nt* (pl ~) hold

Latinamerika (lah-*tin*-ah-may-ri-kah) Latin America

latinamerikansk (lah-*tin*-ah-may-ri-kahnsg) *adj* Latin-American

latter (*lah*-do) *c* laugh, laughter

latterlig (*lah*-do-li) *adj* ridiculous; ludicrous

*latterliggøre (*lah*-do-li-gur-o) *v* ridicule

lav (lahv) *adj* low

lave (*laa*-ver) *v* *make; fix

lavine (lah-*vee*-ner) *c* avalanche

lavland (*lou*-lahn) *nt* lowlands *pl*

lavsæson (*lou*-seh-song) *c* low season

lavtryk (*lou*-trurg) *nt* (pl ~) depression; low pressure

lavvande (*lou*-vah-ner) *nt* low tide

lavvandet (*lou*-vahn-erdh) *adj* shallow

*le (lay) *v* laugh

led (laydh) *nt* (pl ~) joint; link

lede (*lāy*-dher) *v* direct; head; ~ **efter** look for; hunt for

ledelse (*lāy*-dherl-ser) *c* leadership, management, administration

ledende (*lāy*-dher-ner) *adj* leading

ledig (*lāy*-dhi) *adj* vacant; unoccupied

ledning (*laydh*-nayng) *c* flex; electric cord

ledsage (*laydh*-sah-ah) *v* accompany; conduct

ledsager (*laydh*-sah-o) *c* companion

leg (ligh) *c* play

legal (lay-*gahl*) *adj* legal

legalisering (lay-gah-li-*say*-ræng) *c* legalization

legat (lay-*gahd*) *nt* scholarship, grant

legation (lay-gah-sᵛoan) *c* legation

lege (*ligh*-er) *v* play

legeme (*lai*-eh-mer) *nt* body

legeplads (*ligh*-er-plahss) *c* recreation ground, playground

legetøj (*ligh*-er-toi) *pl* toy

legetøjsforretning (*ligh*-er-toiss-fo-ræd-nayng) *c* toyshop

legitimationskort (lay-gi-ti-mah-sᵛoans-kawd) *nt* (pl ~) identity card

leje (*ligh*-er) *c* rent; *v* hire, rent; lease; **til** ~ for hire

lejekontrakt (*ligh*-er-kon-trahgd) *c* lease

lejer (*ligh*-o) *c* tenant

lejlighed (*ligh*-li-haydh) *c* opportunity, occasion, chance; flat; apartment *nAm*

lejlighedskøb (*ligh*-li-haydhs-kurb) *nt* (pl ~) bargain

lejr (ligho) *c* camp

leksikon (*lehg*-si-kon) *nt* (pl -ka) encyclopaedia

lektie (*lehg*-sᵛer) *c* lesson

lektor (*lehg*-to) *c* master

lem (lehm) *nt* (pl ~mer) limb

ler (layr) *nt* clay

lertøj (*layr*-toi) *pl* crockery

lervarer (*layr*-vaa-ah) *pl* ceramics *pl*

let (lehd) *adj* light, easy; gentle

letfordærvelig (*lehd*-fo-dær-ver-li) *adj* perishable

lethed (*lehd*-haydh) *c* ease

lettelse (*leh*-derl-ser) *c* relief

leve (*lāy*-ver) *v* live

levebrød (*lāy*-ver-brurdh) *nt* (pl ~) livelihood; job

levende (*lāy*-ver-ner) *adj* alive, live

lever (*lay*-vo) *c* liver

levere (lay-*vay*-o) *v* provide, furnish; deliver

levering (lay-*vay*-ræng) *c* delivery

levestandard (*lāy*-ver-stahn-dahd) *c* standard of living

levetid (*lay*-ver-tidh) *c* lifetime

levning (*leh*^oo^-nayng) *c* remnant, remains *pl*

libaneser (li-bah-*nayso*) *c* Lebanese

libanesisk (li-bah-*nay*-sisg) *adj* Lebanese

Libanon (*libah*-non) Lebanon

liberal (li-ber-*rahl*) *adj* liberal

Liberia (li-*bayr*-Yah) Liberia

liberianer (li-bay-ri-*Yah*-no) *c* Liberian

liberiansk (li-bay-ri-*Yahnsg*) *adj* Liberian

licens (li-*sehns*) *c* licence

*__lide__ (*lee*-dher) *v* suffer

lidelse (*lee*-dherl-ser) *c* suffering; ailment

liden (*li*-dhern) *adj* (nt lidet) little

lidenskab (*lee*-dhern-sgahb) *c* passion

lidenskabelig (lee-dhern-*sgahb*-li) *adj* passionate

lig[1] (li) *nt* (pl ~) corpse

lig[2] (li) *adj* alike, like

ligbrænde (*lee*-bræ-ner) *v* cremate

ligbrænding (*lee*-bræ-nayng) *c* cremation

lige (*lee*-i) *adj* even, straight; level; *adv* equally; ~ **så** as; ~ **så meget** as much

ligeglad (*lee*-i-glahdh) *adj* careless, indifferent

ligeledes (lee-i-*lay*-dherss) *adv* likewise, also

ligesindet (*lee*-i-sayn-erdh) *adj* likeminded

ligesom (*lee*-i-som) *conj* as

ligeså (*lee*-i-so) *adv* likewise

ligetil (*lee*-i-tayl) *adj* simple

ligeud (*lee*-i-oodh) *adv* straight ahead, straight on

ligevægt (*lee*-i-vehgd) *c* balance

*__ligge__ (*lay*-ger) *v* *lie

liggestol (*lay*-ger-sdoal) *c* deck chair

lighed (*lee*-haydh) *c* similarity, resemblance

lighter (*ligh*-to) *c* lighter

ligne (*lee*-ner) *v* resemble

lignende (*lee*-ner-ner) *adj* similar

ligtorn (*lee*-toarn) *c* corn

likør (li-*kurr*) *c* liqueur

lilje (*lil*-Yer) *c* lily

lille (*li*-ler) *adj* (pl små) small, little; short, minor; petty; ~ **bitte** tiny, minute

lillefinger (*li*-ler-fayng-o) *c* (pl -gre) little finger

lim (lim) *c* glue; gum

lind (layn) *c* lime

lindetræ (*lay*-ner-træ) *nt* limetree

lindre (*layn*-dro) *v* relieve, alleviate

lindring (*layn*-dræng) *c* relief

line (*lee*-ner) *c* line

lineal (li-nay-*ahl*) *c* ruler

linje (*lin*-Yer) *c* line

linned (*lay*-nerdh) *nt* linen

linse (*layn*-ser) *c* lens

lirekasse (*lee*-o-kah-ser) *c* street-organ

list (laysd) *c* ruse, trick

liste (*layss*-der) *c* list

liter (*li*-do) *c* (pl ~) litre

litteratur (li-der-rah-*toor*) *c* literature

litterær (li-der-*rær*) *adj* literary

liv (lee^oo^) *nt* (pl ~) life; **i live** alive

livlig (*lee*^oo^-li) *adj* lively; vivid

livmoder (*lee*^oo^-mōa-dho) *c* womb

livsforsikring (*lee*^oo^ss-fo-sayg-ræng) *c* life insurance

livsvigtig (*lee*^oo^ss-vayg-di) *adj* vital

livvagt (*lee*^oo^-vahgd) *c* bodyguard

lod[1] (lodh) *nt* (pl ~der) lot; *__trække__ ~ draw lots

lod[2] (lodh) *c* (pl ~der) lot, destiny

lodde (*lo*-dher) *v* solder

loddekolbe (*lo*-dher-kol-ber) *c* soldering-iron

lodret (*lodh*-ræd) *adj* vertical, perpendicular

lods (loas) *c* pilot

lodseddel (*lodh*-sehdh-erl) c (pl -sedler) lottery ticket

lodtrækning (*lodh*-træg-nayng) c draw

loft (lofd) nt ceiling; attic

logerende (loa-s^y*ay*-o-ner) c (pl ~) lodger

logi (loa-s^yi) nt accommodation, lodgings pl

logik (loa-*gig*) c logic

logisk (*loa*-gisg) adj logical

lokal (loa-*kahl*) adj local

lokalisere (loa-kah-li-*say*-o) v locate

lokalitet (loa-kah-li-*tayd*) c locality

lokalsamtale (loa-*kahl*-sahm-taa-ler) c local call

lokaltelefon (loa-*kahl*-tay-ler-foan) c extension

lokaltog (loa-*kahl*-tooo) nt (pl ~) local train

lokkemad (*lo*-ger-mahdh) c bait

lokomotiv (loa-goa-moa-*tee*⁰⁰) nt locomotive, engine

lomme (*lo*-mer) c pocket

lommekam (*lo*-mer-kahm) c (pl ~me) pocket-comb

lommekniv (*lo*-mer-knee⁰⁰) c penknife, pocket-knife

lommelygte (*lo*-mer-lurg-der) c flashlight, torch

lommetørklæde (*lo*-mer-turr-klai-dher) nt handkerchief

lommeur (*lo*-mer-oor) nt pocket-watch

losse (*lo*-ser) v discharge, unload

lotteri (lo-do-*ri*) nt lottery

lov (lo⁰⁰) c law; permission; *give ~ til permit; *have ~ til *be allowed to

love (*law*-ver) v promise

lovlig (*lo*⁰⁰-li) adj lawful

lovmæssig (*lo*⁰⁰-meh-si) adj legal

lovprisning (*lo*⁰⁰-priss-nayng) c praise, glory

loyal (loi-*y*ahl) adj loyal

LP plade (*ehl*-pay-plaa-dher) c long-playing record; album nAm

luder (*loodh*-o) c whore

luft (lofd) c air; sky

lufte (*lof*-der) v air; ~ ud ventilate

luftfartsselskab (*lofd*-fahds-sehl-sgahb) nt airline

luftfilter nt (pl -tre) air-filter

lufthavn (*lofd*-houn) c airport

luftig (*lof*-di) adj airy

luftkaptajn (*lofd*-kahb-tighn) c captain

luftkonditioneret (*lofd*-kon-di-s^yoa-nay-odh) adj air-conditioned

luftmadras (*lofd*-mah-drahss) c (pl ~ser) air mattress

luftpost (*lofd*-posd) c airmail

luftsyge (*lofd*-sēw-ew) c air-sickness

lufttryk (*lofd*-trurg) nt (pl ~) atmospheric pressure

lufttæt (*lofd*-tæd) adj airtight

luge (*lōō*-oo) c hatch

lugt (logd) c smell; odour

lugte (*log*-der) v *smell

lukke (*lo*-ger) v close, *shut; fasten; ~ for *cut off; ~ inde *shut in; ~ op unlock; ~ op for turn on; **lukket** shut, closed

lukketøj (*lo*-ger-toi) nt fastener

luksuriøs (log-soor-^yurs) adj luxurious

luksus (*log*-sooss) c luxury

lumbago (lom-*baa*-goa) c lumbago

lund (lon) c grove

lune (*lōō*-ner) nt humour, mood; whim; v warm

lunge (*long*-er) c lung

lungebetændelse (*long*-er-bay-tehn-erl-ser) c pneumonia

lunken (*long*-gern) adj tepid, lukewarm

luns (lons) c chunk

lunte (*lon*-der) c fuse

lur (loor) c nap

lus (loos) c (pl ~) louse

luvslidt (*leev*-slid) *adj* threadbare

ly (lew) *nt* shelter

lyd (lewdh) *c* sound; noise

lydbånd (*lewdh*-bon) *nt* (pl ~) tape; sound track

*lyde (*lēw*-dher) *v* sound

lydig (*lēw*-dhi) *adj* obedient

lydighed (*lēw*-dhi-haydh) *c* obedience

lydpotte (*lewdh*-po-der) *c* silencer; muffler *nAm*

lydt (lewd) *adj* noisy

lydtæt (*lewdh*-tehd) *adj* soundproof

lygte (*lurg*-der) *c* lantern; lamp

lygtepæl (*lurg*-der-pehl) *c* lamp-post

lykke (*lur*-ger) *c* happiness; fortune

lykkelig (*lur*-ger-li) *adj* happy

lykkes (*lur*-gerss) *v* manage, succeed

lykønske (lurg-*urn*-sger) *v* congratulate; compliment

lykønskning (lurg-*urnsg*-nayng) *c* congratulation

lyn (lewn) *nt* (pl ~) lightning

lyng (lurng) *c* heather

lynghede (*lurng*-hāy-dher) *c* moor

lynkursus (*lēwn*-koor-sooss) *nt* (pl -kurser) intensive course

lynlås (*lewn*-los) *c* zip, zipper

lys¹ (lews) *nt* (pl ~) light; skarpt ~ glare

lys² (lews) *adj* light; pale

lysbillede (*lewss*-bay-ler-dher) *nt* slide

lysende (*lēw*-ser-ner) *adj* shining; luminous

lyserød (*lew*-ser-rurdh) *adj* pink

lyshåret (*lewss*-ho-odh) *adj* fair

lyske (*lewss*-ger) *c* groin

lysning (*lewss*-nayng) *c* clearing

lyst (lursd) *c* desire; *have ~ til *feel like, fancy

lystig (*lurss*-di) *adj* merry, gay, jolly; humorous

lystighed (*lurss*-di-haydh) *c* gaiety

lystspil (*lursd*-spayl) *nt* (pl ~) comedy

lytte (*lew*-der) *v* listen

lytter (*lew*-do) *c* listener

*lyve (*lēw*-ver) *v* lie

læ (leh) *nt* cover

læbe (*lai*-ber) *c* lip

læbepomade (*lai*-ber-poa-maa-dher) *c* lipsalve

læbestift (*lai*-ber-sdayfd) *c* lipstick

læder (lehdh-o) *nt* leather; læderleather

læg¹ (lehg) *nt* (pl ~) pleat, tuck

læg² (lehg) *c* (pl ~ge) calf

læge (*lai*-eh) *c* doctor, physician; *v* heal; praktiserende ~ general practitioner

lægeerklæring (*lai*-eh-ær-kleh-ræng) *c* health certificate

lægelig (*lai*-eh-li) *adj* medical

lægemiddel (*lai*-eh-midh-erl) *nt* (pl -midler) remedy, medicament

lægevidenskab (*laieh*-vi-dhern-sgahb) *c* medicine

*lægge (*leh*-ger) *v* *put, *lay; ~ i blød soak; ~ ned lengthen; ~ sammen add; ~ sig ned *lie down; ~ til dock

lægmand (*lehg*-mahn) *c* (pl -mænd) layman

læk (lehg) *c* leak; *adj* leaky

lække (*leh*-ger) *v* leak

lækker (*leh*-go) *adj* delicious; enjoyable

lækkeri (leh-go-*ri*) *nt* delicacy

læne sig (*lai*-ner) *lean

lænestol (*lai*-ner-sdoal) *c* armchair; easy chair

længde (*lehng*-der) *c* length

længdegrad (*lehng*-der-grahd) *c* longitude

længe (*lehng*-er) *c* wing

længes efter (*lehng*-erss) long for

længsel (*lehng*-serl) *c* (pl -sler) longing

lærd (lærd) *c* scholar; *adj* learned

lære (*lai*-o) *c* teachings *pl; v* *learn; *teach; ~ **udenad** memorize

lærebog (*lai*-o-boᵒᵒ) *c* (*pl* -bøger) textbook

lærer (*lai*-o) *c* schoolteacher, teacher; master

lærerig (*lai*-o-ri) *adj* instructive

lærerinde (*lai*-o-ay-ner) *c* teacher

læresætning (*lai*-o-sehd-nayng) *c* thesis

lærke (*lær*-ger) *c* lark

lærred (*lær*-odh) *nt* linen; canvas

læs (lehss) *nt* (*pl* ~) load

læse (*lai*-ser) *v* *read

læselampe (*lai*-ser-lahm-ber) *c* reading-lamp

læselig (*lai*-ser-li) *adj* legible

læsepult (*lai*-ser-poold) *c* desk

læser (*lai*-so) *c* reader

læsesal (*lai*-ser-sahl) *c* reading-room

læsion (leh-sʸoan) *c* injury

læsning (*laiss*-nayng) *c* reading

læsse (*leh*-ser) *v* load; ~ **af** unload

løb (lurb) *nt* (*pl* ~) course, run, race

*løbe (*lūr*-ber) *v* *run

løbebane (*lūr*-ber-baa-ner) *c* career

løbehjul (*lūr*-ber-ʸool) *nt* (*pl* ~) scooter

løfte (*lurf*-der) *nt* promise; vow; *v* lift

løftestang (*lurf*-der-sdahng) *c* (*pl* -stænger) lever

løg (loi) *nt* (*pl* ~) onion; bulb

løgn (loin) *c* lie

løjerlig (*lo*-ʸo-li) *adj* queer, odd, funny

løkke (*lur*-ger) *c* loop

løn (lurn) *c* pay, salary, wages *pl*

lønforhøjelse (*lurn*-fo-hoi-erl-ser) *c* rise; raise *nAm*

lønmodtager (*lurn*-moadh-tah-o) *c* employee

lønstigning (*lurn*-sdee-nayng) *c* increase of salary; rise; raise *nAm*

lørdag (*lurr*-dah) *c* Saturday

løs (lurs) *adj* loose, detachable

løse (*lūr*-ser) *v* solve; ~ **op** *undo, untie, loose, *let loose, loosen, release

løsesum (*lūr*-ser-som) *c* (*pl* ~mer) ransom

løsne (*lurss*-ner) *v* loosen; detach, unfasten

løsning (*lūrss*-nayng) *c* solution

løve (*lūr*-ver) *c* lion

låg (log) *nt* (*pl* ~) cover, lid; top

låge (*law*-ger) *c* gate

lån (lon) *nt* (*pl* ~) loan

låne (*law*-ner) *v* borrow; ~ **ud** *lend

lår (lor) *nt* (*pl* ~) thigh

lås (los) *c* lock

låse (*law*-ser) *v* lock; ~ **inde** lock up; ~ **op** unlock

M

mad (mahdh) *c* fare; **lave** ~ cook

made (*maa*-dher) *v* *feed

madforgiftning (*mahdh*-fo-gifd-nayng) *c* food poisoning

mading (*mah*-dhayng) *c* bait

madlyst (*mahdh*-lursd) *c* appetite

madolie (*mahdh*-oal-ʸer) *c* salad-oil

madras (mah-*drahss*) *c* (*pl* ~ser) mattress

mager (*mah*-o) *adj* lean

magi (mah-*gi*) *c* magic

magisk (*mah*-gisg) *adj* magic

magnet (mou-*nayd*) *c* magneto

magnetisk (mou-*nay*-disg) *adj* magnetic

magt (mahgd) *c* power; might; **udøvende** ~ executive power

magtesløs (*mahg*-derss-lurs) *adj* powerless

maj (migh) May

major (mah-*ʸoar*) *c* major

majs (mighs) c maize
majskolbe (mighs-kol-ber) c corn on
the cob
makrel (mah-kræl) c (pl ~) mackerel
malaria (mah-lah-ri-ah) c malaria
Malaysia (mah-ligh-sⱽah) Malaysia
malaysier (mah-ligh-sⱽo) c Malaysian
malaysisk (mah-ligh-sisg) nt Malay;
adj Malaysian
male (maa-ler) v paint; *grind
maler (maa-lo) c painter
maleri (maa-lo-ri) nt picture, painting
malerisk (maa-lo-risg) adj picturesque
malerkasse (maa-lo-kah-ser) c paint-
box
maling (maa-layng) c paint
malm (mahlm) c ore
malplaceret (mahl-plah-say-odh) adj
misplaced
mammut (mah-mood) c (pl ~ter)
mammoth
man (mahn) pron one; you; we
manchet (mahng-sⱽehd) c (pl ~ter)
cuff
manchetknapper (mahng-sⱽehd-knah-
bo) pl cuff-links pl
mand (mahn) c (pl mænd) man; hus-
band
mandag (mahn-dah) c Monday
mandarin (mahn-dah-rin) c mandarin;
tangerine
mandat (mahn-daht) nt mandate
mandel (mahn-erl) c (pl -dler)
almond; (hals)mandler tonsils pl
mandskab (mahn-sgahb) nt crew
manege (mah-nāy-sher) c ring
manerer (mah-nay-o) pl manners pl,
ways pl
mange (mahng-er) adj many; much
mangel (mahng-erl) c (pl -gler) short-
age, lack; want; deficiency
mangelfuld (mahng-erl-fool) adj faulty,
defective
mangle (mahng-ler) v lack; fail;

manglende missing
manicure (mah-ni-kēw-o) c manicure
manicurere (mah-ni-kew-ræ-o) v
manicure
mannequin (mah-ner-kehng) c model
manufakturhandler (mah-noo-fahg-
toor-hahn-lo) c draper
manufakturvarer (mah-noo-fahg-toor-
vaa-ah) pl drapery
manuskript (mah-noo-sgræbd) nt
manuscript
mappe (mah-ber) c briefcase
march (maash) c march
marchere (mah-shay-o) v march
marchhastighed (maash-hahss-di-
haydh) c pace; cruising speed
margarine (mah-gah-ree-ner) c mar-
garine
margen (mou-ern) c margin
marinebillede (mah-ree-ner-bay-ler-
dher) nt seascape
maritim (maa-i-tim) adj maritime
mark (maag) c field
markblomst (maag-blomsd) c wild
flower
marked (maa-gerdh) nt market, fair
markere (mah-kay-o) v indicate,
mark; stress
marmelade (mah-mer-laa-dher) c mar-
malade
marmor (mah-mo) nt marble
marmorkugle (mah-mo-kōō-ler) c
marble
marokkaner (mah-roa-kah-no) c Mo-
roccan
marokkansk (mah-roa-kahnsg) adj
Moroccan
Marokko (mah-ro-koa) Morocco
marsvin (maa-svin) nt (pl ~) guinea-
pig
marts (maads) March
martyr (maa-tewr) c martyr
marv (mahoo) c marrow
mascara (mah-sgaa-ah) c mascara

mase (*maa*-ser) *v* toil; mash, pulp, crush; smash

maske (*mahss*-ger) *c* mask; mesh

maskine (mah-*sgee*-ner) *c* engine, machine

maskineri (mah-sgi-no-*ri*) *nt* machinery

maskinskrevet (mah-*sgeen*-sgræ-verdh) *adj* typewritten

*maskinskrive (mah-*sgeen*-sgree-ver) *v* type

maskinskriverske (mah-*sgeen*-sgri-vo-sger) *c* typist

maskulin (*mah*-sgoo-lin) *adj* masculine

massage (mah-*saa*-sher) *c* massage

masse (*mah*-ser) *c* mass; bulk; heap, lot

masseproduktion (*mah*-ser-proa-doogs^{y}oan) *c* mass production

massere (mah-*say*-o) *v* massage

massiv (mah-*see*^{oo}) *adj* solid, massive

massør (mah-*surr*) *c* masseur

mast (mahsd) *c* mast

mat (mahd) *adj* dull, mat; faint

matematik (mah-der-mah-*tig*) *c* mathematics

matematisk (mah-der-*mah*-disg) *adj* mathematical

materiale (mah-tri-*aa*-ler) *nt* material

materialhandel (mah-tri-*ahl*-hahn-erl) *c* pharmacy, chemist's; drugstore *nAm*

materiel (mah-tri-*ehl*) *adj* material

mausoleum (mou-soa-*lai*-om) *nt* (pl -eer) mausoleum

mave (*maa*-ver) *c* stomach; belly; **mave-** gastric

mavepine (*maa*-ver-pee-ner) *c* stomach-ache

mavesmerter (*maa*-ver-smær-do) *pl* stomach-ache

mavesår (*maa*-ver-so) *nt* (pl ~) gastric ulcer

med (mehdh) *prep* with; by

medalje (may-*dahl*-^{y}er) *c* medal

*medbringe (*mehdh*-bræng-er) *v* *bring, *bring along

meddele (*mehdh*-day-ler) *v* inform; communicate, notify

meddelelse (*mehdh*-day-lerl-ser) *c* information; communication

medejer (*mehdh*-igh-o) *c* partner, associate

medens (*may*-dherns) *conj* whilst

medfødt (*mehdh*-furd) *adj* natural

medfølelse (*mehdh*-fur-lerl-ser) *c* sympathy

medfølende (*mehdh*-fur-ler-ner) *adj* sympathetic

medgang (*mehdh*-gahng) *c* success; good fortune; prosperity

medicin (may-di-*sin*) *c* medicine; drug

medicinsk (may-di-*sinsg*) *adj* medical

meditere (may-di-*tay*-o) *v* meditate

medlem (*mehdh*-lehm) *nt* (pl ~mer) associate, member

medlemskab (*mehdh*-lehm-sgahb) *nt* membership

medlidenhed (may-*li*-dhern-haydh) *c* pity; ***have ~ med** pity

medmindre (meh-*mayn*-dro) *conj* unless

medregne (*mehdh*-righ-ner) *v* include, count

medskyldig (*mehdh*-sgewl-di) *c* accessary

medvirken (*mehdh*-veer-gern) *c* co-operation, assistance

megen (*migh*-ern) *adj* (nt meget) much

meget (*migh*-erdh) *adv* very, much; far

mejeri (migh-o-*ri*) *nt* dairy

mejsel (*mahi*-serl) *c* (pl -sler) chisel

mekaniker (may-*kah*-ni-go) *c* mechanic

mekanisk (may-*kah*-nisg) *adj* mechanical

mekanisme (may-kah-*niss*-mer) *c*
mechanism

mel (mayl) *nt* flour

melankoli (may-lahng-koa-*li*) *c* melan-
choly

melankolsk (may-lahng-*koalsg*) *adj*
melancholic

melde (*meh*-ler) *v* report; ~ **sig** re-
port; ~ **sig ind** i join

mellem (*mehl*-erm) *prep* between,
among

mellemmand (*meh*-lerm-mahn) *c* (pl
-mænd) intermediary

mellemmåltid (*meh*-lerm-mol-tidh) *nt*
snack

mellemrum (*meh*-lerm-rom) *nt* (pl ~)
interval, space

mellemspil (*meh*-lerm-spayl) *nt* (pl
~) interlude

mellemste (*mehl*-erm-sder) *adj* mid-
dle

mellemtid (*meh*-lerm-tidh) *c* interim; **i
mellemtiden** meanwhile, in the
meantime

melodi (may-loa-*di*) *c* tune, melody

melodisk (may-loa-disg) *adj* tuneful

melodrama (may-loa-*draa*-mah) *nt*
melodrama

melon (may-*loan*) *c* melon

membran (mehm-*brahn*) *c* membrane;
diaphragm

memo (*māy*-moa) *nt* memo

men (mehn) *conj* but; only

mene (*māy*-ner) *v* *mean, *think;
consider

mened (*māyn*-aydh) *c* perjury

menighed (*māy*-ni-haydh) *c* congrega-
tion; community; Church

mening (*māy*-nayng) *c* opinion, mean-
ing; sense

meningsløs (*māy*-nayngs-lurs) *adj*
meaningless; senseless

menneske (*meh*-ner-sger) *nt* human

being; man

menneskehed (*meh*-ner-sger-haydh) *c*
humanity, mankind

menneskelig (*meh*-ner-sger-li) *adj* hu-
man, humane

menneskemængde (*meh*-ner-sger-
mehng-der) *c* crowd

mens (mehns) *conj* while

menstruation (mehn-sdroo-ah-s^Yoan)
c menstruation

mental (mehn-*tahl*) *adj* mental

menukort (may-*new*-kawd) *nt* (pl ~)
menu

messe (*meh*-ser) *c* Mass; fair

messing (*meh*-sayng) *nt* brass

messingtøj (*meh*-sayng-toi) *pl* brass-
ware

mester (*mehss*-do) *c* (pl mestre)
champion; master

mesterværk (*mehss*-do-værg) *nt* mas-
terpiece

mestre (*mehss*-dro) *v* master

metal (may-*tahl*) *nt* (pl ~ler) metal;
metal- metal

meter (*may*-do) *c* (pl ~) metre

metode (may-*tōa*-dher) *c* method

metodisk (may-*toa*-dhisg) *adj* meth-
odical

metrisk (*may*-træsg) *adj* metric

mexicaner (mehg-si-*kah*-no) *c* Mex-
ican

mexicansk (mehg-si-*kahnsg*) *adj*
Mexican

Mexico (*mehg*-si-koa) Mexico

mezzanin (meh-sah-*nin*) *c* mezzanine

middag (*may*-dah) *c* noon, midday;
dinner

middagsmad (*may*-dahss-mahdh) *c*
dinner

middel (*midh*-erl) *nt* (pl midler)
means; remedy; **antiseptisk** ~
antiseptic; **beroligende** ~ seda-
tive; **insektdræbende** ~ insecti-
cide; **narkotisk** ~ narcotic; **styr-**

kende ~ tonic
middel- (*midh*-erl) medium
middelalder (*midh*-erl-ahl-o) *c* Middle Ages
middelalderlig (*midh*-erl-ahl-o-li) *adj* mediaeval
Middelhavet (*midh*-erl-hah-verdh) the Mediterranean
middelklasse (*midh*-erl-klah-ser) *c* middle class
middelmådig (*midh*-erl-mo-dhi) *adj* mediocre, moderate
midlertidig (*midh*-lo-ti-dhi) *adj* provisional, temporary
midnat (*midh*-nahd) midnight
midsommer (*midh*-so-mo) midsummer
midte (*may*-der) *c* middle; midst
midtergang (*may*-do-gahng) *c* aisle
midt i (mayd) amid
midtpunkt (*mayd*-pongd) *nt* centre
mig (migh) *pron* me; myself
migræne (mi-*grææ*-ner) *c* migraine
mikrofon (mi-kroa-*foan*) *c* microphone
mild (mil) *adj* gentle, mild
militær (mi-li-*tær*) *adj* military
miljø (mil-*Yur*) *nt* environment, milieu
million (mil-*Yoan*) *c* million
millionær (mil-Yoa-*nær*) *c* millionaire
min (min) *pron* (nt mit, pl mine) my
minde (*may*-ner) *nt* memory; remembrance
minde om (*may*-ner) remind
mindefest (*may*-ner-fehsd) *c* commemoration
mindes (*may*-ness) *v* recall, recollect
mindesmærke (*may*-nerss-mær-ger) *nt* memorial, monument
mindeværdig (*may*-ner-vær-di) *adj* memorable
mindre (*mayn*-dro) *adj* minor; *adv* less; ikke desto ~ nevertheless
mindretal (*mayn*-dro-tahl) *nt* (pl ~)

minority
mindreværdskompleks (*mayn*-dro-værs-kom-plehgs) *nt* inferiority complex
mindreårig (*mayn*-dro-o-i) *c* minor; *adj* under age
mindske (*mayn*-sger) *v* lessen, decrease
mindst (maynsd) *adj* least; *adv* at least; i det mindste at least
mine (*mee*-ner) *c* air, look; mine
minearbejder (*mee*-ner-aa-bigh-do) *c* miner
minedrift (*mee*-ner-dræfd) *c* mining
mineral (mi-ner-*rahl*) *nt* mineral
mineralvand (mi-ner-*rahl*-vahn) *c* soda-water, mineral water
miniature (min-Yah-*tewr*) *c* miniature
minimum (*mi*-ni-mom) *nt* (pl -ma) minimum
minister (mi-*niss*-do) *c* (pl -tre) minister
ministerium (mi-ni-*sdayr*-Yom) *nt* (pl -ier) ministry
mink (mayngg) *c* mink
minus (*mee*-nooss) *nt* drawback; minus; *adv* minus
minut (mi-*nood*) *nt* (pl ~ter) minute
mirakel (mi-*rah*-gerl) *nt* (pl -kler) miracle
mirakuløs (mi-rah-goo-*lurs*) *adj* miraculous
misbillige (*miss*-bi-li-er) *v* disapprove
misbrug (*miss*-broo) *nt* (pl ~) misuse; abuse
misdannet (*miss*-dah-nerdh) *adj* deformed
*misforstå (*miss*-fo-sdo) *v* *misunderstand
misforståelse (*miss*-fo-sdo-erl-ser) *c* misunderstanding
mishage (*miss*-hah-ah) *v* displease
miskredit (*miss*-kræ-did) *c* discredit
mislyd (*miss*-lewdh) *c* dissonance, dis-

cord

mislykkes (*miss*-lur-gerss) *v* fail

mislykket (*miss*-lur-gerdh) *adj* unsuccessful

mistanke (*miss*-tahng-ger) *c* suspicion

miste (*mayss*-der) *v* *lose

mistro (*miss*-troa) *c* suspicion; **nære ~ til** mistrust

mistroisk (*miss*-troa-isg) *adj* suspicious

mistænke (*miss*-tehng-ger) *v* suspect

mistænkelig (miss-*tehng*-ger-li) *adj* suspicious

mistænksom (miss-*tehngg*-som) *adj* suspicious

mistænkt (*miss*-tehngd) *c* suspect

misunde (*miss*-on-er) *v* envy; grudge

misundelig (miss-*on*-er-li) *adj* envious

misundelse (miss-*on*-erl-ser) *c* envy

mobil (moa-*bil*) *adj* mobile

mod¹ (moadh) *nt* courage

mod² (moadh) *prep* against

modbydelig (moadh-*bew*-dher-li) *adj* revolting, repellent

mode (*mōā*-dher) *c* fashion

modehandler (*mōā*-dher-hahn-lo) *c* milliner

model (moa-*dehl*) *c* (pl ~ler) model

modellere (moa-der-*lay*-o) *v* model

moden (*moa*-dhern) *adj* mature, ripe

modenhed (*moa*-dhern-haydh) *c* maturity

moderat (moa-der-*rahd*) *adj* moderate

modermærke (*mōā*-dho-mær-ger) *nt* birthmark

moderne (moa-*dær*-ner) *adj* modern; fashionable

modernisere (moa-dær-ni-*say*-o) *v* modernize; renovate

modersmål (*mōā*-dhoss-mol) *nt* (pl ~) mother tongue, native language

modgang (*moadh*-gahng) *c* bad luck, reverse

modgående (*moadh*-go-o-ner) *adj* oncoming

modificere (moa-di-fi-*say*-o) *v* modify

modig (*mōā*-dhi) *adj* courageous, brave

modsat (*moadh*-sahd) *adj* opposite; reverse, contrary

***modsige** (*moadh*-si-i) *v* contradict

modstand (*moadh*-sdahn) *c* resistance; opposition

modstander (*moadh*-sdahn-o) *c* opponent

modstridende (*moadh*-sdri-dher-ner) *adj* contradictory

modstående (*moadh*-sdo-o-ner) *adj* opposite

modsætning (*moadh*-sehd-nayng) *c* contrast; difference

***modsætte sig** (*moadh*-seh-der) resist, oppose

***modtage** (*moadh*-tah-ah) *v* receive, accept

modtagelig for (moadh-*tah*-ah-li fo) susceptible; amenable

modtagelse (*moadh*-tah-ahl-ser) *c* reception, receipt

modtagelsesbevis (*moadh*-tah-ahl-serss-bay-vis) *nt* receipt

modvilje (*moadh*-vil-ʸer) *c* dislike; antipathy

mohair (moa-*hæær*) *c* mohair

mole (*mōā*-ler) *c* jetty, pier

moment (moa-*mehnd*) *nt* factor

momentan (moa-mehn-*tahn*) *adj* momentary

monark (moa-*naag*) *c* monarch

monarki (moa-nah-*ki*) *nt* monarchy

monetær (moa-nay-*tær*) *adj* monetary

monolog (moa-noa-*loa*) *c* monologue

monopol (moa-noa-*poal*) *nt* monopoly

monoton (moa-noa-*toan*) *adj* monotonous

montere (moan-*tay*-o) *v* mount, install

montre (*mong*-tro) c show-case

montør (*moan-turr*) c mechanic

monument (*moa-noo-mehnd*) nt monument

mor (moar) c (pl mødre) mother

moral (*moa-rahl*) c morals, moral

moralitet (*moa-rah-li-tayd*) c morality

moralsk (*moa-rahlsg*) adj moral

morbær (*moar-bær*) nt (pl ~) mulberry

mord (moar) nt (pl ~) murder; assassination

morder (*moar*-do) c murderer

more (*mōā*-o) v amuse

morfar (*mo-fah*) c (pl -fædre) grandfather

morfin (*mo-fin*) c morphine, morphia

morgen (*maw*-on) c morning; i ~ tomorrow; i morges this morning

morgenavis (*maw*-on-ah-vis) c morning paper

morgendæmring (*maw*-on-dehm-ræng) c dawn

morgenkåbe (*maw*-on-kaw-ber) c dressing-gown

morgenmad (*maw*-on-mahdh) c breakfast

morgensko (*maw*-on-sgoa) c (pl ~) slipper

morgenudgave (*maw*-on-oodh-gaa-ver) c morning edition

mormor (*mo*-moar) c (pl -mødre) grandmother

morskab (*moar*-sgahb) c fun, amusement

morsom (*moar*-som) adj amusing; entertaining, enjoyable

mos (moass) nt (pl ~ser) moss

mosaik (*moa-sah-ig*) c (pl ~ker) mosaic

mose (*mōā*-ser) c bog; swamp

moské (*moa-sgay*) c mosque

moskito (*moa-sgi*-toa) c mosquito

moskitonet (*moa-sgi*-toa-nehd) nt (pl

~) mosquito-net

motiv (*moa-tee*ⁿⁿ) nt motive; motif, theme; subject

motor (*mōā*-to) c engine; motor

motorbåd (*mōā*-to-bodh) c motor-boat

motorcykel (*mōā*-to-sew-gerl) c (pl -kler) motor-cycle

motorhjelm (*mōā*-to-ᵞehlm) c bonnet; hood *nAm*

motorskade (*mōā*-to-sgaa-dher) c breakdown

motorskib (*mōā*-to-sgib) nt launch

motorstop (*mōā*-to-sdob) nt (pl ~) engine failure, breakdown; *få ~ *break down

motorvej (*mōā*-to-vigh) c motorway; highway *nAm*; afgiftsbelagt ~ turnpike *nAm*

motto (*mo*-toa) nt motto

mousserende (moo-*say*-o-ner) adj fizzy, sparkling

mudder (*moodh*-o) nt mud

mudret (*moodh*-rodh) adj muddy

muldyr (*mool*-dewr) nt (pl ~) mule

mulig (*mōō*-li) adj possible; eventual, probable

mulighed (*mōō*-li-haydh) c possibility, chance

muligvis (*mōō*-li-vis) adv perhaps

mulle (*moo*-ler) c mullet

multiplicere (mool-ti-pli-*say*-o) v multiply

multiplikation (mool-ti-pli-gah-*sᵞoan*) c multiplication

mund (mon) c mouth

mundfuld (*mon*-fool) c bite

munding (*mo*-nayng) c mouth

mundtlig (*mond*-li) adj oral, verbal

mundvand (*mon*-vahn) nt mouthwash

munk (mongg) c monk

munter (*mon*-do) adj gay, cheerful; merry

munterhed (*mon*-do-haydh) c gaiety,

cheerfulness

mur (*moor*) *c* wall

mure (*mōō-o*) *v* *build; *lay bricks

murer (*mōō-o*) *c* bricklayer

mursten (*moor*-sdayn) *c* (pl ∼) brick

mus (moos) *c* (pl ∼) mouse

museum (moo-*sai*-om) *nt* (pl -eer) museum

musical (*mʸoo*-si-kahl) *c* (pl ∼s) musical comedy

musik (moo-*sig*) *c* music

musikalsk (moo-si-*kahlsg*) *adj* musical

musiker (*moo*-si-go) *c* musician

musikinstrument (moo-*sig*-ayn-sdroo-mehnd) *nt* musical instrument

muskat (moo-*sgahd*) *c* nutmeg

muskel (*mooss*-gerl) *c* (pl -kler) muscle

muskuløs (mooss-goo-*lurs*) *adj* muscular

musling (*mooss*-layng) *c* mussel

muslingeskal (*mooss*-layng-er-sgahl) *c* (pl ∼ler) sea-shell

musselin (moo-ser-*lin*) *nt* muslin

myg (mewg) *c* (pl ∼) mosquito

myldretid (*mewl*-ro-tidh) *c* peak hour, rush-hour

mynde (*mur*-ner) *c* greyhound

myndig (*murn*-di) *adj* of age

myndighed (*murn*-di-haydh) *c* authority; **myndigheder** authorities *pl*

mynte (*murn*-der) *c* mint

myrde (*mewr*-der) *v* murder

myre (*mēw*-o) *c* ant

mysterium (mew-*sdayr*-ʸom) *nt* (pl -ier) mystery

mystisk (*mewss*-disg) *adj* mysterious

myte (*mēw*-ter) *c* myth

mytteri (mew-do-*ri*) *nt* mutiny

mægle (*mai*-ler) *v* mediate

mægler (*mai*-lo) *c* mediator; broker

mægtig (*mehg*-di) *adj* powerful; mighty

mælk (mehlg) *c* milk

mælkebøtte (*mehl*-ger-bur-der) *c* dandelion

mælkemand (*mehl*-ger-mahn) *c* (pl -mænd) milkman

mælket (*mehl*-gerdh) *adj* milky

mængde (*mehng*-der) *c* lot, amount

mærkbar (*mærg*-bah) *adj* perceptible; noticeable

mærke (*mær*-ger) *nt* brand, sign, mark; *v* mark; *feel, notice, sense; **blåt** ∼ bruise; mark; ***lægge** ∼ **til** *pay attention to, notice; ***sætte** ∼ **ved** mark

mærkelig (*mærg*-li) *adj* odd, strange; queer; curious

mærkepæl (*mær*-ger-pehl) *c* landmark

mærkeseddel (*mær*-ger-sehdh-erl) *c* (pl -sedler) tag

mærkværdig (mærg-*vær*-di) *adj* singular, strange

mæslinger (*mehss*-layng-o) *pl* measles

møbler (*murb*-lo) *pl* furniture

møblere (murb-*lay*-o) *v* furnish

mødding (*murdh*-ayng) *c* dunghill

møde (*mūr*-dher) *nt* encounter, meeting; appointment; *v* encounter, *meet

mødested (*mūr*-dher-sdehdh) *nt* meeting-place

møg (moi) *nt* muck

møje (*moi*-er) *c* difficulty, trouble, pains *pl*

møl (murl) *nt* (pl ∼) moth

mølle (*mur*-ler) *c* mill

møller (*mur*-lo) *c* miller

mønster *nt* (pl -tre) pattern

mønt (murnd) *c* coin

møntenhed (*murnd*-āyn-haydh) *c* monetary unit

møntindkast (*murnd*-ayn-kahsd) *nt* (pl ∼) slot

møntvaskeri (*murnd*-vahss-go-ri) *nt* launderette

mør (murr) *adj* tender

mørk (murrg) *adj* dark; obscure

mørke (murr-ger) *nt* dark; gloom

møtrik (mur-træg) *c* (pl ~ker) nut

måde (maw-dher) *c* way, manner; fashion; **på ingen ~** by no means; **på samme ~** alike

mådeholdende (maw-dher-hol-er-ner) *adj* moderate

måge (maw-ger) *c* gull

mål (mol) *nt* (pl ~) measure; goal; aim, target

målbevidst (mawl-bay-vaysd) *adj* determined

måle (maw-ler) *v* measure

målebånd (maw-ler-bon) *nt* (pl ~) tape-measure

måleenhed (maw-ler-āyn-haydh) *c* standard

måler (maw-lo) *c* gauge

målestok (maw-ler-sdog) *c* (pl ~ke) scale

målløs (mo-lurs) *adj* speechless

målmand (mawl-mahn) *c* (pl -mænd) goalkeeper

målstreg (mawl-sdrigh) *c* finish

måltid (mol-tidh) *nt* meal

måne (maw-ner) *c* moon

måned (maw-nerdh) *c* month

månedlig (maw-nerdh-li) *adj* monthly

månedsblad (maw-nerdhs-blahdh) *nt* monthly magazine

måneskin (maw-ner-sgayn) *nt* moonlight

måske (mo-sgay) *adv* maybe, perhaps

måtte (mo-der) *c* mat

*måtte (mo-der) *v* *may

N

nabo (naa-boa) *c* neighbour

nabolag (naa-boa-lah) *nt* (pl ~) neighbourhood; vicinity

naiv (nah-ee°°) *adj* naïve

nakke (nah-ger) *c* nape of the neck

nar (nah) *c* (pl ~re) fool

narkose (nah-kōā-ser) *c* narcosis

narkotikum (nah-koa-ti-kom) *nt* (pl -ka) drug

narre (naa-ah) *v* fool

nat (nahd) *c* (pl nætter) night; **i ~** tonight; **natten over** overnight; **om natten** by night

natcreme (nahd-kræm) *c* night-cream

natfly (nahd-flew) *nt* (pl ~) night flight

nation (nah-sᵞoan) *c* nation

national (nah-sᵞoa-nahl) *adj* national

nationaldragt (nah-sᵞoa-nahl-drahgd) *c* national dress

nationalisere (nah-sᵞoa-nah-li-say-o) *v* nationalize

nationalitet (nah-sᵞoa-nah-li-tayd) *c* nationality

nationalpark (nah-sᵞoa-nahl-paag) *c* national park

nationalsang (nah-sᵞoa-nahl-sahng) *c* national anthem

natkjole (nahd-kᵞōā-ler) *c* nightdress

natklub (nahd-kloob) *c* (pl ~ber) nightclub

natlig (nahd-li) *adj* nightly

natmad (nahd-mahdh) *c* midnight snack

nattakst (nahd-tahgsd) *c* night rate

nattergal (nah-do-gahl) *c* nightingale

nattog (nahd-tooo) *nt* (pl ~) night train

natur (nah-toor) *c* nature

naturalisere (nah-too-rah-li-say-o) *v* naturalize

naturlig (nah-toor-li) *adj* natural

naturligvis (nah-toor-li-vis) *adv* of course, naturally

natursilke (nah-toor-sayl-ger) *c* real silk

naturskøn (nah-*toor*-sgurn) *adj* scenic, beautiful

naturvidenskab (nah-*toor*-vidh-ern-sgahb) *c* natural science

navigation (nah-vi-gah-s*Y*oan) *c* navigation

navigere (nah-vi-*gay*-o) *v* navigate

navle (*nou*-ler) *c* navel

navn (noun) *nt* name; i ... ~ on behalf of, in the name of

navneord (*nou*-ner-oar) *nt* (pl ~) noun

*navngive (*noun*-gi-ver) *v* name

ned (naydh) *adv* down

nedad (*naydh*-ahdh) *adv* downwards

nedarvet (*naydh*-ah-verdh) *adj* hereditary

nedbør (*naydh*-burr) *c* fall of rain; precipitation

nede (*nāy*-dher) *adv* below

nedefter (*naydh*-ehf-do) *adv* downwards, down

nedenfor (*nāy*-dhern-fo) *adv* beneath

nedenunder (*nāy*-dhern-on-o) *adv* downstairs; under

nederdel (*nāy*-dho-dayl) *c* skirt

nederdrægtig (nay-dho-*dræg*-di) *adj* infamous, foul

nederlag (*nāy*-dho-lah) *nt* (pl ~) defeat

Nederland (*nāy*-dho-lahn) the Netherlands

nederlandsk (*nāy*-dho-lahnsg) *adj* Dutch

nedgang (*naydh*-gahng) *c* decrease

nedkomst (*naydh*-komsd) *c* delivery, confinement

*nedlægge (*naydh*-leh-ger) *v* discontinue

nedre (*naydh*-ro) *adj* inferior; nederst bottom

*nedrive (*naydh*-ri-ver) *v* demolish, pull down

nedrivning (*naydh*-ree⁰⁰-nayng) *c* demolition

*nedskære (*naydh*-sgeh-o) *v* *cut, *cut down, reduce

nedslået (*naydh*-slo-odh) *adj* depressed, down

nedstamning (*naydh*-sdahm-nayng) *c* origin

nedstigning (*naydh*-sdi-nayng) *c* descent

*nedsætte (*naydh*-seh-der) *v* lower, reduce

nedtrykt (*naydh*-trurgd) *adj* depressed, down

negativ (*nay*-gah-tee⁰⁰) *nt* negative; *adj* negative

neger (*nāy*-o) *c* (pl negre) Negro

negl (nighl) *c* nail

neglebørste (*nigh*-ler-burrs-der) *c* nailbrush

neglefil (*nigh*-ler-fil) *c* nail-file

neglelak (*nigh*-ler-lahg) *c* nail-polish

neglesaks (*nigh*-ler-sahgs) *c* nail-scissors *pl*

negligé (nay-gli-*shay*) *nt* negligee

nej (nigh) no

nemlig (*nehm*-li) *adv* namely

neon (*nāy*-on) *nt* neon

nerve (*nær*-ver) *c* nerve

nervøs (*nær*-vurs) *adj* nervous

net¹ (nehd) *nt* (pl ~) net

net² (nehd) *adj* neat

nethinde (*nehd*-hay-ner) *c* retina

netop (*nehd*-ob) *adv* just, exactly

netto- (*neh*-toa) net

netværk (*nehd*-værg) *nt* network

neuralgi (nur⁰⁰-rahl-*gi*) *c* neuralgia

neurose (nur⁰⁰-*rōa*-ser) *c* neurosis

neutral (nur⁰⁰-*trahl*) *adj* neutral

nevø (neh-*vur*) *c* nephew

New Zealand (n*Y*oo-*sāy*-lahn) New Zealand

ni (ni) *num* nine

niece (ni-*ai*-ser) *c* niece

niende (*ni*-i-ner) *num* ninth

Nigeria (ni-*gayr*-Yah) Nigeria
nigerianer (ni-gayr-Yah-no) *c* Nigerian
nigeriansk (ni-gayr-Yahnsg) *adj* Nigerian
nik (nayg) *nt* (pl ~) nod
nikke (*nay*-ger) *v* nod
nikkel (*nay*-gerl) *nt* nickel
nikotin (nay-goa-*tin*) *c* nicotine
nip (nayb) *nt* (pl ~) sip
nitten (*nay*-dern) *num* nineteen
nittende (*nay*-der-ner) *num* nineteenth
niveau (ni-*voa*) *nt* level
nivellere (ni-ver-*lay*-o) *v* level
nogen (*nōā*-oan) *pron* someone, somebody; ~ sinde ever
noget (*naw*-odh) *pron* something, some; *adv* somewhat
nogle (*nōā*-ler) *pron* some
nok (nog) *adv* enough; *være ~ *do
nominel (noa-mi-*nehl*) *adj* nominal
nominere (noa-mi-*nay*-o) *v* nominate
nominering (noa-mi-*nayr*-ayng) *c* nomination
nonne (*no*-ner) *c* nun
nonnekloster (*no*-ner-kloss-do) *nt* (pl -tre) nunnery, convent
nord (noar) north
nordlig (*noar*-li) *adj* northerly, north, northern
nordmand (*noar*-mahn) *c* (pl -mænd) Norwegian
nordpol (*noar*-poal) *c* North Pole
nordvest (noar-*vehsd*) north-west
nordøst (noar-*ursd*) north-east
Norge (*naw*-ger) Norway
norm (nom) *c* standard
normal (no-*mahl*) *adj* regular, normal
norsk (nawsg) *adj* Norwegian
nota (*nōā*-tah) *c* bill
notar (noa-*tah*) *c* notary
notat (noa-*tahd*) *nt* note
note (*nōā*-der) *c* note
notere (noa-*tay*-o) *v* note; list

notesblok (*nōā*-derss-blog) *c* (pl ~ke) pad
notesbog (*nōā*-derss-bo°°) *c* (pl -bøger) notebook
notits (noa-*tids*) *c* notice
nougat (*noo*-gah) *c* nougat
novelle (noa-*veh*-ler) *c* short story
november (noa-*vehm*-bo) November
nu (noo) *adv* now; fra ~ af henceforth; ~ og da now and then, occasionally
nuance (new-*ahng*-ser) *c* nuance, shade
nul (nol) *nt* (pl ~ler) nought; zero
nummer (*nom*-o) *nt* (pl numre) number; act
nummerplade (*nom*-o-plaa-dher) *c* registration plate; licence plate *Am*
nutid (*noo*-tidh) *c* present
nutidig (*noo*-ti-dhi) *adj* present, modern, contemporary
nutildags (*noo*-tay-dahs) *adv* nowadays
nuværende (*noo*-veh-o-ner) *adj* present
ny (new) *adj* new
nybegynder (*new*-bay-gurn-o) *c* beginner, learner
nybygger (*new*-bew-go) *c* pioneer, settler
***nyde** (*nēw*-dher) *v* enjoy; indulge in; ~ godt profit
nydelse (*nēw*-dherl-ser) *c* pleasure; delight, enjoyment
nyhed (*new*-haydh) *c* news; nyheder tidings *pl*
nykke (*nur*-ger) *c* whim, fancy
nylig (*nēw*-li) *adj* recent; *adv* lately; for ~ recently, lately
nynne (*nur*-ner) *v* hum
nyre (*nēw*-o) *c* kidney
***nyse** (*nēw*-ser) *v* sneeze
nysgerrig (*newss*-gær-i) *adj* inquisi-

tive, curious

nysgerrighed (*newss*-gær-i-haydh) *c* curiosity

nytte (*nur*-der) *c* use, utility; benefit; *v* *be of use

nyttig (*nur*-di) *adj* useful

nytår (*newd*-o) New Year

næb (nehb) *nt* (pl ~) beak

nægte (*nehg*-der) *v* deny

næh (nai) no

nænsom (*nehn*-som) *adj* gentle

næppe (*neh*-ber) *adv* hardly, scarcely

nær (nær) *adj* near, close; ~ **ved** near

nærende (*nai*-o-ner) *adj* nutritious, nourishing

nærhed (*nær*-haydh) *c* vicinity

næring (*nai*-ræng) *c* food

næringsmidler (*nai*-rængs-midh-lo) *pl* foodstuffs *pl*

nærliggende (*nær*-lay-ger-ner) *adj* neighbouring; nearby

nærme sig (*nær*-mer) approach

nærsynet (*nær*-sew-nerdh) *adj* short-sighted

nærværelse (*nær*-veh-ol-ser) *c* presence

næse (*nai*-ser) *c* nose

næseblod (*nai*-ser-bloadh) *nt* nose-bleed

næsebor (*nai*-ser-boar) *nt* (pl ~) nostril

næsehorn (*nai*-ser-hoarn) *nt* (pl ~) rhinoceros

næste (*neh*-sder) *adj* next

næsten (*nehss*-dern) *adv* almost, nearly

næsvis (*naiss*-vis) *adj* impertinent

nævestød (*nai*-ver-sdurdh) *nt* (pl ~) punch

nævne (*neh*ᵒᵒ-ner) *v* mention

nød¹ (nurdh) *c* misery, distress

nød² (nurdh) *c* (pl ~der) nut

nøddeknækker (*nur*-dher-kneh-go) *c*

nutcrackers *pl*

nøddeskal (*nur*-dher-sgahl) *c* (pl ~ler) nutshell

nødsignal (*nurdh*-si-nahl) *nt* distress signal

nødsituation (*nurdh*-si-doo-ah-sYoan) *c* emergency

nødstilfælde (*nurdhs*-tayl-fehl-er) *nt* (pl ~) emergency

nødtvungent (*nurdh*-tvong-ernd) *adv* reluctantly; by force

nødudgang (*nurdh*-oodh-gahng) *c* emergency exit

nødvendig (nurdh-*vehn*-di) *adj* necessary

nødvendighed (nurdh-*vehn*-di-haydh) *c* need, necessity

nøgen (*noi*-ern) *adj* naked; nude, bare

nøgenstudie (*noi*-ern-sdoo-dYer) *c* nude

nøgle (*noi*-ler) *c* key

nøglehul (*noi*-ler-hol) *nt* (pl ~ler) keyhole

nøgtern (*nurg*-don) *adj* matter-of-fact; down-to-earth

nøjagtig (noi-*ahg*-di) *adj* precise, exact

nå (no) *v* attain, reach; achieve; *catch

nåde (*naw*-dher) *c* grace; mercy

nål (nol) *c* needle

nåletræ (*naw*-ler-træ) *nt* fir-tree

når (no) *conj* when; ~ **som helst** whenever

O

oase (oa-*aa*-ser) *c* oasis

obduktion (ob-doog-sYoan) *c* autopsy

oberst (*oa*-bosd) *c* colonel

objekt (*ob*-Yehgd) *nt* object

objektiv (*ob*-Yehg-tee ᵒᵒ) *adj* objective

obligation (oab-li-gah-sᵞoan) c bond
obligatorisk (oab-li-gah-toa-risg) adj compulsory; obligatory
observation (ob-sær-vah-sᵞoan) c observation
observatorium (ob-sær-vah-toar-ᵞom) nt (pl -ier) observatory
observere (ob-sær-vay-o) v observe
ocean (oa-say-ahn) nt ocean
offensiv (o-fern-see°°) c offensive; adj offensive
offentlig (o-fern-li) adj public
*****offentliggøre** (o-fern-li-gur-o) v publish
offer (o-fo) nt (pl ofre) sacrifice; victim, casualty
officer (o-fi-sayr) c officer
officiel (o-fi-sᵞehl) adj official
ofre (of-ro) v sacrifice
ofte (of-der) adv often
og (og) conj and; ~ så videre etcetera, and so on
også (o-ser) adv also, too, as well
okse (og-ser) c ox
oksehud (og-ser-hoodh) c cow-hide
oksekød (og-ser-kurdh) nt beef
oktober (oag-toa-bo) October
oldtid (ol-tidh) c antiquity; **oldtids-** ancient
olie (oal-ᵞer) c oil
olieagtig (oal-ᵞer-ahg-di) adj oily
oliefilter (oal-ᵞer-fil-do) nt (pl -tre) oil filter
oliekilde (oal-ᵞer-ki-ler) c oil-well
oliemaleri (oal-ᵞer-mah-lo-ri) nt oil-painting
olieraffinaderi (oal-ᵞer-rah-fi-nah-dho-ri) nt oil-refinery
olietryk (oal-ᵞer-trurg) nt (pl ~) oil pressure
oliven (oa-li-vern) c (pl ~) olive
olivenolie (oa-li-vern-oal-ᵞer) c olive oil
om (om) prep about, round, around,

in; conj whether; **om ... eller** whether ... or; ~ **end** though
omdanne (om-dahn-er) v change, reshape, transform
omdrejning (om-drigh-nayng) c rotation
omegn (om-ighn) c surroundings pl
omelet (oa-mer-lehd) c (pl ~ter) omelette
omfang (om-fahng) nt circumference; extent; bulk
omfangsrig (om-fahngs-ri) adj extensive, big; bulky
omfatte (om-fah-der) v comprise, include
omfattende (om-fah-der-ner) adj extensive; comprehensive
omfavne (om-fou-ner) v hug, embrace
omfavnelse (om-fou-nerl-ser) c embrace
*****omgive** (om-gi-ver) v surround; circle
omgivelser (om-gi-verl-so) pl environment
omgående (om-go-o-ner) adj prompt; adv instantly, at once, immediately
*****omgås** (om-gos) v mix with, associate with
omhyggelig (om-hew-ger-li) adj careful; thorough
*****omkomme** (om-kom-er) v perish
omkostning (om-kosd-nayng) c cost; **omkostninger** expenses pl
omkostningsfri (om-kosd-nayngs-fri) adj free of charge
omkring (om-kræng) prep around, round; adv around, about
omkuld (om-kool) adv down, over
omkørsel (om-kurr-serl) c (pl -sler) diversion, detour
omliggende (om-lay-ger-ner) adj surrounding
omløb (om-lurb) nt circulation
omregne (om-righ-ner) v convert

omregningstabel (om-righ-nayngs-tah-behl) c (pl ~ler) conversion chart

omrejsende (om-righ-ser-ner) adj travelling; itinerant

omrids (om-riss) nt (pl ~) outline, contour

omringe (om-ræng-er) v surround, encircle; circle

område (om-raw-dher) nt area; region, zone; sphere

områdenummer (om-raw-dher-nom-o) nt (pl -numre) area code

omsider (om-si-dho) adv at length, finally

omslag (om-slah) nt (pl ~) jacket, cover; sleeve

omslutte (om-sloo-der) v encircle

omsorg (om-sog) c care

omstillingsbord (om-sdayl-ayngs-boar) nt switchboard

omstridt (om-sdrid) adj controversial

omstændighed (om-sdehn-di-haydh) c condition, circumstance

omsving (om-svayng) nt (pl ~) revulsion

omsætning (om-sehd-nayng) c trade, business, sale; turnover

omsætningsafgift (om-sehd-nayngs-ou-gifd) sales tax

omsætningsskat (om-sehd-nayngs-sgahd) c turnover tax

omtale (om-taa-ler) c mention; v mention; mention, refer to

omtrent (om-trænd) adv about, approximately; practically

omtrentlig (om-trænd-li) adj approximate

omvej (om-vigh) c detour

omvende (om-vehn-er) v convert

omvendelse (om-vehn-erl-ser) c conversion

omvendt (om-vehnd) adj reverse, opposite, contrary

ond (on) adj wicked; bad; ill; *gøre

ondt *hurt; ache

ondartet (on-ah-derdh) adj malignant

onde (o-ner) nt evil, nuisance

ondskabsfuld (on-sgahbs-fool) adj bad, malicious; spiteful; vicious

onkel (ong-gerl) c (pl onkler) uncle

onsdag (ons-dah) c Wednesday

onyks (ōa-newgs) c onyx

op (ob) adv up

opad (ob-ahdh) adv upwards

opal (oa-pahl) c opal

opbevare (ob-bay-vah-ah) v *keep

opdage (ob-dah-ah) v discover; notice, detect

opdagelse (ob-dah-ahl-ser) c discovery

opdele (ob-day-ler) v divide down; *break down

opdigte (ob-dayg-der) v invent

opdrage (ob-drou-er) v educate, *bring up

opdragelse (ob-drou-erl-ser) c education; upbringing

opdrætte (ob-dræ-der) v *breed; raise

opdyrke (ob-dewr-ger) v cultivate, till

opefter (ob-ehf-do) adv up

opera (oa-ber-rah) c opera

operahus (oa-ber-rah-hoos) nt opera house

operation (oa-ber-rah-sᵞoan) c operation; surgery

operere (oa-ber-ræ-o) v operate

operette (oa-ber-ræ-der) c operetta

opfarende (ob-fah-ah-hner) adj hot-tempered, irascible

opfatte (ob-fah-der) v perceive; conceive; *take

opfattelse (ob-fah-derl-ser) c perception; understanding, view, opinion

opfattelsesevne (ob-fah-derl-serss-eh°°-ner) c perception, intellect

*opfinde (ob-fayn-er) v invent

opfindelse (ob-fayn-erl-ser) c invention

opfinder (*ob*-fayn-o) *c* inventor

opfindsom (ob-*fayn*-som) *adj* inventive

opfordre (*ob*-fo-dro) *v* invite, ask, call on

opfostre (*ob*-foss-dro) *v* rear, raise

opføre (*ob*-fur-o) *v* erect; ~ sig behave; act

opførelse (*ob*-fur-ol-ser) *c* building, erection; performance, show

opførsel (*ob*-furr-serl) *c* behaviour, conduct

opgave (*ob*-gaa-ver) *c* assignment, duty, task; exercise

*opgive (*ob*-gi-ver) *v* *give up

opgør (*ob*-gurr) *nt* (pl ~) settlement, scene; dispute

ophidse (*ob*-hi-ser) *v* excite

ophidselse (*ob*-hi-serl-ser) *c* excitement

ophold (*ob*-hol) *nt* (pl ~) stay

*opholde sig (*ob*-hol-er) stay

opholdstilladelse (*ob*-hols-tay-lah-dherl-ser) *c* residence permit

ophøre (*ob*-hur-o) *v* finish; end, quit

opkalde (*ob*-kahl-er) *v* name

opkræve (*ob*-kræ-ver) *v* collect

oplag (*ob*-lah) *nt* (pl ~) issue; impression, edition; stock, store

oplagre (*ob*-lahg-ro) *v* store

oplagring (*ob*-lahg-ræng) *c* storage

oplagthed (*ob*-lahgd-haydh) *c* zest

opleve (*ob*-lay-ver) *v* experience; witness

oplukker (*ob*-lo-go) *c* bottle opener

oplyse (*ob*-lew-ser) *v* illuminate

oplysning (*ob*-lews-nayng) *c* information; *give ~ inform

oplysningskontor (*ob*-lews-nayngs-koan-toar) *nt* inquiry office

opløse (*ob*-lur-ser) *v* dissolve; ~ sig dissolve

opløselig (*ob*-*lur*-ser-li) *adj* soluble

opløsning (*ob*-lurs-nayng) *c* dissol-

ution

opmuntre (*ob*-mon-dro) *v* encourage, cheer up

opmærksom (*ob*-mærg-som) *adj* attentive; *være ~ *pay attention; *være ~ på attend to

opmærksomhed (*ob*-mærg-som-haydh) *c* notice, attention

opnå (*ob*-no) *v* obtain; gain

opnåelig (*ob*-no-o-li) *adj* attainable

oppe (*o*-ber) *adv* above

opposition (oa-poa-si-sᵞoan) *c* opposition

oppustelig (*ob*-*poos*-der-li) *adj* inflatable

opret (*ob*-ræd) *adj* erect

*opretholde (*ob*-rehd-ho-ler) *v* maintain; *keep up

opretstående (*ob*-rahd-sdo-o-ner) *adj* upright

oprette (*ob*-ræ-der) *v* found

oprigtig (*ob*-ræg-di) *adj* sincere, honest

oprindelig (*ob*-ræn-er-li) *adj* original; oprindeligt *adv* originally

oprindelse (*ob*-ræn-erl-ser) *c* origin

oprør (*ob*-rurr) *nt* (pl ~) rebellion; revolt; *gøre ~ revolt

oprørende (*ob*-rur-o-ner) *adj* revolting

*opsige (*ob*-see-i) *v* *give notice; cancel

opsigtsvækkende (*ob*-saygds-veh-ger-ner) *adj* sensational

opskrift (*ob*-sgræfd) *c* recipe

opslag (*ob*-slah) *nt* (pl ~) placard, poster, bill; cuff, lapel

opspore (*ob*-sboa-o) *v* trace

opspæde (*ob*-sbeh-dher) *v* dilute

opstand (*ob*-sdahn) *c* revolt, rebellion

opstemthed (*ob*-sdehmd-haydh) *c* excitement, elevation

opstigning (*ob*-sdi-nayng) *c* ascent

opstille (*ob*-sdayl-er) *v* *put up, nominate; place; erect *opstå (*ob*-sdo) v *arise

opsving (*ob*-svayng) nt (pl ~) rise

opsvulmning (*ob*-svoolm-nayng) c swelling

opsyn (*ob*-sewn) nt supervision; *have ~ med supervise

opsynsmand (*ob*-sewns-mahn) c (pl -mænd) warden

*optage (*ob*-tah-ah) v *take up; occupy; tape; admit

optagelse (*ob*-tah-ahl-ser) c recording; admission

optaget (*ob*-tah-ahdh) adj busy; engaged

optegne (*ob*-tigh-ner) v record

optiker (*ob*-ti-go) c optician

optimisme (*ob*-ti-*miss*-mer) c optimism

optimist (ob-ti-*misd*) c optimist

optimistisk (ob-ti-*miss*-disg) adj optimistic

optog (*ob*-to⁰⁰) nt (pl ~) procession

*optræde (*ob*-treh-dher) v act

opvakt (*ob*-vahgd) adj bright

opvarme (*ob*-vah-mer) v heat

opvarmning (*ob*-vahm-nayng) c heating

opvarte (*ob*-vah-der) v attend on

orange (oa-*rahng*-sᵛer) adj orange

ord (oar) nt (pl ~) word; med andre ~ in other words

ordbog (*oar*-bo⁰⁰) c (pl -bøger) dictionary

orden (o-dern) c order, method; congregation; i ~ in order

ordentlig (o-dern-li) adj correct; regular; neat, tidy

ordforråd (*oar*-faw-rodh) nt (pl ~) vocabulary

ordinere (aw-di-*nay*-o) v prescribe

ordinær (aw-di-*nær*) adj vulgar

ordliste (*oar*-layss-der) c vocabulary

ordne (*awd*-ner) v arrange; settle, sort

ordning (*awd*-nayng) c arrangement; settlement

ordre (o-dro) c order, command

ordreseddel (o-dro-sehdh-erl) c (pl -sedler) order-form

ordsprog (*oar*-sbro⁰⁰) nt (pl ~) proverb

ordveksling (*oar*-vehg-slayng) c argument

organ (o-gahn) nt organ

organisation (aw-gah-ni-sah-sᵛoan) c organization

organisere (aw-gah-ni-*say*-o) v organize

organisk (o-*gah*-nisg) adj organic

orgel (o-gerl) nt (pl orgler) organ

orientalsk (o-ri-ern-*tahl*sg) adj oriental

Orienten (o-ri-*ehn*-dern) the Orient

orientere sig (o-ri-ehn-*tay*-o) orientate, *find one's bearings

original (o-ri-gi-*nahl*) adj original

orkan (o-*kahn*) c hurricane

orkester (o-*kehss*-do) nt (pl -tre) orchestra; band

orkesterplads (o-*kehss*-do-plahss) c orchestra seat Am

orlov (aw-lo⁰⁰) c leave

orm (oarm) c worm

ornament (aw-nah-*mehnd*) nt ornament

ornamental (aw-nah-mehn-*tahl*) adj ornamental

ortodoks (aw-toa-*dogs*) adj orthodox

os (oss) pron us; ourselves

ost (osd) c cheese

otte (*aw*-der) num eight

ottende (o-der-ner) num eighth

ouverture (oa-vær-*tēw*-o) c overture

oval (oa-*vahl*) adj oval

oven for (o⁰⁰-ern fo) over

ovenover (o⁰⁰-ern-o⁰⁰-o) adv overhead; oven over above

ovenpå (o⁰⁰-ern-po) adv upstairs;

oven **på** on top of

over (*o⁰⁰-o-awl*) *prep* over, across; *adv* over; **over-** chief; ~ **for** facing, opposite

overall (*o⁰⁰-o-awl*) *c* (pl ~s) overalls *pl*

overalt (*o⁰⁰-o-ahld*) *adv* everywhere, throughout

overanstrenge sig (*o⁰⁰-o-ahn-sdræng-er*) overwork

overbevise (*o⁰⁰-o-bay-vi-ser*) *v* convince; persuade

overbevisning (*o⁰⁰-o-bay-vis-nayng*) *c* conviction; persuasion

overdreven (*o⁰⁰-o-dræ-vern*) *adj* exaggerated, excessive; extravagant

***overdrive** (*o⁰⁰-o-dri-ver*) *v* exaggerate

overenskomst (*o⁰⁰-o-ayns-komsd*) *c* settlement, agreement

i overensstemmelse med (*o⁰⁰-o-ayn-sdehm-erl-ser*) in agreement with, in accordance with

overfald (*o⁰⁰-o-fahl*) *nt* (pl ~) attack, assault; hold-up

***overfalde** (*o⁰⁰-o-fahl-er*) *v* attack, assault

overfart (*o⁰⁰-o-fahd*) *c* passage, crossing

overflade (*o⁰⁰-o-flaa-dher*) *c* surface

overfladisk (*o⁰⁰-o-flah-dhisg*) *adj* superficial

overflod (*o⁰⁰-o-floadh*) *c* abundance; plenty

overflødig (*o⁰⁰-o-flur-dhi*) *adj* superfluous, redundant

overfrakke (*o⁰⁰-o-frah-ger*) *c* overcoat, greatcoat

overfyldt (*o⁰⁰-o-fewld*) *adj* crowded

overføre (*o⁰⁰-o-fur-o*) *v* transfer

overgang (*o⁰⁰-o-gahng*) *c* transition

overgivelse (*o⁰⁰-o-gi-verl-ser*) *c* surrender

***overgive sig** (*o⁰⁰-o-gi-ver*) surrender

overgroet (*o⁰⁰-o-groa-erdh*) *adj* overgrown

***overgå** (*o⁰⁰-o-go*) *v* exceed, *outdo

overhale (*o⁰⁰-o-hah-ler*) *v* overhaul; *overtake; pass *vAm*

overhaling forbudt (*o⁰⁰-o-hah-layng fo-bood*) no overtaking; no passing *Am*

overherredømme (*o⁰⁰-o-hær-ro-dur-mer*) *nt* supremacy, domination

overhoved (*o⁰⁰-o-hōā-oadh*) *nt* head; chief

overhovedet (*o⁰⁰-o-hōā-erdh*) *adv* at all

overilet (*oaoo-o-i-lerdh*) *adj* rash

***overlade** (*o⁰⁰-o-lah-dher*) *v* *let have, hand over, commit

overlagt (*o⁰⁰-o-lahgd*) *adj* premeditated, deliberate

overlegen (*o⁰⁰-o-lay-ern*) *adj* superior

overleve (*o⁰⁰-o-lay-ver*) *v* survive

overmodig (*o⁰⁰-o-moa-dhi*) *adj* reckless

overordentlig (*o⁰⁰-o-o-dern-li*) *adj* extraordinary

overraske (*o⁰⁰-o-rahss-ger*) *v* surprise

overraskelse (*o⁰⁰-o-rahss-gerl-ser*) *c* surprise

***overrække** (*o⁰⁰-o-ræ-ger*) *v* hand, present; *give

***overse** (*o⁰⁰-o-say*) *v* overlook

overside (*o⁰⁰-o-see-dher*) *c* top side, top

oversigt (*o⁰⁰-o-saygd*) *c* survey

***overskride** (*o⁰⁰-o-sgri-dher*) *v* exceed

overskrift (*o⁰⁰-o-sgræfd*) *c* heading; headline

overskud (*o⁰⁰-o-sgoodh*) *nt* (pl ~) surplus; profit

overskyet (*o⁰⁰-o-sgew-erdh*) *adj* overcast, cloudy

overskæg (*o⁰⁰-o-sgeh-g*) *nt* (pl ~) moustache

overslag (*o°°*-o-slah) *nt* (pl ~) estimate

overspændt (*o°°*-o-sbehnd) *adj* overstrung

overstrømmende (*o°°*-o-sdrurm-er-ner) *adj* exuberant

oversvømmelse (*o°°*-o-svurm-erl-ser) *c* flood

*****oversætte** (*o°°*-o-seh-der) *v* translate

oversættelse (*o°°*-o-seh-derl-ser) *c* translation; version

oversøisk (*o°°*-o-sur-isg) *adj* overseas

*****overtage** (*o°°*-o-tah-ah) *v* *take over

overtale (*o°°*-o-tah-ler) *v* persuade

overtjener (*o°°*-o-tᵛai-no) *c* headwaiter

overtro (*o°°*-o-troa) *c* superstition

*****overtræde** (*o°°*-o-træ-dher) *v* infringe, violate

overtræt (*o°°*-o-træd) *adj* over-tired

overveje (*o°°*-o-vigh-er) *v* consider

overvejelse (*o°°*-o-vigh-erl-ser) *c* consideration

*****overvinde** (*o°°*-o-vayn-er) *v* defeat, *beat, *overcome

overvægt (*o°°*-o-vehgd) *c* overweight

overvælde (*o°°*-o-vehl-er) *v* overwhelm

overvære (*o°°*-o-veh-o) *v* witness, attend

overvåge (*o°°*-o-vo-ger) *v* patrol, watch

ovn (o°°n) *c* oven; stove; furnace

P

pacifisme (pah-si-*fiss*-mer) *c* pacifism

pacifist (pah-si-*fisd*) *c* pacifist

pacifistisk (pah-si-*fiss*-disg) *adj* pacifist

padleåre (*pahdh*-ler-aw-o) *c* paddle

pagina (*pah*-gi-nah) *c* page

pakhus (*pahg*-hoos) *nt* store-house, warehouse

Pakistan (*pah*-gi-sdahn) Pakistan

pakistaner (pah-gi-*sdah*-no) *c* Pakistani

pakistansk (pah-gi-*sdahnsg*) *adj* Pakistani

pakke¹ (*pah*-ger) *c* parcel, package; packet

pakke² (*pah*-ger) *v* pack; ~ **ind** wrap; ~ **op** unwrap; ~ **sammen** pack up; ~ **ud** unpack

palads (pah-*lahss*) *nt* palace

palme (*pahl*-mer) *c* palm

palæ (pah-*leh*) *nt* mansion

pande (*pah*-ner) *c* forehead; pan

pandehule (*pah*-ner-hōō-ler) *c* frontal sinus

panel (pah-*nayl*) *nt* panel

panelering (pah-nay-*layr*-ayng) *c* panelling

panik (pah-*nig*) *c* panic

pant (pahnd) *nt* deposit

pantelåner (*pahn*-der-law-no) *c* pawnbroker

*****pantsætte** (*pahnd*-seh-der) *v* pawn

papegøje (pah-ber-*goi*-er) *c* parrot; parakeet

papillot (pah-pi-*lod*) *c* (pl ~ter) curler

papir (pah-*peer*) *nt* paper; **papir-** paper

papirhandel (pah-*peer*-hahn-erl) *c* stationer's

papirkniv (pah-peer-knee°°) *c* paper-knife

papirkurv (pah-*peer*-koorv) *c* waste-paper-basket

papirlommetørklæde (pah-*peer*-lo-mer-turr-klai-dher) *nt* tissue

papirspose (pah-*peers*-pōa-ser) *c* paper bag

papirsserviet (pah-*peer*-sær-vᵛehd) *c*

(pl ~ter) paper napkin

papirvarer (pah-*peer*-vaa-ah) *pl* stationery

par (pah) *nt* (pl ~) couple, pair

parade (pah-*raa*-dher) *c* parade

paradoks (paa-ah-*dogs*) *nt* paradox

paradoksal (paa-ah-dog-*sahl*) *adj* paradoxical

paragraf (paa-ah-*grahf*) *c* (pl ~fer) paragraph

parallel¹ (paa-ah-*lehl*) *c* (pl ~ler) parallel

parallel² (paa-ah-*lehl*) *adj* parallel

paraply (paa-ah-*plew*) *c* umbrella

parat (pah-*rahd*) *adj* ready

parcel (pah-*sehl*) *c* (pl ~ler) plot, lot

parfume (pah-*fēw*-mer) *c* perfume

park (paag) *c* park

parkanlæg (*paag*-ahn-lehg) *nt* (pl ~) public garden

parkere (pah-*kay*-o) *v* park

parkering (pah-*kayr*-ayng) *c* parking; ~ forbudt no parking

parkeringsafgift (pah-*kayr*-ayngs-ougifd) *c* parking fee

parkeringsplads (pah-*kayr*-ayngs-plahss) *c* car park; parking lot *Am*

parkeringszone (pah-*kayr*-ayngs-sōaner) *c* parking zone

parketplads (pah-*kehd*-plahss) *c* stall

parkometer (pah-goa-*may*-do) *nt* (pl -tre) parking meter

parlament (paa-lah-*mehnd*) *nt* parliament

parlamentarisk (paa-lah-mehn-*tah*-isg) *adj* parliamentary

parlør (pah-*lūrr*) *c* phrase-book

part (pahd) *c* part

parti (pah-*ti*) *nt* side, party; batch; match

partisk (pah-*tisg*) *adj* partial

partner (*paad*-no) *c* partner

paryk (pah-*rurg*) *c* (pl ~ker) wig

pas¹ (pahss) *nt* (pl ~) passport

pas² (pahss) *nt* (pl ~ser) mountain pass

pasfoto (*pahss*-foa-toa) *nt* (pl ~s) passport photograph

paskontrol (*pahss*-koan-trol) *c* (pl ~ler) passport control

passage (pah-*saa*-sᵛer) *c* passage

passager (pah-sah-sᵛayr) *c* passenger

passe (*pah*-ser) *v* suit, fit; *take care of, look after; tend; ~ på mind, look out, watch out; beware; ~ til match

passende (*pah*-ser-ner) *adj* appropriate, adequate, suitable; proper

passere (pah-*say*-o) *v* pass; ~ igennem pass through

passiv (*pah*-see⁰⁰) *adj* passive

pasta (*pahss*-dah) *c* paste

patent (pah-*tehnd*) *nt* patent

pater (*pah*-do) *c* father

patient (pah-sᵛehnd) *c* patient

patriot (pah-tri-*oad*) *c* patriot

patron (pah-*troan*) *c* cartridge

patrulje (pah-*trool*-ᵛer) *c* patrol

patruljere (pah-trool-ᵛay-o) *v* patrol

pattedyr (*pah*-der-dewr) *nt* (pl ~) mammal

pause (*pou*-ser) *c* pause; interval, intermission

pausere (pou-*say*-o) *v* pause

pave (*paa*-ver) *c* pope

pavillon (pah-vil-ᵛong) *c* pavilion

peber (*pay*⁰⁰-o) *nt* pepper

pebermynte (pay⁰⁰-o-*murn*-der) *c* peppermint

pebermø (*pay*⁰⁰-o-mur) *c* spinster

peberrod (*pay*⁰⁰-o-roadh) *c* (pl -rødder) horseradish

pedal (pay-*dahl*) *c* pedal

peddigrør (*peh*-di-rurr) *nt* (pl ~) rattan

pedicurist (peh-di-kew-*risd*) *c* pedicurist

pege (*pigh*-er) *v* point

pegefinger (*pigh*-er-fayng-o) *c* (pl -gre) index finger

pelikan (pay-li-*kahn*) *c* pelican

pels (pehls) *c* fur; fur coat

pelsværk (*pehls*-værg) *nt* furs

pen (pehn) *c* (pl ∼ne) pen

penge (*pehng*-er) *pl* money

pengeafpresning (*pehng*-er-ou-præss-nayng) *c* blackmail; øve ∼ black-mail

pengeanbringelse (*pehng*-er-ahn-bræng-erl-ser) *c* investment

pengeseddel (*pehng*-er-sehdh-erl) *c* (pl -sedler) banknote

penicillin (peh-ni-si-*lin*) *nt* penicillin

pensel (*pehn*-serl) *c* (pl -sler) paint-brush, brush

pension (pahng-s^y*oan*) *c* pension; board; **fuld** ∼ board and lodging

pensionat (pahng-s^yoa-*nahd*) *nt* guest-house, boarding-house; pension

pensioneret (pahng-s^yoa-*nay*-odh) *adj* retired

pensionær (pahng-s^yoa-*nær*) *c* board-er

perfekt (pær-*fehgd*) *adj* perfect

periode (pæ-ri-*ōā*-dher) *c* term, period

periodisk (pær-i-*oa*-dhisg) *adj* period-ical

perle (*pær*-ler) *c* bead, pearl

perlekæde (*pær*-ler-kai-dher) *c* beads *pl*

perlemor (*pær*-ler-moar) *nt* mother-of-pearl

permanent (pær-mah-*nehnd*) *c* perma-nent wave; *adj* permanent

perron (pæ-*rong*) *c* platform

perronbillet (pæ-*rong*-bi-lehd) *c* (pl ∼ter) platform ticket

perser (*pær*-so) *c* Persian

Persien (*pær*-s^yern) Persia

persienne (pær-si-*eh*-ner) *c* blind

persille (pær-*sayl*-er) *c* parsley

persisk (*pær*-sisg) *adj* Persian

person (pær-*soan*) *c* person

personale (pær-soa-*naa*-ler) *nt* staff; personnel

personlig (pær-*soan*-li) *adj* private, personal

personlighed (pær-*soan*-li-haydh) *c* personality

persontog (pær-*soan*-tooo) *nt* (pl ∼) passenger train

personvogn (pær-*soan*-vo°°n) *c* car-riage; passenger car *Am*

perspektiv (pær-sbehg-*tee*°°) *nt* per-spective

pertentlig (pær-*tehnd*-li) *adj* precise

pessimisme (pay-si-*miss*-mer) *c* pessi-mism

pessimist (pay-si-*misd*) *c* pessimist

pessimistisk (pay-si-*miss*-disg) *adj* pessimistic

petroleum (pay-*troal*-^yom) *c* kerosene; paraffin

pianist (pi-ah-*nisd*) *c* pianist

pibe (*pee*-ber) *c* pipe

piberenser (*pee*-ber-ræn-so) *c* pipe cleaner

pibetobak (*pee*-ber-toa-bahg) *c* (pl ∼ker) pipe tobacco

piccolo (*pi*-koa-loa) *c* bellboy; page-boy

pige (*pee*-i) *c* girl

pigenavn (*pee*-i-noun) *nt* maiden name

pigespejder (*pee*-i-sbigh-do) *c* girl guide

pikant (pi-*kahnd*) *adj* savoury, spicy

pil (pil) *c* arrow

pilgrim (*peel*-græm) *c* (pl ∼me) pil-grim

pilgrimsrejse (*peel*-græms-righ-ser) *c* pilgrimage

pille (*pay*-ler) *c* pill; column, pillar

pilot (pi-*load*) *c* pilot

pimpsten (*paymb*-sdayn) *c* (pl ~)
pumice stone

pincet (pin-*sehd*) *c* (pl ~ter) tweez-
ers *pl*

pindsvin (*payn*-svin) *nt* (pl ~) hedge-
hog

pine (*pee*-ner) *c* torment; *v* torment

pingvin (payng-*vin*) *c* penguin

pinlig (*peen*-li) *adj* embarrassing,
awkward

pinse (*payn*-ser) Whitsun

pisk (pisg) *c* whip

piske (*piss*-ger) *v* whip

pistol (pi-*sdoal*) *c* pistol

pittoresk (pi-toa-*ræsg*) *adj* pictur-
esque

placere (plah-*say*-o) *v* place; *put;
*lay

plade (*plaa*-dher) *c* plate; record,
sheet

pladespiller (*plaa*-dher-sbay-lo) *c* rec-
ord-player

plads (plahss) *c* seat; space, room;
square

plage (*plaa*-ah) *c* plague; *v* bother,
torture

plakat (plah-*kahd*) *c* poster

plan (plahn) *c* plan; project, scheme;
map; *adj* plane, level, even

planet (plah-*nayd*) *c* planet

planetarium (plah-ner-*tah*-Yom) *nt* (pl
-ier) planetarium

planke (*plahng*-ger) *c* plank

*planlægge** (*plaan*-leh-ger) *v* plan;
*make plans

plantage (plahn-*taa*-sYer) *c* plantation

plante (*plahn*-der) *c* plant; *v* plant

planteskole (*plahn*-der-sgoā-ler) *c*
nursery

plaster (*plahss*-do) *nt* (pl -tre) plaster

plastic- (*plah*-sdig) plastic

platin (plah-*tin*) *nt* platinum

pleje (*pligh*-er) *v* nurse

plejeforældre (*pligh*-er-fo-ehl-dro) *pl*

foster-parents *pl*

plejehjem (*pligh*-er-Yehm) *nt* (pl ~)
home; asylum

plet (plehd) *c* (pl ~ter) spot, stain;
blot, speck

pletfjerner (plehd-f Yær-no) *c* stain re-
mover

pletfri (plehd-fri) *adj* spotless, stain-
less

plette (*pleh*-der) *v* stain; **plettet** spot-
ted

pligt (playgd) *c* duty

plombe (*plom*-ber) *c* filling

plov (plo°°) *c* plough

pludselig (*plooss*-li) *adj* sudden; **plud-
seligt** suddenly

plukke (*plo*-ger) *v* pick, gather

plus (plooss) *adv* plus

plyndre (*plurn*-ro) *v* plunder

plædere (pleh-*day*-o) *v* plead

plæne (*plai*-ner) *c* lawn

pløje (*ploi*-er) *v* plough

pneumatisk (pnur°°-*mah*-tisg) *adj*
pneumatic

poesi (poa-eh-*si*) *c* poetry

poetisk (poa-*ay*-disg) *adj* poetic

pointantal (poa-*ehng*-ahn-tahl) *nt*
score

pokal (poa-*kahl*) *c* cup

polak (poa-*lahg*) *c* (pl ~ker) Pole

Polen (*poa*-lern) Poland

polere (poa-*lay*-o) *v* polish

polet (poa-*lehd*) *c* (pl ~ter) token

police (poa-*lee*-ser) *c* policy

polio (*poal*-Yoa) *c* polio

politi (poa-li-*ti*) *nt* police

politibetjent (poa-li-*ti*-bay-t Yehnd) *c*
policeman

politik (poa-li-*tig*) *c* politics; policy

politiker (poa-*li*-ti-go) *c* politician

politimand (poa-li-*ti*-mahn) *c* (pl
-mænd) policeman

politisk (poa-*li*-disg) *adj* political

politistation (poa-li-*ti*-sdah-sYoan) *c*

police-station

polsk (poalsg) *adj* Polish

polstre (*pol*-sdro) *v* upholster

pommes frites (pom-*frid*) chips

pony (*po*-ni) *c* pony

poplin (pob-*lehng*) *nt* poplin

popmusik (*pob*-moo-sig) *c* pop music

populær (poa-boo-*lær*) *adj* popular

porcelæn (po-ser-*lehn*) *nt* china; porcelain

port (poard) *c* gate

portier (po-t*Yay*) *c* porter

portion (po-s*Yoan*) *c* portion; helping

portner (*poard*-no) *c* door-keeper; caretaker

porto (*paw*-toa) *c* postage

portofri (*paw*-toa-fri) *adj* postage paid, free of postage

portræt (po-*træd*) *nt* (pl ~ter) portrait

Portugal (*paw*-toa-gahl) Portugal

portugiser (po-toa-*gi*-so) *c* Portuguese

portugisisk (po-toa-*gi*-sisg) *adj* Portuguese

pose (*pōa*-ser) *c* bag

position (poa-si-s*Yoan*) *c* position; station

positionslys (poa-si-s*Yoans*-lews) *nt* (pl ~) parking light

positiv (*pōa*-si-tee°°) *nt* positive; *adj* positive

post (posd) *c* mail, post; item

postanvisning (*posd*-ahn-vis-nayng) *c* postal order, money order; mail order *Am*

postbud (*posd*-boodh) *nt* postman

poste (*poss*-der) *v* mail, post

poste restante (poass-der ræ-*sdahng*-ter) poste restante

postering (po-*sdayr*-ayng) *c* entry

postkasse (*posd*-kah-ser) *c* pillar-box

postkontor (*posd*-koan-toar) *nt* post-office

postkort (*posd*-kawd) *nt* (pl ~) postcard; picture postcard

postnummer (*posd*-nom-o) *nt* (pl -numre) zip code *Am*

postvæsen (*posd*-veh-sern) *nt* postal authority

postyr (po-*sdewr*) *nt* fuss

pote (*pōa*-der) *c* paw

pottemagervarer (*po*-der-mah-o-vaaah) *pl* pottery

pragt (prahgd) *c* splendour; **pragt-** magnificent

pragtfuld (*prahgd*-fool) *adj* magnificent, lovely, splendid

praksis (*prahg*-siss) *c* practice

praktisere (prahg-ti-*say*-o) *v* practise

praktisk (*prahg*-disg) *adj* practical

prale (*praa*-ler) *v* boast

prekær (præ-*kær*) *adj* precarious

pres (præss) *nt* (pl ~) pressure

presenning (præ-*seh*-nayng) *c* tarpaulin

presse (*præ*-ser) *c* press; *v* press

pressekonference (*præ*-ser-kon-fer-rahng-ser) *c* press conference

presserende (præ-*say*-o-ner) *adj* pressing, urgent

prestige (præ-*sdeesh*) *c* prestige

prikke (*præ*-ger) *v* prick

primær (*pree*-mær) *adj* primary

princip (præn-*sib*) *nt* (pl ~per) principle

prins (præns) *c* prince

prinsesse (præn-*seh*-ser) *c* princess

prioritet (pri-o-i-*tayd*) *c* priority; mortgage

prioritetslån (pri-o-i-*tayds*-lon) *nt* (pl ~) mortgage

pris (pris) *c* cost, price; rate; award

prisfald (*priss*-fahl) *nt* (pl ~) slump

prisliste (*priss*-layss-der) *c* price-list

*****prissætte** (*priss*-seh-der) *v* price

privat (pri-*vahd*) *adj* private

privatliv (pri-*vahd*-lee°°) privacy

privilegere (pri-vi-li-*gay*-o) *v* favour

privilegium (pri-vi-*lay*-g^yom) *nt* (pl -ier) privilege

problem (proa-*blaym*) *nt* problem; question

procent (proa-*sehnd*) *c* percent

procentdel (proa-*sehnd*-dayl) *c* percentage

proces (proa-*sehss*) *c* (pl ~ser) process; lawsuit

procession (proa-seh-s^y*oan*) *c* procession

producent (proa-doo-*sehnd*) *c* producer

produkt (proa-*dogd*) *nt* product; produce

produktion (proa-doog-s^y*oan*) *c* production; output

profession (proa-fer-s^y*oan*) *c* profession

professionel (proa-feh-s^yoa-nehl) *adj* professional

professor (proa-*feh*-so) *c* professor

profet (proa-*fayd*) *c* prophet

profit (proa-*fid*) *c* (pl ~ter) profit

program (proa-*grahm*) *nt* (pl ~mer) programme

progressiv (proa-græ-see^{oo}) *adj* progressive

projekt (proa-s^y*ehgd*) *nt* project

projektør (proa-s^yehg-*turr*) *c* spotlight; searchlight

proklamere (proa-klah-*may*-o) *v* proclaim

promenade (proa-mer-*naa*-dher) *c* promenade

prop (prob) *c* (pl ~per) cork; stopper

propaganda (proa-bah-*gahn*-dah) *c* propaganda

propel (proa-*pehl*) *c* (pl ~ler) propeller

pro persona (proa pær-*soa*-nah) per person

propfuld (*prob*-fool) *adj* chock-full

proportion (proa-bo-s^y*oan*) *c* proportion

proportional (proa-bo-s^yoa-*nahl*) *adj* proportional

proptrækker (*prob*-træ-go) *c* corkscrew

prospekt (proa-*sbehgd*) *nt* prospectus

prospektkort (proa-*sbehgd*-kawd) *nt* (pl ~) picture postcard

prostitueret (proa-sdi-too-ay-raydh) *c* (pl -ede) prostitute

protein (proa-ter-*in*) *nt* protein

protest (proa-*tehsd*) *c* protest

protestantisk (proa-der-*sdahn*-disg) *adj* Protestant

protestere (proa-der-*sday*-o) *v* protest; ~ imod object to

protokol (proa-doa-*kol*) *c* (pl ~ler) record

proviant (proa-vi-*ahnd*) *c* provisions *pl*

provins (proa-*vayns*) *c* province

provinsiel (proa-vayn-s^y*ehl*) *adj* provincial

præcis (præ-*sis*) *adj* very, precise, punctual; præcist just

prædike (*prædh*-ger) *v* preach

prædiken (*prædh*-gern) *c* sermon

prædikestol (*prædh*-ger-sdoal) *c* pulpit

prægtig (*præg*-di) *adj* superb, gorgeous; swell

præmie (*præm*-^yer) *c* prize

præposition (præ-boa-si-s^y*oan*) *c* preposition

præsentation (præ-sern-tah-s^y*oan*) *c* introduction

præsentere (præ-sern-*tay*-o) *v* present, introduce

præservativ (præ-sær-vah-tee^{oo}) *nt* contraceptive

præsident (præ-si-*dehnd*) *c* president, chairman

præst (prahsd) *c* clergyman; parson, rector, vicar, minister; katolsk ~

priest
præstation (præ-sdah-s^yoan) *c*
achievement
præstebolig (*prahss*-day-bōā-li) *c*
vicarage
præstegård (*prahss*-der-go) *c* parson-
age, rectory
præstere (præ-*sday*-o) *v* achieve
præventionsmiddel (præ-vern-s^yoans-
midh-erl) *nt* (pl -midler) contracep-
tive
prøve¹ (*prūr*-ver) *c* rehearsal; trial;
holde ~ på rehearse; *på ~* on
approval
prøve² (*prūr*-ver) *v* try, attempt; try
on
prøveværelse (*prūr*-ver-vai-ol-ser) *nt*
fitting room
psykiater (sew-gi-*ah*-do) *c* psychia-
trist
psykisk (*sew*-gisg) *adj* psychic
psykoanalytiker (*sew*-goa-ah-nah-lew-
ti-go) *c* analyst, psychoanalyst
psykolog (sew-goa-*loa*) *c* psychologist
psykologi (sew-goa-loa-*gi*) *c* psychol-
ogy
psykologisk (sew-goa-*loa*-isg) *adj* psy-
chological
publikation (poob-li-kah-s^yoan) *c* pub-
lication
publikum (*poob*-li-kom) *nt* audience,
public
pudder (*poodh*-o) *nt* powder
pudderdåse (*poodh*-o-daw-ser) *c* pow-
der compact
pudderkvast (*poodh*-o-kvahsd) *c* pow-
der-puff
pudderunderlag (*poodh*-o-o-no-lah) *nt*
(pl ~) foundation cream
pude (*pōō*-dher) *c* pillow, cushion;
pad
pudebetræk (*pōō*-dher-ber-træg) *nt*
(pl ~) pillow-case
puds (pooss) *c* plaster

pudse (*poo*-ser) *v* polish; brush up;
cheat
pudsig (*poo*-si) *adj* droll, funny
puf (pof) *nt* (pl ~) push
puffe (*po*-fer) *v* push
pukle (*pog*-ler) *v* swot, slog; labour
puls (pools) *c* pulse
pulsåre (*pools*-aw-o) *c* artery
pulverisere (pol-vo-i-*say*-o) *v* pulver-
ize, *grind
pumpe (*pom*-ber) *c* pump; *v* pump
pund (poon) *nt* (pl ~) pound
pung (pong) *c* purse; pouch
punkt (pongd) *nt* item, point; issue;
dot
punkteret (pong-*tay*-odh) *adj* punc-
tured
punktering (pong-*tayr*-ayng) *c* punc-
ture; blow-out, flat tyre
punktlig (*pongd*-li) *adj* punctual
punktum (*pong*-tom) *nt* (pl ~mer)
full stop, period
pupil (poo-*pil*) *c* (pl ~ler) pupil
pure (*pōō*-o) *adj* sheer; *adv* com-
pletely
purløg (*poor*-loi) *nt* (pl ~) chives *pl*
purpurfarvet (*poor*-bo-fah-verdh) *adj*
purple
pus¹ (pooss) *nt* (pl ~) tot
pus² (pooss) *nt* pus
puslespil (*pooss*-ler-sbayl) *nt* (pl ~)
jigsaw puzzle
puste (*pōō*-sder) *v* *blow, puff; ~ op
inflate
pyjamas (pew-*ya*-mahss) *c* (pl ~)
pyjamas *pl*
pyt (pewd) *c* (pl ~ter) puddle
pæl (pehl) *c* pole, stake
pæn (pehn) *adj* nice
pære (*pai*-o) *c* pear; **elektrisk ~**
light bulb
pøl (purl) *c* pool
pølse (*purl*-ser) *c* sausage
på (po) *prep* on, upon; at, in

påbud (*po*-boodh) *nt* (pl ∼) direction

***pådrage sig** (*po*-drou-er) contract, incur, *catch

påfaldende (*po*-fahl-er-ner) *adj* striking, remarkable

påfugl (*po*-fool) *c* peacock

pågribelse (*po*-gri-berl-ser) *c* capture, apprehension

påklædningsværelse (*po*-klehdh-nayngs-vai-ol-ser) *nt* dressing-room

påkrævet (*po*-kræ-verdh) *adj* required, necessary

pålidelig (po-*li*-dher-li) *adj* reliable, trustworthy

påpasselig (po-*pah*-ser-li) *adj* careful

påske (*paw*-sger) Easter

påskelilje (*paw*-sger-lil-ᵞer) *c* daffodil

påskud (*po*-sgoodh) *nt* (pl ∼) pretext, pretence

påskønne (*po*-sgurn-er) *v* appreciate

***påstå** (*po*-sdo) *v* claim, assert

***påtage sig** (*po*-tah-ah) *v* *take charge of

påvirke (*po*-veer-ger) *v* influence, affect

påvise (*po*-*vi*-ser) *v* prove

Q

R

rabalder (rah-*bahl*-o) *nt* noise; row; racket

rabarber (rah-*bah*-bo) *c* (pl ∼) rhubarb

rabat (rah-*bahd*) *c* (pl ∼ter) discount; rebate

race (*raa*-ser) *c* race, breed; **race-** racial

radering (rah-*dayr*-ayng) *c* etching; engraving

radiator (rah-di-*aa*-to) *c* radiator

radikal (rah-di-*kahl*) *adj* radical

radio (*rah*-dᵞoa) *c* wireless, radio

radise (rah-*di*-ser) *c* radish

radius (*rah*-dᵞooss) *c* (pl -ier) radius

raffinaderi (rah-fi-nah-dho-*ri*) *nt* refinery

raket (rah-*kæd*) *c* (pl ∼ter) rocket

ramme (*rah*-mer) *c* frame; setting; *v* *hit; *strike

rampe (*rahm*-ber) *c* ramp, slope

rand (rahn) *c* border; brim, margin

rang (rahng) *c* rank; grade

rangordne (*rahng*-od-ner) *v* grade

rank (rahngg) *adj* upright

ransel (*rahn*-serl) *c* (pl -sler) knapsack

rapport (rah-*pawd*) *c* report

rapportere (rah-po-*tay*-o) *v* report

rar (rah) *adj* nice

rase (*raa*-ser) *v* rage

rasende (*raa*-ser-ner) *adj* furious

raseri (raa-so-*ri*) *nt* rage, anger

rask (rahsg) *adj* well, healthy; fast; *blive ∼ recover

rastløs (*rahsd*-lurs) *adj* restless

rat (rahd) *nt* (pl ∼) steering-wheel

ration (rah-sᵞoan) *c* ration

ratstamme (*rahd*-sdah-mer) *c* steering-column

rav (rou) *nt* amber

ravn (roun) *c* raven

rayon (*rah*-ᵞon) *c* rayon

reaktion (ræ-ahg-sᵞoan) *c* reaction

realisabel (ræ-ah-li-*sah*-berl) *adj* realizable, feasible

realisere (ræ-ah-li-*say*-o) *v* carry out, realize

reb (ræb) *nt* (pl ∼) rope

recept (ræ-*sehbd*) *c* prescription

reception (ræ-sehb-sᵞoan) *c* reception office

receptionsdame (ræ-sehb-s^yoans-daa-mer) c receptionist

redaktør (ræ-dahg-*turr*) c editor

redde (*rædh*-er) v save, rescue

rede (*ræ*æ-dher) c nest; v comb; *adj* ready; ~ **seng** *make a bed

redegørelse (*ræ*æ-dher-gur-ol-ser) c explanation

redning (*rædh*-nayng) c rescue, saving; salvation

redningsbælte (*rædh*-nayngs-behl-der) *nt* life buoy, lifebelt

redningsmand (*rædh*-nayngs-mahn) c (pl -mænd) saviour

redskab (*rædh*-sgahb) *nt* utensil, implement

reducere (ræ-doo-*say*-o) v reduce

reduktion (ræ-doog-s^yoan) c reduction

reel (ræ-*ehl*) *adj* real, genuine; fair

referat (ræ-fer-*rahd*) *nt* report; account; summary

reference (ræ-fer-*rahng*-ser) c reference

refleks (ræ-*flehgs*) c reflection

reflektere (ræ-flehg-*tay*-o) v reflect

reflektor (ræ-*flehg*-to) c reflector

reformationen (ræ-fo-mah-s^yoa-nern) the Reformation

refundere (ræ-fon-*day*-o) v refund

refundering (ræ-fon-*dayr*-ayng) c refund

regatta (ræ-*gah*-tah) c regatta

regel (*ræ*-erl) c (pl regler) rule; regulation; **som** ~ as a rule

regelmæssig (*ræ*-erl-meh-si) *adj* regular

regere (ræ-*gay*-o) v govern; reign, rule

regering (ræ-*gayr*-ayng) c government

regeringstid (ræ-*gayr*-ayngs-tidh) c reign

regie (ræ-s^yi) c direction

regime (ræ-s^yee-mer) *nt* régime

region (ræ-gi-*oan*) c region

regional (ræ-gi-oa-*nahl*) *adj* regional

register (ræ-*giss*-do) *nt* (pl -tre) index

registreringsnummer (ræ-gi-*sdrær*-ayngs-nom-o) *nt* (pl -numre) registration number; licence number *Am*

reglement (ræ-ler-*mahng*) *nt* regulations *pl*

regn (righn) c rain

regnbue (*righn*-bōō-oo) c rainbow

regnbyge (*righn*-bēw-ew) c shower

regne[1] (*righn*-ner) v rain

regne[2] (*righn*-ner) v reckon; ~ **for** count, reckon; ~ **med** reckon

regnemaskine (*righ*-ner-mah-sgee-ner) c adding-machine; calculating machine; calculator

regnfrakke (*righn*-frah-ger) c raincoat, mackintosh

regnfuld (*righn*-fool) *adj* rainy

regning (*righ*-nayng) c bill; check *nAm*; arithmetic

regnskab (*righn*-sgahb) *nt* accounting

regntæt (*righn*-tehd) *adj* rainproof

regulere (ræ-goo-*lay*-o) v regulate, adjust

regulering (ræ-goo-*layr*-ayng) c regulation

reje (*righ*-er) c shrimp; prawn

rejse (*righ*-ser) c journey, voyage, trip; v travel; erect; ~ **bort** depart; ~ **sig** *rise

rejsearrangør (*righ*-ser-aa-ahn-s^yurr) c travel agent

rejsebureau (*righ*-ser-bew-roa) *nt* travel agency

rejsecheck (*righ*-ser-s^yehg) c (pl ~s) traveller's cheque

rejseforsikring (*righ*-ser-fo-sayg-ræng) c travel insurance

rejsegodsvogn (*rahi*-ser-goss-vo^{oo}n) c luggage van

rejsende (*righ*-ser-ner) *c* (pl ~)
traveller

rejseplan (*righ*-ser-plahn) *c* itinerary

rejserute (*righ*-ser-rōō-der) *c* itinerary

rejseudgifter (*righ*-ser-oodh-gif-do) *pl*
travelling expenses

rejsning (*righss*-nayng) *c* rising; erection

reklame (ræ-*klaa*-mer) *c* advertising;
commercial

rekord (ræ-*kawd*) *c* record

rekreation (ræ-kræ-ah-s*Yoan*) *c* recreation

rekrut (ræ-*krood*) *c* (pl ~ter) recruit

rektangel (*rægd*-ahng-erl) *nt* (pl -gler)
rectangle; oblong

rektangulær (*rægd*-ahng-goo-lær) *adj*
rectangular

rektor (*ræg*-to) *c* principal, headmaster, head

relation (ræ-lah-s*Yoan*) *c* relation

relativ (ræ-lah-tee∘∘) *adj* relative;
comparative

relief (ræ-li-*ehf*) *nt* (pl ~fer) relief

religion (ræ-li-gi-*oan*) *c* religion

religiøs (ræ-li-gi-*urs*) *adj* religious

relikvie (ræ-*li*-kvi-er) *c* relic

rem (ræm) *c* (pl ~me) strap

ren (ræn) *adj* clean; pure; *gøre rent
clean

rendesten (*ræ*-ner-sdayn) *c* gutter

***rengøre** (*ræ*æn-gur-o) *v* clean

rengøring (*ræ*æn-gurr-ayng) *c* cleaning

rengøringsmiddel (*ræ*æn-gurr-ayngs-
midh-erl) *nt* (pl -midler) detergent,
cleaning fluid

renommé (ræ-noa-*may*) *nt* reputation

rensdyr (*ræns*-dewr) *nt* (pl ~) reindeer

rense (*ræn*-ser) *v* clean; **kemisk ~**
dry-clean

renseri (ræn-so-*ri*) *nt* dry-cleaner's

rentabel (ræn-*tah*-berl) *adj* profitable;

paying

rente (*ræn*-der) *c* interest

reparation (ræ-bo-rah-*shoan*) *c* repair,
reparation

reparere (ræ-bo-*ræ*-o) *v* repair;
mend, fix

repertoire (ræ-pær-toa-*aa*-ah) *nt* repertory

reproducere (ræ-proa-doo-*say*-o) *v* reproduce

reproduktion (ræ-proa-doog-s*Yoan*) *c*
reproduction

repræsentant (ræ-præ-sern-*tahnd*) *c*
agent

repræsentation (ræ-præ-sern-tah-
s*Yoan*) *c* representation

repræsentativ (ræ-præ-sern-tah-tee∘∘)
adj representative

repræsentere (ræ-præ-sern-*tay*-o) *v*
represent

republik (ræ-poo-*blig*) *c* (pl ~ker) republic

republikansk (ræ-poo-bli-*kahnsg*) *adj*
republican

reservation (ræ-sær-vah-s*Yoan*) *c*
booking, reservation

reserve (ræ-*sær*-ver) *c* reserve; **reserve-** spare

reservedel (ræ-*sær*-ver-dayl) *c* spare
part

reservedæk (ræ-*sær*-ver-dehg) *nt* (pl
~) spare tyre

reservehjul (ræ-*sær*-ver-Yool) *nt* (pl
~) spare wheel

reservere (ræ-sær-*vay*-o) *v* reserve;
book

reserveret (ræ-sær-*vay*-odh) *adj* reserved

reservoir (ræ-sær-voa-*aa*) *nt* reservoir

resolut (ræ-soa-*lood*) *adj* resolute

respekt (ræ-*sbehgd*) *c* esteem, respect

respektabel (ræ-sbehg-*tah*-behl) *adj*
respectable

respektere (ræ-sbehg-*tay*-o) v respect

respektiv (ræ-sbehg-tee°°) adj respective

rest (ræsd) c rest; remainder, remnant; **for resten** by the way, besides

restaurant (ræ-sdoa-*rahng*) c restaurant

restere (ræ-*sday*-o) v remain; **resterende** remaining

restparti (ræsd-pah-ti) nt remainder

restriktion (ræ-sdræg-s*Y*oan) c restriction

resultat (ræ-sool-*tahd*) nt result; issue, outcome

resultere (ræ-sool-*tay*-o) v result

resumé (ræ-sew-*may*) nt summary

ret¹ (ræd) c right; justice, law; ***have ~ *** be right; **med rette** rightly

ret² (ræd) c (pl ~ter) course, dish

ret³ (ræd) adj right; appropriate, proper; adv fairly

retfærdig (ræd-*fær*-di) adj just, right, fair

retfærdighed (ræd-*fær*-di-haydh) c justice

retmæssig (ræd-meh-si) adj legitimate

retning (ræd-nayng) c direction, way

retskaffen (ræd-sgah-fern) adj honourable; righteous

retssag (ræd-sah) c trial, lawsuit

rette¹ (ræ-der) v direct, aim; level **~ imod** aim at

rette² (ræ-der) v straighten; correct; level

rettelse (ræ-derl-ser) c correction

rettighed (ræ-di-haydh) c right

returnere (ræ-toor-*nay*-o) v return; ***send back**

reumatisme (roi-mah-*tiss*-mer) c rheumatism

rev (ræoo) nt (pl ~) reef

revalidere (ræ-vah-li-*day*-o) v rehabilitate

revalidering (ræ-vah-li-*dayr*-ayng) c rehabilitation

revers (ræ-*værs*) c lapel

revidere (ræ-vi-*day*-o) v revise

revision (ræ-vi-s*Y*oan) c revision

revne (*ræoo*-ner) c crack; chink; crevice; flaw; v crack

revolution (ræ-voa-loo-s*Y*oan) c revolution

revolutionær (ræ-voa-loo-s*Y*oa-*nær*) adj revolutionary

revolver (ræ-*vol*-vo) c gun, revolver

revy (ræ-vew) c revue

revyteater nt (pl -tre) music-hall

ribben (*ri*-bayn) nt (pl ~) rib

ribs (ræbs) nt (pl ~) currant

ridder (ridh-o) c knight

*ride (ree-dher) v *ride

rideskole (ree-dher-sgōā-ler) c riding-school

ridning (*ridh*-nayng) c riding

rift (ræfd) c scratch; tear, cut

rig (ri) adj wealthy, rich

rigdom (ree-dom) c (pl ~me) wealth, riches pl

rige (ree-i) nt empire; kingdom

rigelig (ree-i-li) adj absurd, plentiful

rigs- (riss) imperial

rigstelefonsamtale (riss-tay-ler-foan-sahm-taa-ler) c trunk-call

rigtig (*ræg*-di) adj just, right, correct; proper; **rigtigt** rather, exactly

rigtighed *ræg*-di-haydh) c correctness, accuracy

rille (*ri*-ler) c groove

rim (rim) nt (pl ~) rhyme

rimelig (ree-mer-li) adj reasonable, fair

ring (ræng) c ring

ringe¹ (*ræng*-er) v *ring; **~ op** call; ring up; call up Am

ringe² (*ræng*-er) adj small, minor; **ringere** inferior; **ringest** least

ringeagtelse (ræng-er-ahg-derl-ser) *c* contempt; disdain

ringvej (ræng-vigh) *c* ring road, circular road

ris (ris) *c* (pl ~) rice

risikabel (ræ-si-*kah*-berl) *adj* risky; critical

risikere (ræ-si-*kay*-o) *v* risk

risiko (*ri*-si-koa) *c* (pl risici) risk; chance

rist (ræsd) *c* grating; grate

riste (*ræss*-der) *v* roast, grill

ristet brød (ræss-dedh brurdh) toast

rival (ri-*vahl*) *c* rival

rivalisere (ri-vah-li-*say*-o) *v* rival

rivalisering (ri-vah-li-*sayr*-ayng) *c* rivalry

rive (*ree*-ver) *c* rake

***rive** (*ree*-ver) *v* grate; scratch; rake; ~ **itu** *tear

rivejern (*ree*-ver-ᵛærn) *nt* (pl ~) grater

ro (roa) *c* quiet; *v* row; ***falde til ~** calm down

robust (roa-*boosd*) *adj* robust

robåd (*roa*-bodh) *c* rowing-boat

rod¹ (roadh) *nt* mess; muddle

rod² (roadh) *c* (pl rødder) root

roderi (roa-dho-*ri*) *nt* mess

rogn (roᵒᵒn) *c* roe

rolig (*rōa*-li) *adj* quiet, calm, tranquil, serene

rolling (*ro*-layng) *c* toddler

roman (roa-*mahn*) *c* novel

romance (roa-*mahng*-ser) *c* romance

romanforfatter (roa-*mahn*-fo-fah-do) *c* novelist

romantisk (roa-*mahn*-tisg) *adj* romantic

romersk-katolsk (roa-*mosg*-kah-toalsg) *adj* Roman Catholic

ror (roar) *nt* (pl ~) helm, rudder

rorgænger (*roar*-gehng-o) *c* steersman, helmsman

ros (roas) *c* praise

rosa (*rōa*-sah) *adj* rose

rose (*rōa*-ser) *c* rose; *v* praise

rosenkrans (*rōa*-sern-krahns) *c* rosary; beads *pl*

rosenkål (*rōa*-sern-kol) *c* sprouts *pl*

rosin (roa-*sin*) *c* raisin

rotte (*ro*-der) *c* rat

rouge (*rōosh*) *c* rouge

roulet (roo-*lehd*) *c* (pl ~ter) roulette

rovdyr (roᵒᵒ-dewr) *nt* (pl ~) beast of prey

ru (roo) *adj* harsh

rubin (roo-*bin*) *c* ruby

rubrik (roo-*bræg*) *c* (pl ~ker) column, article

rude (*rōō*-dher) *c* pane

ruin (roo-*in*) *c* ruin

ruinere (roo-i-*nay*-o) *v* ruin

rulle (*roo*-ler) *c* roll; *v* roll

rullegardin (*roo*-ler-gah-din) *nt* blind

rulleskøjteløb (*roo*-ler-sgoi-der-lurb) *nt* roller-skating

rullesten (*roo*-ler-sdayn) *c* (pl ~) pebble

rulletrappe (*roo*-ler-trah-ber) *c* escalator

rum (rom) *nt* (pl ~) room

rumme (*ro*-mer) *v* contain

rummelig (*ro*-mer-li) *adj* roomy, spacious; large

rumæner (roo-*meh*-no) *c* Rumanian

Rumænien (roo-*mehn*-ᵛern) Rumania

rumænsk (roo-*mehnsg*) *adj* Rumanian

rund (ron) *adj* round

runde (*ron*-der) *c* round

rundhåndet (*ron*-hon-erdh) *adj* liberal, generous

rundkørsel (*ron*-kurr-serl) *c* (pl -kørsler) roundabout

rundrejse (*ron*-righ-ser) *c* tour

rundspørge (*ron*-sbūr-o) *nt* poll

rundstykke (*ron*-sdur-ger) *nt* roll

ruskind (roo-sgayn) nt suede
Rusland (rooss-lahn) Russia
russer (roo-so) c Russian
russisk (roo-sisg) adj Russian
rust (rosd) c rust
rusten (ross-dern) adj rusty
rustning (rosd-nayng) c armour
rute (rōō-der) c route
rutebåd (rōō-der-bodh) c liner
rutine (roo-tee-ner) c routine
rutschebane (rood-sher-baa-ner) c
  slide
ry (rew) nt glory
rydde op (rew-dher) tidy up
ryg (rurg) c (pl ~ge) back
*ryge (rēw-ew) v smoke
rygekupé (rēw-ew-koo-pay) c
  smoking-compartment; smoker
ryger (rēw-o) c smoker
rygeværelse (rēw-ew-vai-ol-ser) nt
  smoking-room
rygning forbudt (rēw-nayng fo-bood)
  no smoking
rygrad (rurg-rahdh) c backbone
rygsmerter (rurg-smær-do) pl back-
  ache
rygsæk (rurg-sehg) c (pl ~ke) ruck-
  sack
rygsøjle (rurg-soi-ler) c spine
rygte (rurg-der) nt rumour; fame,
  reputation
ryk (rurg) nt (pl ~) tug; jerk; pull;
  wrench
rynke (rurng-ger) c wrinkle; crease
ryste (rurss-der) v *shake; tremble,
  shiver
rytme (rewd-mer) c rhythm
rytter (rew-do) c horseman, rider
rædsel (rædh-serl) c (pl -sler) terror;
  horror
rædselsfuld (rædh-serls-fool) adj aw-
  ful, horrible, dreadful
rædselsvækkende (rædh-serls-veh-
  ger-ner) adj creepy

rædsom (rædh-som) adj terrible
række (ræ-ger) c row, line, rank;
  series, file
*række (ræ-ger) v pass
rækkefølge (ræ-ger-furl-Yer) c order;
  succession
rækkevidde (ræ-ger-vi-der) c reach;
  range; scope
rækværk (ræg-værg) nt (pl ~) rail-
  ing
ræsonnere (ræ-soa-nay-o) v reason
ræv (ræoo) c fox
røbe (rūr-ber) v betray, disclose;
  *give away
rød (rurdh) adj red
rødbede (roa-bāy-dher) c beetroot
rødkælk (rurdh-kehlg) c robin
rødme (rurdh-mer) v blush
rødspætte (rurdh-sbeh-der) c plaice
røg (roi) c smoke
røgelse (rūr-url-ser) c incense
røntgenbillede (rurng-gern-bay-ler-
  dher) nt X-ray
røntgenfotografere (rurng-gern-foa-
  doa-grah-fay-o) v X-ray
rør (rurr) nt (pl ~) tube, pipe; cane
røre (rūr-o) v stir; ~ sig stir; ~ ved
  touch
rørende (rūr-o-ner) adj touching
røve (rūr-ver) v rob
røver (rūr-vo) c robber
røveri (rūr-vo-ri) nt robbery
rå (ro) adj raw
råb (rob) nt (pl ~) call, shout, cry
råbe (raw-ber) v shout, call, cry
råd (rodh) nt (pl ~) counsel, advice;
  council; *have ~ til afford
rådden (rodh-ern) adj rotten
råde (raw-dher) v advise; ~ over dis-
  pose of
*rådgive (rodh-gi-ver) v advise
rådgiver (rodh-gi-vo) c counsellor
rådhus (rodh-hoos) nt town hall
rådighed (raw-dhi-haydh) c disposal;

command

rådslagning (*rodh*-slah-nayng) *c* deliberation; consultation

***rådslå** (*rodh*-slo) *v* deliberate; consult

rådsmedlem (*rodhs*-mehdh-lehm) *nt* (pl ~mer) councillor

rålam (*ro*-lahm) *nt* (pl ~) fawn

råolie (*ro*-oal-Yer) *c* petroleum

råstof (*ro*-sdof) *nt* (pl ~fer) raw material

S

sadel (*sah*-dherl) *c* (pl sadler) saddle

safir (sah-*feer*) *c* sapphire

saft (sahfd) *c* juice; syrup; sap

saftig (*sahf*-di) *adj* juicy

sag (sah) *c* matter; cause; case

sagkyndig (*sou*-kurn-di) *adj* expert

sakkarin (sah-gah-*rin*) *nt* saccharin

saks (sahgs) *c* scissors *pl*

sal (sahl) *c* hall; floor, storey

salat (sah-*lahd*) *c* salad; **grøn** ~ lettuce

saldo (*sahl*-doa) *c* balance

salg (sahl) *nt* (pl ~) sale; **til** ~ for sale

salgbar (*sahl*-bah) *adj* saleable

salme (*sahl*-mer) *c* hymn; psalm

salmiakspiritus (sahl-mi-*ahg*-sbeer-i-tooss) *c* ammonia

salon (sah-*long*) *c* drawing-room; salon, lounge

salt (sahld) *nt* salt; *adj* salty

saltkar (*sahld*-kah) *nt* (pl ~) salt-cellar

salve (*sahl*-ver) *c* ointment, salve

samarbejde (*sahm*-aa-bigh-der) *nt* co-operation, collaboration; *v* cooperate, collaborate

samarbejdsvillig (*sahm*-aa-bighds-vil-i)

adj co-operative

samfund (*sahm*-fon) *nt* (pl ~) society; community; **samfunds-** social

samkvem (*sahm*-kvehm) *nt* intercourse, communication

samle (*sahm*-ler) *v* gather, collect; assemble; ~ **op** pick up

samler (*sahm*-lo) *c* collector

samles (*sahm*-lerss) *v* gather

samlet (*sahm*-lerdh) *adj* total, whole, overall

samling (*sahm*-layng) *c* collection; session

samme (*sah*-mer) *adj* same; equal

sammen (*sahm*-ern) *adv* together

sammendrag (*sahm*-ern-drou) *nt* (pl ~) résumé

sammenfatning (*sahm*-ern-fahd-nayng) *c* summary

sammenføje (*sahm*-ern-foi-er) *v* join

sammenhæng (*sahm*-ern-hehng) *c* connection; coherence

sammenkomst (*sahm*-ern-komsd) *c* assembly; meeting

sammenligne (*sahm*-ern-li-ner) *v* compare

sammenligning (*sahm*-ern-li-nayng) *c* comparison

sammenstykke (*sahm*-ern-sdur-ger) *v* compile

sammenstød (*sahm*-ern-sdurdh) *nt* (pl ~) collision, clash; quarrel

sammensværgelse (*sahm*-ern-svær-gerl-ser) *c* plot, conspiracy

***sammensværge sig** (*sahm*-ern-svær-ger) conspire

sammensætning (*sahm*-ern-sehd-nayng) *c* composition

***sammensætte** (*sahm*-ern-seh-der) *v* compose, *put together

sammentræf (*sahm*-ern-træf) *nt* (pl ~) coincidence

samtale (*sahm*-taa-ler) *c* talk, conver-

sation
samtidig (*sahm*-tidh-i) *adj* simultaneous, contemporary; *c* contemporary; **samtidigt** simultaneously
samtids- (*sahm*-tidhs) contemporary
samtykke (*sahm*-tew-ger) *nt* consent; *v* consent
samvittighed (sahm-*vi*-di-haydh) *c* conscience
sanatorium (sah-nah-*toar*-Yom) *nt* (pl -ier) sanatorium
sand (sahn) *nt* sand; *adj* true; real, regular; correct
sandal (sahn-*dahl*) *c* sandal
sandelig (*sah*-ner-li) *adv* indeed
sandet (*sah*-nerdh) *adj* sandy
sandfærdig (sahn-*fær*-di) *adj* truthful
sandhed (*sahn*-herdh) *c* truth
sandpapir (*sahn*-pah-peer) *nt* sandpaper
sandsynlig (sahn-*sewn*-li) *adj* likely; probable
sandsynligvis (sahn-*sewn*-li-viss) *adv* probably
sang (sahng) *c* song
sanger (*sahng*-o) *c* singer, vocalist
sangerinde (sahng-o-ay-ner) *c* singer
sanitær (sah-ni-*tær*) *adj* sanitary
sans (sahns) *c* sense
sardin (sah-*din*) *c* sardine
sart (sahd) *adj* tender, delicate
satellit (sah-der-*lid*) *c* (pl ~ter) satellite
Saudi-Arabien (*sou*-di ah-*rahb*-Yern) Saudi Arabia
saudiarabisk (*sou*-di-ah-rah-bisg) *adj* Saudi Arabian
sauna (*sou*-nah) *c* sauna
sav (sahoo) *c* saw
savn (soun) *nt* (pl ~) lack, need, want
savsmuld (*sou*-smool) *nt* sawdust
savværk (*sou*-værg) *nt* saw-mill
scene (*sāy*-ner) *c* scene; stage

Schweiz (svighds) Switzerland
schweizer (*svighd*-so) *c* Swiss
schweizisk (*svighd*-sisg) *adj* Swiss
score (*sgōa*-o) *v* score
scrapbog (*sgrahb*-booºº) *c* (pl -bøger) scrap-book
***se** (say) *v* look, *see; notice; ~ efter look after; ~ på look at; ~ sig for look out; ~ ud look; ~ ud til appear, seem
seer (*say*-o) *c* spectator, viewer
segl (sighl) *nt* (pl ~) seal
sej (sigh) *adj* tough
sejl (sighl) *nt* (pl ~) sail
sejlads (sigh-*lahs*) *c* sailing
sejlbar (*sighl*-bah) *adj* navigable
sejlbåd (*sighl*-bodh) *c* sailing-boat
sejldug (*sighl*-doo) *c* canvas
sejle (*sigh*-ler) *v* sail
sejlgarn (*sighl*-gahn) *nt* string; twine
sejlklub (*sighl*-kloob) *c* (pl ~ber) yacht-club
sejlsport (*sighl*-sbawd) *c* yachting
sejr (sighr) *c* victory
sekretær (say-grah-*tær*) *c* secretary, clerk
seks (sehgs) *num* six
seksten (*sigh*-sdern) *num* sixteen
sekstende (*sigh*-sder-ner) *num* sixteenth
seksualitet (sehg-soo-ah-li-*tayd*) *c* sexuality
seksuel (sehg-soo-*ehl*) *adj* sexual
sektion (sehg-s Yoan) *c* section
sekund (say-*kond*) *nt* second
sekundær (say-kon-*dær*) *adj* subordinate, secondary
seler (*sāy*-lo) *pl* braces *pl;* suspenders *plAm*
selleri (*say*-lo-ri) *c* celery
selskab (*sehl*-sgahb) *nt* company; society; association; party
selskabskjole (*sehl*-sgahbs-k Yōā-ler) *c* robe

selskabstøj (sehl-sgahbs-toi) pl evening dress

selv (sehl) pron myself; yourself; himself; herself; oneself; ourselves; yourselves; themselves; adv even; ~ om although, though

*selvangive (sehl-ahn-gi-ver) v declare

selvangivelse (sehl-ahn-gi-verl-ser) c tax return

selvbetjening (sehl-bay-tYeh-nayng) c self-service

selvfølgelig (sehl-furl-Yer-li) adv of course

selvindlysende (sehl-ayn-lew-ser-ner) adj self-evident

selvisk (sehl-visg) adj selfish

selvmord (sehl-moar) nt (pl ~) suicide

selvoptaget (sehl-ob-tah-ahdh) adj self-centred

selvrådig (sehl-ro-dhi) adj headstrong

selvstyre (sehl-sdēw-o) nt self-government

selvstændig (sehl-sdehn-di) adj independent, self-employed

semikolon (say-mi-kōā-lon) nt semicolon

sen (sayn) adj late

senat (say-nahd) nt senate

senator (say-naa-to) c senator

sende (seh-ner) v *send; transmit; ~ af sted dispatch; ~ bort dismiss; ~ bud efter *send for; ~ tilbage *send back

sender (seh-no) c transmitter

sending (seh-nayng) c consignment; shipment

sene (sāy-ner) c sinew, tendon

senere (sāy-naw-o) adv afterwards

seng (sehng) c bed

sengetæppe (sehng-er-teh-ber) nt counterpane

sengetøj (sehng-er-toi) pl bedding

senil (say-nil) adj senile

sennep (seh-nob) c mustard

sensation (sehn-sah-sYoan) c sensation

sensationel (sehn-sah-sYoa-nehl) adj sensational

sentimental (sehn-ti-mehn-tahl) adj sentimental

separat (say-bah-rahd) adv separately; apart

september (sayb-tehm-bo) September

septisk (sehb-tisg) adj septic

serie (sayr-Yer) c series; sequence

seriøs (sayr-i-urs) adj serious

serum (sāy-rom) nt (pl sera) serum

servere (sær-vay-o) v serve

service¹ (surr-viss) c service

service² (sær-vee-ser) nt crockery; tableware

servicestation (surr-viss-sdah-sYoan) c service station

serviet (sær-vi-ehd) c (pl ~ter) napkin; serviette

servitrice (sær-vi-tree-ser) c waitress

seværdighed (say-vær-di-haydh) c sight

si (si) c sieve; v strain, sift

Siam (see-ahm) Siam

siameser (see-ah-may-so) c Siamese

siamesisk (see-ah-may-sisg) adj Siamese

*sidde (say-dher) v *sit; ~ fast *stick

siddeplads (sāy-dher-plahss) c seat

side (see-dher) c side; page; til ~ aside; ved siden af next to, beside; next-door

sidegade (see-dher-gaa-dher) c sidestreet

sidelys (see-dher-lews) nt sidelight

sidelæns (see-dher-lehns) adv sideways

sideløbende (*see*-dher-lur-ber-ner) *adj* parallel

sidemand (*see*-dher-mahn) *c* (pl -mænd) neighbour

siden (*sidh*-ern) *adv* since; *prep* since; *conj* since; **for ... siden** ago

sideskib (*see*-dher-sgib) *nt* aisle

sidst (sisd) *adj* last; past, ultimate; **til ~ at last**

sifon (si-*fong*) *c* syphon, siphon

sig (sigh) *pron* herself, himself; themselves

***sige** (*see*-i) *v* *say; *tell

signal (si-*nahl*) *nt* signal

signalement (si-nah-ler-*mahng*) *nt* description

signalere (si-nah-*lay*-o) *v* signal

sigtbarhed (*saygd*-bah-haydh) *c* visibility

sigte (*sayg*-der) *v* sieve; **~ mod** aim at; **~ på** aim at

sigøjner (si-*goi*-no) *c* gipsy

sikker (*say*-go) *adj* secure, sure, safe; certain; **sikkert** surely

sikkerhed (*say*-go-haydh) *c* security, safety; guarantee

sikkerhedsbælte (*say*-go-haydhs-behl-der) *nt* seat-belt

sikkerhedsforanstaltning (*say*-go-haydhs-fo-ahn-*sdahld*-nayng) *c* precaution

sikkerhedsnål (*say*-go-haydhs-nol) *c* safety-pin

sikkerhedssele (*say*-go-haydhs-*say*-ler) *c* safety-belt

sikre sig (*sayg*-ro) secure

sikring (*sayg*-ræng) *c* fuse

sild (sil) *c* (pl ~) herring

silke (*sayl*-ger) *c* silk; **silke-** silken

silkeblød (*sayl*-ger-blurdh) *adj* mellow

simpelt hen (*saym*-berld hehn) simply

simulere (si-moo-*lay*-o) *v* simulate

sind (sayn) *nt* (pl ~) mind; ***have i sinde** intend

sindig (*sayn*-di) *adj* sedate; steady

sindsbevægelse (*sayns*-bay-veh-erl-ser) *c* emotion, excitement

sindssyg (*sayns*-sew) *c* lunatic; *adj* insane, lunatic

sindssyge (*sayns*-sew-ew) *c* lunacy

sirene (si-*rææ*-ner) *c* siren

situation (si-doo-ah-*sYoan*) *c* situation, position

siv (see⁰⁰) *nt* (pl ~) rush; reed

sjak (sYahg) *nt* (pl ~) gang

sjal (sYahl) *nt* shawl

sjap (sYahb) *nt* slush

sjette (sYai-der) *num* sixth

sjofel (sYoa-ferl) *adj* obscene

sjov (sYo⁰⁰) *nt* fun; *adj* funny

sjusket (sYooss-gerdh) *adj* sloven, sloppy

sjæl (sYehl) *c* soul

sjælden (sYeh-lern) *adj* rare; infrequent; **sjældent** seldom, rarely

skab (sgahb) *nt* closet, cupboard

skabe (sgaa-ber) *v* create; **~ sig** *be affected

skabning (sgaab-nayng) *c* creature

skade (sgaa-dher) *c* mischief, damage; harm; magpie; *v* *hurt, harm

skadelig (sgaa-dher-li) *adj* harmful; hurtful

skadeserstatning (sgaa-dherss-ær-sdahd-nayng) *c* compensation, indemnity

skadesløsholdelse (sgaa-dherss-lurss-hol-erl-ser) *c* indemnity

skaffe (sgah-fer) *v* supply, provide

skaft (sgahfd) *nt* handle; shaft; stick

skak (sgahg) chess; **skak!** check!

skakbræt (sgahg-bræd) *nt* (pl ~ter) checkerboard *nAm*

skal (sgahl) *c* (pl ~ler) shell; skin

skala (sgaa-lah) *c* scale

skaldet (sgah-lerdh) *adj* bald

skaldyr (sgahl-dewr) *nt* (pl ~) shellfish

skalle (*sgah*-ler) *c* roach
skam (sgahm) *c* shame, disgrace
skamfuld (*sgahm*-fool) *adj* ashamed
skamme sig (*sgah*-mer) *be ashamed
skandale (sgahn-*daa*-ler) *c* scandal
skandinav (sgahn-di-*nahoo*) *c* Scandinavian
Skandinavien (sgahn-di-*nah*-vʸern) Scandinavia
skandinavisk (sgahn-di-*nah*-visg) *adj* Scandinavian
skarlagen (*sgaa*-lah-ahn) *adj* scarlet
skarp (sgaab) *adj* keen, sharp
skarpsindig (sgahb-*sayn*-di) *adj* shrewd
skat¹ (sgahd) *c* (pl ~te) treasure; darling; sweetheart
skat² (sgahd) *c* (pl ~ter) tax
skatte (*sgah*-der) *v* estimate, appreciate
skattefri (*sgah*-der-fri) *adj* tax-free
ske (sgay) *c* spoon; *v* occur, happen
skefuld (*sgay*-fool) *c* spoonful
skelet (sgay-*lehd*) *nt* (pl ~ter) skeleton
skelne (*sgehl*-ner) *v* discern, distinguish
skelnen (*sgehl*-nern) *c* discrimination, distinction
skeløjet (*sgayl*-oi-erdh) *adj* cross-eyed
skema (*sgāy*-mah) *nt* scheme
ski (sgi) *c* (pl ~) ski; *stå på ~ ski
skib (sgib) *nt* boat, ship
skibsfart (*sgibs*-fahd) *c* navigation
skibsreder (*sgibs*-ræ-dho) *c* shipowner
skibsrute (*sgibs*-rōō-der) *c* shipping route
skibsværft (*sgibs*-værfd) *nt* shipyard
skibukser (*sgi*-bog-so) *pl* ski pants
skifer (*sgi*-fo) *c* slate
skift (sgifd) *nt* (pl ~) shift
skifte (*sgif*-der) *v* change; switch
skihop (*sgi*-hob) *nt* (pl ~) ski-jump

skik (sgig) *c* (pl ~ke) custom
skikkelig (*sgi*-ger-li) *adj* harmless
skikkelse (*sgi*-gerl-ser) *c* figure
skikket (*sgi*-gerdh) *adj* convenient, fit, qualified
skildpadde (*sgayl*-pah-dher) *c* turtle
skilift (*sgi*-lifd) *c* ski-lift
skille (*sgay*-ler) *v* part, separate; divide
skilles (*sgay*-lerss) *v* divorce
skillevæg (*sgay*-ler-vehg) *c* (pl ~ge) partition
skilning (*sgayl*-nayng) *c* parting
skilsmisse (*sgayls*-mi-ser) *c* divorce
skiløb (*sgi*-lurb) *nt* (pl ~) skiing
skiløber (*sgi*-lūr-bo) *c* skier
skimlet (*sgaym*-lerdh) *adj* mouldy
skimmel (*sgaym*-erl) *c* mildew
skimte (*sgaym*-der) *v* glimpse
skin (sgayn) *nt* light, glare; semblance; appearance
skind (sgayn) *nt* (pl ~) skin; skind-leather
skinhellig (*sgayn*-heh-li) *adj* hypocritical
skinke (*sgayng*-ger) *c* ham
skinne (*sgay*-ner) *v* *shine; skinnende glossy
skinsyg (*sgayn*-sew) *adj* envious
skistave (*sgi*-sdaa-ver) *pl* ski sticks; ski poles *Am*
skistøvler (*sgi*-sdur⁰⁰-lo) *pl* ski boots
skitse (*sgid*-ser) *c* sketch
skitsebog (*sgid*-ser-bo⁰⁰) *c* (pl -bøger) sketch-book
skitsere (sgid-*say*-o) *v* sketch
skive (*sgee*-ver) *c* slice; disc
skjorte (*sgʸoar*-der) *c* shirt
skjul (sgʸool) *nt* (pl ~) cover, shelter; hiding-place
skjule (sgʸōō-ler) *v* *hide; conceal
sko (sgoa) *c* (pl ~) shoe
skocreme (*sgoa*-kræm) *c* shoe polish
skodde (*sgo*-dher) *c* shutter

skoforretning (*sgoa*-fo-ræd-nayng) *c*
shoe-shop

skoldkopper (*sgol*-ko-bo) *pl* chicken-
pox

skole (*sgōā*-ler) *c* school; college

skolebænk (*sgōā*-ler-behngg) *c* desk

skoledreng (*sgōā*-ler-dræng) *c* school-
boy

skoleinspektør (*sgōā*-ler-ayn-sbehg-
turr) *c* headmaster, head teacher

skolelærer (*sgōā*-ler-lai-o) *c* teacher,
schoolmaster

skolepige (*sgōā*-ler-pee-i) *c* schoolgirl

skoletaske (*sgōā*-ler-tahss-ger) *c*
satchel

skomager (*sgoa*-mah-o) *c* shoemaker

skorpe (*sgaw*-ber) *c* crust

skorsten (*sgaw*-sdayn) *c* chimney

Skotland (*sgod*-lahn) Scotland

skotsk (*sgodsg*) *adj* Scottish, Scotch

skotte (*sgo*-der) *c* Scot

skotøj (*sgoa*-toi) *pl* footwear

skov (sgo⁰⁰) *c* wood, forest

skovfoged (*sgo⁰⁰*-fōā-oadh) *c* forester

skovklædt (*sgo⁰⁰*-klehd) *adj* wooded

skovl (sgo⁰⁰l) *c* shovel

skovstrækning (*sgo⁰⁰*-sdræg-nayng) *c*
woodland

skovtur (*sgo⁰⁰*-toor) *c* picnic; ***tage
på ~** picnic

skrabe (*sgraa*-ber) *v* scrape

skrald (sgrahl) *nt* garbage

skraldespand (*sgrah*-ler-sbahn) *c* rub-
bish-bin

skramme (*sgrah*-mer) *c* scratch; *v*
bruise

skrammel (*sgrahm*-erl) *nt* junk; trash

skranke (*sgrahng*-ger) *c* counter

*skride (*sgree*-dher) *v* slip, skid;
stalk, *stride

skridt (sgrid) *nt* (pl ~) step; move,
pace

skrifte (*sgræf*-der) *v* confess

skriftemål (*sgræf*-der-mol) *nt* (pl ~)
confession

skriftlig (*sgræfd*-li) *adj* written;
skriftligt in writing

skrig (sgri) *nt* (pl ~) scream, cry

*skrige (*sgree*-i) *v* cry, scream

*skrive (*sgree*-ver) *v* *write; **~ bag
på** endorse; **~ ned** *write down;
~ op list; **~ under** sign

skriveblok (*sgree*-ver-blog) *c* (pl ~ke)
writing-pad

skrivebord (*sgree*-ver-boar) *nt* desk;
bureau

skrivemaskine (*sgree*-ver-mah-sgee-
ner) *c* typewriter

skrivemaskinepapir (*sgree*-ver-mah-
sgee-ner-pah-peer) *nt* typing paper

skrivepapir (*sgree*-ver-pah-peer) *nt*
writing-paper

skrot (sgrod) *nt* scrap-iron

skrubbe (*sgro*-ber) *v* scrub

skrue (*sgrōō*-oo) *c* screw; propeller; *v*
screw; **~ af** unscrew

skruenøgle (*sgrōō*-oo-noi-ler) *c* span-
ner, wrench

skruetrækker (*sgrōō*-oo-træ-go) *c*
screw-driver

skruetvinge (*sgrōō*-oo-tvayng-er) *c*
clamp

skrædder (*sgrædh*-o) *c* tailor

skræddersyet (*sgrædh*-o-sew-ewdh)
adj tailor-made

skræk (sgræg) *c* fright; scare

skrækindjagende (*sgræg*-ayn-ᵞah-er-
ner) *adj* terrifying; horrible

skrækkelig (*sgræ*-ger-li) *adj* frightful,
horrible

skræl (sgrahl) *c* (pl ~ler) peel

skrælle (*sgrah*-ler) *v* peel

skræmme (*sgræ*-mer) *v* scare

skræmt (sgræmd) *adj* frightened

skrænt (sgrænd) *c* slope

skrøbelig (*sgrūr*-ber-li) *adj* fragile

skrå (sgro) *adj* slanting

skrål (sgrol) *nt* (pl ~) shout, bawl

skråle (sgraw-ler) v shout, bawl

skråne (sgraw-ner) v slope; slant; **skrånende** sloping, slanting

skråning (sgro-nayng) c hillside, incline

skub (sgob) nt (pl ~) push

skubbe (sgo-ber) v push

skud (sgoodh) nt (pl ~) shot

skudår (sgoodh-o) nt (pl ~) leap-year

skuespil (sgōō-oo-sbayl) nt (pl ~) play; spectacle

skuespilforfatter (sgōō-oo-sbayl-fo-fah-do) c playwright

skuespiller (sgōō-oo-sbay-lo) c actor; comedian

skuespillerinde (sgōō-oo-sbay-lo-ay-ner) c actress

skuffe (sgo-fer) c drawer; v disappoint; *be disappointing

skuffelse (sgo-ferl-ser) c disappointment

skulder (sgoo-lo) c (pl -dre) shoulder

*skulle (sgoo-ler) v *shall; *should, *must; *be obliged to, *be bound to

skulptur (sgoolb-toor) c sculpture

skum (sgom) nt foam; froth; lather

skumgummi (sgom-go-mi) nt foam-rubber

skumme (sgo-mer) v foam

skummel (sgom-erl) adj sombre

skumring (sgom-ræng) c dusk

skur (sgoor) nt shed

skurk (sgoorg) c villain

skurrende (sgoor-o-ner) adj hoarse

sky (sgew) c cloud; adj timid, shy

skybrud (sgew-broodh) nt (pl ~) cloud-burst

*skyde (sgēw-dher) v fire, *shoot

skydedør (sgēw-dher-durr) c sliding door

skydeskive (sgēw-dher-sgee-ver) c mark, target

skyet (sgēw-ewdh) adj cloudy

skygge (sgew-ger) c shade, shadow

skyggefuld (sgew-ger-fool) adj shady

skyld (sgewl) c guilt, fault; debt; blame; *lægge skylden på blame

skylde (sgew-ler) v owe

skyldig (sgewl-di) adj guilty; due

skylle (sgur-ler) v rinse

skylning (sgurl-nayng) c rinse

skynde sig (sgur-ner) hurry, hasten

skyskraber (sgew-sgraa-bo) c sky-scraper

skæbne (sgaib-ner) c fate; destiny; fortune; luck

skæbnesvanger (sgehb-ner-svahng-o) adj fatal

skæg (sgehg) nt (pl ~) beard

skæl (sgehl) nt (pl ~) scale; dandruff

skælde ud (sgeh-ler) scold; call names

skælm (sgehlm) c rascal

skælve (sgehl-ver) v shiver, tremble

skænderi (sgeh-no-ri) nt quarrel; row

skændes (sgeh-nerss) v quarrel

skænke (sgehng-ger) v pour; donate

*skære (sgai-o) v *cut; carve; ~ af *cut off; ~ ud carve

skærm (sgærm) c screen

skærme (sgær-mer) v shelter

skærmydsel (sgær-mew-serl) c (pl -sler) quarrel

skøjte (sgoi-der) c skate; *løbe på skøjter skate

skøjtebane (sgoi-der-baa-ner) c skating-rink

skøjteløb (sgoi-der-lurb) nt skating

skøn[1] (sgurn) nt (pl ~) judgment

skøn[2] (sgurn) adj lovely, glorious

skønhed (sgurn-haydh) c beauty

skønhedsmidler (sgurn-haydhs-midh-lo) pl cosmetics pl

skønhedspleje (sgurn-haydhs-pligh-er) c beauty treatment

skønhedssalon (*sgurn*-haydhs-sah-long) *c* beauty salon, beauty parlour

skønt (sgurnd) *conj* although, though

skør (sgurr) *adj* fragile; crazy

skål (sgol) *c* bowl, basin, dish; toast

sladder (*slahdh*-o) *c* gossip

sladre (*slahdh*-ro) *v* gossip

slag (slah) *nt* (pl ~) blow; slap; battle

slager (*slaa*-o) *c* hit

slagord (*slou*-oar) *nt* (pl ~) slogan

slags (slahgs) *c* (pl ~) kind, sort; **flere** ~ all sorts of

slagter (*slahg*-do) *c* butcher

slagtilfælde (*slou*-tayl-fehl-er) *nt* (pl ~) stroke

slange (*slahng*-er) *c* snake; inner tube

slank (slahngg) *adj* slender, slim

slanke sig (*slahng*-ger) slim

slap (slahb) *adj* limp

slappe af (*slah*-ber) relax

slave (*slaa*-ver) *c* slave

slem (slehm) *adj* bad; **værre** worse; **værst** worst

slentre (*slehn*-dro) *v* stroll

slentretur (*slehn*-dro-toor) *c* stroll

slet (slehd) *adj* evil

slethvar (*slehd*-vah) *c* (pl ~re) brill

slette (*sleh*-der) *c* plain

***slibe** (*slee*-ber) *v* sharpen

***slide** (*slee*-dher) *v* wear out; **slidt** worn

slik (slayg) *nt* (pl ~) sweets; candy *nAm*

slikke (*slay*-ger) *v* lick

slips (slaybs) *nt* (pl ~) necktie, tie

slogan (*slōa*-gahn) *nt* (pl ~s) slogan

slot (slod) *nt* (pl ~te) castle

sludder (*sloodh*-o) *nt* rubbish; *c* chat

sludre (*sloodh*-ro) *v* chat

sludrechatol (*sloodh*-ro-sᵛah-tol) *nt* (pl ~ler) chatterbox

sluge (*slōō*-oo) *v* swallow, devour

slugt (sloogd) *c* gorge

slukke (*slo*-ger) *v* extinguish, *put out; disconnect; ~ **for** switch off

slum (slom) *c* (pl ~s) slum

sluse (*slōō*-ser) *c* sluice; lock

slutning (*slood*-nayng) *c* finish, end; conclusion, ending; *drage en ~ infer, *draw a conclusion

slutte (*sloo*-der) *v* finish, end; **slut** finished

slynge (*slurng*-er) *v* *throw

slyngel (*slurng*-erl) *c* (pl -gler) rascal

slæbe (*slai*-ber) *v* drag; tug, tow

slæde (*slai*-dher) *c* sleigh; sledge

slægt (slehgd) *c* family

slægtning (*slehgd*-nayng) *c* relative; relation

slør (slurr) *nt* (pl ~) veil

sløret (*slūr*-odh) *adj* dim

sløset (*slūr*-serdh) *adj* careless

sløv (slur°°) *adj* dull, blunt; apathetic

slå (slo) *c* bolt

***slå** (slo) *v* *strike, *beat, *hit, slap; ~ **efter** look up; **slående** striking; ~ **ihjel** kill; ~ **ned** knock down; ~ **op** look up; ~ **sig ned** settle down

***slås** (sloss) *v* *fight; struggle

smag (smah) *c* flavour, taste

smage (*smaa*-ah) *v* taste; ~ **til** flavour

smal (smahl) *adj* narrow

smaragd (smah-*rahd*) *c* emerald

smart (smahd) *adj* smart

smattet (*smah*-derdh) *adj* slippery; greasy

smed (smaydh) *c* blacksmith, smith

smelte (*smehl*-der) *v* melt

smerte (*smær*-der) *c* ache, pain; grief, sorrow

smertefri (*smær*-der-fri) *adj* painless

smertefuld (*smær*-der-fool) *adj* painful

***smide** (*smee*-dher) *v* *fling, pitch,

*throw, *cast
smidig (*smee*-dhi) *adj* supple
smil (smil) *nt* (pl ~) smile
smile (*smee*-ler) *v* smile
smitsom (*smid*-som) *adj* contagious, infectious
smitte (*smi*-der) *v* infect; ~ af rub off; smittende contagious
smoking (*smoa*-kayng) *c* dinner-jacket; tuxedo *nAm*
smudsig (*smoo*-si) *adj* filthy
smugle (*smoo*-ler) *v* smuggle
smuk (smog) *adj* beautiful; fair, fine
smul (smool) *adj* smooth
smule (*smoo*-ler) *c* bit
smutte fra (*smoo*-der) slip
smykke (*smur*-ger) *nt* jewel; smykker jewellery
smækfuld (*smehg*-fool) *adj* chock-full
smække (*smeh*-ger) *v* slam; smack
smæld (smehl) *nt* (pl ~) crack
smælde (*smeh*-ler) *v* crack
smør (smurr) *nt* butter
*smøre (*smūr*-o) *v* smear, rub into; butter; lubricate; grease
smørelse (*smūr*-ol-ser) *c* grease
smøreolie (*smūr*-o-oal-ᵞer) *c* lubrication oil
smøring (*smūrr*-ayng) *c* lubrication
smøringssystem (*smūrr*-ayngs-sew-sdaym) *nt* lubrication system
småborgerlig (*smo*-bawoo-o-li) *adj* bourgeois
småfisk (*smo*-faysg) *pl* whitebait
småkage (*smo*-kaa-ah) *c* biscuit; cookie *nAm*; cracker *nAm*
smålig (*smo*-li) *adj* stingy; petty
småpenge (*smo*-pehng-er) *pl* change; petty cash
snak (snahg) *c* chat
snakke (*snah*-ger) *v* talk; chat
snakkesalig (snah-ger-*sah*-li) *adj* talkative
snarere (*snaa*-o-o) *adv* sooner

snarligt (*snaa*-lid) *adv* soon
snart (snahd) *adv* shortly, presently, soon; så ~ som as soon as
snavs (snous) *nt* dirt, filth
snavset (*snou*-serdh) *adj* dirty, filthy
sne (snay) *c* snow; *v* snow
snedrive (*snay*-dreever) *c* snowdrift
snedækket (*snay*-deh-gerdh) *adj* snowy
snegl (snighl) *c* snail
snestorm (*snay*-sdom) *c* blizzard, snowstorm
snigskytte (*snee*-sgur-der) *c* sniper
snit (snid) *nt* (pl ~) cut
snitsår (*snid*-so) *nt* (pl ~) cut
snitte (*sni*-der) *v* chip; carve
sno (snoa) *v* twist; ~ sig *v* wind
snoet (*snoa*-erdh) *adj* winding
snor (snoar) *c* string, cord; leash, lead
snorke (*snaw*-ger) *v* snore
snorkel (*snaw*-gerl) *c* (pl -kler) snorkel
snu (snoo) *adj* sly, cunning, bright
snuble (*snoob*-ler) *v* stumble
snude (*snōō*-dher) *c* snout
snurre (*snoar*-o) *v* *spin
snusket (*snoo*-sgerdh) *adj* foul
*snyde (*snēw*-dher) *v* cheat
snæver (*sneh*ᵒᵒ-o) *adj* tight
snæversynet (*sneh*ᵒᵒ-o-sew-nerdh) *adj* narrow-minded
snørebånd (*snūr*-o-bon) *nt* (pl ~) shoe-lace, lace
social (soa-sᵞ*ahl*) *adj* social
socialisme (soa-sᵞah-*liss*-mer) *c* socialism
socialist (soa-sᵞah-*lisd*) *c* socialist
socialistisk (soa-sᵞah-*liss*-disg) *adj* socialist
sofa (*sōa*-fah) *c* sofa
sogn (soᵒᵒn) *nt* parish
sok (sog) *c* (pl ~ker) sock
sol (soal) *c* sun

solbade (sōal-baa-dher) v sunbathe

solbriller (sōal-bræ-lo) pl sun-glasses pl

solbrændt (sōal-brænd) adj tanned

solbær (sōal-bær) nt (pl ~) black-currant

soldat (soal-dahd) c soldier

solid (so-lidh) adj firm, solid

solistkoncert (soa-lisd-kon-særd) c recital

sollys (sōal-lews) nt sunlight

solnedgang (sōal-naydh-gahng) c sunset

sololie (sōal-oal-Yer) c suntan oil

solopgang (sōal-ob-gahng) c sunrise

solrig (sōal-ri) adj sunny

solsejl (sōal-sighl) nt (pl ~) awning

solskin (sōal-sgayn) nt sunshine

solskoldning (sōal-sgol-nayng) c sunburn

solskærm (sōal-sgærm) c sunshade

solsort (soal-soard) c blackbird

solstik (sōal-sdayg) nt (pl ~) sun-stroke

som (som) pron who, that, which; conj like, as; ~ **om** as if

sommer (so-mo) c (pl somre) summer

sommerfugl (so-mo-fool) c butterfly

sommerhus (so-mo-hoos) nt cottage

sommertid (so-mo-tidh) c summer time

somme tider (so-mer tee-dho) some-times

sorg (sog) c sorrow, affliction; grief

sort (soard) adj black

sortbørshandel (soard-burrs-hahn-erl) c black market

sortere (so-tay-o) v sort, assort

sortiment (so-ti-mahng) nt assort-ment

souvenir (soo-ver-neer) c (pl ~s) souvenir

*sove (soo⁰⁰-er) v *sleep; **sovende**

asleep; ~ **over sig** *oversleep

sovepille (soo⁰⁰-er-pay-ler) c sleeping-pill

sovepose (soo⁰⁰-er-pōa-ser) c sleeping-bag

sovesal (soo⁰⁰-er-sahl) c dormitory

sovevogn (soo⁰⁰-er-vo⁰⁰n) c sleeping-car; Pullman

soveværelse (soo⁰⁰-er-vai-ol-ser) nt bedroom

sovjetisk (so⁰⁰-Yeh-disg) adj Soviet

Sovjetunionen (so⁰⁰-Yehd-oan-Yoa-nern) c Soviet Union

sovs (so⁰⁰s) c gravy, sauce

spade (sbaa-dher) c spade

spadsere (sbah-say-o) v walk

spadseredragt (sbah-say-o-drahgd) c suit

spadserestok (sbah-say-o-sdog) c (pl ~ke) walking-stick

spadseretur (sbah-say-o-toor) c walk

spalte (sbahl-der) c cleft; column; v *split

spand (sbahn) c bucket, pail

Spanien (sbah-ni-ern) Spain

spanier (sbahn-Yo) c Spaniard

spansk (sbahnsg) adj Spanish

spare (sbaa-ah) v save; economize, spare

sparekasse (sbaa-ah-kah-ser) c savings bank

sparepenge (sbaa-ah-pehng-er) pl savings pl

spark (sbaag) nt (pl ~) kick

sparke (sbaa-ger) v kick

sparsommelig (sbah-som-er-li) adj thrifty, economical

specialisere sig (sbay-sYah-li-say-o) specialize

specialist (sbay-sYah-lisd) c specialist

specialitet (sbay-sYah-li-tayd) c speci-ality

speciel (sbay-sYehl) adj special; pecu-liar, particular

specifik (sbay-si-*fig*) *adj* specific

spedalskhed (sbay-*dahlsg*-haydh) *c* leprosy

speeder (*sbee*-do) *c* accelerator

speedometer (sbi-doa-*may*-do) *nt* (pl -metre) speedometer

spejde efter (*sbigh*-der) watch for

spejder (*sbigh*-do) *c* scout

spejl (sbighl) *nt* mirror; looking-glass

spejlbillede (sbighl-bay-ler-dher) *nt* reflection

spektakel (sbay-*tah*-gerl) *nt* (pl -kler) noise

spekulere (sbay-goo-*lay*-o) *v* speculate; ~ på consider

spendere (sbayn-*day*-o) *v* *spend

spid (sbidh) *nt* (pl ~) spit

spids (sbayss) *c* tip, point; *adj* pointed

spidse (*sbay*-ser) *v* sharpen

spil (spayl) *nt* (pl ~) game, play

spild (sbil) *nt* waste

spilde (sbi-ler) *v* *spill; waste

spille (*sbay*-ler) *v* act; gamble, play

spillekort (*sbay*-le-kawd) *nt* (pl ~) playing-card

spiller (*sbay*-lo) *c* player

spilopper (sbi-*lo*-bo) *pl* mischief

spinat (sbi-*nahd*) *c* spinach

*spinde (*sbay*-ner) *v* *spin; purr

spindelvæv (*sbayn*-erl-vehoo) *nt* (pl ~) cobweb, spider's web

spion (sbi-*oan*) *c* spy

spir (sbeer) *nt* (pl ~) spire

spirituosa (sbeer-i-too-*ōā*-sah) *pl* spirits

spiritus (*sbeer*-i-tooss) *c* liquor

spiritusforretning (*sbeer*-i-tooss-fo-ræd-nayng) *c* off-licence

spise (*sbee*-ser) *v* *eat; ~ morgenmad *have breakfast; ~ til middag dine

spisebestik (*sbee*-ser-bay-sdayg) *nt* (pl ~) cutlery

spisekammer (*sbee*-ser-kahm-o) *nt* (pl -kamre) larder

spisekort (*sbee*-ser-kawd) *nt* (pl ~) menu

spiselig (*sbee*-ser-li) *adj* edible

spisesal (*sbee*-ser-sahl) *c* dining-room

spiseske (*sbee*-ser-sgay) *c* tablespoon

spisestel (*sbee*-ser-sdehl) *nt* (pl ~) dinner-service

spisestue (*sbee*-ser-sdōō-oo) *c* dining-room

spisevogn (*sbee*-ser-vo⁰⁰n) *c* dining-car

splint (sblaynd) *c* splinter

splinterny (*sblayn*-do-new) *adj* brand-new

spole (*sbōā*-ler) *c* spool; reel

spolere (sboa-*lay*-o) *v* spoil, mess up

spor (sboar) *nt* (pl ~) footprint, footmark; track; trace; trail

sport (sbawd) *c* sport

sportsjakke (*sbawds*-Yah-ger) *c* sports-jacket

sportsmand (*sbawds*-mahn) *c* (pl -mænd) sportsman

sportstøj (*sbawds*-toi) *pl* sportswear

sportsvogn (*sbawds*-vo⁰⁰n) *c* sports-car

sporvogn (*sboar*-vo⁰⁰n) *c* tram; streetcar *nAm*

spot (sbod) *c* mockery

spray (sbray) *c* (pl ~) atomizer

sprede (*sbræ*æ-dher) *v* scatter

spring (sbræng) *nt* (pl ~) jump

*springe (*sbræng*-er) *v* jump; *leap; ~ over skip

springvand (*sbræng*-vahn) *nt* (pl ~) fountain

spritapparat (*sbrid*-ah-bah-rahd) *nt* spirit stove

sprog (sbrooo) *nt* (pl ~) language

sproglaboratorium (sbro⁰⁰-lah-boa-rah-toar-Yom) *nt* (pl -ier) language laboratory

*sprække (sbræ-ger) v *burst

sprængstof (sbræng-sdof) nt (pl ~fer) explosive

sprød (sbrurdh) adj crisp

sprøjt (sbroid) nt (pl ~) splash, squirt; spout

sprøjte (sbroi-der) c syringe; v splash; squirt; inject

spurv (sboorv) c sparrow

spyd (sbewdh) nt (pl ~) spear

spyt (sburd) nt spit

spytte (sbur-der) v *spit

spædbarn (sbehdh-bahn) nt (pl -børn) infant, baby

spænde¹ (sbeh-ner) nt buckle

spænde² (sbeh-ner) v tighten; ~ fast fasten

spændende (sbeh-ner-ner) adj exciting

spænding (sbeh-nayng) c tension; voltage

spændt (sbehnd) adj tense, tight; eager

spærre (sbai-o) v block

spøg (sboi) c joke

spøgefuld (sbūr-ur-fool) adj humorous

spøgelse (sbūr-url-ser) nt spirit, ghost; spook

*spørge (sbūr-o) v ask; **spørgende** interrogative; ~ **sig selv** wonder

spørgsmål (sburrs-mol) nt (pl ~) question; problem, matter; issue

spørgsmålstegn (sburrs-mols-tighn) nt (pl ~) question mark

stabel (sdah-berl) c (pl -bler) stack; pile

stabil (sdah-bil) adj stable

stable (sdaa-bler) v pile

stade (sdaa-dher) nt stand; level

stadion (sdah-dYon) nt stadium

stadium (sdah-dYom) nt (pl -ier) stage

stak (sdahg) c (pl ~ke) heap

stakit (sdah-kid) nt (pl ~ter) fence

stald (sdahl) c stable

stamme (sdah-mer) c trunk; tribe; v stutter

stampe (sdahm-ber) v stamp

i stand til (i sdahn tayl) able; ***være i stand til** *be able to

standhaftig (sdahn-hahf-di) adj steadfast

standpunkt (stahn-pongd) nt point of view

standse (sdahn-ser) v halt, stop; discontinue

stang (sdahng) c (pl stænger) bar; rod

stanniol (sdahn-Yoal) nt tinfoil

start (sdahd) c beginning, start; take-off

startbane (sdahd-baa-ner) c runway

starte (sdaa-der) v start, *begin; *take off

startmotor (sdahd-mōa-to) c starter motor

stat (sdahd) c state; **stats-** national

station (sdah-sYoan) c station; depot nAm

stationsforstander (sdah-sYoans-fo-sdahn-o) c station-master

stationær (sdah-sYoa-nær) adj stationary

statistik (sdah-di-sdig) c (pl ~ker) statistics pl

statsborger (sdahds-bawoo-o) c subject

statsborgerskab (sdahds-booo-o-sgahb) nt citizenship

statsmand (sdahds-mahn) c (pl -mænd) statesman

statsminister (sdahds-mi-niss-do) c (pl -tre) Prime Minister; premier

statsoverhoved (sdahds-ooo-o-hōa-oadh) nt head of state

statstjenestemand (sdahds-tYai-ner-sder-mahn) c (pl -mænd) civil servant statue (*sdah*-tōō-oo) *c* statue

stave (*sdaa*-ver) *v* *spell

stavelse (*sdaa*-verl-ser) *c* syllable

stavemåde (*sdaa*-ver-maw-dher) *c* spelling

stearinlys (sday-*rin*-lews) *nt* (pl ~) candle

sted (sdehdh) *nt* spot, place; site; et eller andet ~ somewhere; *finde ~ *take place; i stedet for instead of; *tage af ~ *leave; depart

stedbarn (*sdehdh*-bahn) *nt* (pl -børn) stepchild

stedfar (*sdehdh*-faa) *c* (pl -fædre) stepfather

stedfortræder (*sdehdh*-fo-trædh-o) *c* substitute; deputy

stedlig (*sdehdh*-li) *adj* local

stedmor (*sday*-moar) *c* (pl -mødre) stepmother

stedord (*sdehdh*-oar) *nt* (pl ~) pronoun

stege (*sdigh*-er) *v* roast, fry

stegeovn (*sdigh*-er-oᵒᵒn) *c* oven

stegepande (*sdigh*-er-pah-ner) *c* frying-pan

stejl (sdighl) *adj* steep

stemme (*sdeh*-mer) *c* voice; vote; *v* tune, vote; ~ overens correspond, agree

stemmeret (*sdeh*-mer-ræd) *c* suffrage; franchise

stemning (*sdehm*-nayng) *c* atmosphere

stempel (*sdehm*-berl) *nt* (pl -pler) stamp; piston

stempelring (*sdehm*-berl-ræng) *c* piston ring

stempelstang (*sdehm*-berl-sdahng) *c* (pl -stænger) piston-rod

sten (sdayn) *c* (pl ~) stone; stenstone

stenbrud (*sdayn*-broodh) *nt* (pl ~) quarry

stenograf (sday-noa-*grahf*) *c* stenographer

stenografi (sday-noa-grah-*fi*) *c* shorthand

stentøj (*sdayn*-toi) *pl* stoneware

steril (sday-*ril*) *adj* sterile

sterilisere (sdayr-i-li-*say*-o) *v* sterilize

stewardesse (sdYoo-ah-*deh*-ser) *c* stewardess

sti (sdi) *c* path; trail

stifte (*sdayf*-der) *v* found; institute

stiftelse (*sdayf*-derl-ser) *c* foundation

stigbøjle (*sdee*-boi-ler) *c* stirrup

stige (*sdee*-i) *c* ladder

*stige (*sdee*-i) *v* *rise, climb; ~ op ascend; ~ på *get on

stigning (*sdee*-nayng) *c* rise, ascent

stik (sdayg) *nt* (pl ~) sting; engraving, picture

*stikke (*sday*-ger) *v* *sting

stikkelsbær (*sday*-gerls-bær) *nt* (pl ~) gooseberry

stikkontakt (*sdayg*-koan-tahgd) *c* plug

stikord (*sdayg*-oar) *nt* (pl ~) cue; catchword

stikpille (*sdayg*-pay-ler) *c* suppository

stil (sdil) *c* style; essay

stilfærdig (sdayl-*fær*-di) *adj* quiet

stilhed (*sdayl*-haydh) *c* silence, quiet; stillness

stilk (sdaylg) *c* stem

stillads (sdi-*lahs*) *nt* scaffolding

stille[1] (*sday*-ler) *v* *put; place; ~ ind tune in; ~ på plads *put away

stille[2] (*sday*-ler) *adj* still, calm, quiet; silent

Stillehavet (*sday*-ler-hah-verdh) the Pacific Ocean

stilling (*sday*-layng) *c* position, job, situation

stimulans (sdi-moo-*lahns*) *c* stimulant

stimulere (sdi-moo-*lay*-o) *v* stimulate

sting (sdayng) *nt* (pl ~) stitch

*stinke (*sdayng*-ger) *v* *smell, *stink

stipendium (sdi-*pehn*-dᵞom) *nt* (pl -ier) grant, scholarship

stipulere (sdi-poo-*lay*-o) *v* stipulate

stirre (sdee-o) *v* stare, gaze

stiv (sdeeᵒᵒ) *adj* stiff, rigid; starched

stive (sdee-ver) *v* starch

stivelse (sdee-verl-ser) *c* starch

stivsindet (sdeeᵒᵒ-sayn-erdh) *adj* pigheaded

stjerne (sdᵞær-ner) *c* star

*****stjæle** (sdᵞai-ler) *v* *steal

stof (sdof) *nt* (pl ~fer) fabric, material; matter; **fast ~** solid

stok (sdog) *c* (pl ~ke) cane

stol (sdoal) *c* chair

stola (sdōā-lah) *c* stole

stole på (sdōā-ler) trust; rely on

stolpe (sdol-ber) *c* post

stolt (sdold) *adj* proud

stolthed (sdold-haydh) *c* pride

stop! (sdob) stop!

stoplys (sdob-lews) *pl* brake lights

stoppe (sdo-ber) *v* stop; *put; darn

stoppegarn (sto-ber-gahn) *nt* darning wool

stoppested (sdo-ber-sdehdh) *nt* stop

stor (sdoar) *adj* big, great; large

storartet (sdoar-ah-derdh) *adj* terrific, splendid, great

Storbritannien (sdoar-bri-tahn-ᵞern) Great Britain

stork (sdawg) *c* stork

storm (sdom) *c* gale, storm; tempest

stormagasin (sdoar-mah-gah-sin) *nt* department store

stormflod (sdawm-floadh) *c* flood

stormfuld (sdawm-fool) *adj* stormy

stormlampe (sdawm-lahm-ber) *c* hurricane lamp

stormmåge (sdawm-maw-ger) *c* seagull, common gull

storslået (sdoar-slo-odh) *adj* magnificent, superb, grand

storsnudet (sdoar-snoo-dherdh) *adj*

snooty; arrogant

straf (sdrahf) *c* (pl ~fe) punishment; penalty

straffe (sdrah-fer) *v* punish

strafferet (sdrah-fer-ræd) *c* criminal law

straffespark (sdrah-fer-sbaag) *nt* (pl ~) penalty kick

straks (sdrahgs) *adv* instantly, straight away, immediately, at once

stram (sdrahm) *adj* tight, narrow

stramme (sdrah-mer) *v* tighten

strammes (sdrah-merss) *v* tighten

strand (sdrahn) *c* beach; seashore, shore

strandsnegl (sdrahn-snighl) *c* winkle

streg (sdrigh) *c* line

strejfe om (sdrigh-fer) wander, roam

strejke (sdrigh-ger) *c* strike; *v* *strike

streng (sdræng) *adj* severe, harsh, strict; *c* string

stribe (sdree-ber) *c* stripe

stribet (sdree-berdh) *adj* striped

strid (sdridh) *c* contest, strife, fight; struggle, battle

*****strides** (sdree-dherss) *v* dispute

strikke (sdræ-ger) *v* *knit

strikketøj (sdræ-ger-toi) *nt* knitting

striks (sdrægs) *adj* strict

strimmel (sdræm-erl) *c* (pl strimler) strip

strofe (sdrōā-fer) *c* stanza

strube (sdrōō-ber) *c* throat

strubehovedkatar (sdrōō-ber-hōā-oadh-kah-tah) *c* laryngitis

struds (sdrooss) *c* ostrich

struktur (sdroog-*toor*) *c* texture, structure; fabric

*****stryge** (sdrēw-ew) *v* iron; *strike, *sweep

strygefri (sdrēw-ew-fri) *adj* wash and wear, drip-dry

strygejern (sdrēw-ew-ᵞærn) *nt* (pl ~)

iron

stræbe (*sdrææ-ber*) *v* aspire; ~ **efter** pursue, *strive for

stræde (*sdrææ-dher*) *nt* lane

***strække** (*sdræ-ger*) *v* stretch

strækning (*sdræg-nayng*) *c* stretch

strøm (*sdrurm*) *c* (pl ~me) current; **med strømmen** downstream; **mod strømmen** upstream

strømfald (*sdrurm-fahl*) *nt* (pl ~) rapids *pl*

strømfordeler (*sdrurm-fo-day-lo*) *c* distributor

strømme (*sdrur-mer*) *v* stream, pour, flow

strømpe (*sdrurm-ber*) *c* stocking

strømpebukser (*sdrurm-ber-bog-so*) *pl* panty-hose, tights *pl*

strømpeholder (*sdrurm-ber-ho-lo*) *c* suspender belt; garter belt *Am*

strå (*sdro*) *nt* (pl ~) straw

stråle (*sdraw-ler*) *c* ray, beam; jet; *v* *shine, beam

strålende (*sdraw-ler-ner*) *adj* radiant, beaming; brilliant; bright

stråtag (*sdro-tah*) *nt* thatched roof

stråtækt (*sdro-tehgd*) *adj* thatched

student (*sdoo-dehnd*) *c* student

studere (*sdoo-day-o*) *v* study

studium (*sdoo-dᵛom*) *nt* (pl -ier) study

studse (*sdoo-ser*) *v* trim; *be startled

stueetage (*sdōō-oo-ay-taa-sᵛer*) *c* ground floor

stuehus (*sdōō-oo-hoos*) *nt* farmhouse

stuepige (*sdōō-oo-pee-i*) *c* chambermaid

stuetemperatur (*sdōō-oo-tehm-brah-toor*) *c* room temperature

stum (*sdom*) *adj* dumb; mute

stump (*sdomb*) *c* scrap, bit; *adj* blunt

stund (*sdon*) *c* while

stupid (*sdoo-pidh*) *adj* dumb

stykke (*sdur-ger*) *nt* piece, part;

lump; **i stykker** broken; *slå **i stykker** *break

styrbord (*sdewr-boar*) *nt* starboard

styre (*sdēw-o*) *nt* rule; *v* *lead; restrain

styrke (*sdewr-ger*) *c* strength, force; power; **væbnede styrker** armed forces

styrte (*sdewr-der*) *v* dash; rush; *fall down, drop; ~ **ned** crash

styrtebad (*sdewr-der-bahdh*) *nt* shower

stædig (*sdai-dhi*) *adj* stubborn; dogged

stænkeskærm (*sdehng-ger-sgærm*) *c* mud-guard

stær (*sdær*) *c* starling

stærk (*sdærg*) *adj* strong; powerful, severe

stævne (*sdehᵒᵒ-ner*) *nt* rally, meeting

stævning (*sdehᵒᵒ-nayng*) *c* summons, writ

støbejern (*sdūr-ber-ᵛærn*) *nt* cast iron

stød (*sdurdh*) *nt* (pl ~) bump, push; stab

støddæmper (*sdurdh-dehm-bo*) *c* shock absorber

støde (*sdūr-dher*) *v* bump; punch; offend; *hurt; ~ **imod** knock against; ~ **på** *come across; ~ **sammen** crash, collide; bump

støj (*sdoi*) *c* noise

støjende (*sdoi-er-ner*) *adj* noisy

stønne (*sdur-ner*) *v* groan

størkne (*sdurrg-ner*) *v* coagulate

større (*sdūr-o*) *adj* bigger; major; superior; **størst** biggest; main

størrelse (*sdūr-ol-ser*) *c* size; **stor** ~ outsize

størstedel (*sdurr-sder-dayl*) *c* the greater part, majority; bulk

støt (*sdurd*) *adj* steady

støtte (*sdur-der*) *c* support; *v* support

støttestrømpe (*sdur-der-sdrurm-ber*) *c*

support hose

støv (sdur^{oo}) *nt* dust

støvet (*sdūr*-verdh) *adj* dusty

støvle (sdur^{oo}-ler) *c* boot

støvregn (sdur^{oo}-rahin) *c* drizzle

støvsuge (sdur^{oo}-sōō-oo) *v* hoover; vacuum *vAm*

støvsuger (sdur^{oo}-sōō-o) *c* vacuum cleaner

***stå** (sdo) *v* *stand; ~ **af** *get off; **stående** erect; ~ **op** *rise, *get up

ståhej (sdo-*high*) *c* fuss, bustle

stål (sdol) *nt* steel; **rustfrit ~** stainless steel

ståltråd (*sdol*-trodh) *c* wire

subjekt (*soob-*Yehgd) *nt* subject

substans (soob-*sdahns*) *c* substance

substantiv (*soob*-sdahn-tee^{oo}) *nt* noun

subtil (soob-*til*) *adj* subtle

succes (sewg-*say*) *c* success

suge (sōō-oo) *v* suck

suite (*svee*-der) *c* suite

sukker (*so*-go) *nt* sugar; **stykke ~** lump of sugar

sukkerlage (*so*-go-laa-ah) *c* syrup

sukkersyge (*so*-go-sēw-ew) *c* diabetes

sukkersygepatient (*so*-go-sēw-ew-pah-s^Yehnd) *c* diabetic

sult (soold) *c* hunger

sulten (*sool*-dern) *adj* hungry

sum (som) *c* (pl ~mer) amount, sum

sump (somb) *c* marsh

sumpet (*som*-berdh) *adj* marshy

sund (son) *adj* sound, healthy; wholesome

superlativ (soo-*pær*-lah-tee^{oo}) *c* superlative; *adj* superlative

supermarked (*soo*-bo-maa-gerdh) *nt* supermarket

suppe (*so*-ber) *c* soup

suppeske (*so*-ber-sgay) *c* soup-spoon

suppetallerken (*so*-ber-tah-*lær*-gern) *c*

soup-plate

sur (soor) *adj* sour; acid

suspendere (sooss-behn-*day*-o) *v* suspend

svag (svah) *adj* weak, feeble; faint, slight

svaghed (svaa-haydh) *c* weakness

svale (*svaa*-ler) *c* swallow

svamp (svahmb) *c* sponge; mushroom, toadstool

svane (*svaa*-ner) *c* swan

svanger (svahng-o) *adj* pregnant

svar (svah) *nt* (pl ~) answer, reply; **som ~** in reply

svare (*svaa*-ah) *v* answer, reply; ~ **til** correspond

sved (svaydh) *c* sweat; perspiration

svede (sv*āy*-dher) *v* sweat; perspire

svejse (*svigh*-ser) *v* weld

svejsesøm (*svigh*-ser-surm) *c* (pl ~) joint

svensk (svehnsg) *adj* Swedish

svensker (*svehn*-sgo) *c* Swede

Sverige (*svær*-i) Sweden

sveske (*svayss*-ger) *c* prune

svigerdatter (*svi*-o-dah-do) *c* (pl -døtre) daughter-in-law

svigerfar (*svi*-o-faa) *c* (pl -fædre) father-in-law

svigerforældre (*svi*-o-fo-ehl-dro) *pl* parents-in-law *pl*

svigerinde (svi-o-*ay*-ner) *c* sister-in-law

svigermor (*svi*-o-moar) *c* (pl -mødre) mother-in-law

svigersøn (*svi*-o-surn) *c* (pl ~ner) son-in-law

svigte (*svayg*-der) *v* *let down, fail, desert

svimmel (*svaym*-erl) *adj* dizzy; giddy

svimmelhed (*svaym*-erl-haydh) *c* dizziness; vertigo, giddiness

svin (svin) *nt* (pl ~) pig

svindel (*svayn*-erl) *c* swindle

svindle (*svayn*-ler) v swindle
svindler (*svayn*-lo) c swindler
svinekød (*svee*-ner-kurdh) nt pork
svinelæder (*svee*-ner-lehdh-o) nt pig-skin
sving (svayng) nt (pl ~) turn, swing; bend, turning
svingdør (*svayng*-durr) c revolving door
*svinge (*svay*-nger) v *swing, turn
svoger (svo⁰⁰-o) c (pl -gre) brother-in-law
svulme (*svool*-mer) v *swell
svulst (svoolsd) c tumour; growth
svær (svær) adj difficult, hard; cor-pulent, stout
sværd (svær) nt (pl ~) sword
*sværge (*svær*-ger) v vow, *swear
svævefly (*svææ*-ver-flew) nt (pl ~) glider
svømme (*svur*-mer) v *swim
svømmebassin (*svur*-mer-bah-sehng) nt swimming pool
svømmer (*svur*-mo) c swimmer; float
svømning (*svurm*-nayng) c swimming
swahili (svah-*hee*-li) nt Swahili
sy (sew) v *sew; ~ sammen *sew up
syd (sewdh) south
Sydafrika (*sewdh*-ah-fri-kah) South Africa
sydlig (*sewdh*-li) adj southern; south-erly
sydpol (*sewdh*-poal) c South Pole
sydvest (sewdh-*vehsd*) south-west
sydøst (sewdh-*ursd*) south-east
syg (sew) adj sick, ill
sygdom (*sēw*-dom) c (pl ~me) dis-ease, illness; sickness; ailment
sygehus (*sēw*-ew-hoos) nt hospital
sygeplejerske (*sēwew*-pligh-o-sger) c nurse
syltetøj (*sewl*-der-toi) nt jam
symaskine (*sew*-mah-sgee-ner) c sew-ing-machine

symbol (sewm-*boal*) nt symbol
symfoni (sewm-foa-*ni*) c symphony
sympati (sewm-pah-*ti*) c sympathy
sympatisk (sewm-*pah*-disg) adj nice
symptom (sewm-*toam*) nt symptom
syn (sewn) nt (pl ~) sight; outlook
synagoge (sew-nah-*gōa*-oa) c syna-gogue
synd (surn) c sin
syndebuk (*sur*-ner-bog) c (pl ~ke) scapegoat
*synes (*sēw*-nerss) v *think; appear; ~ om like
*synge (*surng*-er) v *sing
*synke (*surng*-ger) v *sink; swallow
synlig (*sēw*-n-li) adj visible
synonym (sew-noa-*newm*) nt syn-onym
synspunkt (*sewns*-pongd) nt view
synsvinkel (*sewns*-vayng-gerl) c (pl -kler) point-of-view
syntetisk (sewn-*tay*-disg) adj synthet-ic
syre (*sēw*-o) c acid
syrer (*sew*-o) c Syrian
Syrien (*sewr*-Yern) Syria
syrisk (*sewr*-isg) adj Syrian
system (sew-*sdaym*) nt system
systematisk (sewss-der-*mah*-disg) adj systematic
sytilbehørsforretning (*sew*-tayl-bay-hurrs-fo-ræd-nayng) c haberdashery
sytråd (*sew*-trodh) c thread
sytten (*sur*-dern) num seventeen
syttende (*sur*-der-ner) num seven-teenth
syv (sew⁰⁰) num seven
syvende (sew⁰⁰-er-ner) num seventh
sæbe (*sai*-ber) c soap
sæbepulver (*sai*-ber-pol-vo) nt soap powder
sæd (sehdh) c seed, grain; corn; sperm; custom
sæde (*sai*-dher) nt seat

sædelig (sai-dher-li) adj moral

sædvane (sehdh-vaa-ner) c usage

sædvanemæssig (sehdh-vaa-ner-meh-si) adj customary

sædvanlig (sehdh-vahn-li) adj usual; customary; ordinary; sædvanligvis usually, as a rule

sæk (sehg) c (pl ~ke) sack

sæl (sehl) c seal

*sælge (sehl-ger) v *sell

sælsom (sail-som) adj queer

sænke (sehng-ger) v lower; *sink; devalue

sær (sær) adj odd

særdeles (sær-day-lerss) adv quite; i særdeleshed specially

særegenhed (sær-ay-ayn-haydh) c peculiarity

særlig (sær-li) adj particular, special

særskilt (sær-sgayld) adj separate

sæson (seh-song) c season

sæsonkort (seh-song-kawd) nt (pl ~) season-ticket

sæt (sehd) nt (pl ~) set

sætning (sehd-nayng) c sentence

*sætte (seh-der) v place, *lay, *set, *put; ~ i gang launch; ~ i stand enable; ~ sig *sit down

sø (sur) c lake

sød (surdh) adj sweet; good

søde (sūr-dher) v sweeten

søfart (sur-fahd) c navigation

søge (sūr-ur) v search, *seek

søger (sūr-o) c view-finder

søjle (soi-ler) c column; pillar

søkort (sur-kawd) nt (pl ~) chart

sølle (surl-ler) adj poor

sølv (surl) nt silver; sølv- silver

sølvsmed (surl-smaydh) c silversmith

sølvtøj (surl-toi) pl silverware

søm¹ (surm) nt (pl ~) nail

søm² (surm) c (pl ~me) seam; hem

sømand (sur-mahn) c (pl ~mænd) sailor; seaman

sømløs (surm-lurs) adj seamless

sømmelig (sur-mer-li) adj proper

søn (surn) c (pl ~ner) son

søndag (surn-dah) c Sunday

sønnedatter (sur-ner-dah-do) c (pl -døtre) granddaughter

sønnesøn (sur-ner-surn) c (pl ~ner) grandson

søpindsvin (sur-payn-svin) nt (pl ~) sea-urchin

sørge (surr-ger) v grieve; ~ for see to, attend to

sørgelig (surr-ger-li) adj sad; grievous; lamentable

sørgespil (surr-ger-spayl) nt (pl ~) drama

sørgetid (surr-ger-tidh) c mourning

sørøver (sur-rūr-vo) c pirate

søster (surss-do) c (pl -tre) sister

søsyg (sur-sew) adj seasick

søsyge (sur-sew-ew) c seasickness

søsætning (sur-sehd-nayng) c launching

søtunge (sur-tong-er) c sole

søvn (sur°°n) c sleep

søvnig (sur°°-ni) adj sleepy

søvnløs (sur°°n-lurs) adj sleepless

søvnløshed (sur°°n-lurss-haydh) c insomnia

så¹ (so) adv so, then; conj so that; ~ at so that

så² (so) v *sow

sådan (so-dahn) adj such; adv so, such; ~ som like, such as

såfremt (so-fræmd) conj in case, if

såkaldt (so-kahld) adj so-called

sål (sol) c sole

således (so-lāy-dherss) adv thus

sår (sor) nt (pl ~) wound; ulcer

sårbar (saw-bah) adj vulnerable

såre (saw-o) v injure, wound; offend

såvel som (so-vehl som) as well as

tab 292 tegn

T

tab (tahb) *nt* (pl ~) loss

tabe (*taa*-ber) *v* drop, *lose

tabel (tah-*behl*) *c* (pl ~ler) table; chart

tablet (tah-*blehd*) *c* (pl ~ter) tablet

tabu (*taa*-boo) *nt* (pl ~) taboo

tag[1] (tah) *nt* roof

tag[2] (tah) *nt* (pl ~) grip

***tage** (*taa*-ah) *v* get, *take; ~ af sted *leave; ~ bort *go away; ~ ilde op resent; ~ imod accept; ~ på *put on; ~ sig af *take care of; mind; ~ væk *take away

tagsten (*tou*-sdayn) *c* (pl ~) tile

tak (tahg) thank you

takke (*tah*-ger) *v* thank; *have at ~ for owe

taknemmelig (tahg-*nehm*-li) *adj* grateful, thankful

taknemmelighed (tahg-*nehm*-li-haydh) *c* gratitude

taksere (tahg-*say*-o) *v* estimate, value

takst (tahgsd) *c* fare

taktik (tahg-*tig*) *c* tactics *pl*

tal (tahl) *nt* (pl ~) number

tale (*taa*-ler) *c* speech; *v* talk, *speak; talens brug speech

talent (tah-*lehnd*) *nt* talent; faculty

talerstol (*taa*-lo-sdoal) *c* platform; pulpit

talje (*tahl*-Yer) *c* waist

talkum (*tahl*-kom) *nt* talc powder

tallerken (tah-*lær*-gern) *c* plate; dish

talon (tah-*long*) *c* counterfoil, stub

talord (*tahl*-oar) *nt* (pl ~) numeral

talrig (*tahl*-ri) *adj* numerous

tam (tahm) *adj* tame

tampon (tahm-*poang*) *c* tampon

tand (tahn) *c* (pl tænder) tooth

tandbørste (*tahn*-burr-sder) *c* toothbrush

tandkød (*tahn*-kurdh) *nt* gum

tandlæge (*tahn*-lai-eh) *c* dentist

tandpasta (*tahn*-pahss-dah) *c* toothpaste

tandpine (*tahn*-pee-ner) *c* toothache

tandprotese (*tahn*-proa-tāy-ser) *c* denture

tandpulver (*tahn*-pol-vo) *nt* toothpowder

tandstikker (*tahn*-sday-go) *c* toothpick

tang (tahng) *c* (pl tænger) tongs *pl*; pliers *pl*

tank (tahngg) *c* tank

tanke (*tahng*-ger) *c* idea, thought

tankeløs (*tahng*-ger-lurs) *adj* thoughtless, careless

tankestreg (*tahng*-ger-sdrigh) *c* dash

tankskib (*tahngg*-sgib) *nt* tanker

tankstation (*tahngg*-sdah-sᵞoan) *c* filling station

tante (*tahn*-der) *c* aunt

tape (tayb) *c* adhesive tape

tapet (tah-*payd*) *nt* wallpaper

tapper (*tah*-bo) *adj* courageous, brave

tapperhed (*tah*-bo-haydh) *c* courage

tarif (tah-*rif*) *c* (pl ~fer) tariff, rate

tarm (tahm) *c* gut, intestine

tarvelig (*taa*-ver-li) *adj* common

taske (*tahss*-ger) *c* bag

tavle (*tou*-ler) *c* blackboard; board

tavs (tous) *adj* silent

taxameter (*tahg*-sah-*may*-do) *nt* (pl -tre) taxi-meter

taxi (*tahg*-si) *c* cab, taxi

taxichauffør (*tahg*-si-sᵞoa-furr) *c* cab-driver, taxi-driver

taxiholdeplads (*tahg*-si-ho-ler-plahss) *c* taxi rank; taxi stand *Am*

te (tay) *c* tea

teater (tah-*ah*-do) *nt* (pl -tre) theatre

tegn (tighn) *nt* (pl ~) sign; token, indication, signal; *gøre ~ signal

tegne (*tigh*-ner) v *draw; sketch

tegnebog (*tigh*-ner-bo⁰⁰) c (pl -bøger) wallet; pocket-book

tegnefilm (*tigh*-ner-film) c (pl ~) cartoon

tegneserie (*tigh*-ner-sayr-ᴠer) c comics *pl*

tegnestift (*tigh*-ner-sdayfd) c drawing-pin; thumbtack *nAm*

tegning (*tigh*-nayng) c drawing; sketch; **skematisk** ~ diagram

teint (tehng) c complexion

teknik (tehg-*nig*) c (pl ~ker) technique

tekniker (*tehg*-ni-go) c technician

teknisk (*tehg*-nisg) adj technical

teknologi (tehg-noa-loa-*gi*) c technology

tekop (*tay*-kob) c (pl ~per) teacup

tekst (tehgsd) c text

tekstil (tehgs-*til*) nt textile

telefon (tay-ler-*foan*) c telephone, phone

telefonbog (tay-ler-*foan*-bo⁰⁰) c (pl -bøger) telephone directory; telephone book *Am*

telefonboks (tay-ler-*foan*-bogs) c telephone booth

telefoncentral (tay-ler-*foan*-sehn-trahl) c telephone exchange

telefondame (tay-ler-*foan*-daa-mer) c telephone operator; operator, telephonist

telefonere (tay-ler-foa-*nay*-o) v phone

telefonopringning (tay-ler-*foan*-obræng-nayng) c call, telephone call

telefonrør (tay-ler-*foan*-rurr) nt (pl ~) receiver

telefonsamtale (tay-ler-*foan*-sahm-taaler) c telephone call

telegrafere (tay-ler-grah-*fay*-o) v cable, telegraph

telegram (tay-ler-*grahm*) nt (pl ~mer) cable, telegram

teleobjektiv (*tay*-ler-ob-ᴠehg-tee⁰⁰) nt telephoto lens

telepati (*tay*-ler-pah-*ti*) c telepathy

telt (tehld) nt tent

tema (*tay*-mah) nt theme

temmelig (*teh*-mer-li) adv pretty, rather, quite

tempel (*tehm*-berl) nt (pl -pler) temple

temperatur (tehm-brah-*toor*) c temperature

tempo (*tehm*-boa) nt (pl -pi) pace

tendens (tehn-*dehns*) c tendency

tennis (*teh*-niss) tennis

tennisbane (*teh*-niss-baa-ner) c tenniscourt

tennissko (*teh*-niss-sgoa) pl tennis shoes

teologi (tay-oa-loa-*gi*) c theology

teoretisk (tay-oa-*ræ*-disg) adj theoretical

teori (tay-oa-*ri*) c theory

tepotte (*tay*-po-der) c teapot

terapi (tay-ah-*pi*) c therapy

termoflaske (*tær*-moa-flahss-ger) c vacuum flask, thermos flask

termometer (tær-moa-*may*-do) nt (pl -tre) thermometer

termostat (tær-moa-*sdahd*) c thermostat

ternet (*tær*-nerdh) adj chequered; checked

terning (*tær*-nayng) c cube

terpentin (tær-bern-*tin*) c turpentine

terrasse (tah-*rah*-ser) c terrace

territorium (tær-i-*toar*-ᴠom) nt (pl -ier) territory

terror (*tær*-o) c terrorism

terrorisme (tær-o-*riss*-mer) c terrorism

terrorist (tær-o-*risd*) c terrorist

terræn (tah-*ræng*) nt terrain

tesalon (*tay*-sah-long) c tea-shop

teske (*tay*-sgay) c teaspoon

teskefuld (tay-sgay-fool) c teaspoon-ful

testamente (tay-sdah-*mehn*-der) nt will

teste (tehss-der) v test

testel (tay-sdehl) nt (pl ~) tea-set

Thailand (tigh-lahn) Thailand

thailandsk (tigh-lahnsg) adj Thai

thailænder (tigh-lehn-o) c Thai

ti (ti) num ten

tid (tidh) c time; hour; moment; **hele tiden** all the time; **i den sidste ~** lately; **i tide** in time

tidevand (tee-dher-vahn) nt tide

tidlig (tidh-li) adj early

tidligere (tidh-li-aw-o) adj former, earlier; late; previous; adv before, formerly

tidsbesparende (tidhs-bay-sbah-ah-ner) adj time-saving

tidsel (ti-serl) c (pl -sler) thistle

tidsskrift (tidhs-sgræfd) nt periodical; journal, magazine, review

***tie** (tee-i) v *be silent; ~ **stille** *keep quiet

tiende (ti-i-ner) num tenth

tiger (tee-o) c (pl tigre) tiger

tigge (tay-ger) v beg

tigger (tay-go) c beggar

til (tayl) prep for, to, until

tilbage (tay-baa-ah) adv back

tilbagebetale (tay-baa-ah-bay-tah-ler) v *repay

tilbagebetaling (tay-baa-ah-bay-tah-layng) c repayment

tilbageflyvning (tay-baa-ah-flew°°-nayng) c return flight

tilbagekalde (tay-baa-ah-kahl-er) v re-call, call back

tilbagekomst (tay-baa-ah-komsd) c re-turn

tilbagerejse (tay-baa-ah-righ-ser) c re-turn journey, journey home

tilbagestående (tay-baa-ah-sdo-o-ner) adj underdeveloped; overdue

tilbagevej (tay-baa-ah-vigh) c way back

***tilbede** (tayl-bay-dher) v worship

tilbehør (tayl-bay-hurr) nt accessories pl

tilberede (tayl-bay-reh-dher) v cook; prepare

***tilbringe** (tayl-bræng-er) v *spend

tilbud (tayl-boodh) nt (pl ~) offer

***tilbyde** (tayl-bew-dher) v offer

tilbøjelig (tay-boi-li) adj inclined; ***være** ~ *be inclined to

tilbøjelighed (tay-boi-li-haydh) c ten-dency; inclination; disposition; ***have** ~ **til** tend

tildele (tayl-day-ler) v assign to, allot; award

tildragelse (tayl-drou-erl-ser) c inci-dent

tildække (tayl-deh-ger) v cover; bury

tilegne sig (tayl-igh-ner) acquire

***tilendebringe** (tay-*ehn*-er-bræng-er) v finish

tilflugtssted (tayl-flogds-sdehdh) nt shelter, refuge

tilforladelig (tayl-fo-*lah*-dher-li) adj sound

tilfreds (tay-fræss) adj pleased, con-tented, satisfied, content; happy

tilfredshed (tay-fræss-haydh) c satis-faction; contentment

tilfredsstille (tay-fræss-sdayl-er) v sat-isfy

tilfredsstillelse (tay-fræss-sdayl-erl-ser) c satisfaction

tilfælde (tayl-fehl-er) nt (pl ~) case, instance; chance; **i ~ af** in case of

tilfældig (tay-fehl-di) adj accidental; casual, incidental; **tilfældigvis** by chance

tilføje (tayl-foi-er) v add; inflict on; cause

tilføjelse (tayl-foi-erl-ser) c addition

tilførsel (*tayl*-furr-serl) *c* (pl -sler)
supply

*tilgive (*tayl*-gi-ver) *v* *forgive

tilgivelse (*tayl*-gi-verl-ser) *c* forgive-
ness, pardon

tilgængelig (tay-*gehng*-er-li) *adj* ac-
cessible

tilhænger (*tayl*-hehng-o) *c* supporter

tilhøre (*tayl*-hur-o) *v* belong to, be-
long

tilhører (*tayl*-hūr-o) *c* auditor

*tilintetgøre (tay-*ayn*-derdh-gur-o) *v*
destroy

tilintetgørelse (tay-*ayn*-derdh-gur-ol-
ser) *c* destruction

tiljuble (*tayl*-Yoob-ler) *v* cheer

tilkendegivelse (tay-*keh*-ner-gi-verl-
ser) *c* manifestation, demonstration

*tillade (tay-*lah*-dher) *v* permit, allow;
*være tilladt *be allowed

tilladelse (tay-*lah*-dherl-ser) *c* per-
mission; permit

tillid (tay-lidh) *c* trust, confidence

tillidsfuld (tay-lidhs-fool) *adj* confi-
dent

tillige (tay-*lee*-i) *adv* as well, in addi-
tion

tillæg (tay-lehg) *nt* (pl ~) supple-
ment; surcharge

tillægsord (tay-lehgs-oar) *nt* (pl ~)
adjective

tilmed (*tayl*-mehdh) *adv* moreover

tilnavn (*tayl*-noun) *nt* nickname

tilpasse (*tayl*-pah-ser) *v* adapt, adjust;
suit

tilrettevise (tay-*ræ*-der-vi-ser) *v* repri-
mand

tilråde (*tayl*-ro-dher) *v* string; twine

*tilskrive (*tayl*-sgri-ver) *v* assign to

tilskud (*tayl*-sgoodh) *nt* (pl ~) contri-
bution; grant, subsidy

tilskuer (*tayl*-sgoo-o) *c* spectator

tilskynde (*tayl*-sgurn-er) urge

tilslutning (*tayl*-slood-nayng) *c* con-

sent; approval; attendance

tilslutte (*tayl*-sloo-der) *v* connect;
plug in; ~ sig join

tilsluttet (*tayl*-sloo-derdh) *adj* con-
nected; affiliated

tilstand (*tayl*-sdahn) *c* state, condition

tilstedeværelse (tay-*sdai*-dher-veh-ol-
ser) *c* presence

tilstedeværende (tay-*sdai*-dher-veh-o-
ner) *adj* present

tilstrækkelig (tay-*sdræ*-ger-li) *adj* suf-
ficient, enough; adequate; *være
~ suffice

tilstødende (*tayl*-sdur-dher-ner) *adj*
neighbouring

tilsvarende (*tayl*-svah-ah-ner) *adj* cor-
responding; equivalent

tilsyneladende (tay-*sēw*-ner-lah-dher-
ner) *adj* apparent; *adv* apparently

tilsynsførende (*tayl*-sewns-fūr-o-ner) *c*
(pl ~) supervisor

tilsølet (*tayl*-sur-lerdh) *adj* soiled

*tiltage (*tayl*-tah-ah) *v* increase;
*grow; tiltagende progressive

tiltalende (*tayl*-tah-ler-ner) *adj* pleas-
ant

tiltro (*tayl*-troa) *c* faith

*tiltrække (*tayl*-træ-ger) *v* attract; til-
trækkende attractive

tiltrækning (*tayl*-træg-nayng) *c* attrac-
tion

tilværelse (*tayl*-veh-ol-ser) *c* exist-
ence, life

time (*tee*-mer) *c* hour; lesson; class;
hver ~ hourly

timeplan (*tee*-mer-plahn) *c* schedule

timian (*ti*-mi-ahn) *c* thyme

tin (tayn) *nt* tin; pewter

tinde (tay-ner) *c* peak

tinding (tay-nayng) *c* temple

ting (tayng) *c* (pl ~) thing

tingest (tay-ngersd) *c* gadget

tirre (tee-o) *v* irritate

tirsdag (*teers*-dah) *c* Tuesday

tit (tid) *adv* often

titel (*ti*-derl) *c* (pl titler) title

tjekkoslovak (t^yeh-goa-sloa-*vahg*) *c* (pl ~ker) Czech

Tjekkoslovakiet (t^yeh-goa-sloa-vah-*ki*-erdh) Czechoslovakia

tjekkoslovakisk (t^yeh-goa-sloa-*vah*-gisg) *adj* Czech

tjene (t^yai-ner) *v* earn; *make; ~ **på** profit by

tjener (t^yai-no) *c* waiter; domestic, servant; valet

tjeneste (t^yai-nerss-der) *c* favour

tjenestepige (t^yai-nerss-der-pee-i) *c* maid, servant

tjære (t^yai-o) *c* tar

to (toa) *num* two

tobak (toa-*bahg*) *c* (pl ~ker) tobacco

tobakshandel (toa-*bahgs*-hahn-erl) *c* tobacconist's

tobakshandler (toa-*bahgs*-hahn-lo) *c* tobacconist

tobakspung (toa-*bahgs*-pong) *c* tobacco pouch

todelt (toa-dayld) *adj* two-piece

tog (tooo) *nt* (pl ~) train; **gennem-gående** ~ through train

togfærge (to^{oo}-fær-ger) *c* train ferry

toilet (toa-ah-*lehd*) *nt* (pl ~ter) toilet, lavatory; bathroom; washroom *nAm*

toiletbord (toa-ah-*lehd*-boar) *nt* dressing-table

toiletpapir (toa-ah-*lehd*-pah-peer) *nt* toilet-paper

toiletsager (toa-ah-*lehd*-saa-o) *pl* toiletry

toilettaske (toa-ah-*lehd*-tahss-ger) *c* toilet case

told (tol) *c* Customs duty

toldafgift (*tol*-ou-gifd) *c* Customs duty

tolder (*to*-lo) *c* Customs officer

toldfri (*tol*-fri) *adj* duty-free

toldpligtig (*tol*-playg-di) *adj* dutiable

toldvæsen (*tol*-veh-sern) *nt* Customs pl

tolk (tolg) *c* interpreter

tolke (*tol*-ger) *v* interpret

tolv (tol) *num* twelve

tolvte (*tol*-der) *num* twelfth

tom (tom) *adj* empty

tomat (toa-*mahd*) *c* tomato

tommelfinger (*to*-merl-fayng-o) *c* (pl -fingre) thumb

ton (ton) *c* (pl ~s) ton

tone (tōa-ner) *c* note, tone

top (tob) *c* (pl ~pe) summit, top; peak

toppunkt (*tob*-pongd) *nt* height

topstykke (*tob*-sdur-ger) *nt* cylinder head

torden (toar-dern) *c* thunder

tordenvejr (*toar*-dern-vær) *nt* thunderstorm

tordne (*toard*-ner) *v* thunder

torn (toarn) *c* thorn

torsdag (tors-dah) *c* Thursday

torsk (tawsg) *c* (pl ~) cod

tortere (to-tay-o) *v* torture

tortur (to-*toor*) *c* torture

torv (tooo) *nt* market-place; square

tosproget (toa-sbro^{oo}-erdh) *adj* bilingual

tosset (*to*-serd) *adj* foolish, estimate, appreciate

total (toa-*tahl*) *c* total; *adj* total; **totalt** completely

totalisator (toa-tah-li-*saa*-to) *c* totalizator; bookmaker

totalitær (toa-tah-li-*tær*) *adj* totalitarian

toupet (too-*pay*) *c* hair piece

tov (to^{oo}) *nt* rope, cord

tradition (trah-di-s^yoan) *c* tradition

traditionel (trah-di-s^yoa-*nehl*) *adj* traditional

trafik (trah-*fig*) *c* traffic

trafiklys (trah-*fig*-lews) nt (pl ~)
traffic light

trafikprop (trah-*fig*-prob) c (pl ~per)
jam, traffic jam

tragedie (trah-*gaydh*-Yer) c tragedy

tragisk (*trah*-gisg) adj tragic, sad

tragt (trahgd) c funnel

traktat (trahg-*tahd*) c treaty

traktor (*trahg*-to) c tractor

trang (trahng) adj narrow; c desire;
craving; urge

transaktion (trahns-ahg-s*Y*oan) c deal,
transaction

transatlantisk (trahns-ahd-*lahn*-disg)
adj transatlantic

transformator (trahns-fo-*maa*-to) c
transformer

translatør (trahns-lah-*turr*) c transla-
tor

transmission (trahns-mi-s*Y*oan) c
transmission

transpiration (trahn-sbi-rah-s*Y*oan) c
perspiration

transpirere (trahn-sbi-*ræ*-o) v perspire

transport (trahns-*pawd*) c transport,
transportation

transportabel (trahns-bo-*tah*-berl) adj
portable, transportable

transportere (trahns-bo-*tay*-o) v
transport

trappe (*trah*-ber) c staircase, stairs pl

trappegelænder (trah-ber-gay-lehn-o)
nt banisters pl

travl (troul) adj busy; active

tre (træ) num three

tredive (*trædh*-ver) num thirty

tredivte (*trædhf*-der) num thirtieth

tredje (*trædh*-Yer) num third

trefjerdedels (træ-f*Y*ai-o-dayls) adj
three-quarter

trekant (*træ*-kahnd) c triangle

trekantet (*træ*-kahn-derdh) adj tri-
angular

trekløver (*træ*-klur°°-o) c shamrock;

trefoil

tremme (*træ*-mer) c bar

tremmekasse (*træ*-mer-kah-ser) c
crate

tres (træss) num sixty

tretten (*trah*-dern) num thirteen

trettende (*trah*-der-ner) num thir-
teenth

tribune (tri-*bēw*-ner) c stand

trikotage (tri-goa-*taa*-s*Y*er) c hosiery

trillebør (*tri*-ler-burr) c wheelbarrow

trin (trin) nt (pl ~) step

trisse (*tri*-ser) c pulley

trist (trisd) adj sad; dull

triumf (tri-*omf*) c triumph

triumfere (tri-om-*fay*-o) v triumph;
triumferende triumphant

tro (troa) c faith, belief; v *think, be-
lieve; adj true, faithful, loyal

trods (tross) prep despite, in spite of;
på ~ af in spite of

trofast (troa-fahsd) adj faithful, true

trolddomskunst (*trol*-doms-konsd) c
magic

trolleybus (*trol*-Yer-booss) c (pl ~ser)
trolley-bus

tromme (*tro*-mer) c drum

trommehinde (*tro*-mer-hay-ner) c ear-
drum

trompet (trom-*payd*) c trumpet

trone (*trōā*-ner) c throne

troperne (*trōā*-bo-ner) pl tropics pl

tropisk (*troa*-bisg) adj tropical

tropper (*tro*-bo) pl troops pl

troværdig (troa-*vær*-di) adj credible

true (*trōō*-oo) v threaten; truende
threatening

trussel (*troo*-serl) c (pl -sler) threat

trusser (*troo*-so) pl panties pl

tryk (trurg) nt (pl ~) pressure; ac-
cent; print

trykke (*trur*-ger) v press; print; ~ på
press

trykkende (*trur*-ger-ner) adj stuffy

trykknap (*trurg-knahb*) c (pl ~per) push-button

trykkoger (*trurg-kaw-go*) c pressure-cooker

tryksag (*trurg-sah*) c printed matter

tryllekunstner (*trew-ler-konsd-no*) c magician

træ (*træ*) nt tree; wood; **træ-** wooden

***træde** (*trææ-dher*) v step; thread

***træffe** (*træ-fer*) v encounter, *meet; *hit

træg (*træg*) adj slack

træhammer (*træ-hah-mo*) c (pl -hamre) mallet

træk (*træg*) nt (pl ~) trait, feature; move; c draught

***trække** (*træ-ger*) v *draw, pull; extract; ~ **fra** subtract, deduct; ~ **op** *wind; uncork; ~ **tilbage** *withdraw; ~ **ud** *take a long time, extract

trækpapir (*træg-pah-peer*) nt blotting paper

trækul (*træ-kol*) nt (pl ~) charcoal

trækvogn (*træg-vooºn*) c cart, barrow

træne (*trææ-ner*) v train; drill

træner (*trææ-no*) c coach

trænge ind (*træng-er*) trespass

trænge til (*træng-er*) need

træning (*trææ-nayng*) c training

træsko (*træ-sgoa*) c (pl ~) wooden shoe

træskærerarbejde (*træ-sgeh-o-aa-bigh-der*) nt wood-carving

træt (*træd*) adj tired; weary; ~ **af** tired of

trætte (*træ-der*) v tire; **trættende** tiring

træts (*træ-derss*) v *get tired; argue

trævle (*træoo-ler*) v fray

trøje (*troi-er*) c jacket; cardigan

trøst (*trursd*) c comfort, consolation

trøste (*trurss-der*) v comfort, console

trøstepræmie (*trurss-der-præm-ᵞer*) c consolation prize

tråd (*trodh*) c thread; wire

tube (*tōō-ber*) c tube

tuberkulose (*too-bær-goo-lōa-ser*) c tuberculosis

tud (*toodh*) c nozzle

tude (*tōō-dher*) v hoot; toot vAm, honk vAm

tudehorn (*tōō-dher-hoarn*) nt (pl ~) hooter

tudse (*too-ser*) c toad

tue (*too-er*) c mound

tulipan (*too-li-pahn*) c tulip

tumult (*too-moold*) c riot

tuneser (*too-nay-so*) c Tunisian

Tunesien (*too-nay-sᵞern*) Tunisia

tunesisk (*too-nay-sisg*) adj Tunisian

tunfisk (*tōō-n-faysg*) c (pl ~) tuna

tung (*tong*) adj heavy

tunge (*to-nger*) c tongue

tungnem (*tong-nehm*) adj slow

tungsind (*tong-sayn*) nt melancholy

tungtvejende (*tongd-vigh-er-ner*) adj capital, weighty

tunika (*too-ni-kah*) c tunic

tunnel (*ton-erl*) c tunnel

tur (*toor*) c trip; ride; turn

turbine (*toor-bee-ner*) c turbine

***turde** (*tōō-o*) v dare

turisme (*too-riss-mer*) c tourism

turist (*too-risd*) c tourist

turistbureau (*too-risd-bew-roa*) nt tourist office

turistklasse (*too-risd-klah-ser*) c tourist class

turnering (*toor-nayr-ayng*) c tournament

tur-retur (*toor-ræ-toor*) round trip Am

tusind (*too-sern*) num thousand

tusmørke (*tooss-murr-ger*) nt twilight

tvangfri (*tvahng-fri*) adj informal, casual

tvangstanke (*tvahngs*-tahng-ger) *c* obsession

tvetydig (*tvay*-tewdh-i) *adj* ambiguous

tvillinger (*tvi*-layng-o) *pl* twins *pl*

*tvinge (*tvayng*-er) *v* force; compel

tvist (tvaysd) *c* dispute

tvivl (tvee°°l) *c* (pl ~) doubt; **uden ~** without doubt

tvivle (*tvee°°*-ler) *v* doubt; **~ på** query

tvivlsom (*tvee°°*l-som) *adj* doubtful

tværtimod (*tværd*-i-moadh) *adv* on the contrary

tydelig (*tew̄*-dher-li) *adj* plain, clear, distinct; explicit

*tydeliggøre (*tew̄*-dher-li-gur-o) *v* clarify, elucidate

tyfus (*tew̄*-fooss) *c* typhoid

tygge (*tew̄*-ger) *v* chew

tyggegummi (*tew*-ger-go-mi) *nt* chewing-gum

tyk (tewg) *adj* big, thick; fat; bulky

tykkelse (*tew*-gerl-ser) *c* thickness

tynd (turn) *adj* thin; sheer; weak

tyngdekraft (*turng*-der-krahfd) *c* gravity

tynge (*turng*-er) *v* weigh on; oppress

type (*tew̄*-ber) *c* type

typisk (*tew*-bisg) *adj* typical

tyr (tewr) *c* bull

tyran (tew-*rahn*) *c* (pl ~ner) tyrant

tyrefægtning (*tew̄*-o-fehgd-nayng) *c* bullfight

tyrefægtningsarena (*tew̄*-o-fehgd-nayngs-ah-*ræææ*-nah) *c* bullring

tyrker (*tewr*-go) *c* Turk

Tyrkiet (tewr-*ki*-erdh) Turkey

tyrkisk (*tewr*-gisg) *adj* Turkish; **~ bad** Turkish bath

tysk (tewsg) *adj* German

tysker (*tewss*-go) *c* German

Tyskland (*tewsg*-lahn) Germany

tyv (tew°°) *c* thief

tyve (*tew̄*-ver) *num* twenty

tyvende (*tew̄*-ver-ner) *num* twentieth

tyveri (tew-vo-*ri*) *nt* theft; robbery

*tælle (*teh*-ler) *v* count; **~ sammen** count

tæller (*teh*-lo) *c* meter

tæmme (*teh*-mer) *v* tame

tænde (*teh*-ner) *v* *light; **~ for** turn on, switch on

tænding (*teh*-nayng) *c* ignition

tændrør (*tehn*-rurr) *nt* (pl ~) sparking-plug

tændspole (*tehn*-sbōa-ler) *c* ignition coil

tændstik (*tehn*-sdayg) *c* (pl ~ker) match

tændstikæske (*tehn*-sdayg-ehss-ger) *c* match-box

tænke (*tehng*-ger) *v* *think; guess; **~ over** *think over; **~ på** *think of; **~ sig** imagine; fancy

tænker (*tehng*-go) *c* thinker

tænksom (*tehngg*-som) *adj* thoughtful

tæppe (*teh*-ber) *nt* rug, carpet; blanket; curtain

tærskel (*tær*-sgerl) *c* (pl -kler) threshold

tæt (tehd) *adj* dense; thick

tæve (*tai*-ver) *c* bitch; *v* *beat up

tø (tur) *v* thaw; **~ op** thaw

tøffel (*tur*-ferl) *c* (pl tøfler) slipper

tøj (toi) *pl* clothes *pl*

tøjle (*toi*-ler) *v* curb; restrain; bridle; *c* rein

tømme (*tur*-mer) *v* empty; *c* rein

tømmer (*turm*-o) *nt* timber

tømmerflåde (*tur*-mo-flaw-dher) *c* raft

tømmermænd (*tur*-mo-mehn) *pl* hangover

tømning (*turm*-nayng) *c* emptying; collection

tømrer (*turm*-ro) *c* carpenter

tønde (*tur*-ner) *c* barrel; cask; **lille ~**

keg

tør (turr) *adj* dry; arid, neat

tørke (*turr*-ger) *c* drought

tørre (*tūr*-o) *v* dry; ~ **af** wipe

tørretumbler (*tūr*-o-tomb-lo) *c* dryer

tørst (turrsd) *c* thirst

tørstig (*turr*-sdi) *adj* thirsty

tøve (*tūr*-ver) *v* hesitate

tøvejr (*tur*-vær) *nt* thaw

tå (to) *c* (pl tær) toe

tåbelig (*taw*-ber-li) *adj* foolish

tåge (*taw*-ger) *c* fog

tågedis (*taw*-ger-dis) *c* mist

tågelygte (*taw*-ger-lurg-der) *c* foglamp

tåget (*taw*-gerdh) *adj* foggy

tåle (*taw*-ler) *v* *bear; sustain

tålmodig (tol-*moa*-dhi) *adj* patient

tålmodighed (tol-*moa*-dhi-haydh) *c* patience

tåre (*taw*-o) *c* tear

tåreperser (*taw*-o-pær-so) *c* tearjerker

tårn (ton) *nt* tower

U

uafbrudt (*oo*-ou-brood) *adj* continuous

uafhængig (*oo*-ou-hehng-i) *adj* independent

uafhængighed (*oo*-ou-*hehng*-i-haydh) *c* independence

ualmindelig (oo-ahl-*mayn*-li) *adj* unusual; uncommon

uanselig (oo-ahn-*say*-li) *adj* insignificant; inconspicuous

uanstændig (oo-ahn-*sdehn*-di) *adj* indecent

uantagelig (oo-ahn-*tah*-ah-li) *adj* unacceptable

uartig (oo-*ah*-di) *adj* naughty

uautoriseret (*oo*-ou-toa-ri-say-odh)
adj unauthorized

ubeboelig (oo-bay-*boa*-oa-li) *adj* uninhabitable

ubeboet (*oo*-bay-boa-erdh) *adj* uninhabited; desert

ubegribelig (oo-bay-*gri*-ber-li) *adj* puzzling

ubegrænset (*oo*-bay-græn-serdh) *adj* unlimited

ubehagelig (oo-bay-*hah*-ah-li) *adj* disagreeable, unpleasant; nasty

ubekvem (*oo*-bay-kvehm) *adj* uncomfortable

ubekymret (*oo*-bay-kurm-rodh) *adj* carefree, unconcerned

ubelejlig (oo-bay-*ligh*-li) *adj* inconvenient

ubesindig (oo-bay-*sayn*-di) *adj* rash

ubeskadiget (*oo*-bay-sgah-dhi-erdh) *adj* whole, intact

ubeskeden (*oo*-bay-sgay-dhern) *adj* immodest

ubeskyttet (*oo*-bay-sgur-derdh) *adj* unprotected

ubestemt (*oo*-bay-sdehmd) *adj* indefinite; uncertain

ubesvaret (*oo*-bay-svah-ahdh) *adj* unanswered

ubetydelig (oo-bay-*tew*-dher-li) *adj* insignificant; slight; petty

ubodelig (oo-*boa*-dher-li) *adj* irreparable

ud (oodh) *adv* out; ~ **over** beyond

udad (oodh-ahdh) *adv* outwards

udbene (*oodh*-bay-ner) *v* bone

udbetaling (*oodh*-bay-tah-layng) *c* down payment

udblæsning (*oodh*-blehs-nayng) *c* exhaust

udblæsningsrør (*oodh*-blehs-naynngs-rurr) *nt* (pl ~) exhaust pipe

udbløde (*oodh*-blur-dher) *v* soak

udbrede (*oodh*-bræ-dher) *v* *spread out, *put about

*udbringe (oodh-bræ-nger) v deliver

udbringning (oodh-bræng-nayng) c delivery

udbrud (oodh-broodh) nt (pl ~) exclamation; outbreak

*udbryde (oodh-brew-dher) v exclaim

udbud (oodh-boodh) nt (pl ~) supply

udbytte (oodh-bew-der) nt benefit; profit; v exploit

uddanne (oodh-dahn-er) v educate

uddannelse (oodh-dahn-erl-ser) c education; background

uddele (oodh-day-ler) v distribute; administer, issue

uddrag (oodh-drou) nt (pl ~) extract; excerpt

uddybe (oodh-dew-ber) v deepen; elaborate

ude (ōō-dher) adv out

*udelade (ōō-dher-lah-dher) v *leave out; omit

udelukke (ōō-dher-lo-ger) v exclude

udelukkende (oo-dher-lo-ger-ner) adv exclusively; solely

uden (ōō-dhern) prep without; ~ **for** outside, out of

udenad (ōō-dhern-ahdh) adv by heart

udendørs (ōō-dhern-durrs) adv outdoors

udenfor (ōō-dhern-fo) adv outside

udenlands (ōō-dhern-lahns) adv abroad

udenlandsk (ōō-dhern-lahnsg) adj foreign; alien

udfald (oodh-fahl) nt (pl ~) result; issue; sally, attack; **uheldigt ~** failure

udflugt (oodh-flogd) c trip; excursion, outing, picnic

udfolde (oodh-fol-er) v unfold, *spread; expand

udfordre (oodh-fo-dro) v challenge; dare

udfordring (oodh-fo-dræng) c challenge

udforske (oodh-faw-sger) v explore

udfylde (oodh-fewl-er) v fill in; fill out Am

udføre (oodh-fur-o) v export; execute; perform

udførlig (oodh-furr-li) adj detailed

udførsel (oodh-furr-serl) c (pl -sler) export, exportation

udgang (oodh-gahng) c exit, way out

udgangspunkt (oodh-gahngs-pongd) nt starting-point

udgave (oodh-gaa-ver) c edition

udgift (oodh-gifd) c expense, expenditure; **udgifter** expenditure, expenses pl

*udgive (oodh-gi-ver) v publish

udgrave (oodh-grah-ver) v *dig out; excavate

udgravning (oodh-grou-nayng) c excavation

*udgyde (oodh-gew-dher) v *shed

*udholde (oodh-hol-er) v *bear, endure

udholdelig (oodh-hol-er-li) adj tolerable

udholdenhed (oodh-hol-ern-haydh) c stamina

udjævne (oodh-ᵞeh°°-ner) v level

udkant (oodh-kahnd) c outskirts pl

udkast (oodh-kahsd) nt (pl ~) design

udkaste (oodh-kahss-der) v design

udkørsel (oodh-kurr-serl) c (pl -sler) exit

udlede (oodh-lay-dher) v deduce

udleje (oodh-ligh-er) v *let; lease

udlevere (oodh-lay-vay-o) v deliver, hand over; extradite

udligne (oodh-li-ner) v equalize

udlosse (oodh-lo-ser) v unload

udlufte (oodh-lof-der) v ventilate

udluftning (oodh-lofd-nayng) c ventilation

udlænding (oodh-lehn-ayng) c foreigner; alien

udløb (*oodh*-lurb) *nt* (pl ∼) expiry

*udløbe (*oodh*-lur-ber) *v* expire; **udløbet** expired

udmatte (*oodh*-mah-der) *v* exhaust; **udmattet** tired

udmærke sig (*oodh*-mær-ger) excel, distinguish oneself

udmærket (*oodh*-mær-gerdh) *adj* fine, excellent

udnytte (*oodh*-nur-der) *v* exploit; apply; utilize

udnævne (*oodh*-neh⁰⁰-ner) *v* appoint

udnævnelse (*oodh*-neh⁰⁰-nerl-ser) *c* appointment; nomination

udrede (*oodh*-ræ-dher) *v* clear up, unravel, elucidate

udregne (*oodh*-righ-ner) *v* calculate

udrette (*oodh*-ræ-der) *v* perform, accomplish, achieve

udruste (*oodh*-ross-der) *v* equip

udrustning (*oodh*-rost-nayng) *c* equipment

udsalg (*oodh*-sahl) *nt* (pl ∼) clearance sale; sales

udseende (*oodh*-say-ay-ner) *nt* look; appearance

udsende (*oodh*-sehn-er) *v* transmit; *broadcast

udsendelse (*oodh*-sehn-erl-ser) *c* broadcast

udsending (*oodh*-sehn-ayng) *c* emissary, envoy

udsigt (*oodh*-saygd) *c* outlook, view; prospect

udskejelse (*oodh*-sgigh-erl-ser) *c* excess

*udskyde (*oodh*-sgew-dher) *v* *put off, postpone

udslidt (*oodh*-slid) *adj* worn-out

udslæt (*oodh*-slehd) *nt* (pl ∼) rash

udsmykning (*oodh*-smurg-nayng) *c* decoration

udsolgt (*oodh*-sold) *adj* sold out; full

udspekuleret (*oodh*-sbay-goo-lay-odh) *adj* clever, cunning, sly

udsprede (*oodh*-sbræ-dher) *v* *shed

udspring (*oodh*-sbræng) *nt* (pl ∼) source

udstedelse (*oodh*-sdehdh-erl-ser) *c* issue

udstille (*oodh*-sdayl-er) *v* exhibit, *show

udstilling (*oodh*-sdayl-ayng) *c* exhibition, exposition, show; display

udstillingslokale (*oodh*-sdayl-ayngs-loa-kaa-ler) *nt* showroom

udstillingsvindue (*oodh*-sdayl-ayngs-vayn-dōō-oo) *nt* shop-window

udstrakt (*oodh*-sdrahgd) *adj* broad

udstyr (*oodh*-sdewr) *nt* (pl ∼) gear, outfit; kit

udstyre (*oodh*-sdew-o) *v* equip

udstødningsgas (*oodh*-sdurdh-nayngs-gahss) *c* exhaust gases

udsuge (*oodh*-soo-oo) *v* suck out; *bleed

*udsætte (*oodh*-seh-der) *v* postpone, delay, adjourn

udsættelse (*oodh*-seh-derl-ser) *c* delay, postponement

udsøgt (*oodh*-surgd) *adj* select; exquisite, fine

udtale (*oodh*-taa-ler) *c* pronunciation; *v* pronounce

udtalt (*oodh*-tahld) *adj* express

udtryk (*oodh*-trurg) *nt* (pl ∼) expression; term; ***give ∼ for** express

udtrykke (*oodh*-trur-ger) *v* express

udtrykkelig (oo-*trur*-ger-li) *adj* explicit

udtænke (*oodh*-tehng-ger) *v* conceive, devise

uduelig (oo-*doo*-oo-li) *adj* incapable, incompetent

udvalg (*oodh*-vahl) *nt* (pl ∼) selection, choice; variety, assortment; committee udvalgt (*oodh*-vahld) *adj* select

udvej (*oodh*-vigh) *c* way out; expedient

udveksle (*oodh*-vehg-sler) *v* exchange

udvendig (*oodh*-vehn-di) *adj* external; outward

udvide (*oodh*-vi-dher) *v* enlarge, extend; widen, expand

udvidelse (*oodh*-vi-dherl-ser) *c* extension, expansion, enlargement

udvikle (*oodh*-vayg-ler) *v* develop

udvikling (*oodh*-vayg-layng) *c* development

udvise (*oodh*-vi-ser) *v* expel, send out; display

*udvælge (*oodh*-vehl-Yer) *v* select

udvælgelse (*oodh*-vehl-Yerl-ser) *c* selection

udyrket (*oo*-dewr-gerdh) *adj* waste

udøve (*oodh*-ur-ver) *v* exercise

udånde (*oodh*-on-er) *v* expire, exhale

uegnet (*oo*-igh-nerdh) *adj* unfit, unqualified

uendelig (*oo*-*ehn*-er-li) *adj* infinite, endless

*være uenig (*vai*-o *oo*-*ay*-ni) disagree

uerfaren (*oo*-ær-fah-ahn) *adj* inexperienced

ufaglært (*oo*-fou-lærd) *adj* unskilled

uforklarlig (*oo*-fo-*klah*-li) *adj* unaccountable, inexplicable

uformel (*oo*-fo-mehl) *adj* informal

uforskammet (*oo*-fo-sgahm-erdh) *adj* insolent; impertinent, rude, impudent

uforskammethed (*oo*-fo-sgahm-erdh-haydh) *c* insolence

uforsætlig (*oo*-fo-sehd-li) *adj* unintentional

ufortjent (*oo*-fo-t^Yehnd) *adj* undeserved

ufremkommelig (*oo*-fræm-*kom*-er-li) *adj* impassable

ufuldkommen (*oo*-fool-kom-ern) *adj* imperfect

ufuldstændig (*oo*-fool-sdehn-di) *adj* incomplete

uge (*ōō*-oo) *c* week

ugentlig (*ōō*-oon-li) *adj* weekly

ugerevy (*ōō*-oo-ræ-vew) *c* newsreel

ugift (*oo*-gifd) *adj* single

ugle (*ōō*-ler) *c* owl

ugunstig (*oo*-gon-sdi) *adj* unfavourable

ugyldig (*oo*-gewl-di) *adj* void, invalid

uhelbredelig (*oo*-hehl-*bræ*-dher-li) *adj* incurable

uheld (*oo*-hehl) *nt* (pl ~) accident; misfortune, bad luck

uheldig (*oo*-*hehl*-di) *adj* unlucky; unfortunate

uheldsvanger (*oo*-hehl-svahng-o) *adj* sinister

uhyggelig (*oo*-hewg-li) *adj* creepy, horrifying; cheerless

uhyre (*oo*-hew-o) *adj* huge

uhøflig (*oo*-hurf-li) *adj* impolite, rude

uigenkaldelig (*oo*-i-gehn-*kahl*-er-li) *adj* irrevocable

ujævn (*oo*-^Yehn°°n) *adj* uneven; bumpy, rough

ukendt (*oo*-kehnd) *adj* unfamiliar, unknown; ~ person stranger

uklar (*oo*-klah) *adj* obscure, dim

uklog (*oo*-klo°°) *adj* unwise

ukrudt (*oo*-krood) *nt* weed

ukvalificeret (*oo*-kvah-li-fi-say-odh) *adj* unqualified

ulastelig (*oo*-*lah*-sder-li) *adj* faultless, immaculate

uld (ool) *c* wool

ulden (*oo*-lern) *adj* woollen

ulejlige (*oo*-*ligh*-lee-i) *v* trouble

ulejlighed (*oo*-*ligh*-li-haydh) *c* trouble

ulempe (*oo*-lehm-ber) *c* inconvenience; disadvantage

ulige (*oo*-lee-i) *adj* odd; unequal, uneven

ulovlig (oo-*lo⁰⁰*-li) *adj* illegal; unlawful; illicit

ultraviolet (*ool*-trah-vi-oa-lehd) *adj* ultraviolet

ulv (oolv) *c* wolf

ulydig (oo-*lew*-dhi) *adj* disobedient

ulykke (oo-*lur*-ger) *c* accident, disaster; misfortune, calamity

ulykkelig (oo-*lurg*-li) *adj* unhappy, miserable; unfortunate

ulæselig (oo-*leh*-ser-li) *adj* illegible; unreadable

umage (*oo*-maa-ah) *c* trouble, pains; *gøre sig ~ bother

umiddelbar (*oo*-mi-dherl-bah) *adj* immediate, direct

umulig (oo-*moo*-li) *adj* impossible

umøbleret (*oo*-murb-lay-odh) *adj* unfurnished

umådelig (oo-*mo*-dher-li) *adj* vast, immense

under (*on*-o) *prep* beneath, under, below; during; *nt* wonder

underbenklæder (o-no-bāynklai-dho) *pl* knickers *pl*, briefs *pl*; underpants *plAm*

underbukser (o-no-bog-so) *pl* drawers, briefs *pl*; pants *pl*; shorts *plAm*

underernæring (o-no-ær-nær-ayng) *c* malnutrition

undergang (o-no-gahng) *c* ruin, fall

undergrundsbane (o-no-grons-baa-ner) *c* underground; subway *nAm*

underholdende (o-no-hol-er-ner) entertaining

*underholde (o-no-hol-er) *v* amuse, entertain

underholdning (o-no-hol-nayng) *c* entertainment

underholdsbidrag (o-no-hols-bi-drou) *nt* (pl ~) alimony

underjordisk (o-no-ᵛoar-disg) *adj* underground

underkaste (o-no-kahss-der) *v* subject; ~ sig submit

underkjole (o-no-kᵛoā-ler) *c* slip

underkop (o-no-kob) *c* (pl ~per) saucer

underlegen (o-no-lay-ern) *adj* inferior

underlig (o-no-li) *adj* queer, strange; curious; odd, peculiar

underliv (o-no-lee⁰⁰) *nt* lower abdomen

underneden (o-no-*nāy*-dhern) *adv* underneath

underordnet (o-no-od-nerdh) *adj* subordinate, secondary; minor; additional

underretning (on-o-ræd-nayng) *c* information; notice

underrette (on-o-ræ-der) *v* notify, inform

underskrift (o-no-sgræfd) *c* signature

*underskrive (o-no-sgri-ver) *v* sign

underskud (o-no-sgoodh) *nt* (pl ~) deficit

understrege (o-no-sdrigh-er) *c* underline; emphasize

understrøm (o-no-sdrurm) *c* (pl ~me) undercurrent

understøtte (o-no-sdur-der) *v* support, assist, aid

understøttelse (o-no-sdur-derl-ser) *c* assistance

undersøge (o-no-sur-ur) *v* examine; enquire

undersøgelse (o-no-sur-url-ser) *c* examination, investigation; inquiry, enquiry; check-up

undersøisk (o-no-sur-isg) *adj* underwater

undertegne (o-no-tigh-ner) *v* sign

undertegnede (o-no-tigh-ner-dher) *c* (pl ~) undersigned

undertitel (o-no-ti-derl) *c* (pl -tler) subtitle

undertrykke (o-no-trur-ger) *v* suppress; oppress

undertrøje (o-no-troi-er) c vest, undershirt
undertøj (o-no-toi) pl underwear
undervise (o-no-vi-ser) v *teach; instruct
undervisning (o-no-vis-nayng) c instruction; tuition, instruction, lesson; education
undervurdere (o-no-voor-day-o) v underestimate
undfangelse (on-fahng-erl-ser) c conception
***undgå** (on-go) v avoid, escape
***undlade** (on-lah-dher) v fail, omit
undre sig (on-dro) marvel, wonder
undskyld! (on-sgewl-er) v excuse
undskyldning (on-sgewl-nayng) c apology, excuse; *bede om ~ apologize
***undslippe** (on-slay-ber) v escape
undtagelse (on-tah-ahl-ser) c exception; med ~ af except
undtagen (on-tah-ahn) prep but, except
undvære (on-veh-o) v spare
ung (ong) adj young
ungarer (ong-gah-ah) c Hungarian
Ungarn (ong-gahn) Hungary
ungarsk (ong-gahsg) adj Hungarian
ungdom (ong-dom) c youth; ungdoms- juvenile
unge (o-nger) c kid
ungkarl (ong-kahl) c bachelor
uniform (oo-ni-fom) c uniform
unik (oo-nig) adj unique
union (oon-Yoan) c union
univers (oo-ni-værs) nt universe
universel (oo-ni-vær-sehl) adj universal
universitet (oo-ni-vær-si-tayd) nt university
unormal (oo-no-mahl) adj abnormal
unyttig (oo-nur-di) adj useless; idle

unødvendig (oo-nurdh-vehn-di) adj unnecessary
unøjagtig (oo-noi-ahg-di) adj inaccurate
uofficiel (oo-o-fi-sᵞehl) adj unofficial
uopdyrket (oo-ob-dewr-gerdh) adj uncultivated
uophørlig (oo-ob-hurr-li) adj continual; uophørligt continually
uopmærksom (oo-ob-mærg-som) adj inattentive
uorden (oo-o-dern) c disorder; i ~ out of order, broken
uordentlig (oo-o-dern-li) adj untidy
uoverkommelig (oo-oᵒᵒ-o-kom-er-li) adj impossible; prohibitive
uovertruffen (oo-oᵒᵒ-o-tro-fern) adj unsurpassed
upartisk (oo-pah-tisg) adj impartial
upassende (oo-pah-ser-ner) adj improper, unsuitable
upersonlig (oo-pær-soan-li) adj impersonal
upopulær (oo-poa-boo-lær) adj unpopular
upålidelig (oo-po-li-dher-li) adj untrustworthy, unreliable
ur (oor) nt clock; watch
uregelmæssig (oo-ræ-erl-meh-si) adj irregular
uren (oo-ræn) adj unclean
uret (oo-ræd) c wrong, injustice; adj wrong; *gøre ~ wrong; *have ~ *be wrong
uretfærdig (oo-ræd-fær-di) adj unjust, unfair
urigtig (oo-ræg-di) adj incorrect
urimelig (oo-ri-mer-li) adj unreasonable; absurd
urin (oo-rin) c urine
urmager (oor-mah-o) c watch-maker
uro (oo-roa) c unrest; excitement, alarm
urolig (oo-roa-li) adj restless

urrem (*oor*-ræm) *c* (pl ~me) watch-strap

urskov (*oor*-sgoᵒᵒ) *c* jungle

urt (oord) *c* herb

Uruguay (*oo*-roo-goo-igh) Uruguay

uruguayaner (oo-roo-goo-ah-ᵞah-no) *c* Uruguayan

uruguayansk (oo-roo-goo-ah-ᵞahnsg) *adj* Uruguayan

usand (*oo*-sahn) *adj* false, untrue

usandsynlig (oo-sahn-*sewn*-li) *adj* unlikely, improbable

uselvisk (*oo*-sehl-visg) *adj* unselfish

usikker (*oo*-say-go) *adj* unsafe; uneasy

uskadelig (oo-*sgah*-dher-li) *adj* harmless

uskadt (*oo*-sgahd) *adj* unhurt, uninjured, safe

uskolet (*oo*-sgōā-lerdh) *adj* untrained; uneducated

uskyldig (oo-*sgewl*-di) *adj* innocent

uskyldighed (oo-*sgewl*-di-haydh) *c* innocence

usoigneret (oo-soa-ahn-ᵞay-odh) *adj* untidy; slovenly

uspiselig (oo-*sbi*-ser-li) *adj* inedible

ustabil (*oo*-sdah-bil) *adj* unstable, unsteady

usund (*oo*-son) *adj* unhealthy; unsound

usympatisk (oo-sewm-pah-disg) *adj* unpleasant; nasty

usynlig (oo-*sewn*-li) *adj* invisible

usædvanlig (oo-seh-*vahn*-li) *adj* exceptional, unusual; uncommon

utaknemmelig (oo-tahg-*nehm*-li) *adj* ungrateful

utilfreds (*oo*-tay-fræss) *adj* dissatisfied, discontented

utilfredsstillende (oo-tay-*fræss*-sdayl-er-ner) *adj* unsatisfactory

utilgængelig (oo-tay-*gehng*-er-li) *adj* inaccessible

utilpas (*oo*-tay-pahss) *adj* unwell

utilstrækkelig (oo-tay-*sdræ*-ger-li) *adj* insufficient; inadequate

utilstrækkelighed (oo-tay-*sdræ*-ger-li-haydh) *c* shortcoming, insufficiency, inadequacy

utiltalende (*oo*-tayl-tah-ler-ner) *adj* unpleasant, repulsive

utro (*oo*-troa) *adj* unfaithful; disloyal

utrolig (oo-*troa*-li) *adj* incredible

utvivlsomt (oo-*tvee*ᵒᵒl-somd) *adv* undoubtedly

utvungenhed (*oo*-tvong-ern-haydh) *c* ease

utydelig (oo-*tew*-dher-li) *adj* dim, indistinct

utænkelig (oo-*tehng*-ger-li) *adj* unthinkable; inconceivable

utålelig (oo-*to*-ler-li) *adj* intolerable, unbearable

utålmodig (oo-tol-*moa*-dhi) *adj* impatient; eager

uudholdelig (oo-oodh-*hol*-er-li) *adj* intolerable, unendurable

uundgåelig (oo-on-*go*-o-li) *adj* inevitable; unavoidable

uundværlig (oo-on-*vær*-li) *adj* indispensable

uvant (*oo*-vahnd) *adj* unaccustomed

uvedkommende (*oo*-vaydh-kom-er-ner) *c* (pl ~) trespasser

uvejr (*oo*-vær) *nt* (pl ~) tempest, storm

uvenlig (*oo*-vehn-li) *adj* unkind; unfriendly

uventet (*oo*-vehn-derdh) *adj* unexpected

uvidende (*oo*-vi-dher-ner) *adj* ignorant; unaware

uvigtig (*oo*-vayg-di) *adj* unimportant

uvillig (*oo*-vil-i) *adj* unwilling; averse

uvirkelig (*oo*-veerg-li) *adj* unreal

uvirksom (*oo*-veerg-som) *adj* idle

uvis (*oo*-vayss) *adj* doubtful, uncertain

uvurderlig (oo-voor-*dayr*-li) *adj* priceless, invaluable

uvæsentlig (*oo*-veh-sern-li) *adj* insignificant, unessential

uægte (*oo*-ehg-der) *adj* false, artificial

uærlig (oo-*ær*-li) *adj* dishonest; crooked

uønsket (*oo*-urn-sgerdh) *adj* unwanted, undesirable

V

vable (*vaa*-berl) *c* blister

vaccination (vahg-si-nah-s^yoan) *c* vaccination; inoculation

vaccinere (vahg-si-*nay*-o) *v* vaccinate; inoculate

vade (*vaa*-dher) *v* wade

vadested (*vaa*-dher-sdehdh) *nt* ford

vadsæk (*vahdh*-sehg) *c* (pl ~ke) haversack

vaffel (*vah*-ferl) *c* (pl vafler) wafer; waffle

vag (vahg) *adj* faint, vague

vagabond (vah-gah-*bond*) *c* tramp

vagabondere (vah-gah-bon-*day*-o) *v* tramp

vagabondering (vah-gah-bon-*dayr*-ayng) *c* vagrancy

vagt (vahgd) *c* guard

vagtel (*vahg*-derl) *c* (pl -tler) quail

vagthavende (*vahgd*-hou-er-ner) *c* (pl ~) warden

vakance (vah-*kahng*-ser) *c* vacancy

vakle (*vahg*-ler) *v* falter; **vaklende** shaky

vaklevorn (*vah*-gerl-von) *adj* unsteady

vaks (vahgs) *adj* smart

vakuum (*vah*-kom) *nt* vacuum

valen (*vaa*-lern) *adj* numb

valg (vahl) *nt* (pl ~) choice; pick; election; option

valgfri (*vahl*-fri) *adj* optional

valgkreds (*vahl*-kræs) *c* constituency

valgret (*vahl*-ræd) *c* suffrage

valmue (*vahl*-mōō-oo) *c* poppy

valnød (*vahl*-nurdh) *c* (pl ~der) walnut

vals (vahls) *c* waltz

valuta (vah-*loo*-tah) *c* currency; **udenlandsk** ~ foreign currency

valutakurs (vah-*loo*-tah-koors) *c* rate of exchange

vand (vahn) *nt* water; **rindende** ~ running water

vandfald (*vahn*-fahl) *nt* (pl ~) waterfall

vandfarve (*vahn*-faa-ver) *c* water-colour

vandhane (*vahn*-haa-ner) *c* tap; faucet *nAm*

vandløb (*vahn*-lurb) *nt* (pl ~) stream

vandmand (*vahn*-mahn) *c* (pl -mænd) jelly-fish

vandmelon (*vahn*-may-loan) *c* watermelon

vandpumpe (*vahn*-pom-ber) *c* water pump

vandre (*vahn*-dro) *v* wander, roam, stroll; hike; ~ **om** wander

vandrer (*vahn*-dro) *c* wanderer; walker

vandrerhjem (*vahn*-dro-^yehm) *nt* (pl ~) youth hostel

vandret (*vahn*-ræd) *adj* horizontal

vandski (*vahn*-sgi) *c* (pl ~) water ski

vandtæt (*vahn*-tehd) *adj* waterproof

vandvej (*vahn*-vigh) *c* waterway

vane (*vaa*-ner) *c* habit

vanemæssig (*vaa*-ner-meh-si) *adj* habitual

vanfør (*vahn*-furr) *adj* invalid

vanille (vah-*nil*-^yer) *c* vanilla

vankelmodig (*vahng*-gerl-moa-dhi) *adj*

unsteady
vanlig (*vaan*-li) *adj* customary; usual
vanskabt (*vahn*-sgahbd) *adj* deformed
vanskelig (*vahn*-sger-li) *adj* hard, difficult
vanskelighed (*vahn*-sger-li-haydh) *c* difficulty
vant (vahnd) *adj* accustomed; ***være ~ til** *be used to
vanter (*vahn*-do) *pl* mittens *pl*
vanvid (*vahn*-vidh) *nt* madness
vanvittig (*vahn*-vi-di) *adj* crazy, mad
vare (*vaa*-ah) *v* last, endure, *take
varehus (*vaa*-ah-hoos) *nt* department store
varemærke (*vaa*-ah-mær-ger) *nt* trademark
vareprøve (*vaa*-ah-prūr-ver) *c* sample
varer (*vaa*-ah) *pl* goods *pl;* merchandise, wares *pl*
varevogn (*vaa*-ah-voº°n) *c* pick-up van, van, delivery van
variabel (vah-i-ah-berl) *adj* variable
variere (vah-i-*ay*-o) *v* vary; **varieret** varied
varietéforestilling (vah-i-er-*tay*-faw-o-sdayl-ayng) *c* variety show
varietéteater (vah-i-er-*tay*-tay-ah-do) *nt* (pl -teatre) variety theatre
varig (*vaa*-i) *adj* permanent, lasting
varighed (*vaa*-i-haydh) *c* duration
varm (vahm) *adj* hot, warm
varme (*vaa*-mer) *c* heat; warmth; *v* warm, heat
varmedunk (*vaa*-mer-dongg) *c* hot-water bottle
varmeovn (*vaa*-mer-oº°n) *c* heater
varmepude (*vaa*-mer-pōō-dher) *c* heating pad
vase (*vaa*-ser) *c* vase
vask (vahsg) *c* washing; sink
vaskbar (*vahsg*-bah) *adj* washable
vaske (*vahss*-ger) *v* wash; **~ op** *do the dishes, wash up

vaskekumme (*vahss*-ger-ko-mer) *c* wash-stand
vaskemaskine (*vahss*-ger-mah-sgee-ner) *c* washing-machine
vaskepulver (*vahss*-ger-pol-vo) *nt* washing-powder
vaskeri (vahss-go-*ri*) *nt* laundry
vasketøj (*vahss*-ger-toi) *pl* washing, laundry
vaskeægte (*vahss*-ger-ehg-der) *adj* fast-dyed
vat (vahd) *nt* cotton-wool
vaterpas (*vah*-do-pahss) *nt* (pl ~) level
vattæppe (*vahd*-teh-ber) *nt* quilt
ved (vaydh) *prep* by, on
vedbend (*vaydh*-bayn) *c* (pl ~) ivy
vederlag (*vāy*-dho-lah) *nt* (pl ~) compensation, consideration
vedføje (*vaydh*-foi-er) *v* attach, add, affix
vedligeholdelse (vay-*lee*-i-hol-erl-ser) *c* maintenance; upkeep
***vedlægge** (*vaydh*-leh-ger) *v* enclose
vedrøre (*vaydh*-rur-o) *v* concern; **vedrørende** concerning; about
***vedtage** (*vaydh*-tah-ah) *v* agree to; carry, pass, adopt
vedvare (*vaydh*-vah-ah) *v* continue, last
vedvarende (*vaydh*-vah-ah-ner) *adj* continuous; permanent
vegetarianer (vay-ger-tah-i-*ah*-no) *c* vegetarian
vegetation (vay-ger-tah-sºoan) *c* vegetation
vej (vigh) *c* road, drive; way; **af vejen** out of the way; **blind ~** cul-de-sac; **på ~ til** bound for; **vise ~** guide
vejafgift (*vigh*-ou-gift) *c* toll
vejarbejde (*vigh*-aa-bigh-der) *nt* road-making; road up
veje (*vigh*-er) *v* weigh
vejgaffel (*vigh*-gah-ferl) *c* (pl -gafler)

fork

vejkant (*vigh*-kahnd) *c* roadside; way-side

vejkort (*vigh*-kawd) *nt* (pl ~) road map

vejkryds (*vigh*-krewss) *nt* (pl ~) inter-section, junction

vejlede (*vigh*-lay-dher) *v* direct, guide, instruct

vejnet (*vigh*-nehd) *nt* (pl ~) road sys-tem

vejr (vær) *nt* weather; breath

vejrmølle (vær-mur-ler) *c* windmill

vejrtrækning (vær-træg-nayng) *c* res-piration, breathing

vejrudsigt (vær-oodh-saygd) *c* weather forecast

vejviser (*vigh*-vi-so) *c* signpost; mile-post

veksel (*vehg*-serl) *c* (pl -sler) bill; draft

vekselkontor (*vehg*-serl-koan-toar) *nt* money exchange, exchange office

vekselkurs (*vehg*-serl-koors) *c* ex-change rate

vekselstrøm (*vehg*-serl-sdrurm) *c* al-ternating current

vekselvis (*vehg*-sler-ner) *adv* alter-nately

veksle (*vehg*-sler) *v* change, exchange

velbefindende (*vehl*-bay-fayn-er-ner) *nt* ease

velbegrundet (*vehl*-bay-gron-erdh) *adj* well-founded

velfærd (*vehl*-fær) *c* prosperity, wel-fare

velgørenhed (vehl-*gurr*-ern-haydh) *c* charity

velhavende (*vehl*-hah-ver-ner) *adj* well-to-do, prosperous

velkendt (*vehl*-kehnd) *adj* familiar

velkommen (*vehl*-kom-ern) *adj* wel-come; *byde ~ welcome

velkomst (*vehl*-komsd) *c* welcome

vellykket (*vehl*-lur-gerdh) *adj* success-ful

velsigne (vehl-*si*-ner) *v* bless

velsignelse (vehl-*si*-nerl-ser) *c* blessing

velsmagende (*vehl*-smah-ah-ner) *adj* savoury, tasty

velstand (*vehl*-sdahn) *c* prosperity

velvilje (*vehl*-vil-ᵞer) *c* goodwill

velvære (*vehl*-vai-o) *nt* well-being, comfort

vemodig (vay-*moa*-dhi) *adj* sad

ven (vehn) *c* (pl ~ner) friend

vende (*veh*-ner) *v* turn, turn round; ~ bort avert; ~ om turn back; turn over; invert; ~ sig om turn round; ~ tilbage *go back, return

vendepunkt (*veh*-ner-pongd) *nt* turn-ing-point

vending (*veh*-nayng) *c* turn; phrase

Venezuela (vay-ner-soo-*āy*-lah) Ven-ezuela

venezuelaner (vay-ner-soo-ay-*lah*-no) *c* Venezuelan

venezuelansk (vay-ner-soo-ay-*lahnsg*) *adj* Venezuelan

veninde (vehn-*ay*-ner) *c* friend

venlig (*vehn*-li) *adj* kind, friendly; venligst please

venskab (*vehn*-sgahb) *nt* friendship

venskabelig (vehn-*sgah*-ber-li) *adj* friendly, amicable

venstre (*vehn*-sdro) *adj* left-hand, left

vente (*vehn*-der) *v* wait; expect; ~ på await

venteliste (*vehn*-der-layss-der) *c* wait-ing-list

venten (*vehn*-dern) *c* waiting

venteværelse (*vehn*-der-vai-ol-ser) *nt* waiting-room

ventil (vehn-*til*) *c* valve

ventilation (vehn-ti-lah-sᵞoan) *c* venti-lation

ventilator (vehn-ti-*laa*-to) *c* fan, ventilator

ventilatorrem (vehn-ti-*laa*-to-ræm) *c* (pl ~me) fan belt

ventilere (vehn-ti-*lay*-o) *v* ventilate

veranda (vay-*rahn*-dah) *c* veranda

verbum (*vær*-bom) *nt* (pl -ber) verb

verden (*vær*-dern) *c* world

verdensberømt (*vær*-derns-bay-rurmd) *adj* world-famous

verdensdel (*vær*-derns-dayl) *c* continent

verdenskrig (*vær*-derns-kri) *c* world war

verdensomspændende (*vær*-derns-om-sbehn-er-ner) *adj* world-wide

verdensrum (*vær*-derns-rom) *nt* space

verificere (vær-i-fi-*say*-o) *v* verify

vers (værs) *nt* (pl ~) verse, stanza

version (vær-*s*ᵞ*oan*) *c* version

vest (vehsd) west; *c* waistcoat, vest *nAm*

vestibule (veh-sdi-*bew*-ler) *c* lobby, hall

vestlig (*vehsd*-li) *adj* western; westerly

veterinær (vay-tær-i-*nær*) *c* veterinary surgeon

vi (vi) *pron* we

via (*vee*-ah) *prep* via

viadukt (vi-ah-*dogd*) *c* viaduct

vibe (*vee*-ber) *c* pewit

vibration (vi-brah-*s*ᵞ*oan*) *c* vibration

vibrere (vi-*bræ*-o) *v* vibrate

vicepræsident (*vee*-ser-præ-si-dehnd) *c* vice-president

viceværd (*vee*-ser-værd) *c* janitor, caretaker

vid (vidh) *adj* wide, broad

*vide (*vee*-dher) *v* *know

videbegærlig (*vee*-dher-bay-gær-li) *adj* curious

videnskab (*vee*-dhern-sgahb) *c* science

videnskabelig (vee-dhern-*sgahb*-li) *adj* scientific

videnskabsmand (*vee*-dhern-sgahbs-mahn) *c* (pl ~mænd) scientist

videreforhandler (*vidh*-ro-fo-hahn-lo) *c* retailer

vidne (*vidh*-ner) *nt* witness; *v* testify

vidtstrakt (*vid*-sdrahgd) *adj* vast

vidunder (*vidh*-on-o) *nt* marvel, wonder

vidunderlig (vidh-*on*-o-li) *adj* wonderful, marvellous

vielsesring (*vi*-erl-serss-ræng) *c* wedding-ring

vifte (*vayf*-der) *c* fan

vig (vi) *c* creek, inlet, cove

vigtig (*vayg*-di) *adj* important; proud

vigtighed (*vayg*-di-haydh) *c* importance

viis (vis) *adj* (pl vise) wise

vikariat (vi-kah-i-*ahd*) *nt* replacement

vikariere (vi-kah-i-*ay*-o) *v* substitute

vikle (*vayg*-ler) *v* wrap, twist; *wind

viktualieforretning (vig-too-*ahl*-ᵞer-fo-ræd-nayng) *c* delicatessen

vild (vil) *adj* wild; savage, fierce

vildfarelse (*vil*-fah-ahl-ser) *c* error

vildt (vild) *nt* game

vildthandler (*vild*-hahn-lo) *c* poulterer

vildtreservat (*vild*-ræ-sær-vahd) *nt* game reserve

vilje (*vil*-ᵞer) *c* will; **med ~** intentionally, on purpose

viljestyrke (*vil*-ᵞer-sdewr-ger) *c* will-power

vilkår (*vil*-ko) *nt* (pl ~) term, condition

vilkårlig (vil-*ko*-li) *adj* arbitrary

villa (*vi*-lah) *c* villa

*ville (*vi*-ler) *v* *will, want

villig (*vi*-li) *adj* willing; inclined; **villigt** willingly

vin (vin) *c* wine

vind (vayn) *c* wind

*vinde (*vay*-ner) *v* *win; **vindende** winning; **~ over** defeat vindebro (vay-ner-broa) c drawbridge

vinder (vay-no) c winner

vindmølle (vayn-mur-ler) c windmill

vindruer (vin-drōō-o) pl grapes pl

vindspejl (vayn-sbighl) nt windscreen; windshield nAm

vindstød (vayn-sdurdh) nt (pl ~) blow; gust

vindue (vayn-dōō-oo) nt window

vindueskarm (vayn-dooss-kahm) c window-sill

vinduesvisker (vayn-dooss-vayss-go) c windscreen wiper; windshield wiper Am

vinge (vayng-er) c wing

vinhandler (veen-hahn-lo) c wine-merchant

vinhøst (veen-hursd) c vintage

vink (vayngg) nt (pl ~) sign

vinke (vayng-ger) v wave

vinkel (vayng-gerl) c (pl -kler) angle

vinkort (veen-kawd) nt (pl ~) wine-list

vinkælder (veen-keh-lo) c (pl -dre) wine-cellar

vinmark (veen-maag) c vineyard

vinplante (veen-plahn-der) c vine

vinter (vayn-do) c (pl -tre) winter

vintersport (vayn-do-sbawd) c winter sports

vintjener (veen-tⱽai-no) c wine-waiter

viol (vi-oal) c violet

violet (vi-oa-lehd) adj violet

violin (vi-oa-lin) c violin

vippe (vay-ber) c seesaw

virke (veer-ger) v work; operate

virkelig (veer-ger-li) adj very, true, real; actual, substantial; virkeligt really

*virkeliggøre (veer-ger-li-gur-o) v realize

virkelighed (veer-ger-li-haydh) c reality; i virkeligheden in fact

virkemåde (veer-ger-maw-dher) c mode of operation

virkning (veerg-nayng) c effect

virkningsfuld (veerg-nayngs-fool) adj efficient

virkningsløs (veerg-nayngs-lurs) adj inefficient

virksom (veerg-som) adj effective

virksomhed (veerg-som-haydh) c business

virvar (veer-vah) nt muddle

vis (vayss) adj certain; visse some

visdom (veess-dom) c wisdom

vise (vee-ser) c song; ballad, tune; v point out, *show; display; ~ sig appear; prove

visit (vi-sid) c (pl ~ter) call, visit

visitere (vi-si-tay-o) v search

visitkort (vi-sid-kawd) nt (pl ~) visiting-card

viskelæder (vayss-ger-lehdh-o) nt eraser, rubber

viskestykke (vayss-ger-sdur-ger) nt dish towel, tea-cloth

visne (vayss-ner) v wither

visum (vee-som) nt (pl visa) visa

vitamin (vi-tah-min) nt vitamin

vittig (vi-di) adj witty

vogn (voºn) c carriage

vogte sig (vog-der) beware

vokal (voa-kahl) c vowel; adj vocal

voks (vogs) nt wax

vokse (vog-ser) v *grow

voksen[1] (vog-sern) c (pl -sne) adult, grown-up

voksen[2] (vog-sern) adj adult, grown-up

vokskabinet (vogs-kah-bi-nehd) nt (pl ~ter) waxworks pl

voksmannequin (vogs-mah-ner-kehng) c mannequin

vold (vol) c force, violence; embankment, rampart

voldgrav (vol-grahoo) c moat

voldshandling (vols-hahn-layng) c out-

rage
voldsom (*vol*-som) *adj* violent
***voldtage** (*vol*-tah) *v* rape; assault
volt (vold) *c* (pl ~) volt
volumen (voa-*loo*-mern) *nt* volume
vor (vo) *pron* (nt vort, pl vore) our
vove (*vaw*-ver) *v* dare; venture; **vovet**
  risky
vovestykke (*vo*oo-er-sdur-ger) *nt* ven-
  ture, hazard
vrag (vrahoo) *nt* (pl ~) wreck
vranten (*vrahn*-dern) *adj* cross
vred (vrædh) *adj* angry
vrede (*vræ*æ-dher) *c* anger; temper
***vride** (*vree*-dher) *v* twist; *wring
vridning (*vridh*-nayng) *c* twist
vræl (vræl) *nt* (pl ~) cry
vrøvl (vruroo|) *nt* nonsense; rubbish
vrøvle (*vrur*oo-ler) *v* talk rubbish
vugge (*vo*-ger) *c* cradle; *v* rock
vuggestue (*vo*-ger-sdoooo) *c* nursery
vulgær (vool-*gær*) *adj* vulgar
vulkan (vool-*kahn*) *c* volcano
vurdere (voor-*day*-o) *v* estimate,
  value; evaluate
vurdering (voor-*dayr*-ayng) *c* appreci-
  ation, evaluation
vædde (*vai*-dher) *v* *bet
væddeløb (*vai*-dher-lurb) *nt* (pl ~)
  race
væddeløbsbane (*vai*-dher-lurbs-baa-
  ner) *c* race-track; race-course
væddeløbshest (*vai*-dher-lurbs-hehsd)
  c race-horse
væddemål (*vai*-dher-mol) *nt* (pl ~)
  bet
væg (vehg) *c* (pl ~ge) wall
væggetøj (*veh*-ger-toi) *pl* bug, bed-
  bugs *pl*
vægt (vehgd) *c* weight; scales *pl*;
  weighing-machine
vægtæppe (*vaig*-teh-ber) *nt* tapestry
væk (vehg) *adv* away, off
vække (*veh*-ger) *v* *awake, *wake

vækkeur (veh-ger-oor) *nt* alarm-clock
vækst (vehgsd) *c* growth
væksthus (vehgsd-hoos) *nt* green-
  house
vældig (*vehl*-di) *adj* huge
***vælge** (*vehl*-Yer) *v* *choose; elect;
  pick
væmmelig (*vehm*-li) *adj* nasty
vænne (*veh*-ner) *v* accustom
værdi (vær-*di*) *c* worth, value
værdifuld (vær-*di*-fool) *adj* valuable;
  important
værdig (*vær*-di) *adj* dignified, worthy;
  ~ til worthy of
værdigenstande (vær-*di*-gehn-sdah-
  ner) *pl* valuables *pl*
værdiløs (vær-*di*-lurs) *adj* worthless
værdipapirer (vær-*di*-pah-pi-o) *pl*
  stocks and shares
***værdsætte** (*vær*-seh-der) *v* appreci-
  ate
værdsættelse (*vær*-seh-derl-ser) *c* ap-
  preciation
***være** (*vai*-o) *v* *be; ~ værd *be
  worth
værelse (*vai*-ol-ser) *nt* room; ~ med
  morgenmad bed and breakfast
værelsesbetjening (*vai*-ol-serss-bay-
  tYeh-nayng) *c* room service
værge (*vær*-ger) *c* guardian
værkfører (*værg*-fūr-o) *c* foreman
værksted (*værg*-stehdh) *nt* workshop
værktøj (*værg*-toi) *nt* tool; implement
værktøjssæt (*værg*-toiss-sehd) *nt* (pl
  ~) tool kit
værn (værn) *nt* (pl ~) defence
værnepligtig (*vær*-ner-playg-di) *c* con-
  script, draftee
værre (*vær*-o) *adj* worse; **værst** worst
værsgo (*værs*-goa) here you are
vært (værd) *c* host
værtinde (*værd*-ay-ner) *c* hostess;
  landlady
værtshus (*værds*-hoos) *nt* pub, public

house

væsen (veh-sern) nt (pl væsner) being; essence, manner

væsentlig (veh-sern-li) adj essential

væske (vehss-ger) c fluid

væv (vehoo) nt (pl ~) tissue

væve (vai-ver) v *weave

væver (vai-vo) c weaver

våben (vo-bern) nt (pl ~) arm; weapon

våbenstilstand (vo-bern-sdayl-sdahn) c armistice

våd (vodh) adj wet; moist

vågen (vaw-gern) adj awake

vågne (voᵒᵒ-ner) v wake up; ~ **op** wake up

ynke (urng-ger) v pity

ytre (ewd-ro) v express; utter

Z

zebra (sāy-brah) c zebra

zenit (sāy-nid) nt zenith

zink (sayngg) c zinc

zone (sōa-ner) c zone

zoo (sōa-oa) c zoo

zoologi (sōa-oa-loa-gi) c zoology

zoomlinse (sōōm-layn-ser) c zoom lens

Y

yacht (ʸahgd) c yacht

yde (ēw-dher) v offer; grant; extend

yderligere (ewdh-o-li-aw-o) adj additional, further

yderlighed (ew-dho-li-haydh) c extreme

ydermere (ew-dho-māy-o) adv furthermore

yderside (ewdh-o-see-dher) c exterior, outside

yderst (ewdh-osd) adj extreme; utmost

ydmyg (ewdh-mew) adj humble

ydre (ewdh-ro) nt appearance; outside; adj exterior

ynde (ur-ner) c grace

yndefuld (ur-ner-fool) adj graceful

yndig (urn-di) adj lovely

yndigheder (urn-di-haydh-o) pl charm

yndling (urng-layng) c favourite; **yndlings-** favourite; pet

Æ

æble (aib-ler) nt apple

ædel (eh-dherl) adj noble

ædelsten (eh-dherl-sdayn) c (pl ~) stone, gem

ædru (ai-droo) adj sober

æg[1] (ehg) nt (pl ~) egg

æg[2] (ehg) c (pl ~ge) edge

æggeblomme (eh-ger-blo-mer) c eggyolk, yolk

æggebæger (eh-ger-bai-o) nt (pl -gre) egg-cup

ægte (ehg-der) adj true, genuine, authentic; v marry

ægtefælle (ehg-der-fehl-er) c spouse

ægtemand (ehg-der-mahn) c husband

ægtepar (ehg-der-pah) nt (pl ~) married couple

ægteskab (ehg-der-sgahb) nt marriage; matrimony

ægteskabelig (ehg-deh-sgah-ber-li) adj matrimonial

ækel (*eh*-gerl) *adj* revolting, disgusting

ækvator (eh-*kvaa*-to) *c* equator

ældre (*ehl*-dro) *adj* elder; aged, elderly

ældst (ehlsd) *adj* elder, eldest

ændre (*ehn*-dro) *v* alter, change

ændring (*ehn*-dræng) *c* alteration, change

ængstelig (ehng-sder-li) *adj* afraid

ængstelse (ehng-sderl-ser) *c* anxiety

ærbødig (ær-*bur*-dhi) *adj* respectful

ærbødighed (ær-*bur*-dhi-haydh) *c* respect

ære (*ai*-o) *c* honour, glory; *v* honour

ærefrygt (*ai*-o-frurgd) *c* respect

ærefuld (*ai*-o-fool) *adj* honourable

æresfølelse (*ai*-oss-*fūr*-lerl-ser) *c* sense of honour

ærgerlig (*ær*-go-li) *adj* annoying

ærgerrig (*ær*-*gær*-i) *adj* ambitious

ærgre (*ærg*-ro) *v* annoy

ærgrelse (*ærg*-rol-ser) *c* annoyance; bother

ærinde (*ai*-o-ner) *nt* errand

ærkebiskop (*ær*-ger-biss-gob) *c* (pl ~per) archbishop

ærlig (*ær*-li) *adj* honest; straight

ærlighed (*ær*-li-haydh) *c* honesty

ærme (*ær*-mer) *nt* sleeve

ært (ærd) *c* pea

ærværdig (ær-*vær*-di) *adj* venerable

æsel (*eh*-serl) *nt* (pl æsler) donkey, ass

æske (*ehss*-ger) *c* box

æter (*eh*-do) *c* ether

Ø

ø (ur) *c* island

øde (*ūr*-dher) *adj* desert

*ødelægge (*ūr*-dher-leh-ger) *v* destroy; wreck; *spoil

ødelæggelse (*ūr*-dher-leh-gerl-ser) *c* destruction; ruin

ødsel (ur-serl) *adj* wasteful; extravagant; lavish

øhav (ur-hou) *nt* archipelago

øje (*oi*-er) *nt* (pl øjne) eye; ***holde ~ med** *keep an eye on

øjeblik (*oi*-er-blayg) *nt* (pl ~ke) instant, moment, second; **for øjeblikket** now

øjeblikkelig (oi-er-*blay*-ger-li) *adj* immediate, present; momentary; prompt; **øjeblikkeligt** *adv* immediately, instantly

øjebliksbillede (*oi*-er-blaygs-bay-ler-dher) *nt* snapshot

øjenbryn (*oi*-ern-brewn) *nt* (pl ~) eyebrow

øjenbrynsstift (*oi*-ern-brewns-sdayfd) *c* eye-pencil

øjenlæge (*oi*-ern-lai-eh) *c* oculist

øjenlåg (*oi*-ern-log) *nt* (pl ~) eyelid

øjenskygge (*oi*-ern-sgew-ger) *c* eye-shadow

øjensynligt (oi-ern-*sewn*-lid) *adv* apparently

øjenvidne (*oi*-ern-vidh-ner) *nt* eye-witness

øjenvippe (*oi*-ern-vay-ber) *c* eyelash

økologi (ur-koa-loa-*gi*) *c* ecology

økologisk (ur-koa-*loa*-isg) *adj* ecological

økomenisk (ur-koo-*may*-nisg) *adj* oecumenical

økonom (ur-koa-*noam*) *c* economist

økonomi (ur-koa-noa-*mi*) *c* economy

økonomisk (ur-koa-*noa*-misg) *adj* economic; economical

økse (*urg*-ser) *c* axe

øl (url) *nt* beer, ale

øm (urm) *adj* sore; tender

ømhed (*urm*-haydh) *c* tenderness

ønske (*urns*-ger) *nt* wish, desire; *v*

want, desire, wish
ønskelig (*urn-sger-li*) desirable
øre (*ūr-o*) *nt* ear
ørenring (*ūr-on-ræng*) *c* earring
ørepine (*ūr-o-pee-ner*) *c* earache
ørken (*urr-gern*) *c* desert
ørn (*urrn*) *c* eagle
ørred (*ūr-odh*) *c* trout
øsregn (*ūrss-righn*) *c* downpour
øst (*ursd*) east
østers (*urss-doss*) *c* (pl ~) oyster
østlig (*ursd-li*) *adj* eastern; easterly
østre (*urss-dro*) *adj* eastern
Østrig (*urss-dri*) Austria
østriger (*urss-dri-o*) *c* Austrian
østrigsk (*urss-drisg*) *adj* Austrian
øve (*ūr-ver*) *v* exercise; ~ **sig** practise
øvelse (*ūr-verl-ser*) *c* exercise
øverst (*ur-vosd*) *adj* top
øvet (*ūr-verdh*) *adj* skilled
øvre (*ur^{oo}-ro*) *adj* upper
øvrighed (*ur^{oo}-ri-haydh*) *c* authorities
  pl
for øvrigt (*ur^{oo}-rid*) moreover

Å

å (*o*) *c* brook
åben (*aw-bern*) *adj* open
åbenbar (*aw-bern-bah*) *adj* apparent;
  åbenbart apparently

åbenbare (*o-bern-bah-ah*) *v* reveal,
  disclose
åbenbarelse (*o-bern-bah-ahl-ser*) *c* apparition
åbenhjertig (*o-bern-Υær-di*) *adj* open,
  frank, candid
åbne (*awb-ner*) *v* open
åbning (*awb-nayng*) *c* opening; gap
åbningstider (*awb-nayngs-tee-dho*) *pl*
  business hours
åg (*og*) *nt* (pl ~) yoke
ål (*ol*) *c* (pl ~) eel
ånd (*on*) *c* ghost, spirit
ånde (*o-ner*) *v* breathe
åndedrag (*o-ner-drah*) *nt* (pl ~)
  breath
åndedræt (*o-ner-dræd*) *nt* breathing
åndelig (*o-ner-li*) *adj* spiritual
år (*o*) *nt* (pl ~) year
årbog (*aw-bo^{oo}*) *c* (pl -bøger) annual
åre (*aw-o*) *c* vein; oar
åreknude (*aw-o-knōō-dher*) *c* varicose
  vein
årgang (*aw-gahng*) *c* volume; vintage
århundrede (*o-hoon-ro-dher*) *nt* century
årlig (*aw-li*) *adj* annual, yearly; **årligt**
  per annum
årsag (*aw-sah*) *c* reason, cause
årsdag (*os-dah*) *c* anniversary
årstid (*awss-tidh*) *c* season
årvågen (*aw-vo-gern*) *adj* alert,
  watchful; vigilant

Food

aborre perch
abrikos apricot
aftensmad dinner
agerhøne partridge
agurk cucumber
agurkesalat sliced cucumber in vinegar dressing
ananas pineapple
and duck
ansjos 1) marinated sprat 2) anchovy
appelsin orange
artiskok artichoke
asie kind of large cucumber, seeded and pickled
asparges asparagus
bagt kartoffel baked potato
banan banana
bankekød beef stew
benløse fugle thin slices of veal or beef wrapped around a stuffing of bacon, parsley and chopped onions
betjening iberegnet service included
biksemad diced meat fried with potatoes and onions
blodpølse black pudding (US blood sausage)
blomkål cauliflower
blomme plum
blødkogt æg soft-boiled egg
blåbær bilberry (US blueberry)

bolle 1) bun 2) meat or fish ball
bondepige med slør dessert made from stewed apples, rye-bread crumbs toasted in butter and sugar, topped with whipped cream
brasede kartofler sliced, sautéed potatoes
brisler sweetbreads
brombær blackberry
brun kage brown, spicy biscuit (US cookie)
brunede kartofler boiled, caramelized potatoes
brunet smør browned butter sauce
brød bread
budding pudding
bøf (beef) steak
  ~ sandwich hamburger
  ~ tatar steak tartare; finely chopped raw beef, served on rye bread with egg-yolk, onion, horse-radish and capers
bønne bean
børnemenu children's menu
chalotteløg shallot
champignon mushroom
citron lemon
  ~ fromage lemon blancmange, mousse (pudding)
daddelblomme persimmon
dadler dates

dagens middag set menu
dagens ret day's special
dampet steamed
Danablue Danish blue cheese
Danbo mild, firm cheese, sometimes flavoured with caraway seed
dild dill
diætmad diet food
due pigeon (US squab)
dyrekølle haunch of venison
dyresteg roast venison
eddike white vinegar
Elbo cheese with mild flavour
engelsk bøf steak and onions
Esrom mild, slightly aromatic cheese
fasan pheasant
fersken peach
fisk fish
fiskefilet fillet of fish (usually plaice)
fiskefrikadelle fried fishball, served hot, or cold on *smørrebrød*
fjerkræ fowl
flamberet flamed
flute kind of French bread
flæskesteg roast pork with crackling
flæskeæggekage thick omelet with fried bacon, tomatoes and chives, served with rye bread
fløde cream
   ~**kage** pastry topped with whipped cream
   ~**ost** cream cheese
   ~**skum** whipped cream
forloren hare type of meatloaf of pork and veal, served with apple halves filled with redcurrant jelly, together with potatoes and red cabbage
forret first course, starter

forårsrulle (Chinese) spring roll, egg roll
franskbrød white bread
frikadelle meatball of minced pork and veal
frisk fresh
friturekogt, -stegt deep fried
frokost lunch
   ~**bord** buffet of cold and hot specialities to make your own *smørrebrød*
   ~**platte** hot and cold specialities to make your own *smørrebrød*, served on a tray
fromage blancmange, mousse (pudding)
frugt fruit
frølår frogs' legs
fyld stuffing
fyldt stuffed
   ~**hvidkål** cabbage stuffed with minced pork and veal
Fynbo mild, rich cheese similar to *Samsø*
fårekød mutton
gedde pike
gennemstegt well-done
grapefrugt grapefruit
gratin baked casserole
gravad laks, gravlaks salt and dill-cured salmon, served with a creamy mustard sauce
grillstegt grilled
gryderet stew of meat and vegetables
grydestegt braised
grøn bønne French bean (US green bean)
grøn salat lettuce
grønlangkål creamed kale
grøn(t)sager vegetables
grønært green pea
grønærtesuppe pea soup
gule ærter med flæsk split-pea

soup served with boiled, salt
pork and sausages
gulerødder carrots
gås goose
gåselever(postej) goose liver
(paté)
gåsesteg roast goose
~ **med æbler og svesker** stuffed
with apples and prunes
hakkebøf med løg hamburger
steak served with fried onions
hakket chopped, minced
halv, halvdel half
hamburgerryg slightly smoked
loin of pork
haresteg roast hare
hasselnød hazelnut
Havarti semi-hard cheese with a
piquant flavour
havregrød oatmeal
helleflynder halibut
helstegt roasted whole
hindbær raspberry
hjemmelavet home-made
hjerte heart
hjerter i flødesovs hearts, usually
of pork, served in a cream
sauce
honning honey
hornfisk garfish
hovedret main dish
hummer lobster
hvidkål cabbage
hvidløg garlic
hytteost cottage cheese
høne hen
hønsebryst chicken breast
hønsekødsuppe chicken broth
hårdkogt æg hard-boiled egg
ingefær ginger
~ **brød** gingerbread
is ice-cream, ice
italiensk salat mayonnaise mixed
with peas, chopped carrots and

asparagus, served with ham on
smørrebrød
jomfruhummer Norway lobster
jordbær strawberry
~ **grød** kind of strawberry
purée, served with cream
julesalat chicory (US endive)
kage cake
kalkun turkey
kalvebrisler sweetbreads
kalvekød veal
kantarel chanterelle mushroom
kapers capers
karamelrand caramel custard
karbonade breaded minced steak
of pork or veal
karpe carp
karry curry
karse cress
kartoffel potato
~ **mos** mashed potatoes
~ **salat** potato salad (hot or
cold)
kastanie chestnut
kaviar caviar
kiks biscuit (US cookie)
kirsebær cherry
klar suppe consommé, clear soup
~ **med boller og grønsager**
consommé with meat balls and
vegetables
klipfisk dried salt cod
kogt boiled
~ **torsk (med sennepssovs)**
steamed cod (with mustard
sauce)
kold cold
koldt bord a wide variety of open
sandwiches, small warm dishes,
salads and cheeses
kotelet cutlet, chop
krabbe crab
kransekage pyramid of almond
macaroons

krebs freshwater crayfish
kringle variety of Danish pastry
krydder toasted bun
krydderi spice
kryddersild pickled herring
kryddersmør herb butter
kræmmerhus med flødeskum
   pastry cone filled with whipped
   cream and topped with jam
kuvertbrød (French) roll
kvæde quince
kylling chicken
kærnemælkskoldskål chilled
   buttermilk soup, served with
   rusks (US zwieback)
kød meat
   ~ bolle meatball
   ~ fars forcemeat, stuffing
kørvelsuppe chervil soup
kål cabbage
labskovs lobscouse; casserole of
   potatoes, meat and vegetables
lagkage layer cake, usually filled
   with whipped cream, jam, fruit
   purée or custard
laks salmon
lammebov shoulder of lamb
lammebryst breast of lamb
lammekød lamb
lammekølle leg of lamb
legeret suppe cream soup
lever liver
   ~ postej liver pâté
linse 1) lentil 2) custard pastry
løg onion
majs maize (US corn)
   ~ kolbe corn on the cob
makrel mackerel
makron macaroon
mandel almond
Maribo soft, mild cheese
marineret marinated
   ~ sild marinated herring
medisterpølse pork sausage

melbolle dumpling
mellemstegt medium (done)
millionbøf minced meat in cream
   sauce
Molbo a yellow, pressed cheese
   similar to Edam
morgencomplet continental
   breakfast
morgenmad breakfast
musling mussel
Mycella cheese similar to Danish
   blue, but milder
mørbrad fillet of meat (US tender-
   loin)
   ~ bøf small round pork fillet
   ~ steg porterhouse steak
måltid meal
nye kartofler new potatoes
nyre kidney
nød nut
oksebryst brisket of beef
oksefilet fillet of beef (US tender-
   loin)
oksehalesuppe oxtail soup
oksekød beef
   ~ suppe broth, consommé
oksemørbrad fillet of beef
oksesteg roast beef
olie oil
oliven olive
omelet med kyllingelever chicken
   liver omelet
ost cheese
osteanretning cheese board
Othellolage layer cake filled with
   custard, topped with chocolate
   sauce and whipped cream
ovnbagt baked
ovnstegt roasted
pandekage pancake
paneret breaded
pariserbøf hamburger on toast
   with egg-yolk, chopped onions
   and capers

parisertoast toasted ham-and-cheese sandwich

pattegris suck(l)ing pig

peber black pepper

  ~ **bøf** (beef)steak with peppercorns

  ~ **frugt** pimiento

  ~ **rod** horse-radish

persille parsley

pighvar turbot

pillede rejer shelled shrimps

pocheret poached

pommes frites chips (US French fries)

porre leek

purløg chive

pære pear

pølse sausage

pålæg cold meat, sausage, salad, fish or cheese as a garnish for *smørrebrød*

rabarber rhubarb

radise radish

regning bill (US check)

reje shrimp

remoulade mayonnaise flavoured with finely chopped pickles, capers, onions and mustard

ribbensteg rib-roast of pork with crackling, often served with red cabbage

  ~ **med æbler og svesker** rib-roast of pork stuffed with apples and prunes

ribs currant (red or white)

  ~ **gelé** redcurrant jelly

ris rice

  ~ **à l'amande** rice pudding with grated almonds, served with hot cherry sauce

risengrød rice boiled in milk, served with cinnamon and butter

rosenkål brussels sprouts

rosin raisin

roulade 1) meat roll 2) Swiss roll

rugbrød rye bread

rullepølse kind of sausage made of rolled veal and pork, sliced and served on *smørrebrød*

rundstykke poppy-seed roll

rødbede beetroot

rødgrød kind of thickened red fruit juice, served with cream

rødkål red cabbage

rødspætte plaice

  ~ **filet** fillet of plaice

rødstegt underdone (US rare)

røget smoked

  ~ **sild** smoked herring on rye bread garnished with chopped hardboiled eggs, onions, radishes and chives

rørt smør creamed butter

røræg scrambled eggs

rå raw

  ~ **kost** uncooked vegetables or fruit

salat 1) salad 2) lettuce

saltet salted, cured

sammenkogt ret stew of meat and vegetables

Samsø mild, firm cheese with a sweet flavour

selleri celery

sennep mustard

sigtebrød bread made of rye and wheat flour

sild herring

sildesalat herring and beetroot salad

skaldyr shellfish

skinke ham

  ~ **med spejlæg** ham and eggs

skipperlabskovs lobscouse; thick stew of beef, carrots and onions

skive slice

skrubbe flounder

slankekost low calorie food

smeltet smør melted butter

smør butter

smørrebrød slices of buttered rye (or wheat) bread with any of a variety of garnishes, such as shrimps, herring, ham, roast beef, cheese and salads

småkage biscuit (US cookie)

snittebønne sliced French bean

solbær blackcurrant

sovs sauce

spegepølse kind of raw sausage, salami

spejlæg fried egg

spinat spinach

spisekort menu, bill of fare

steg joint of meat, roast

stegt fried, roasted

stikkelsbær gooseberry

stuvet creamed

sukker sugar

suppe soup

surkål sauerkraut

sursød sweet-and-sour

sveske prune

svinekam med svesker roast loin of pork stuffed with prunes

svinekød pork

svinemørbrad fillet of pork (US tenderloin)

sylte brawn (US head cheese)

syltede agurker gherkins (US pickles)

syltetøj jam

sød sweet

søtunge sole

tatar see *bøftatar*

tebirkes type of bun with poppy seeds

timian thyme

tomatsuppe tomato soup

torsk cod

torskerogn cod roe

tranebær cranberry

tunfisk tunny (US tuna)

tunge tongue

tykmælk kind of junket, thin yoghurt

tyttebær mountain cranberry, red whortleberry

tærte cake, tart

vaffel wafer, waffle

vagtel quail

valnød walnut

vandmelon watermelon

varm warm

vildand wild duck

vildt game

vindrue grape

vinkort wine list

wienerbrød Danish pastry

ymer kind of sour milk

æble apple

~ **flæsk** fried apples and bacon

~ **grød** stewed apples

~ **kage** kind of apple charlotte

~ **mos** apple sauce

~ **skive** kind of fritter, served with jam

æg egg(s)

æggeblomme egg-yolk

ært pea

ørred trout

østers oyster

ål eel

~ **i gelé** jellied

Drinks

akvavit aquavit, spirits distilled
  from potatoes or grain, often
  flavoured with aromatic seeds
  and spices
alkoholfri non-alcoholic
appelsinjuice orange juice
appelsinvand orangeade
bordvin table wine
Carlsberg a renowned Danish
  brewery
Cherry Heering see *Peter Heering*
chokolade hot chocolate (drink)
citronvand lemonade
danskvand soda water
dessertvin dessert wine
elefantøl also known as *exportøl*
  or *luksusøl*: beer with a high
  alcoholic content
fadøl draught (US draft) beer
fløde cream
frugtjuice fruit juice
gløgg mulled wine (Christmas
  speciality)
hedvin fortified wine
husets vin open wine
hvidvin white wine
irsk kaffe Irish coffee
kaffe coffee
  ~ **med fløde** with cream
  ~ **med mælk** with milk
kærnemælk buttermilk
lagerøl dark lager
letmælk partially skimmed milk

likør liqueur, cordial
lyst øl light beer
mineralvand mineral water
mousserende vin sparkling wine
mælk milk
mørkt øl dark beer
Peter Heering a renowned Danish
  cherry liqueur
pilsner lager; light beer
porter stout
portvin port (wine)
påskebryg beer with a high
  alcoholic content, brewed at
  Easter
rom rum
rødvin red wine
saft juice
saftevand squash (US fruit drink)
skummetmælk skim milk
snaps see *akvavit*
sodavand fruit-flavoured soda
  water
sødmælk full milk
te tea
  ~ **med citron** with lemon
  ~ **med mælk** with milk
Tuborg a renowned Danish brew-
  ery
vand water
varm mælk hot milk
vin wine
æblemost apple juice
øl beer

Danish Irregular Verbs

The following list contains the most common irregular verbs. Only one form of the verb is shown as it is conjugated in the same manner for all persons in any given tense. If a compound verb or a verb with a prefix (*af-, an-, be-, efter-, for-, fra-, frem-, ind-, med-, ned-, om-, op-, over-, på-, til-, ud-, und-, under-, ved-,* etc.) is not listed, its forms may be found by looking up the simple verb.

Infinitive	Present tense	Preterite	Past participle	
bede	beder	bad	bedt	*ask, pray*
betyde	betyder	betød	betydet	*mean*
bide	bider	bed	bidt	*bite*
binde	binder	bandt	bundet	*tie, bind*
blive	bliver	blev	blevet	*become; remain*
bringe	bringer	bragte	bragt	*bring*
bryde	bryder	brød	brudt	*break*
burde	bør	burde	burdet	*ought to*
byde	byder	bød	budt	*offer; command*
bære	bærer	bar	båret	*carry*
drage	drager	drog	draget	*pull, draw*
drikke	drikker	drak	drukket	*drink*
drive	driver	drev	drevet	*drive*
dø	dør	døde	død	*die*
dølge	dølger	dulgte	dulgt	*conceal*
falde	falder	faldt	faldet	*fall*
fare	farer	for	faret	*rush*
finde	finder	fandt	fundet	*find*
flyde	flyder	flød	flydt	*float, flow*
flyve	flyver	fløj	fløjet	*fly*
fnyse	fnyser	fnøs/fnyste	fnyst	*snort*
fortryde	fortryder	fortrød	fortrudt	*regret*
fryse	fryser	frøs	frosset	*freeze*
fyge	fyger	føg	føget	*drift*
følge	følger	fulgte	fulgt	*follow*
få	får	fik	fået	*get*
gide	gider	gad	gidet	*trouble to*
give	giver	gav	givet	*give*
glide	glider	gled	gledet	*glide; slip*
gnide	gnider	gned	gnedet	*rub*
gribe	griber	greb	grebet	*seize, catch*
græde	græder	græd	grædt	*cry, weep*
gyde	gyder	gød	gydt	*shed*
gyse	gyser	gøs/gyste	gyst	*shudder*
gælde	gælder	gjaldt	(gældt)	*be valid; apply*
gøre	gør	gjorde	gjort	*do*
gå	går	gik	gået	*go, walk*
have	har	havde	haft	*have*

326

hedde	hedder	hed	heddet	*be called*
hive	hiver	hev	hevet	*heave*
hjælpe	hjælper	hjalp	hjulpet	*help*
holde	holder	holdt	holdt	*hold, keep*
hænge	hænger	hang (intrans.)/ hængte (trans.)	hængt	*hang*
jage	jager	jog/jagede	jaget	*hunt*
klinge	klinger	klang/ klingede	klinget	*sound, ring*
knibe	kniber	kneb	knebet	*pinch*
komme	kommer	kom	kommet	*come*
krybe	kryber	krøb	krøbet	*creep*
kunne	kan	kunne	kunnet	*can, may*
kvæle	kvæler	kvalte	kvalt	*strangle*
lade	lader	lod	ladet/ladt	*let*
le	ler	lo	let	*laugh*
lide	lider	led	lidt	*suffer*
ligge	ligger	lå	ligget	*lie*
lyde	lyder	lød	lydt	*sound*
lyve	lyver	løj	løjet	*tell a lie*
lægge	lægger	lagde	lagt	*lay, put*
løbe	løber	løb	løbet	*run*
måtte	må	måtte	måttet	*may, must*
nyde	nyder	nød	nydt	*enjoy*
nyse	nyser	nøs/nyste	nyst	*sneeze*
pibe	piber	peb	pebet	*pipe, chirp*
ride	rider	red	redet	*ride*
rive	river	rev	revet	*tear; grate; rake*
ryge	ryger	røg	røget	*smoke*
række	rækker	rakte	rakt	*pass, hand*
se	ser	så	set	*see*
sidde	sidder	sad	siddet	*sit*
sige	siger	sagde	sagt	*say*
skride	skrider	skred	skredet	*slip; stalk*
skrige	skriger	skreg	skreget	*scream*
skrive	skriver	skrev	skrevet	*write*
skulle	skal	skulle	skullet	*shall*
skyde	skyder	skød	skudt	*shoot*
skære	skærer	skar	skåret	*cut*
slibe	sliber	sleb	slebet	*sharpen*
slide	slider	sled	slidt	*wear out*
slippe	slipper	slap	sluppet	*slip, escape*
slå	slår	slog	slået	*strike, beat*
smide	smider	smed	smidt	*cast, fling*
smøre	smører	smurte	smurt	*smear, grease*
snige	sniger	sneg	sneget	*sneak*
snyde	snyder	snød	snydt	*cheat*
sove	sover	sov	sovet	*sleep*
spinde	spinder	spandt	spundet	*spin*

springe	springer	sprang	sprunget	*jump*
sprække	sprækker	sprak/	sprukket/	*crack*
		sprækkede	sprækket	
spørge	spørger	spurgte	spurgt	*ask*
stige	stiger	steg	steget	*rise, climb*
stikke	stikker	stak	stukket	*sting*
stinke	stinker	stank	stinket	*stink*
stjæle	stjæler	stjal	stjålet	*steal*
stride	strider	stred	stridt	*fight*
stryge	stryger	strøg	strøget	*stroke; iron*
strække	strækker	strakte	strakt	*stretch*
stå	står	stod	stået	*stand*
svide	svider	sved	svedet	*singe*
svinde	svinder	svandt	svundet	*decrease, vanish*
svinge	svinger	svang/	svunget/	*swing*
		svingede	svinget	
sværge	sværger	svor	svoret	*swear*
synes	synes	syntes	syntes	*seem, appear*
synge	synger	sang	sunget	*sing*
synke	synker	sank	sunket	*sink; swallow*
sælge	sælger	solgte	solgt	*sell*
sætte	sætter	satte	sat	*set, place*
tage	tager	tog	taget	*take*
tie	tier	tav	tiet	*be silent*
træde	træder	trådte	trådt	*step; thread*
træffe	træffer	traf	truffet	*meet; hit*
trække	trækker	trak	trukket	*pull*
turde	tør	turde	turdet	*dare*
tvinge	tvinger	tvang	tvunget	*force*
tælle	tæller	talte	talt	*count*
vide	ved	vidste	vidst	*know*
vige	viger	veg	veget	*yield*
ville	vil	ville	villet	*will*
vinde	vinder	vandt	vundet	*win*
vride	vrider	vred	vredet	*wring, twist*
vælge	vælger	valgte	valgt	*choose, elect*
være	er	var	været	*be*
æde	æder	åd	ædt	*eat (of animals)*

Danish Abbreviations

adr.	*adresse*	address
afg.	*afgang*	departure
afs.	*afsender*	sender
alm.	*almindelig*	general, usual
ang.	*angående*	concerning
ank.	*ankomst*	arrival
A/S, A.S.	*aktieselskab*	Ltd., Inc.
bem.	*bemærk*	note
bibl.	*bibliotek*	library
bl.a.	*blandt andet*	among other things
ca.	*cirka*	approximately
dagl.	*daglig*	daily
DFDS	*Det Forenede Dampskibs-Selskab*	United Steamship Company
DK	*Danmark*	Denmark
do	*ditto*	ditto
ds.	*dennes*	inst., of this month
DSB	*Danske Statsbaner*	Danish State Railways
dvs.	*det vil sige*	i.e.
EF	*Europæiske Fællesskaber*	Common Market
eftf.	*efterfølger*	successors (of a firm)
e.Kr.	*efter Kristus*	A.D.
ekskl.	*eksklusive*	excluding
FDM	*Forenede Danske Motorejere*	Danish Automobile Association
f.eks.	*for eksempel*	e.g.
fhv.	*forhenværende*	former, ex-
f.Kr.	*før Kristus*	B.C.
fmk	*finske mark*	Finnish marks
FN	*Forenede Nationer*	UN
frk.	*frøken*	Miss
f.t.	*for tiden*	at present
hk	*hestekræfter*	horsepower
hr.	*herre*	Mr.
HT	*Hovedstadsområdets Trafikselskab*	Copenhagen transport authority
i alm.	*i almindelighed*	in general, generally
incl./inkl.	*inklusive*	including
i.st.f.	*i stedet for*	instead of
jf./jvf.	*jævnfør*	see, compare
kap.	*kapitel*	chapter
Kbh.	*København*	Copenhagen

K.F.U.K.	*Kristelig Forening for Unge Kvinder*	Young Women's Christian Association
K.F.U.M.	*Kristelig Forening for Unge Mænd*	Young Men's Christian Association
km/t.	*kilometer i timen*	kilometres per hour
kr.	*kroner*	crowns (currency)
maks.	*maksimum*	maximum
min.	*minimum; minut*	minimum; minute
m.m.	*med mere*	etc.
moms	*merværdiomsætningsafgift*	VAT, value added tax
N	*nord*	north
Ndr./Nr.	*Nordre/Nørre*	north (in place names)
nkr.	*norske kroner*	Norwegian crowns
o./omkr.	*omkring*	about
osv.	*og så videre*	etc., and so on
pga./p.g.a.	*på grund af*	because of
S	*syd*	south
s.	*side*	page
Sdr.	*Sønder/Søndre*	south (in place names)
skr.	*svenske kroner*	Swedish crowns
skt.	*sankt*	saint
sml.	*sammenlign*	compare
s.u.	*svar udbedes*	please reply
t.h./th.	*til højre*	on the right
tlf.	*telefon*	telephone
tr.	*træffes*	consultation hours, can be reached
t.v./tv.	*til venstre*	on the left
udg.	*udgave*	edition
V	*vest*	west
V.	*Vester*	west (in place names)
Ø	*øst*	east
Ø.	*Øster*	east (in place names)
årg.	*årgang*	vintage
årh.	*århundrede*	century

Numerals

Cardinal numbers		Ordinal numbers	
0	nul	1.	første
1	en	2.	anden
2	to	3.	tredje
3	tre	4.	fjerde
4	fire	5.	femte
5	fem	6.	sjette
6	seks	7.	syvende
7	syv	8.	ottende
8	otte	9.	niende
9	ni	10.	tiende
10	ti	11.	ellevte
11	elleve	12.	tolvte
12	tolv	13.	trettende
13	tretten	14.	fjortende
14	fjorten	15.	femtende
15	femten	16.	sekstende
16	seksten	17.	syttende
17	sytten	18.	attende
18	atten	19.	nittende
19	nitten	20.	tyvende
20	tyve	21.	enogtyvende
21	enogtyve	22.	toogtyvende
30	tredive	23.	treogtyvende
31	enogtredive	24.	fireogtyvende
40	fyrre	25.	femogtyvende
41	enogfyrre	26.	seksogtyvende
50	halvtreds	27.	syvogtyvende
51	enoghalvtreds	28.	otteogtyvende
60	tres	29.	niogtyvende
61	enogtres	30.	tredivte
70	halvfjerds	31.	enogtredivte
75	femoghalvfjerds	40.	fyrretyvende
80	firs	50.	halvtredsindstyvende
90	halvfems	60.	tresindstyvende
100	hundrede	70.	halvfjerdsindstyvende
101	hundrede og et	75.	femoghalvfjerdsinds-
200	to hundrede		tyvende
1000	tusind	80.	firsindstyvende
2000	to tusind	90.	halvfemsindstyvende
1.000.000	en million	99.	nioghalvfemsindstyvende

Time

Although official time in Denmark is based on the 24-hour clock, the 12-hour system is used in conversation.

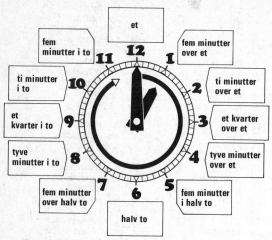

If you wish to specify a.m. or p.m., add *om morgenen, om formiddagen, om eftermiddagen, om aftenen* or *om natten.*

Thus:

klokken otte om morgenen	8 a.m.
klokken elleve om formiddagen	11 a.m.
klokken to om eftermiddagen	2 p.m.
klokken otte om aftenen	8 p.m.
klokken to om natten	2 a.m.

Days of the Week

søndag	Sunday	*torsdag*	Thursday
mandag	Monday	*fredag*	Friday
tirsdag	Tuesday	*lørdag*	Saturday
onsdag	Wednesday		

Notater

Notater